21 世纪通识教育系列教材

21st Century Textbooks of General Education

西方文明通论

A General Survey of Western Civilization

张浩军　钱雪松 ◎ 主编

中国人民大学出版社

· 北京 ·

本书出版得到中国政法大学“西方文明通论”课程建设经费的资助

·出版说明·

随着信息时代的来临、经济全球化的深入与文化软实力竞争的加剧，重视大学生人文素养与创新能力的培养，提升大学生的综合素质，已成为各国教育改革与发展关注的重点和热点。人们越来越意识到：高等教育不仅要培养大学生良好的专业素质，更重要的是使得他们在走向社会之后拥有长足的自我拓展能力。只有以宽口径、厚基础、复合型为人才培养目标，才能更好地提高我国高等教育的质量，培育出适应现代社会需求的具备公民意识、社会责任感与创新精神的优秀人才。

从中外大学通识教育的实践来看，通识教育是一项系统工程，而课程体系建设始终是推进通识教育的核心任务，教材建设则又是其中的重要环节。为满足广大高校师生对高质量通识教育教材的需求，中国人民大学出版社组织多学科、多领域的专家学者，在广泛调研与深入研讨的基础上，组织编写了这套“21 世纪通识教育系列教材”，为推动高等学校通识教育教材建设进行了努力的探索。

本套教材分为人文、政法和经管三大板块，定位为非专业统开课教材，突出“通识”的特色，强调内容阐释的“基础”和“宽度”，力求突破单纯的“专业视域”或“知识视域”，引导学生调整知识结构，拓宽文化视野，以达成人才培养效果上的“宽度”，从而实现高等教育培养复合型人才的目标。

本套教材中的每一本均由该学科领域有影响力的专家学者领衔编写。通识教材的“基础”与“宽度”，需要特别重视教材纲目与内容的适用性、可拓展性和灵活性。唯有在该领域具有丰富教学经验及精深学术水准的名家，方能“取精用弘，由博返约”，编写出体现“通识”特色的高水平教材。

本套教材形式与内容和谐统一，教材内容基础适用，语言简洁生动，并辅以典型、有趣的案例和图表，轻松活泼的栏目和插图等，图文并茂，引人入胜，照顾到青年学生群体的阅读习惯。

作为出版者，我们特别希望通过加强通识教育教材建设，推进高校课程体系的融会贯通，提高学生跨学科、跨文化的理解能力，为学生未来的职业生涯与人生发展奠定良好的知识和能力基础。这套通识教育系列教材只是开始，期望更多的专家学者共襄此事，推进通识教育教学的改革与发展。

中国人民大学出版社

·编者前言·

1

经过 4 年多的精心筹划与编纂，《西方文明通论》终于顺利出版，与大家见面了。

本书是中国政法大学通识必修课程“西方文明通论”的配套教材。我们于 2006 年开始面向全校本科生开设“西方文明通论”。截至 2022 年 6 月，该课程已开设 32 个学期，先后有 70 余名校内外专家、名师进行授课或讲座，惠及 2006 级以来的 13 届 3 万多名本科生。作为中国政法大学通识教育课程的标杆，经过 16 年的建设和发展，本课程已经成为师资一流、体系完整、内容丰富、享誉全国的知名通识课程，是中国政法大学通识教育精品化、国际化的一个重要范本。

本书所汇集的 16 篇文章，基本都在“西方文明通论”课堂上做过专题讲授。其中几篇文章是在课堂录音稿的基础上修改完善而成，而大多数文章则是授课老师专门为本教材所作。北京大学历史学系的彭小瑜教授为了撰写《资本主义批判与西方社会思想传统》这篇文章，历时 4 年，几易其稿，精雕细琢，其严谨和认真程度令编者甚为感佩。中国音乐学院的毕明辉教授，为帮助我们更好地理解古典音乐，悉心为所有选录的世界名曲和乐章设计了二维码，供读者随时“身临其境”地聆听和赏析。此外，为了引导同学们深入理解教材内容，拓宽思想视野，老师们还精心设计了思考题，推荐了延伸阅读书目。可以说，各位老师的倾情投入，为本教材的质量提供了可靠的保障。在此，我们向所有参与教材编写的老师致以最衷心的感谢！

本书主题广泛，史论结合，图文并茂，异彩纷呈，既可作为高校相关通识课程的教材，也可作为所有对西方文明感兴趣的读者的案头读物。相信本书的出版，必将为读者进一步了解和把握西方文明的丰富面向、历史脉络、精神特质起到有益的参考作用。

2

汤因比（Arnold Joseph Toynbee）在《历史研究》中将人类曾经出现过的文明分为21种类型，亨廷顿（Samuel P. Huntington）在梅尔科（Matthew Melko）的基础上总结出当今世界的八大文明类型：中华文明、日本文明、印度文明、伊斯兰文明、西方文明、东正教文明、拉美文明，还有可能存在的非洲文明。从人类文明的整体视角看，西方文明只不过是这众多文明中的一种。

然而，从西方文明的丰富内涵及其与现代世界之间的紧密关联看，它又有其独特而重要的价值。可以说，它是人类文明图景中最重要的组成部分之一，对世界文明的进程和现状产生了全面而深刻的影响。因此，确切地把握和理解西方文明，是每一个现代人都应该面对的课题。

英国诗人吉卜林（Rudyard Kipling）有句名言："东方是东方，西方是西方；二者永远天各一方。"然而，思想史的进程告诉我们，恰恰因为差异的存在，才有可能让我们从与他者的对照中更深刻地认识自身。此外，东西方之间的深刻差异并不妨碍我们从中发现可资借鉴与相互融通的可能性。或许，更值得追问的是，到底"什么是西方文明"？它与东方文明乃至中华文明有何差异和可融通处？

这两个问题可作为这门课程或引领全书阅读的两条脉络。当读者读完全书，或许能得出自己的看法或结论。当然，我们希望读者在多角度、全方位了解西方文明的同时，也学会用理性、辩证、客观和动态的观点看待西方文明的历史与价值，在与中华文明的比较和互鉴中，树立正确的文明观、历史观和世界观，坚定理想信念，厚植家国情怀。

由于本教材主要是分专题来阐发的，每一讲所揭显的都是西方文明的某个特定面向或领域，因此，我们将从整体上对"什么是西方文明"这个话题谈一些自己的理解，并对高等教育中通识教育与专业教育的关系略加阐发，以期为本书的阅读提供一个类似于定位用的坐标系。读者在这一坐标系之下再深入阅读各个专题的细节，或许能免除"只见树木，不见森林"之憾。

3

自近代以来，我国智识界对西方文明或西方文化的流行理解有二：（1）西方文明就是“德先生”（democracy：民主）和“赛先生”（science：科学）；(2) 西方文明是两希文明（古希腊文明和古希伯来文明）。这两种理解，若仅作泛泛之论，并无不可，但对一门课程而言，未免过于笼统——前者失之于简，后者失之于浅。

所谓“西方”，本义不过是指与作为“日出之地”的“东方”相对而言的“日落之地”。就此而言，东西方之所指乃随地球经度的变化而变化，本非定指。然而，今天我们所说的“西方”，早已超出这一本义而发展出更为特定的含义。从地域上看，本书所说的“西方”文明，主要意指西欧、北美国家共有的一种文化形态和一整套文化体制。而从更广阔的文明或文化视角来看，“西方”文明更是意指这种文化形态和文化体制所具有的内在关联性与深刻一致性。

在《什么是西方：西方文明的五大来源》中，法国思想史家、哲学家菲利普·尼摩（Philippe Nemo）指出，“西方”不单是一个地域概念，从文化或文明的角度看，今天的“西方”，作为一种具有历史的文化形态的生成过程，乃是如下五个最重要的文化事件的结果：

（1）古希腊人创立了具有典范意义的城邦制度，进而为后世创造了理性的尺度、法治、科学和学校；

（2）古罗马人带来了罗马法和私有财产的观念变革，并成为西方人文主义的重要源泉；

（3）《圣经》的伦理学和末世学革命，引入了超越罗马法“各归其主”之公正的博爱传统以及线性时间的末世学倾向和历史性的时间观；

（4）11 世纪到 13 世纪的“教皇革命”通过希腊科学和罗马法律两大旗帜来管理社会，力求使世界迅速基督教化，由此实现了“雅典”、“罗马”和“耶路撒冷”的真正融合；

（5）由近代的重大民主革命而开启了现代社会自由民主的进程。①

当然，尼摩并不是说，西方文明只有这五大来源，但像凯尔特文化、日耳曼文化以及今天称之为商业文化的各种文化现象在《什么是西方：西方文明的五大来源》中基本没有谈及。毫无疑问，尼摩对西方文明不同要素的思想史拆解为我们理解西方文明提供了一个基本框架，而且，他还让我们清晰地意识到，任何一种文明的要素都有可能在历史的演进过程中既逐渐下沉至

① 菲利普·尼摩．什么是西方：西方文明的五大来源．阎雪梅，译．桂林：广西师范大学出版社，2009.

器物层面，亦不断上升到制度安排和观念传承的层面。因此，对西方文明的理解，既不应采用还原论的方法对之简单地予以化约，也不应用一种本质主义的方式来刻板地界定，而应将之视作一个动态演进的过程。由是观之，西方文明在历史的发展中，既蔓衍出众多文化支流，同时也有众多源头活水加入其中，从而成为一个复杂多变的复合体。

正是基于这样一种对西方文明的动态理解，本书一改以往众多“西方文明史”教材的纵向叙述角度，而主要采取横向的角度来阐述西方文明。我们将不同的学科与相应的文明区域对应，从大的方面区分了哲学、历史-政治、科学、文学、艺术这五个大的主题。每个主题下再设立一至四个小的专题，这一系列专题构成一个有弹性的、可灵活调整、适时更新的课程内容体系。

“西方文明通论”课程在注重阐释传统理论的同时，也密切联系现实，紧跟时代潮流，把握时代脉搏。例如2020年，在新冠肺炎疫情全球肆虐的情况下，我们邀请北京大学医学部的张大庆教授和苏静静教授加入授课团队，将现有的西方医学史专题与新冠肺炎疫情结合，通过让学生了解西方历史中疫病的发生、传播和治疗，医学理论的发展，医疗技术的进步和医疗制度的创新，启发学生思考医学在人类文明发展历程中的重要作用。为此，张大庆教授的课程讲稿《古代西方的健康、疾病与治疗》也被收录进了本教材中。

不难发现，本书编入的这16个专题，既有宏观视野的鸟瞰，也有中观层面的梳理，更不乏微观角度的细节与洞见。书中的每一位作者都是相关领域中的专家，不但有高深的学术造诣，也有丰富的教学经验。我们相信，由这些专家根据各自研究的重心与专长，为本科生讲解西方文明的某个领域、面向或议题，当能高屋建瓴、深入浅出地引领学生进入西方文明之殿堂，一窥其精义。

4

1945年，哈佛大学校长柯南特（James B. Conant）组织多位知名教授和社会人士撰写了《自由社会中的通识教育》（*General Education in a Free Society*），这就是通识教育领域著名的“哈佛红皮书”，也是通识教育领域的纲领性文件。此报告认为通识教育所要解决的是把学生培养成什么样的人的问题，而专业教育解决的则是职业技能的问题。《自由社会中的通识教育》的发表，成为美国“通识教育运动”兴起的标志之一。

如该红皮书所言，大学教育可分为专业教育与通识教育。专业教育侧重于培养术有专攻的人才。这在知识更新周期日益加快、知识分工日益盛行的今天，本无可厚非，但是，一旦过于强调高校教育的专业性，我们就有可能在不同学科之间构建起知识壁垒，从而忽略了人与人之间与学科之间的“必要连接和共同基础”。正是为了防止这种知识割裂之失，才会有通识教育的提倡，也正是由此才能体现出通识教育的重要与不可或缺。如果说，专业教育侧重于培养专精之才，那么，通识教育则更侧重于培养“整全的人”（the whole man）。就此而言，二者本是相辅相成的关系。

但就教育的目标而言，专业教育与通识教育之间亦存在张力：专业教育背后隐含的是要发现有能力的人并提供机会和选拔培养，通识教育则建立在提升学生的普遍水平这一目标之上。前者重在“别”，从而有可能扩大学生间的差异；后者重在“合”，从而可在很大程度上改善教育机会的公平性问题，提升学生的普遍水准。正是因为这种张力的存在，才使得这两类教育之间具有互补之可能，且彼此对于对方而言皆有救治其失的作用，缺一不可。

基于这样的考虑，我们认为，“西方文明通论”这门课程在培养整全人格与提升学生的普遍水平这两方面具有独特而不可替代的作用。这门课程放在本科一年级讲授，不但能让学生开阔眼界、增长学识、陶冶性情，而且更重要的是，它能让学生受到一种整全而博雅的人格教育和现代文明基本价值观的教育，涵养人文精神，提升人文素质。

具体而言，本教材及其课程设置，亦将有助于学生获得专业技能之外更为全面的能力培养。丹尼尔·布朗（Daniel Brown）曾参考安吉洛和克罗斯（Angelo and Cross）① 著名的教学目标清单（Teaching Goals Inventory, TGI），依据学习理论，划分出了六个类别的课堂教学目标，分别为：（1）培养高层次的思考技能；（2）掌握基本的学业成功技能；（3）掌握学科专业的知识与技能；（4）自由教育与学术价值的获取；（5）为工作与职业做好准备；（6）个人发展。②

这六大目标，既涵盖了教育的工具性层面，也触及了教育的塑造价值观、提升自我认知乃至自我实现的层面。显然，光凭专业教育，并不能完成这六

① T. A. Angelo, K. P. Cross. Classroom Assessment Techniques: A Handbook for College Teachers. 2nd. San Francisco: Jossey-Bass, 1993.

② D. A. Brown. A Comparison of Teaching Goals and Objectives Identified by Faculty and Peer Learning Facilitators within a Transition Seminar for New College Students. Washington DC: ERIC Clearing House on Higher Education, 2003.

个类别的能力培养目标，尤其是其中的（1）（4）（6）三点，即培养高层次的思考技能、自由教育与学术价值的获取和个人发展，实乃通识教育培养的目标所在。因此，为了更好、更全面地实现多种能力的提升与不同学科之间的互补，理工科的学生，不妨选修点文科的课程；文科的学生，也应该了解自然科学最前沿的一些成果与现代科学的思维方法；而不论文科还是理科的学生，都应该对中西方文明的历史脉络、思想资源乃至不同学科的重大问题，有基本而恰切的了解。

如果说专业教育带有方向上的指引乃至强制性，那么，通识教育就是一种基于心灵自主性而来的“自由教育”。而真正富于创造力的学习，必定是自主性的学习，它并不建立在以分数和职业教育为依归的功利性导向之上，而更侧重于兴趣导向，是基于个体心灵在求真、致善和臻美的追求中对自己生命层次的自主定位与人生道路的自由抉择。在这一意义上，不妨套用一句流行语：在自我提升的道路上，选择比努力更重要。

我们衷心希望，读者在阅读本教材的过程中，能发掘更多自由选择的可能性，从中发现更加丰富多元的精神世界。

本书的选题和立项得到中国人民大学出版社学术出版中心主任杨宗元女士和编辑张杰的大力支持。编辑凌金良和崔毅也为本书的最终顺利出版付出了大量辛劳，在此一并表示感谢！

在本书前期统稿过程中，“西方文明通论”课程的助教孙宇、李开恒等同学和博士生韩立俊在文字校对、引注统一等方面做了大量细致的工作，在此也表示感谢！

张浩军　钱雪松

2022年6月

目　录

哲　学

历史-政治

科　学

文 学

艺 术

哲　学

第一章　西方文明的历程

张志伟*

作为《西方文明通论》的第一章，我们准备简略地概述西方文明的历史演进，了解西方文明的由来和构成，以及西方文明从传统社会向现代社会的转型过程，目的是批判地继承和发展世界文明的宝贵文化遗产，汲取西方文明现代化进程中的经验教训，走出一条具有中国特色的健康的现代化之路。因而学习西方文明具有非常重要的理论意义和现实意义。

首先，世界各大文明包括西方文明都是人类宝贵的精神财富，都值得我们学习。世界各大文明是在不同的地理环境、风俗习惯、语言、文化、社会历史等条件下形成的，因而各有不同的差异。就此而论，任何文明唯有通过取长补短、互相学习，吸收新鲜的养分才能保持自身进步发展的活力。其次，自 1840 年鸦片战争以来，在近代中华文明与西方文明的碰撞中，中华文明处于劣势。在此背景之下，最初由冯桂芬主张、张之洞阐发“中学为体，西学为用”，试图在保持我们自己的传统文化的基础上学习西方“船坚炮利”的科学技术，以达到富国强兵的目的，最终却以失败而告终。由于科学技术是西方文明的产物，其背后具有深厚的文化理念，我们应该考虑的不是中华文明与西方的科学技术的相互结合，而是中华文明与西方文明的融会贯通。再次，世纪交替，全球化加速，地球变成了“地球村”，虽然近年来全球化受挫，但是任何文明都不再可能偏于一隅独立自存，不同文明之间相互交流、融汇乃是世界未来发展的大趋势。最后，虽然经过一百多年的发展，尤其是经过 40 多年的改革开放，我们与西方文明相比也许不再处于明显的劣势了，但是我们正在建设的现代化道路毕竟是由西方人开辟的，我们正在做的事情是要用

---

* 张志伟，哲学博士，中国人民大学哲学院教授，博士生导师，哲学院学术委员会主任，曾任哲学院常务副院长等职，享受国务院政府特殊津贴专家，中国人民大学首批杰出学者特聘教授，兼任中华全国外国哲学史学会理事长，北京市哲学会副会长，主要教学和研究方向为西方哲学史、德国古典哲学、现象学。主要代表作有：《康德的道德世界观》、《形而上学的历史演变》（主编）、《西方哲学史》（主编）、《西方哲学智慧》（主编）、《西方哲学十五讲》等。

几十年的时间完成西方文明几百年的工作，因而批判地继承和发扬西方文明的宝贵精神财富，尤其是汲取西方文明在现代化进程中的经验教训，对于我们走出一条具有中国特色的健康的现代化之路具有极其重要的意义。

西方文明源远流长，由不同文明碰撞融汇而成，包含着极其丰富的内容，我们把讨论的范围确定在概述西方文明的历程，分析西方文明从传统社会向现代社会的转型，最终落脚在现时代世界面临的问题上。

一、文明历程

通常我们在概念上把“文化”与“文明”混用，不过在词源上二者是有区别的。“文化”（culture）的词根“cult-”是“耕作”的意思，而“文明”（civilization）的词根“civ-”则是“市民”的意思，因而“文化”与农耕有关，“文明”则与伴随着“市民”的出现而同时产生的“城市”及工商业有关，“城市”（city）就是从词根“civ-”的变体“cit-”演绎而来的。通常认为“文明”的几个主要特征是：文字、金属冶炼术、城市国家（城邦）、宗教礼仪等。我们在此区分“文明”与“文化”的目的只是说明文明的基本特征，鉴于“文化”这个概念比较宽泛，所以我们在使用这两个概念时将不做严格的区分。

我们通常说的世界四大文明古国即古巴比伦、古埃及、古印度和中国，它们的发源地分别是：美索不达米亚（大约公元前3500年到公元前1600年）、古埃及（大约公元前3100年到公元前500年）、古印度（大约公元前2550年到公元前1550年）和中国（大约公元前2000年）。也有五大文明古国的说法，把爱琴海文明即克里特-迈锡尼文明（约公元前3000年到公元前1200年）也算在内。不过，西方文明的源头不是爱琴海文明，而是爱琴海文明毁灭几百年之后兴起的希腊古典文化。构成希腊古典文化的很多东西可能来自周边的巴比伦和埃及等，例如希腊拼音文字的字母借自腓尼基，不过希腊人对传入的周边文明进行了改造，加入了新的东西，对世界文明产生了难以估量的影响。

雅斯贝尔斯的“轴心时代”理论虽然有许多可以商榷的地方，但是不失为一种关于人类文明之发展的解释框架。

1. 轴心时代

德国哲学家雅斯贝尔斯在《历史的起源与目标》（1949）一书中把公元前800年至公元前200年称为“轴心时代”，这一时期人类文明在精神领域出现了重大的突破，其中五大文明相继产生了原创性的思想：中国先秦诸子百家、希腊哲学、印度的《奥义书》和佛陀、伊朗的琐罗亚斯德和巴勒斯坦的犹太先知……这其中就包含着西方文明的两大源头：希腊文明与希伯来-基督教文明。20 世纪 60 年代以来，一些社会学家开始关注轴心时代，不过他们的角度与雅斯贝尔斯不同，例如以色列当代著名社会学家艾森斯塔特把公元前 600 年至公元 630 年这段时间称为"轴心时代"①。

在此之前人类至少已经存在了二百多万年，有文字记载的文明可以追溯到 5 000 多年以前，但是各大文明的核心理念的成熟距今不超过 3 000 年。人类文明的发展在相当长的时间里是极其缓慢的，而雅斯贝尔斯所描述的"轴心时代"则是一个"加速期"。人类各大文明进入轴心期所体现的特点是，中国、印度和西方这三个地区的人类开始意识到整体的存在、个体和自身的限度，"人类体验到世界的恐怖和自身的软弱。他探寻根本性的问题。面对空无，他力求解放和拯救。通过在意识上认识自己的限度，他为自己树立了更高的目标。他在自我的深奥和超然存在的光辉中感受绝对"②。这可以看作雅斯贝尔斯从西方哲学的角度对于各大文明进入轴心时代之原因的解释。我们可以这样理解：人类毕竟是自然的产物，在很长的时间里仍然按照自然本能而生存，但是终有一天会像婴儿分娩而出一样，剪断连接自然母体的脐带，他必须立足自身而生存于世，需要为自己建立起安身立命的基础和根据，这就是轴心时代各大文明理念的意义和作用。

雅斯贝尔斯把轴心时代称为人类的"精神化"时期。首先，轴心期体现为人的觉醒，它结束了几千年的古代文明。其次，迄今为止，人类一直依靠轴心期所形成的价值观念而生存。再次，轴心期的文明逐渐覆盖了地球上的所有文明。最后，中国、印度和西方这三个地区，从相遇开始，它们之间就可能存在着一种深刻的相互理解。③ 在某种意义上说，古代文明相互之间的影响远远超出了我们的想象，只是没有我们现在这么快捷而已。通常我们说希腊文明和希伯来-基督教文明是西方文明的两大源头，实际上中华文明也有两大源头，即先秦诸子百家和印度的佛教，而在伊朗的琐罗亚斯德教与后来的基督教影响下形成的摩尼教则对西方和中国也有过影响。④

---

① 杰克·戈德斯通．为什么是欧洲?：世界史视角下的西方崛起（1500—1850）．关永强，译．杭州：浙江大学出版社，2010：43.

② 雅斯贝斯．历史的起源与目标．魏楚雄，俞新天，译．北京：华夏出版社，1989：8-9. "雅斯贝斯"，也译为"雅斯贝尔斯"。

③ 同②13-15.

④ 摩尼教在中国被称为拜火教或袄教，大约在公元 6 世纪传入中国。

西方文明起源于希腊古典文化。希腊古典文化兴起于公元前八九世纪，在公元前5世纪达到鼎盛，不久就衰落了，代之而起的是亚历山大大帝缔造的帝国和罗马帝国。公元1世纪左右基督教诞生，逐渐成为罗马帝国的国教，476年西罗马帝国为日耳曼人所灭，西欧进入中世纪，现代欧洲人的历史从此开始。15世纪以来，经过文艺复兴、宗教改革和科学技术的飞速发展，西欧进入了近代文明，我们现在所看到的西方文明就是从近代欧洲文明发展而来的。因此，西方文明并不是单一文明的延续，而是不同文明相互冲突与融合的结果，亦即由古希腊罗马文化、基督教文化和日耳曼文化等不同文化混合而形成的。①

2. 古希腊罗马文化

人们习惯于把古希腊文明分为神话与史诗时期即荷马时期（公元前12世纪—前8世纪）、古典时期（公元前8世纪—前4世纪）和希腊化时期（公元前4世纪—前1世纪），史称希腊古典文化，而实际上希腊文明的历史要早得多，19世纪的考古发现把希腊文明的历史向前推到了公元前3000年的爱琴海文明，不过真正作为西方文明源头的是希腊古典文化。

希腊古典文化区域包括希腊半岛、克里特岛、爱琴海诸岛、东部小亚细亚沿岸希腊的殖民城邦、西部南意大利和西西里岛以及南部北非的一些地区，我们可以称之为“希腊文化圈”。与东方各大文明不同，这一时期的希腊不是一个统一的国家，而是由大大小小的“城邦”组成，每个城邦都是一个独立的政治体，由此形成了城邦制度，其中影响最大的是雅典的城邦民主制，雅典著名政治家伯里克利在阵亡将士墓前的演说可以作为其最好的写照：“我要说，我们的政治制度不是从我们邻人的制度中模仿得来的。我们的制度是别人的模范，而不是我们模仿任何其他人的，我们的制度之所以被称为民主政治，因为政权是在全体公民手中，而不是在少数人手中。解决私人争执的时候，每个人在法律上都是平等的；让一个人担任公职优先于他人的时候，所考虑的不是某一个特殊阶级的成员，而是他们具有的真正才能。任何人，只要他能够对国家有所贡献，绝对不会因为贫穷而在政治上湮没无闻。正因为我们的政治生活是自由而公开的，我们彼此间的日常生活也会是这样的。”②希腊在那个时代也属于奴隶制度，只在公民层面施行民主制。希腊城邦制度

① 约翰·赫斯特．极简欧洲史．增订纪念版．席玉苹，石晰颋，译．桂林：广西师范大学出版社，2018．以下关于古希腊罗马文化、基督教文化和日耳曼文化以及西方文明历史演变的线索，参考了这本书。不过需要注意的是，历史是由一连串偶然事件和各式各样的细节组成的，切记不要用粗线条的线索掩盖具体的历史过程。

② 王杭，云丽春．历史上最伟大的演说辞．天津：天津社会科学院出版社，2001：11.

的基本特征是，首先，组成城邦的公民，不论他们的出身、地位和职务有多么不同，在某种意义上讲都是“同类人”，亦即在政治上人人平等，每个公民都具有参加城邦政治生活的权利和义务。其次，城邦由此而形成了一个公共领域，亦即一个相对透明的政治空间，社会生活中最重要的活动都被赋予了完全的公开性。最后也是最重要的是，城邦制度意味着话语具有压倒其他一切权力手段的特殊优势。话语成为重要的政治工具，国家一切权力的关键，指挥和统治他人的方式。原来那些由国王解决的属于最高领导权范围的、涉及全体人利益的问题，现在都交给论战，即通过论辩来解决。①

正是在这样的背景之下，诞生了希腊特有的科学思维方式，哲学和科学皆源于此（实际上哲学和科学原本是一回事）。用法国研究希腊思想的著名学者让-皮埃尔·韦尔南的话说，希腊理性是“城邦的女儿”②。首先，城邦制度为自由思想提供了前提。其次，话语成为影响他人的重要的政治工具，论辩必须以理服人。这使得希腊人在关于自然和社会的知识中强调推理论证的合理性，并且体现为对知识的追求，由此形成了希腊特有的科学精神。我们需要在“科学”和“技术”之间做出区别，科学意在求真，技术追求实用。古代文明大多崇尚“学以致用”，在物质资源匮乏、生产力低下的情况下，一切以实用为目的，所以技术有所发展，但缺少科学理论。而希腊人崇尚“学以致知”，不太关心“实用”的问题，从而使得理论科学开始萌芽和发展，这应该算作例外。希腊人认为宇宙万物皆有合理的存在理由，哲学（科学）的目的就是为我们面前的事物找到合理的根据，据说早期自然哲学家德谟克里特说过，只找到一个原因的解释，也比成为波斯王要好。大约生活在公元前330年—前275年的欧几里得是《几何原本》的作者，正是这本书标志着几何学成为科学，而实际上几何学方法在古巴比伦和古埃及已经使用了千年之久，只是希腊人把几何学方法本身当作学问来研究，他们更关注的是几何学方法的证明，从而把几何学方法变成了科学。在某种意义上说，恰恰是希腊人这种不讲究实用的科学精神最终成为后来西方文明发展起来的关键因素之一。

希腊古典文化存在的时间并不长。公元前5世纪，希腊人经历了两次希波战争，他们以少胜多，维护了自身的自由独立，由此使希腊达到了鼎盛时期，但是不久便陷入了伯罗奔尼撒内战，最终以斯巴达战胜雅典而告终，结

① 让-皮埃尔·韦尔南．希腊思想的起源．秦海鹰，译．上海：东方出版中心，2021：73－76.
② 同①173.

果希腊元气大伤，北部的马其顿王国崛起，亚历山大大帝东征，吞并希腊、占领埃及、打败波斯，直到印度，使得希腊文化与当地文化融合，史称“希腊化时期”，只是喜马拉雅山挡住了他征服世界的脚步。公元前 323 年亚历山大大帝突然去世，他的帝国被手下大将瓜分，此后罗马帝国崛起，最终建立了一个地跨亚欧非的世界性大帝国。

古罗马通常指从公元前 9 世纪初在意大利半岛（即亚平宁半岛）中部兴起的文明，历经罗马王政时代、罗马共和国时代，到公元 1 世纪前后扩张成为横跨欧洲、亚洲、非洲并称霸地中海的庞大帝国。395 年，罗马帝国分裂为东西两部。西罗马帝国亡于 476 年，而东罗马帝国（即拜占庭帝国）则在 1453 年为奥斯曼帝国所灭。罗马人以军事立国，在军事成就和帝国疆域等方面远远超过了希腊人，他们几乎把所有的精力都耗费在了军事征服上，虽然罗马并不是一个爱好思辨的民族，不过对希腊文化情有独钟，从而使罗马文化接受了希腊文化的因素。

3. 基督教的诞生

西方文明的源头之一是希腊的哲学（科学），即希腊的科学精神，另一个源头是宗教，即希伯来-基督教文化，基督教包含着希伯来文化的因素。

公元 1 世纪诞生的基督教原本是犹太教的小支派，不过它的创始人耶稣打破了犹太教的限制，把仅仅对犹太人有效的道德说教演变为充满世界的大爱。耶稣的门徒都是犹太人，耶稣死后，他的门徒原本完全可以把基督教限制在犹太民族范围之内，有些人的确是这样想的，但是保罗主张基督教是所有人的宗教，在他的领导和传播下，基督教迅速成为世界性的大宗教。

犹太教是世界三大一神信仰（犹太教、基督教和伊斯兰教）中最古老的宗教，公元前 2000 年左右产生于西亚地区的游牧民族希伯来人，是犹太民族的生活方式信仰。犹太教最重要的教义在于只有一位神，即无形并且永恒的上帝。犹太人以祈祷侍奉上帝，遵行“摩西五经”上所指引的诫命。与后来的基督教和伊斯兰教相比，犹太教普世性较弱，强调犹太人与上帝立约，上帝是独一真神，唯犹太人是上帝的选民，其经典被基督教称为《旧约圣经》。诞生于犹太教的基督教打破了这些限制，主张凡信仰上帝者都有可能获得灵魂的救赎，记录耶稣言行的福音书和使徒们等的著作则被基督教称为《新约圣经》。

罗马帝国建立在对周边各民族武力征服的基础上，所以有“民族大监狱”之称。由于被压迫民族无力反抗强大的罗马军队，而耶稣的教义主张以爱化解仇恨，上帝的国不在尘世，人是有罪的，这个世界不值得留恋，今生今世乃灵魂救赎的天路历程，主张抛弃尘世向往天国，于是成了劳苦大众的精神安慰。罗马帝国辽阔的疆土为基督教的传播提供了一个世界性的大舞台。基督教最初受到了罗马帝国的镇压，不过赢得了包括罗马人在内的越来越多的信徒。历史性的转折发生在君士坦丁大帝时期。君士坦丁大帝是世界历史上第一位信仰基督教的罗马皇帝，公元 312 年，君士坦丁在米尔维安桥战役中借助基督徒的力量击败了挑战者马克森提，遂于 313 年颁布《米兰敕令》(*Edict of Milan*)，承认基督教为合法且自由的宗教。从此，基督教逐渐成为罗马帝国的国教。

在某种意义上说，罗马人是希腊哲学的继承人，基督教为了劝说异教徒皈依，尤其是劝说罗马人皈依，需要从哲学上与罗马人对话，而作为世界性的大宗教，基督教也需要利用希腊哲学来构建和论证其神学教义体系，于是基督教与希腊哲学相互融合了。西罗马帝国灭亡之后，教会把希腊罗马文化保存了下来，从而对后来的日耳曼文化产生了深远的影响。

4. 日耳曼人

日耳曼人是由一些语言、文化和习俗相近的民族构成的，他们于公元前 2000 年到约公元 4 世纪生活在欧洲中部和北部，包括法兰克人、哥特人、勃艮第人、伦巴第人、汪达尔人、阿勒曼尼人等，他们并不称自己为日耳曼人，在漫长的历史中他们可能也没有将自己看作同一个民族。公元前 51 年恺撒在他的《高卢战记》中使用了日耳曼人这个名称。古罗马历史学家塔西佗在 1 世纪末期所著的《日耳曼尼亚志》利用第二手资料，记述了公元前后日耳曼各个部落的分布、风俗习惯、宗教信仰以及整个日耳曼人的经济活动、社会组织。这本书虽然直到 1497 年才在德国出版，却成为德国人追寻种族特性的主要依据。他们选取了书中描述古代日耳曼人道德纯正、诚实无欺、节欲、爱国、谦逊、勇敢、好客等品德作为民族特性，而对那些描述日耳曼人酗酒、贪婪、举止粗俗、行为残忍的段落视而不见。① 根据塔西佗的记载，日耳曼部族所有的男子都是战士，首领与战士一起打仗，一起生活，他们粗鲁好武，在战场上怯懦怕死被视为最可耻的事。首领为胜利而战，战士为首领而战。为了养活手下的士兵，唯有发动战争。“好战”可以美其名曰“尚武精神”，也可以说是“穷兵黩武”，就是这些“蛮族”在 476 年灭了西罗马帝国。

西罗马帝国灭亡以后，经过几百年的征战，在昔日罗马帝国的废墟上，蛮族建立的法兰克王国又实现了相对的统一。公元 800 年，法兰克国王查理

① 马丁・基钦．剑桥插图德国史．赵辉，徐芳，译．北京：世界知识出版社，2005：2.

曼被罗马教皇加冕为“罗马人的皇帝”，史称“查理曼大帝”。由此体现了基督教教会浓厚的“罗马情结”：基督教原本是罗马帝国的国教，虽然西罗马帝国不存在了，但是教会希望有一个新罗马，基督教仍然可以是它的国教。应该说这个策略很成功，随着日耳曼蛮族国王成为基督徒，日耳曼人也都皈依了基督教。查理曼这位雄才大略的蛮族皇帝深刻感受到日耳曼人的野蛮和落后，于是开始鼓励教育、兴办学校、招聘学者、教授希腊“七艺”（文法、修辞、逻辑、算术、几何、天文和音乐），西欧的文化从此开始缓慢复苏，后人把这段历史称为“加洛林朝文化复兴”。基督教会在当时实际上扮演着文化延续者的角色，学校大多是在教堂附近或者修道院举办，教师也大多由教士充任。由此我们可以理解为什么德国古典哲学家黑格尔把希腊文化看作欧洲人尤其是德国人的精神家园：日耳曼人开始学习源自教会传递下来的希腊罗马文化，当然所有这些都经过了基督教神学的“过滤”。

由此，罗马人继承了希腊文化——基督教成为罗马帝国的国教——西罗马帝国灭亡后基督教教会俨然成为希腊罗马文化遗产的继承人——日耳曼人成为基督徒……希腊文明与希伯来-基督教文明，亦即“雅典”文明和“耶路撒冷”文明，在日耳曼人这里汇集于一处，形成了欧洲文明。这是一个怪异的组合，并非自然而然，也并不稳定，从 5 世纪到 15 世纪，延续了一千年，到文艺复兴开始瓦解，而这一瓦解最终促成了西欧从传统社会向现代社会的转型。

二、社会转型

欧洲社会经过漫长的中世纪终于在 15 世纪前后发生了激烈的变革。先是文艺复兴和宗教改革动摇了教会的强大势力，继之是 17 世纪科学革命与 18 世纪启蒙运动和工业革命，西欧在少数国家的带领下走上了现代化的道路，开始从传统社会向现代社会的转型。

1. 文艺复兴与宗教改革

文艺复兴（renaissance）一词的本义是“再生”。16 世纪意大利文艺史家瓦萨里（1511—1574）在他的《意大利艺苑名人传》里使用了这个概念，后来沿用至今。所谓“文艺复兴”是一场从 14 世纪到 16 世纪，发端于意大利，继而波及西欧各国的思想文化运动，由于其搜集整理古希腊文献的杰出工作，所以称之为“文艺复兴”，而它的实质则是人文主义精神。

如前所述，日耳曼各民族通过教会接受了古希腊罗马文化的熏陶，不过毕竟经过基督教神学的过滤，所以并非“原汁原味”。由于种种原因，直到

12—13 世纪，亚里士多德哲学才通过阿拉伯人回传到欧洲。即便如此，当时欧洲人对于希腊罗马古典文献所知甚少，这种状况到 15 世纪有了极大的改观。1453 年东罗马帝国（拜占庭）被信奉伊斯兰教的土耳其奥斯曼帝国灭亡，很多希腊学者逃亡欧洲，进一步激发了欧洲人搜集整理古典文献的热潮，我们今天所有的希腊罗马古典文献基本上在那个时候就搜集齐全了，此后鲜有新的发现。"引经据典""言必称希腊"就是那个时代的写照。就像我们过去对待孔孟圣贤一样，那个时候的人文学者，例如伊拉斯谟认为，通过学习古典文献就足以了解世界。不过，人文主义毕竟激发了欧洲人研究自然的兴趣和需要，最终导致了近代自然科学的兴起。"文艺复兴"或人文主义的重要意义在于，古代的知识不再用来支持基督教神学，而是恢复其世俗文化的意义，由此欧洲开始了漫长的世俗化的过程，政教开始分离。尽管宗教仍然发挥着重要作用，但是逐渐变成了私人或者某个宗教团体的事情，宗教不再能够左右社会。

如果说文艺复兴是中世纪世界遭遇的第一次冲击，那么宗教改革则是第二次冲击——基督教自身分裂了。中世纪晚期的教会没有竞争的对手，而相对虚弱的王权则需要"君权神授"的庇护，所以教会不仅在精神世界一统天下，而且渗透到了社会生活的方方面面，这不可避免会走向腐败。当时教会为了重修圣彼得大教堂而兜售"赎罪券"，相当于收取通往天堂的"买路钱"，教会因搜刮民脂民膏而犯了众怒。1517 年 10 月 31 日，德国神父、神学教授马丁·路德在符腾堡教堂前贴出了《九十五条论纲》与教皇论辩，由此开启了宗教改革运动。路德强调灵魂的救赎不在于金钱，也不在于行为，而在于信仰，亦即"因信称义"。鉴于教会的教义强调教会是上帝与教徒之间的中介，教徒不能与上帝直接发生任何关系，路德要求恢复原始基督教信仰，强调每个人的灵魂可以直接面对上帝，这相当于颠覆了教会存在的合法性。这场宗教改革运动最初发生在德国，接着蔓延到了瑞士、英国、法国以及北欧诸国，声势浩大，最终一些信徒脱离了罗马教会，自行成立了新教。

在某种意义上说，文艺复兴要求回到古希腊罗马原典，宗教改革要求回到原始基督教的教义，都具有"向后看齐"即回归传统的倾向，而此后的近代科学革命和启蒙主义则吹响了开辟未来的向前看的号角。

2. 新时代的曙光

15 世纪前后是世界历史上非常关键的时期。文艺复兴，宗教改革，哥白尼日心说的提出，资本主义生产方式的萌芽，再加上新航路的开辟……促进了近代科学技术的飞速发展，西欧由此在少数国家的带领下走上了现代化之路。我们可以把新时代的曙光概括为三个“发现”：人的发现、世界的发现和科学的发现。

首先，基督教在中世纪占据着精神世界的统治地位，人们终其一生所关注的问题是人与上帝的关系，而在上帝面前，人永远是卑微的罪人。如前所述，文艺复兴运动主要是对古代文献的收集整理，表现为古希腊罗马文化的复兴，而实质上是一场人文主义运动。文艺复兴时期的人文主义者虽然也是虔诚的基督徒，但是他们变换了一下思考人的角度，不是从人与上帝的关系，而是从人与自然万物的关系来思考人，由此凸显了人作为万物之灵的地位，体现了人的价值和尊严。这就是所谓的“人的发现”。

其次，15 世纪也被称为“大航海时代”，亦即所谓“世界的发现”。1405 年郑和第一次下西洋，1492 年哥伦布“发现”美洲，这一百年是人类大规模征服海洋的时期。当时中国的造船技术和航海技术方面在世界上是绝对领先的，但是由于种种原因中国人最终退出了海洋，而欧洲人则走向了海洋，这一退一进就决定了此后世界 600 年的历史大格局。世界的发现使得欧洲人跳出了狭隘的地域观念，走向了世界。而世界新航路的开辟，形成了海上的贸易要道，再加上经过血腥的资本原始积累，资本主义生产方式开始萌芽，西欧逐渐走上了现代化的道路。

最后，在某种意义上说，近代科学发端于哥白尼的日心说假说，由此开启了“科学的发现”。1543 年哥白尼《天体运行论》出版，针对“地心说”，哥白尼提出了“日心说”的假说，最初并没有引起人们的关注，也没有引起教会的注意。此后不久，人们发明了天文望远镜，经过第谷、开普勒、伽利略等人的天文观测，证实了哥白尼的“日心说”。于是，地球从宇宙的中心变成了一颗普通的行星，由此而激发了人们对宇宙的探索。

在这三个“发现”的背景之下，近代科学蓬勃发展，欧洲社会逐渐发生了微妙的变化。

3. 现代化道路

如前所述，无论是文艺复兴还是宗教改革都具有“向后看齐”的性质，然而自从哥白尼的“日心说”提出以后，经过开普勒、伽利略到牛顿，17 世纪发生了科学革命，物理学继几何学之后成为科学，这意味着希腊人的几何学宇宙出了问题，不仅“地心说”错了，而且按照开普勒第一定律，行星运行的轨道也不是完满的圆形而是椭圆形，从而以力学的宇宙推翻了希腊人的几何学宇宙。也许今天我们听说“希腊人错了”的时候，不会感觉有什么特别之处，但是对于 17 世纪的人们来说，却犹如石破天惊，非比寻常，因为这意味着我们一直依赖的传统是错的，古代圣贤并不是真理的化身，若要寻求真理，必须自己去探索。

17 世纪以来，在物理学的带动下，许多学科成为科学。不仅如此，实验科学发展起来了。在此之前，在西方文明的思想领域中，崇尚理论、排斥感觉经验的柏拉图主义占据了主流，而在近代科学这里，在理论科学的基础上，从哈维的血液循环学说、伽利略的物理学和动力学到牛顿的经典力学……激发了热力学、电学、化学、生物学、地质学等的发展。由此，我们可以理解，为什么在近代哲学早期出现了经验论与唯理论之争。科学与技术相互结合，推动了近代欧洲社会的变革和发展。

在某种意义上说，近代的科学革命使人们不再相信传统的权威，而 18 世纪的启蒙运动则进一步颠覆了教会的权威。面对封建专制制度、基督教教会和民众的愚昧，启蒙主义视基督教为迷信，要求以理性取代信仰并作为最高的权威，通过发展科学，推进知识，解除封建制度对人身的束缚以及宗教加之于心智的束缚，使人的身心获得自由和解放，启蒙思想家们坚信：只要理性统治世界，人类社会一定会走向繁荣昌盛。这是一个理性昌明、科学进步、崇尚知识的时代，科学技术的迅速发展，社会制度的变革，资本主义生产方式的建立……所有这些因素共同造就了欧洲近代文明。启蒙的理念——理性、自由、知识、科学、民主、人权、公正等——构成了现代社会的基础性的价值观念，对后世产生了不可估量的影响，不过启蒙的、乐观的理性主义以及人类中心论等也为现代化道路埋下了隐忧。文艺复兴与宗教改革都要求回归传统，而现在科学革命与启蒙运动则指向未来，发展、进步和创新的观念逐渐深入人心，西方文明开始了从传统社会向现代社会的转型。

关于这场社会变革，19 世纪法国历史学家托克维尔在《论美国的民主》一书的最后一章说了这样一段话："尽管社会情况、法制、思想和人的感情方面发生的革命还远远没有结束，但它所造成的后果已远非世界上迄今发生的任何事情可比。我一个时代一个时代地往上回顾，一直追溯到古代，也没有发现一个与我现在看到的变化相似的变化。过去已经不再能为未来提供借鉴，精神正在步入黑暗的深渊。"① 托克维尔这句话大有深意。根据他对美国的考察，托克维尔触及了现代性的核心亦即无限开放的未来，一方面，由此而形成的现代社会向未来开放而不再靠过去的指引，已经找不到先例可循；而另一方面，正因为如此，我们只能在黑暗中探索。简言之，传统社会是由过去

① 托克维尔．论美国的民主：下卷．董果良，译．北京：商务印书馆，1991：882.

的传统决定的，“天不变，道亦不变”，人们不会产生发展、进步和创新的理念，因为他们相信古代圣贤早已说出了真理，后人只需身体力行按照他们的话去做就好了，而现代社会却离不开发展、进步和创新。传统失去了效用，未来召唤人类向前，于是人类义无反顾地走向了未来。

伴随着资本主义的发展，西方文明走上了现代化的道路。资本主义制度使生产力获得了史无前例的提高和发展，然而也造成了深刻的社会矛盾。马克思对资本主义的批判，触及了资本主义社会的要害——资本家追求利润的结果是生产力的发展，而生产力发展到了一定程度便会与资本主义的生产关系发生矛盾，最终将通过生产力冲破生产关系束缚的方式实现社会革命。在马克思主义的指引之下，工人阶级通过罢工、游行示威等活动与资本家展开了斗争，使劳动时间缩短、待遇提高、工作环境得到改善，迫使资产阶级采取了一些避免社会矛盾的措施。结果，到了 19 世纪下半叶，资本主义社会矛盾得到了缓和，似乎社会兴旺发达、欣欣向荣，进入了黄金时期。正当人们以为资本主义克服了自身的问题，人间天堂指日可待的时候，20 世纪的两次世界大战、1929—1933 年世界性的经济危机，迫使人们开始对西方文明进行全面反思。

20 世纪以来的世界格局历史并不长，欧洲的重建和繁荣实际上是二战之后的事，距今不过几十年。而刚刚过去不久的 20 世纪可能是人类历史上最糟糕的一百年：两次世界大战、世界性的经济危机、奥斯威辛集中营、冷战、斯大林劳改营……真可谓罄竹难书。当记者问英国著名政治哲学家伊赛亚·伯林（1909—1997），他一生中有什么最不可思议的事的时候，伯林的回答是，在 20 世纪他居然活了过来而且活得还可以，这是最不可思议的。在《21 世纪的献词》中，他说：“我非常高兴地看到诸位将迎来 21 世纪，我相信这个世纪要比可怕的 20 世纪好得多。祝贺诸位的好运；我可能看不到这个光明的未来了，实在很遗憾，但我相信它一定会到来。虽然我一直说些悲观丧气的话，但我很高兴以这种乐观主义的话语结束我的发言。我们的确有很好的理由认为理当如此。”①

三、时代课题

毫无疑问，现在的西方文明在很多方面居于世界领先地位，不过这种领

① Isaiah Berlin. A Message to the 21st Century. The New York Review of Books. Oct. 23，2014 Issue.

先并非历来如此，实际上直到 1800 年以后，世界格局才发生了根本性的变化。在相当长的时间里，东方文明在财富和技术等方面领先于西方文明。那么，现在这一切是如何发生的?

近代以来西方文明的飞速发展乃至居于世界领先地位，是许多因素相互结合的结果。“在 1500 年以后的西方，一系列的新发现促使着思想家们去突破古代和宗教传统所赋予的知识，并关注于通过数学/逻辑的研究方法和经验主义的研究方法来理解自然界。然而，如果不是和实验性的研究工作相结合，仅仅依靠先进的数学和逻辑去思考自然界的话，仍然会出现错误从而无法为科学革命和工业革命提供基础。要改变工业的发展模式，就必须要在全社会的范围内广泛传播实验性的研究方法，并且使科学技术成为工业生产中应有的一个组成部分。正是在 18 世纪的英国，这些变化第一次被聚拢到了一起，从而创造出了一波又一波由科学所激发的技术革新，进而产生了现代工业的增长。”①

在某种意义上说，科学与技术的相互结合是西方文明走上现代化道路的非常重要的基本条件。如前所述，与讲究实用的东方古老文明不同，希腊人追求学以致知，虽然科学并没有使希腊富强起来，也未能阻止希腊文明的衰落，但恰恰是希腊人的科学精神为 2 000 年后西方文明的崛起留下了火种。须知 17 世纪之前，东方文明在财富和技术等方面居于遥遥领先的地位，而西方文明则是在先进的近代科学的引领下实现了技术革命，迅速赶上和超过了东方文明。当东方文明仍然按照传统的方式缓慢前行的时候，17 世纪西方的科学革命颠覆了传统，开辟了以发展、进步和创新为核心的现代化的方向。就此而论，17 世纪西方科学革命的影响至少是双重的：一方面颠覆了传统，另一方面进一步引发了技术革命，而对于现代化来说这二者缺一不可。如果没有传统的颠覆就不会有传统社会向现代社会的转型，如果没有技术革命就不可能发生工业革命。

在某种意义上说，上述这些因素在英国聚拢到了一起，使得英国成为世界上第一个现代化的国家，应该说既有必然性也有偶然性。我们过去总是在反思“李约瑟难题”：为什么中国没有产生近代科学？为什么中国没有自我转型走上现代化的道路?《中国的现代化》的作者说得好：“认为任何一个国家之所以未能有效地实现现代化是由于某些方面存在的特殊缺陷，乃是一种糊涂观念。相反，现代化的进程从总体上来说是如此之困难，以致需要解释的

① 杰克·戈德斯通．为什么是欧洲?：世界史视角下的西方崛起（1500—1850）．关永强，译．杭州：浙江大学出版社，2010：188.

只是为什么某些民族能够成功地实行了现代化的模式。”[1] 换言之，我们不应该追问为什么中国没有走上现代化的道路，真正应该追问的是为什么少数西方国家走上了现代化的道路。的确，只要所有的因素聚拢在一起就可以产生现代化，这是必然的，但是把所有这些因素聚拢在一起却有其偶然性。这就如同拼七巧板一样，缺少任何一块都不能拼出完整的图形。[2]

然而，现代化亦有自身的问题。现代化的成就有目共睹：生活质量的提高、人类寿命的延长、比以往增加的自由与平等、消除了狭隘的地域限制、人们的生活存在着多种多样的可能性……但是，人类也为现代化付出了昂贵的代价：生态环境遭到破坏、物种大量灭绝、能源消耗殆尽、大规模杀伤性武器（原子弹）的威胁、信仰危机、传统价值观念被颠覆、人们失去了道德底线……这就是我们这个时代面临的难题。

我们可以从很多不同的角度分析这个难题，现在让我们选取一个角度，利用德国著名社会学家马克斯·韦伯的一对概念描述当今时代面临的问题：工具理性与价值理性失去了平衡。“工具理性”是一种强调手段的合适性和有效性而不顾目的恰当与否的合理性。“价值理性”则是一种强调目的、意识和价值的合理性。按照韦伯的说法，资本主义社会的发展是一个价值理性不断萎缩，工具理性不断扩展的演变过程。社会的发展毫无疑问越来越具有“合理性”，越来越有秩序，组织化程度越来越高，然而“理性”却越来越多地被用于最大限度地满足人类自己的欲望，“工具”的意味也越来越浓，而对于“善恶是非”之类的道德价值却越来越不屑一顾。人类进入了人欲横流的糟糕状态，还自以为达到了前所未有的文明程度。正如韦伯所预言的那样：沉醉于“工具理性”将会使人类陷入“理性化的悖论”：社会的理性化却导致了非理性的生活方式。资本主义占据社会统治地位之后，一方面，工具理性大大发展了。它使得传统社会的一切神圣价值被“祛魅”而彻底世俗化，导致现代社会中一切行动都变成可计算、可预测的，并且把功能效率原则发挥到了极致，正所谓“时间就是金钱”“效率就是生命”，这当然无可厚非，不过问题出在另一方面，价值目标逐渐被抛弃了。如果说科学技术属于工具理性，人文精神属于价值理性，那么在我们的时代人文精神基本上已被边缘化了，科学技术强大到了决定一切的地步，人们相信所有由科学技术引发的问题最

---

① 吉尔伯特·罗兹曼．中国的现代化．国家社会科学基金“比较现代化”课题组，译．南京：江苏人民出版社，2005：184．文字有改动。

② 艾伦·麦克法兰．现代世界的诞生．管可秾，译．上海：上海人民出版社，2013：7.

终也能够或必须由科学技术来解决。

通常我们总是把“科学技术”连在一起说，实际上二者是有区别的。如前所述，科学求真，而技术致用。就此而论，我们这个时代与其说是科学的时代，不如说是技术的时代，这是一个讲究实用的时代，而不是一个追求真理的时代。虽然技术要以科学理论为基础，然而技术也有其独立性，因此始终炙手可热的是技术的发展，真正的科学家则是寂寞的。因为有实用性作为促进其发展的动力，所以技术的发展和进步是无止境的，我们认识世界、改造世界的能力也似乎是无止境的，然而我们使科学技术为人类服务的能力却是有限的。技术力量一旦释放出来便难以控制，我们不仅变成了技术的奴隶，而且面临自我毁灭的危险。在某种意义上说，技术的发展和使用失去了价值理念的控制。这一点最典型地体现在了尼采的那句话：“上帝死了。”

在近代西方文明的早期，作为工具理性的科学技术与作为价值理性的宗教信仰还算是平衡的，但是伴随着科学技术的发展进步，宗教信仰衰落了。我们以牛顿（1643—1727）和拉普拉斯（1749—1827）为例，两人相隔大约一百年，在牛顿身上体现了伟大的科学家和虔诚的基督徒之间的完美结合，他把上帝看作一个力学的宇宙的第一动力。法国科学家拉普拉斯曾经是拿破仑的老师，有一次拿破仑问拉普拉斯为什么在他的体系中没有上帝的位置，拉普拉斯回答说：“我不需要这个假设。”这意味着在这一百年间自然科学发展到了这样的程度，已经不需要上帝就可以解释宇宙了。我们并不是要维护上帝的存在，而是想指出一个事实，在科学技术的冲击之下，2 000 多年前轴心时代形成的文明理念逐渐失去了对现实的影响力，问题是我们没有新的文明理念替代传统的理念。“上帝死了”，它所体现的不仅是建立在基督教神学基础上的西方文明的价值观念崩溃了，即便我们不信仰上帝同样会受到影响，因为我们现在所走的现代化道路是西方文明的产物，其中当然也渗透着西方文明的价值观念。实际上，“上帝死了”意味着轴心时代各大文明试图以某种终极的绝对实在例如上帝、存在、实体、天、道等作为我们这个世界的基础和根据的理想破灭了，在强大的科学技术面前，所有这一切都失去了作用。所以，真正可怕的不仅是工具理性与价值理性失去平衡，更在于失去平衡的结果是工具理性取代了价值理性。

人是一种不仅活着而且还想知道为什么活着的动物。自古以来，各大文明的基本观念都体现了某种价值含义，表现为民族精神、社会理想和文化价值，而且这些价值因素往往借助于宗教信仰的方式发挥作用。科学技术的发展颠覆了宗教信仰，也颠覆了传统的价值观念。于是，人失去了崇高价值的指导，科学技术的发展失去了控制。我们并不是反对科学技术的发展和进步，错误不在于科学技术而在于人。人类认识世界改造世界的能力可能是无限的，但是把科学技术控制在对人类文明有益而无害的范围的能力却是有限的，科学技术的发展超出了我们的控制能力，而我们自己却不自知。我们把现代化这辆战车打造得越来越完美，越来越强大，以至于不再需要我们的控制，但是这辆现代化战车究竟驶向何处，很可能也不在我们的控制之中。

我们从讨论雅斯贝尔斯的轴心时代理论开始，也以此作为结束。雅斯贝尔斯所说的“轴心时代”是各大文明相对独立地构建自身价值理念的时代，决定性地影响了人类文明2 000年之久，由于传统社会向现代社会的转型而逐渐失去了作用。世纪交替，我们进入了全球化时代，地球变成了“地球村”——人类命运共同体，当务之急是如何由各大文明所有民族共同参与构建未来千年的价值观念。

相对于西方文明率先开辟的现代化道路，我们属于外源型现代化，外力的冲击造成了原有社会模式的破坏，当年面临着“三千年未有之大变局”，有人主张“中体西用”，也有人主张全盘西化，现在则是在现代化建设取得了伟大成就的基础上要求复兴传统文化，这的确具有极其重要的意义。不过，无论是主动还是被动，我们也经历了从传统社会向现代社会的转型，也许这一转型还没有完成，但是显然不太可能退回到传统社会了。所以，传统文化的复兴不是复古，它要求传统文化创造性地转化，唯有能够解决我们时代的问题才具有活生生的生命力。通过对西方文明之演进历程的讨论我们可以发现，西方文明有其独到之处，但也有其局限性。我们应该对其采取“扬弃”的态度，在自身传统文化的复兴的基础上，批判地继承西方文明中有价值的因素，中华文明理所当然应该对世界文明有所贡献。

一、思考题

1. 文化与文明有何区别和联系？
2. 什么是轴心时代？
3. 近代西欧国家如何完成从传统社会向现代社会的转型？
4. 中华文明在实现伟大复兴的过程中如何对待西方文明？

二、延伸阅读

1. 张志伟．西方哲学史．2版．北京：中国人民大学出版社，2010.

2. 董晓燕．西方文明史纲．3版．杭州：浙江大学出版社，2021.

3. 约翰·赫斯特．极简欧洲史．增订纪念版．席玉苹，石晰颋，译．桂林：广西师范大学出版社，2018.

4. 雅克·巴尔赞．从黎明到衰落：西方文化生活五百年．林华，译．北京：中信出版社，2013.

第二章　近代哲学的要义：自由与启蒙

黄裕生*

引言

对自由的深度自觉与系统论证的工作，是近代西方哲学的核心工作，也是近代西方哲学的要义所在。这一工作构成了人类近代一场影响深远的思想运动的核心内容，这就是直接开辟了人类现代性社会的“启蒙运动”。

这里所谓“对自由的深度自觉与系统论证”，就是把自由与其他一系列相关问题联系起来进行多维度、多视角的讨论，从而在使自由成为理解与讨论一系列问题的基础的同时，使自由本身得到论证，获得深度的自觉。

发生于欧洲的思想启蒙运动之所以被称为启蒙运动，就在于它通过对人类自由的深度反思与系统论证，发现并确立了人类个体的真实身份及其绝对性，从而使从人类个体出发去重新审视和确立一切关系获得了正当性。这些关系包括人与人之间、人与共同体之间，以及人与神之间、人与世界之间的一切关系。

正是通过这种思想启蒙运动，人类造就了一种“启蒙文化”，从而开辟并维护着现代性社会。

今天经常可以听到一种观点，认为这种思想启蒙运动只属于西方世界的一次文化运动，与其他文化世界无关，其他文化世界也不应与之进行关联，并认为这是一种欧洲中心论或欧洲化。这种观点忽视了启蒙运动首先是人类的一种自我认识活动，它标志着对人自身的认识实现了一种突破，达到了一

---

* 黄裕生，清华大学哲学系教授，兼任中国现代外国哲学学会副理事长、德国哲学专业委员会主任。曾任清华大学哲学系主任。主要研究领域为第一哲学、德国哲学、宗教哲学、政治哲学等。主要代表作有：《摆渡在有—无之间的哲学——第一哲学问题研究》《权利的形而上学》《站在未来的立场上》《宗教与哲学的相遇——奥古斯丁与托马斯·阿奎那的基督教哲学研究》《真理与自由——康德哲学的存在论阐释》《时间与永恒——论海德格尔哲学中的时间问题》。主编有“纯粹哲学丛书”。其主讲的“西方思想经典与现代社会”入选哲学类国家一流课程。

个新的高度。如果我们承认任何文化（包括信仰）都是一种“知识系统”，都包含着对人与世界的认识，那么，任何一个文化世界都不能无视发生于欧洲且具有席卷全球力量的思想启蒙运动。实际上，从整个人类文化史看，我们可以说，正是启蒙运动完成了对自由的一次深度发现与认识，完成了近代的知识更新，从而把人类带向现代社会。但是，换个角度说，也即从区域文化角度看，在没有完成对自由的这种深度自觉与认识的地方，也就意味着没有完成“文化启蒙运动”。在这些地方，人们很难真正告别古代。因为古代的幽灵会一直徘徊在人们的生活中，甚至会与当代科技相结合而把人们带入比古代更可怕的奴役之中。这也是为什么追问自由、理解自由、认识自由对于所有不同的文化传统来说都是至关重要的原因。

在今天，如果人们想自觉地进入现代社会，如果人们想为自己为什么能够抗拒一切奴役做出辩护，如果人们要为自己为什么拥有与包括统治者在内的所有他人一样的普遍权利和一样的人格尊严给出理由，如果人们要为自己为什么能够享有人身安全与财产保障提供依据，那么，不管人们生活在什么地方，归属什么样的文化传统，都必须完成对自由的追问与自觉。否则，所有这些愿望都只能落空。

人们有理由拒绝奴役，或者反过来说，人们没有理由奴役他人；进一步说，每个人之所以拥有与他人一样的权利和尊严，并享有人身与财产的安全，这些全在于每个人类个体都是自由的。因此，这里我们要首先讨论一下，如何理解人的自由？

一、对自由的论证

在流俗的说法中，人们往往把自由理解为为所欲为，想干什么就干什么，所以，只要有例证表明在现实中没有人能想做什么就做什么，就认定人根本没有自由。但是，人们一旦这样理解自由，就还没有理解真正的自由，实际上否定了自由本身。因为这样理解的自由实际上等于任性，等于非自由。

而人的任性，不管是意愿上还是行为上，在根本上都受外在的环境和事物的刺激、影响乃至决定。人们看到喜欢的东西就想获得它，或者仅仅因为心里突然萌生起一个观念就想去实现它，都属于任性。所有这些任性也都与我们的意志-欲望相关。不过，只是与我们的低级意志-欲望相关，也就是只与朝向外在事物而受外在事物影响、刺激的那部分意志-欲望相关，而与独立于一切外在事物的高级意志-欲望无关。在这个意义上，人的任性都不是真正出自人自己的独立意志本身，而是受人自身之外的事物影响或决定，因而可以做因果必然性的说明。简单地说，所有的任性实际上都受因果必然性的支配。所以，当人们把任性当自由时，也就等于把一种因果必然性当自由。但是，真正的自由恰恰就在于突破因果必然性，突破外在的决定。

如果我们把因果必然性理解为有A必有B，也就是说A的存在只通向一种可能性，那就是B的存在，那么，这种因果必然性也就意味着“非如此不可”的唯一性。在这里，从A到B之间是封闭的，而不是开放的、未确定的。而自由之为自由，就在于它能够突破这种非如此不可的唯一性与封闭性。

这种自由也就是一种能力，“能够不愿意服从”与“能够拒绝一切诱惑物”的自由意志。自由意志之为自由意志就在于它能够只从意志自身出发去决定行动的最终动机并给出行动，而置一切外在原因、外在条件于不顾，因而它能够突破人身上的本能，能够突破自然的因果必然性。简单地说，自由意志也就是一种能够独立于本能与自然因果必然性的决定而直接给出行动的能力。

所以，如果说人是自由的，或者说人有自由，那么这首先意味着，人不仅生活于自然的因果必然性里，而且存在于自由里。自由意志使我们不只是自然地生活，而且是自由地生活——超出自然的限定而自我筹划、自我选择。因此，如果人是自由的，那么对于人来说，他的存在永远面临其他可能性，而不会只有一种可能性的处境，也就是说，他没有“非如此不可”的存在处境，除非他被强力完全控制。

那么，人究竟有没有这样的自由？讨论与论证“人是自由的”这一命题，是近代启蒙思想的一个核心工作。从哲学角度看，这一工作在康德的《实践理性批判》里才真正完成。在这个意义上，我们也可以说，作为启蒙思想的集大成者，康德才完成了近代的启蒙。在这部著作里，康德要做的一个基础工作就是证明存在着“纯粹实践理性”，也就是证明存在着自由意志。

不过，他的这一证明工作是一项很专业的工作，这里我们不打算详细讨论，我们只通过讨论康德借助反证法给出的一个证明，来理解和认识人为什么是自由的。

我们知道，任何一种人类社会，或者任何一个人类共同体，都是保障每个人能过人的生活的前提；如果每个人要过人自身的生活，他就必定要生活在某种共同体里。但是，任何一种共同体或社会都基于某种成文或不成文的行为准则，首先就是基于一些最基本的伦理-道德原则；没有行为准则，任何秩序与共同体都不可能建立起来。同时，我们可以设想，如果我们彻底抽掉那些基本的伦理道德原则，那么任何共同体都必定马上瓦解而不复存在。因此，我们无法想象人类能生活在没有基本原则与秩序的共同体里。

现在，一个无法否定的事实是，人类的确就生活在各种社会共同体里，这意味着，人类的确是生活在各种伦理道德原则之中，因此，伦理道德法则对每个人都是有效的，至少被视为应当对每个人是有效的；否则，任何社会共同体都不可能被建立起来。

但是，所有伦理道德原则不是劝令，就是禁令，它们或者是以“你应当……”的形式出现，或者是以“你不允许……”的形式出现。

现在我们设想，人不是自由的，人没有自由意志；或者换个角度说，人不能成为自己行动的最后的决定原因，他没有能力根据自己的意志去决定自己的行动和生活，因此，他的所有行动和生活完全是由他的意志之外的事物决定的，也就是说，他的所有行动和生活是受因果必然性支配的。

但是，如果人的行动和生活完全受因果必然性支配，那么，向任何人颁布任何劝令或禁令都是毫无意义的。因为对于一个不能完全从自己的意志出发而独立自主地决定自己的行动和生活的人来说，向他颁布“你应当……”或“你不允许……”这类行为法则，是没有意义的。这正如向一切生活受本能支配的动物命令“应当做什么”与“不允许做什么”没有意义一样。

这意味着，如果人不是自由的，那么，一切伦理-道德原则对任何人都是无效的，也不能被视为应当对任何一个人有效。但是，如果伦理道德原则是无效的，那也就意味着，人类不可能生活在任何社会共同体里。

事实是，人类是生活在各种社会共同体里的。这表明了另一个事实，伦理道德原则对于人类个体是有效的，或者说，人类个体是能够无视一切外在事物而遵守与捍卫一些基本的行为原则，否则人类就不可能生活在任何共同体里。而伦理道德原则对人类个体的有效性表明，人是自由的，人有自由意志。

实际上，正因为人是自由的，使每个人拥有两种否定性力量：一种是能够拒绝一切外在的强制性要求；另一种是能够抗拒一切诱惑。

自由的这两种否定性力量，使我们每个人有一种积极的、肯定性力量，那就是能够无视一切因果性关系，无视一切外在的强制性因素，而只从我们自身的纯粹理性即自由意志本身出发，给我们自己颁布那些普遍的道德法则，并坚守这些法则。

这在根本上意味着，人类个体的自由存在是我们人类的一切伦理道德法则的基础：正因为每个人类个体有自由意志因而是自由的，人类才会有道德法则，道德法则也才被要求应当对所有人都是有效的，并且对每个人的确是有效的。同时，伦理道德法则的存在与有效性，反过来证明人类个体有自由意志且存在于自由之中，因而“人是自由的”这一点是绝对的，不可怀疑的。

这里要提示一下，在西方哲学史上，从把理性或理智视为人的本质到把自由或自由意志视为人的本质，经历了两千多年的努力。当康德把自由意志视为“纯粹实践理性”而高于“理论理性”时，一方面表明他突破了希腊哲学以来对“理性”的理解，扩大了“理性”概念的内涵，把理性提高到了自由意志（纯粹实践理性）来理解；另一方面表明他以自己高度综合的哲学沟通、融合了希腊思想与希伯来精神。而就整个人类思想史来说，康德和整个启蒙运动对人的自由存在的深入讨论与系统论证，标志着人类对自身及其本质的认识提高到了一个全新的水平。

正是从人类对自身的这种全新认识出发，人们确立起了构成现代性社会基础的一系列基本原则。

二、基于自由的绝对法则

上面关于自由的论证，实际上隐含着另一个论证：自由使人的生活成为人的生活，因为正是自由使人生活于人所特有的伦理-道德世界里。这意味着，作为自由存在者，我们人类个体之间首先需要相互承认与尊重各自的自由存在，否则我们自己将异化而无法过人的生活。

那么，如何相互承认与尊重各自的自由呢？就自由意味着每个人能够（有能力）按自己的意志决定自己的行动而言，“相互承认与尊重各自的自由”也就等于要求每个人在按自己的意志决定自己的行动的同时，也要允许他人按自己的意志决定自己的行动。也就是说，当你在行使与维护自己的自由时，应当尊重与维护所有他人和你自己一样的自由。

这意味着，只有当我们每个人在按自己的意志行动时，不与“他人按其意志行事”相矛盾，我们才能真正相互承认与尊重各自的自由。

那么，我们如何才能做到“行使自己的自由同时允许他人自由”？显然只在遵循这样一条原则的前提下才能够做到，那就是：当你用以规定你的行动意志的理由（动机）成为所有人规定其行动意志的理由时，无人会与你相互反对。或者说，当你的行为准则（动机）成为所有人的行为准则时，不会陷入相互冲突。简单地说，每个人在行使自己的自由时，其行为准则必须能够成为所有人的行动准则而不陷入相互冲突。这就是每个人的自由的界限。

根据这条原则，要相互尊重与维护各自的自由，人们就只能这样行动：你的行动（生活）准则普遍化为所有人的行动（生活）准则时，大家能相安无事，而不致陷入混乱与冲突。也就是说，为了相互尊重与维护各自的自由，每个人在自己的行动和生活中，都要遵守一种普遍的准则。

这等于说，基于自由，我们需要相互承认与尊重各自的自由；而为了相互尊重与维护各自的自由，我们需要遵守一种普遍的准则而行动。康德把这种普遍准则概括为一条“纯粹实践理性的基（根）本法则”：“你要这样行动，使你的意志的准则任何时候都能够同时作为一个普遍立法的原则。”①

这是一条基于自由且为了自由的“基本法则”，因而是在自由者之间能够且应当确立的一条关系法则。这一法则也被康德视为一个出自自由意志的绝对命令。所以，人有自由意志且是自由的，并非意味着人可以为所欲为，相反，自由意志恰恰给自由者颁布了普遍法则，以保障和维护自由者之间的自由。

这条绝对的道德命令一方面规定了人的绝对责任（义务）因而是一条责任法则：每个人在决定自己行动的理由时，要以不否定他人出于同样的理由而行动为界限，否则，就不应如此行动。

另一方面则规定了人的行动空间因而是一条权利法则：它要求允许每个人按自己的意志实施一切可普遍化的行动。也就是说，最基本的道德法则在表明每个人拥有一种绝对责任的同时，表达了每个人拥有这样一种绝对的行动空间：每个人都应当被允许按他自己的意志行动，只要他不妨碍别人依同样的准则行动。换一个角度说，只要他的行动不妨碍别人同样的行动，那么他就应当被所有人允许做他愿意做的一切事情，别人不得妨碍或损害。

这个行动空间就是一个人的权利空间。什么是一个人的权利？一个人的权利就是一个人的行动空间。由于这个行动空间是每个人依据绝对的道德法而应当被允许、被承认的，所以每个人拥有的权利是一种道德的权利。这一方面是说，人类个体的权利是基于他的道德身份获得的；另一方面则是说，这种权利是每个人维护其道德身份、过自主的道德生活的前提。

于是，基于自由，我们能够且应当确立起这样一些绝对法则：

第一条，绝对责任的法则：每人在行使自己的自由时，都应当承认并尊重他人同样的自由。

第二条，绝对权利的法则：每个人都应当被允许按他自己的意志去行动，只要他承认并尊重他人同样的行动。

① Immanuel Kant. Kritik der praktischen Vernunft. A54. Wilhelm Weischedel, ed. German: Suhrkamp Verlag KG, 2004: 140；康德．实践理性批判．邓晓芒，译．北京：人民出版社，2019：39.

同时，基于自由，我们还可以发现第三条绝对法则，也即每个人的目的性存在法则。既然每个人都是自由的，因而能够且应当相互承认与相互尊重各自的自由，那么，每个人在把自己当作目的本身的同时，也应当把他人当作目的本身，而不应当把他人仅仅当作工具来对待。因为如果把他人仅仅当作工具，那么必然要把自己的目的或者其他号称更高的目的强加给他人，并强制他完全服从这种外在于他的目的。而这等于完全否定了这个人的自由本身。因此，基于人的自由，我们便拥有第三条绝对法则：每个人都应当把自己和他人当作目的本身，而不允许把任何人仅仅当作工具来对待。

就每个人的这种目的性存在就是每个人的核心尊严所在而言，目的性法则也就是绝对的尊严法则。

这三条绝对法则是基于自由确立起来的人间关系法则，也可以说是以自由为基础的启蒙伦理学确立起来的基本法则。正是从这些基本法则进一步引申出现代性社会的一系列基本原则：

（1）个体本位原则。由于作为自由存在者，每个人类个体的存在就是目的本身，而不是他人或任何集体的单纯工具，因此，个体的存在本身就具有绝对的价值且具有绝对性。所以，个体的目的性存在是理解、确立与他人关系，包括与一切共同体的关系的出发点，而不是相反；任何共同体都不得以任何理由凌驾于个人之上而奴役个体。

（2）个体优先于共同体的原则。这并不是说人类首先生活在共同体之外，而是说只有作为自由的个体存在者才会生活在共同体之中。因为一切共同体之所以是一个“社会单位”，而不是动物般的群体，乃是因为所有集体都是由存在于相互性关系中的个体组成的，如果个体没有使他能够突破本能的封闭而相互敞开的自由，就不可能确立起相互性关系。

（3）权利优先于服从的原则。由于每个人因自由而拥有一个绝对的权利空间，这个权利空间是每个人维持其道德身份、过自主生活的前提，所以，每个人对他人与集体的任何服从都要以自己的权利不被损害、不被侵犯为前提，否则，就意味着他放弃了自己的道德主体身份，因此，也意味着放弃对自己负责，而这是不应当的，也是不允许的。换个角度说，任何个人或集体在要求他人服从时，要以不得损害、侵犯他人不可让渡的权利为前提，否则，就意味着要求他人放弃过“人的生活”，因此，他人有理由拒绝服从。

（4）主权在民的原则。与古代国家观相反，共同体的统治权及其正当性不来自人之外的任何超越者，而是来自共同体内所有成员的权利让渡与授权委托。人们之所以组建国家这种共同体，是为了一个根本目的，这个目的包括了三方面基本内容：第一，更好地维护和保障所有成员个体的安全与自由；第二，更好地维护与发展公共福利；第三，更好地促进共同体的全面改善与提升，为所有成员个体的发展与完善提供更好的条件。为此，人们才在组建国家时向它让渡出了部分权利（比如维护个体安全与公共福祉的权利），并授予相应的权力。因此，国家的主权一方面是神圣的，因为它来自其成员个体那些可让渡、可代理却不可否定、不可侵犯的权利让渡，所以侵犯一个国家的主权就等于侵犯其成员个体不可侵犯的权利；另一方面国家的主权不是绝对的，它不能凌驾于其成员个体那些不可让渡的权利之上，因为国家的根本目的就是维护与保障其成员个体这些绝对的权利，以及基于这些权利而应当拥有的利益。

基于自由的三大绝对法则以及从中引申出来的四大基本原则，构成了现代社会的基本原则。现代社会的整个秩序都是建立在这些法则与原则之上的。

所以，古代社会与现代社会之别，不是空洞的物理时间之别，也不是科技因素多少之异，甚至也不是生活内容的分际，而是建构共同体的基点和原则的分别。而新基点与新原则的确立则是以人类对自身的认识达到一个新的高度与深度为前提的。人类是通过对认识世界与认识自己的提高、深化来不断实现自我解放，实现摆脱一个时代而迈向另一个时代。

如果说人类通过近代自然科学的全面刷新而为自己构建出了一个全新的“宇宙图景”，那么我们可以说，正是通过人文社会科学（特别是哲学）对人类自身的全新认识而确立起了构建现代社会的全新原则。在这个意义上，古代社会与现代社会之别，终归是人类自我认识阶段、自我认识水平之别。

今天，在一些地方，不少人都会有这种遭遇，那就是不仅难以与父辈言政治，与同辈也多难以言政治。表面上看似乎是因为观点分歧，而实质不是。难以交谈的实质是人们在自我认识的深度上、在构建社会的原则版本上处在不同的历史阶段，所以，他们之间的分歧是不同“历史时代”的分野，而不只是简单的观点不同。

具体说，一方面是已确立起了现代社会原则而接受了现代国家观念：个人与社会先于国家，所以个人普遍的权利、尊严与幸福首先需要得到保障和尊重，否则就是国家失职乃至失去合法性。另一方面则是仍怀抱着古代社会原则而滞留在古代国家观念里：集体、国家先于个人与社会，无国便无家，所以国家利益、国家强大比个人幸福、权利、尊严更重要和更优先；因此，若个人、家庭的幸福有所改善，则是国家的莫大恩赐，理当感恩戴德。

今天，仍然有不少国家与地区，其民众中只有一部分人确立起了现代社会原则而真正持有现代国家理念，而大多数人恐怕都还持后一种国家观。开启现代性的启蒙运动的一个根本工作就是，通过追问与确立人类个体的自由和权利，最终确立现代国家理念，厘定个人与国家之间的关系，从而把人类带进一个新时代。在这个意义上，人类仍需大启蒙，特别是在那些一直挣扎、徘徊在现代性社会边缘的地方。

三、个体与现代国家观

随着启蒙运动对自由的普遍自觉与深入思考，人们将逐渐确立起不同于古代国家观的现代国家观。现代国家理论的确立与完善，以及现代国家在实践中的建立与改善，标志着人类在制度层面上开始迈入现代性社会，因而标志着现代性社会的真正到来。

这里，我们只限于讨论现代国家理论的诞生及其完善。因为这是人类在制度层面上开启现代性社会的基础。不过，在讨论现代国家理论之前，我们要简单提及一个历史事件。

这个事件就是 1618 年到 1648 年欧洲三十年战争之后签订了《威斯特发里亚和约》。这个和约在承认了一系列世俗政治实体的主权地位之后，遗留下一个问题，那就是这些具有主权的世俗政治实体的合法性来自什么地方？也就是它的主权来自哪里？这个在历史事件中产生出来的现实问题，有力推动了启蒙思想对国家的重新思考。

国家是怎么产生的？我们人类是一开始就有国家，还是后来才形成的？如果是一开始就有国家，那么，国家很可能是神赋予我们的。也就是说，是神给我们安排了国家这种组织形式。这也是古代社会对国家的理解，我们称为古代国家观。

霍布斯在政治学说领域里的伟大贡献，就在于他对古代国家观的否定。他在《利维坦》这部近代重要的政治哲学著作里第一次坚定地把国家看作人自己的产物，国家被他称作“人造的物体”或“人造的人”。

既然国家是人自己的产物，那么，人怎么安排以及安排出什么样的国家才是合理的呢？显然，要回答这样的问题，必须首先澄清，在国家产生之前，人类处在什么样的状态中。

在近代的启蒙思想家那里，相对于把国家视为人造物，国家前的状态都被视为一种“自然状态”。也就是说，在国家产生前，人们都是按自己的天然本性生活与行动，这种按自己的天然本性生活与行动所形成的状态，就是一种自然状态。

不过，在霍布斯看来，国家前的这种自然状态是一种战争状态。因为在自然状态下，每个人都会尽自己的努力去寻求自己的利益，保全自己的生命。但是，由于每个人的自然能力基本是一样的，所以，对于每个人来说，最有效、最可靠的自我保全的方式就是想方设法征服或毁灭对方。正如霍布斯自己说："自保之道最合理的就是先发制人，也就是用武力或机诈来控制一切他所能控制的人，直到他看到没有其他力量足以危害他为止。"①

这种人人可以动用一切手段的争斗，就是一种每个人对每个人的战争状态。人的自然本性使人人陷入的这种战争状态，被霍布斯称为人类最初的一种"自然状态"。

在这种自然状态中，由于人人都可以动用一切手段来对付他人，以图进行自保，所以，每个人都是自由的，他可以做一切他想做和能做的事情，而不存在允许或不允许的问题。

虽然这种自然状态是人的自然本性带来的一种状态，但是，有理性的人会发现，这种战争状态无论如何都是一种恶劣的状态。因此，人的理性会进一步引导人们走向相互保障和平的契约，从而走出战争状态。

但是，这种契约必须能得到遵循与履行，才能真正结束战争。因此，保证人人履行契约是摆脱普遍战争而走进和平的关键所在。但是，如何才能保证人人都履行契约呢？

在霍布斯看来，必须靠契约之外的这样一种强制权力：这种强制权力能够惩罚任何不履行契约的个体，使每个人对因毁约而遭受的惩罚的恐惧大于对通过毁约来获取利益的期待。也就是说，只有靠一种作为第三方的强制权力或强制力量，才能保证人人履行契约。这种作为第三方的强制权力也就是通过使每个人都会因畏惧而服从其指导、命令，以谋求共同利益与共同安全的共同权力。

这样的公共权力机构作为人们订立契约与委托出来的第三方，就是国家。霍布斯国家学说最为特殊的地方在于，虽然他肯定国家作为普遍人格承担者是人们按约建立的，但是，他却否认作为第三方的国家是缔约方。据此，他进一步认为，国家的主权是绝对的，它不可分解，且不可收回。所以，霍布斯主张绝对君主制是最好的政治制度。

霍布斯关于国家不是缔约方的论证是不能成立的，因为他误把公共意志

① 霍布斯．利维坦．黎思复，黎廷弼，译．北京：商务印书馆，1995：91. 参见：康德．实践理性批判．邓晓芒，译．北京：人民出版社，2019：91。

的达成当作国家的产生，而实际上，它只是国家产生的一个最初的必要环节。更为重要的是，这个公共意志不是契约的结果，而是契约的前提。

人们首先要在相互性关系中就每个个体身上促成一种有共同内容、共同目标的普遍意志，才能够进行契约活动。如果人类不能够在个体成员身上促成普遍意志的产生，那么，任何契约活动都是不可能的。这种普遍意志构成了每个人的一种普遍身份，它是每个人一种前契约者的身份。这是近代契约论者通常忽略的一个关键点（卢梭除外）。

所以，公共意志或普遍意志的产生首先是使成员个体获得一种普遍身份，或者说是使每个成员个体把自己提高为一种普遍性的存在。每个人就是以这种普遍身份与他人订立契约，并且也是以这一普遍身份与被推选出来的人订立契约，以便把承担、履行普遍意志的责任和权利委托给被推举出来的人。因此，国家不可能不是缔约方。

霍布斯国家学说在理论上的这种缺陷，很快被后来的政治理论克服。对于近代政治理论来说，霍布斯的重要性在于他开启了契约论国家学说。而真正在理论上成功确立起现代国家理论，并对世界政治实践产生深远影响的，是另一个英格兰启蒙思想家约翰·洛克。

与霍布斯以及其他政治思想家一样，洛克认为国家或政府是我们人自己建立的。在国家产生之前，有一种自然状态。不过，洛克在一个根本点上不同于霍布斯：霍布斯认为在自然状态没有自然法，所以，在自然状态下，人与人处在无任何法则的战争状态。但是，洛克确信，在自然状态下，自然法是发挥作用的，人们是按自然法生活的，尽管人们对自然法可能并没有自觉而明确的认识。

这里，我们首先要澄清一下“自然法”这个概念。这是近代政治学与法学理论里一个很基础的概念。

简要地说，自然法就是出自我们的自然本性的法则，是从我们的本性自然而然产生出来的。它既区别于神圣法，也区别于实定法。神圣法来自神的启示，所以，它并不是普遍的，因为它不存在于一些没有得到神启示的民族当中；而实定法则是人为的成文法，所以，实定法同样也不一定具有普遍性，因为不同地区、不同民族的成文法是不一样的。

但是，自然法由于是出于人的本性，因此，它普遍存在于人类当中且具有普遍性，也应当是普遍的。近代启蒙思想家都强调自然法，就是为了突出它的普遍性与普适性，因而能够且应当成为一切人类成文法的基础。

不过，究竟有哪些自然法？或者说，自然法有哪些具体律令，这些律令又如何来自人的自然本性而有理由被视为自然法？这些问题在理论上一直没能得到令人满意的回答。直到康德把自由意志确立为一种自我立法的能力，并从中推导出普遍法则，才真正解决了这些问题。

不过，洛克认为，在自然状态下自然法是起作用的，所以，人类的自然状态并非无法则的战争状态，相反，自然状态恰恰是一种“完备无缺的自由状态，他们在自然法的范围内，按照他们认为合适的办法，决定他们的行动和处理他们的财产和人身，而无须得到任何他人的许可或听命于任何人的意志。这也就是一种平等的状态，在这种状态中，一切权力和管辖权都是相互的，没有一个人享有多于别人的权力”①。

也就是说，在自然法支配下的自然状态里，首先，每个人都是自由的，或者说，每个人都有这样的自由权利，可以自由地行动并自由地处理自己的财产和人身。换句话说，每个人都可以不听从任何人的意志，不服从任何人的命令而独立自主地处理、支配自己的财产和人身。

这里有两点，我们要特别加以提示：第一，既然在自然状态下，每个人都有按自己的意志生活与行动的自由权，那么这也就意味着，这种自由权就来自自然且是自然赋予的，也是天赋的；第二，由于这种自然状态是自然法支配下的状态，因此，我们也可以进一步说，是自然法规定了我们每个人的自由权利。

就第一点而言，它表明，只要进入与他人的关系，我们每个人就生而拥有自由权，因而每个人的自由权是绝对的，不可否认、不可剥夺的。就第二点而言，它表明，我们每个人拥有的自由权是普遍的、一样的，因而是平等的，因为自然法是普遍的。同时，这一点也表明，洛克在这里把自然法理解为一种权利法。这在自然法思想史上是一个重要转折，因为在这之前，人们通常把自然法理解为义务法或责任法。

这个转折标志着洛克开启了一个把权利法确立为一切法律和国家的正当性基础的新时代，开启了一个以尊重与维护人类个体权利为使命的政治实践的时代，也就是“权利的时代”。

现在，既然每个人在自然状态下的自由权是一样的，那么，每个人对任何他人都拥有一种权利，那就是可以以强力维护自己的这种平等的自由权，或者说，可以以强力要求他人尊重自己的平等自由权。

当然，也可以反过来说，任何他人也都可以以强力要求我们每个人尊重

①　洛克．政府论：下篇．叶启芳，瞿菊农，译．北京：商务印书馆，1996：6.

并维护他的这种自由权。这种可以相互要求尊重并维护自己和他人一样的自由权的权利，就是人们之间相互的管辖权。由于这种相互的管辖权是来自平等的自由权，所以，这种管辖权也是一样的、平等的。没有人比其他人拥有更多的管辖权，正如没有人比其他人拥有更多的自由权一样。

因此，在自然状态下，人们既是自由的，又是相互管辖的。所以，在自然状态下，人们首先要遵循这样一条法则："任何人都不得侵害他人的生命、自由、健康和财产。"①

这也就是说，在自然状态下，人们的自由权是有界限的。但是，如何有效防止人们越界而相互伤害呢？又如何对违法行为进行公正裁决并进行有效惩罚呢？

这些是自然状态一直面临而难以解决的问题，这使自然状态下的自由与和平非常脆弱。自然状态存在的种种缺陷，实际上很容易使人们陷入战争状态。这促使有理性的人采取三方面的措施：

（1）与一些人立约结盟，共同约定，为了更好地维护各自的安全与所有物，放弃在自然状态下享有的一些权利，如仲裁权与惩罚权。

（2）共同推举信任的一些人组成一个机构，把在自然状态下享有的相互管辖、相互规范对方的权利让渡给这个机构，由这个机构制订并颁布规范人们行为的共同法律，以确保所有成员个体的自由与安全，这就是拥有立法权的立法机构。

（3）把惩罚权让渡给结盟者一起推举出来的成员组成的机构，由这机构按颁布的法律进行裁判，并加以执行，这就是执行机构。

在自然状态下的人们采取了这三个措施之后，也就脱离了自然状态而进入了政治社会，承担起上面三个职能的共同体，就是"国家"。国家由此产生。

从上面的讨论中，我们可以发现，洛克国家学说包含着四大原则或四大核心观念：

（1）国家是契约方，因此，国家一旦失约，人民便有权利收回委托出去的权力。所以，国家的权力不是绝对的。

（2）国家的全部合法性是也仅仅是来源于它的所有成员个体的权利让渡，而不来自任何其他地方。因此，成员个体的权利成了国家正当性的唯一根据，权利原则成为立国的基础原则。

---

① 洛克．政府论：下篇．叶启芳，瞿菊农，译，北京：商务印书馆，1996：6.

（3）这种国家的首要使命在于维护其成员个体的自由与安全。因为自由是每个人维护其安全、财产以及其他一切的屏障。

（4）如果国家没能真正维护其成员个体的自由与安全，那就是国家的失约行为。因此，其成员有权收回委托出去的权力。

那么，什么样的国家才能真正维护成员个体的自由与安全？或者说，什么样的国家才能保持忠诚于自己的使命？洛克认为，只有对国家权力进行分解而使之有效相互制衡，才能最大限度地保障国家始终能够忠于其使命。不过，由于洛克认为国家权力主要由立法权与执行权构成，所以，他的分权理论主要针对的是对立法权与执行权的分解制衡。

我们可以把洛克的分权理论视为其国家学说的第五大原则。正是这五大原则构成了现代国家学说的核心原则。因此，我们说，洛克的政治学说标志着现代国家学说的确立，并开启了一个全新的政治实践的历史时代，也即通过追求人类个体权利、捍卫人类个体尊严来改善共同体的时代。这也就是我们通常所说的现代性社会的时代。

基于对个体自由的本位地位的认识，洛克政治哲学的全部要旨就是如何最大限度地保护社会或国家的成员个体的自由。在他看来，对自由的威胁，就是最大的威胁，因为对自由的威胁就意味着战争的开始，而对自由的直接威胁就是把一个人置于绝对权力之下。战争并不只是体现为硝烟，它首先体现为把他人置于绝对权力之下。所以，要避免战争，首先就要避免绝对权力的出现。这是洛克政治哲学最深刻的洞见，也是近代政治哲学最深刻的洞见。

我们且来分析他的相关论述：

> 因此，谁企图将另一个人置于绝对权力下，谁就同那人处于战争状态，这应被理解为对那人的生命有所企图的表示，因为，我有理由断定，凡是不经我同意将我置于其权力之下的人，在他已经得到了我以后，可以任意处置，甚至也可以随意毁灭我。因为谁也不能希望把我置于他的绝对权力之下，除非是为了通过强力迫使我接受不利于我的权利的处境，也就是使我成为奴隶。免受这种强力的压制，是自我保存的唯一保障，而理性促使我把那想要夺去我的作为自保屏障的自由的人，当作危害我的生存的敌人看待；因此凡是图谋奴役我的人，便使他自己同我处于战争状态，凡在自然状态中想夺去处在那个状态中的任何人的自由的人，必然被假设为具有夺去其他一切东西的企图，这是因为自由是其余一切的基础。同样地，凡在社会状态中想夺去那个社会或国家的人们的自由

的人，也一定被假设为企图夺去他们的其他一切，并被看作处于战争状态。①

自然状态与战争状态之不同就在于，在自然状态下，由于每个人都是自由的，在这一点上每个人都是平等的、一样的，因此，每个人对他人所拥有的权力即管辖权也就仅仅限于防范与纠正他人对这种平等自由权的侵犯。所以，在自然状态下，任何人都不拥有对他人的绝对权力；相反，战争状态之为战争状态，就在于有人把他人置于自己的绝对权力之下，或者试图把他人置于自己的绝对权力之下。不管是个人还是组织（如国家），只要试图或已然把他人置于自己的绝对权力之下，那么，也就意味着与他人进入战争状态。因为在洛克看来，凡是把他人置于自己的绝对权力之下，也就意味着剥夺了他人的自由，而对他人自由的剥夺，在根本上表明可以随时剥夺他人的一切，包括生命与财产。简单地说，要（剥夺）了一个人的自由，也就随时可以要（剥夺）他的命。因为失去了自由，也就失去了自保的能力与可能。在这个意义上，剥夺他人的自由，可以合理地被设想为具有夺去他人一切的企图。所以，如果说把他人置于自己的绝对权力之下就意味着与他人进入战争状态，那么，现在我们也可以说，剥夺或企图剥夺他人的自由，就是与他人处于战争状态。不管是在自然状态下还是在国家状态下，凡是剥夺或企图剥夺人们自由的个人或组织，必定也随时会剥夺人们拥有的一切，因而与人们处于战争状态。

所以，洛克也这样说明自然状态与战争状态："不存在具有权力的共同裁判者的情况使人们都处于自然状态；不基于权利而以强力加诸别人，不论有无共同裁判者，都造成一种战争状态。"②

从战争状态与自然状态的区别中，我们可以看到，自由是一个人拥有和平、平等、生命与财产的前提。一个人一旦失去自由，他也就失去了平等地位而落入被奴役的处境，他的生命、财产以及他本来拥有的其他一切都将不再有任何保障。就此而言，每个人的自由是每个人真正能够拥有自己的生命、财产与安全的前提。这在根本上意味着自由是每个人自保的最后一道屏障，也是唯一一道屏障；失去自由也就意味着失去一切。如果我们把这里的自由看作由各种基本自由权利构成的总体，那么，自由度的大小就体现为这些基本自由权实现了多少。在一个共同体内，不管是在自然状态下还是在国家状

① 洛克．政府论：下篇．叶启芳，瞿菊农，译．北京：商务印书馆，1996：13.

② 同①14.

态下，自由度越大，意味着每个人自保的屏障越可靠、越安全，相反，自由度越小，则意味着每个人自保的屏障越残缺、越脆弱，陷入战争的危险也就越大。

因此，不管是在自然状态下还是在政治社会里，对于每个人来说，要自保就必须首先维护自由。维护自由也就成了每个人首要的任务，因而也成为国家的首要任务。

而国家要承担起这样的任务，就必须避免使权力成为绝对的权力。所以，在洛克这里，立法权虽然是最高权力，却并非绝对权力，它不能把共同体内任何个人置于它的绝对权力之下，或者更确切地说，它对任何成员都不具有绝对权力。所谓绝对权力，就是可以支配他人的生命、自由与财产的权力。这是因为立法权是来自共同体所有个体成员在自然状态下享有的权利的让渡，而在自然状态下，人们并不享有支配他人的生命、自由与财产的权力。人们让渡出来的仅仅是如何更好地维护自己和他人的所有物（即生命、自由与财产）的权力。所以，立法权“在最大范围内，以社会的公众福利为限”①。

同时，立法权作为最高权力，正如它是由立约结成社会的成员让渡与委托所产生的一样，它也可以由结成社会的成员重新收回。因为“立法权既然只是为了某种目的而行使的一种受委托的权力，当人民发现立法行为与他们的委托相抵触时，人们仍然享有最高的权力来罢免或更换立法机关；这是因为，受委托达到一种目的的权力既然为那个目的所限制，当这一目的显然被忽略或遭受打击时，委托被取消，权力又回到当初授权的人们手中，他们可以重新把它授予他们认为最有利于他们的安全和保障的人。因此，社会始终保留着最高权力”②。立法权一旦违背了它接受委托时的使命，那么，人民就有权把它收回，重新另行委托。

从国家的产生，我们可以看到，国家的全部合法性也仅仅是来源于它的所有成员个体的权利让渡，而不来自任何其他地方。这也就是说，国家的合法性是基于成员个体的权利，个体的权利成了立国的唯一根据。这种国家的消极任务在于避免战争，防止无休止的纠纷，而其积极使命则在于维护所有成员个体的自由与安全。而就自由是每个人维护自己的安全、财产以及其他一切的屏障来说，国家的首要任务就是维护所有成员个体的自由。如果国家

① 也就是说，立法权是有限度的，而不是无限度的。洛克．政府论：下篇．叶启芳，瞿菊农，译．北京：商务印书馆，1996：83.

② 同①91－92.

没能真正维护成员个体的自由，那么，也就意味着国家没有履行它本应履行的最基本的职责，是国家的失约行为。

那么，什么样的国家才能真正维护个人的自由与安全？也就是说，什么样的国家才能保持对自己使命的忠诚？

人们走出自然状态，建立起了公共的立法机构与执行机构，以之为一切纠纷的公正裁决者与有效的执行者，本是为避免陷入战争状态，以便更有效地维护自己的自由与安全。但是，实际上，国家也一样会陷于战争状态，甚至是更严重的战争状态，那就是内战状态。凡是专制政府与极权国家，都属于背离了国家目的与国家使命本身的国家类型，它们都不可避免地将国家带进内战状态。因为在洛克看来，在这类国家里，虽然也有公开的普遍法和确定的裁判者，“但是，由于公然的枉法行为和对法律的牵强歪曲，法律的救济遭到拒绝，不能用来警戒某些人或某一集团的暴行，也不能用来赔偿某些人或某一集团造成的损害，这种状况除了是战争状态，难以想象是别的状态”①。

也就是说，在专制国家里（不管是一人的君王专制，还是特权阶层组成的集团专制），由于某些人独揽了立法权、司法（裁决）权、执行权，所以，实际上也就不存在着普遍法律与公正的裁判者。在这里，统治者的意志与利益高于法律，在强权意志的解读下，一切公开的法律都将丧失普遍正义而不具有任何公信力；而无辜受到损害的人将无处申诉，他们将发现，他们找不到一个公正无私的裁判者，可以向他申诉，并通过他的公正裁决得到赔偿或救济。这在根本上意味着，在专制国家里，一些人，或者更确切地说，权力集团可以在法律名义下为所欲为，而另一些人，也就是无权阶层，实际上不受任何法律的保护，他们的自由、安全、财产总是处在危险当中。因此，对权力必须进行分解，使之能有效相互制约。

从霍布斯到洛克的国家学说是一个重要跨越，最终洛克的国家理论真正完成了现代国家学说的确立，并对现代国家的建立与实践产生世界性的持久影响。

一、思考题

1. 如何区分任性与自由？

2. 自由意志是不是可论证的？如果可以，如何论证？

① 洛克．政府论：下篇．叶启芳，瞿菊农，译．北京：商务印书馆，1996：15．译文据英文版有改动。

3. 如果自由意志是不可论证的，那么对于人及其伦理世界意味着什么？

4. 基于每个人都能够拥有自由意志，可以引出哪些普遍的关系法则？

二、延伸阅读

1. 康德．实践理性批判//康德著作全集：第5卷．李秋零，译．北京：中国人民大学出版社，2007.

2. 卢梭．社会契约论．李平沤，译．北京：商务印书馆，2017.

3. 洛克．政府论：上下篇．叶启芳，瞿菊农，译．北京：商务印书馆，1996.

4. 黄裕生．权利的形而上学．北京：商务印书馆，2019.

第三章　美好生活与至善论

曹　刚*

威廉姆斯（B. Williams）认为，苏格拉底问题是道德哲学研究最好的出发点。① 而苏格拉底问题也就是人应该如何生活的问题，美好生活（好生活）是回答这个问题的唯一答案，但什么是好生活呢？如果回答不了这个问题，伦理学既不知道从何处出发，也不知道在何处落脚。

一、美好生活的三个构成要素

泰勒（Richard Taylor）在《人生的意义》一书中，把西西弗作为好生活的反面教材予以剖析，我们不妨也以此为样本，来解构好生活的构成要素，从而了解什么样的生活才是好生活。

1. 好生活首先应该是自主的生活

西西弗的生活是不好的，首先就因为他的生活是被强制的，不能自主。为什么自主是好生活的首要的构成因素呢？第一，好生活首先是“我”的生活。我的生活我做主。如果一种好生活是父母、社会或政府所强加的，而不是我们认可和同意的生活，那就是别人的好生活，而不是我们自己的生活，我们不过是别人好生活的容器而已。正如拉兹所说：“我们每个人都想去追求美好的人生，但美好人生的构成要件之一，是我能够信服地接受它，甚至于在原则上我要能够修改它……否则我作为主体只是美好生活的容器或者载体，我与它是分隔的。这个生活，这种人生，是被强加的，而不是他自己

---

* 曹刚，中国人民大学哲学院教授、博士生导师。西南政法大学兼职教授，怀化学院特聘教授；教育部人文社会科学重点研究基地“伦理学与道德建设研究中心”主任，中国伦理学会副会长，北京伦理学会常务理事；曾获首届中国伦理学十大杰出青年学者，中国人民大学十大教学标兵；主持国家社科基金项目3项，教育部重大项目1项；出版著作《重释传统》《法律的道德批判》《法律伦理学》《道德难题与程序正义》，主编《中国伦理学年鉴（2014年）》，发表学术论文近百篇。

① Bernard Williams. Ethics and the Limits of Philosophy. Routledge，2006：4.

的。”[①] 第二，生活里有力与命。所谓“命”是理性难以说明、人力没法控制的那些先天的或后天的偶然因素。所谓“力”是指生活中的一系列自主选择。人们的生活既充满了不可选择的偶然性，同时又是由一系列可选择的事件和行动构成的。虽然我们难以做到事事都能自主，但无论如何，在一些对整体生活具有深远影响的支配性行动上，必须是自主选择的，否则，我们就不会为我们的生活负责，就会得过且过，怨天尤人，甚至是破罐子破摔。第三，没有自主性，就没有创造性，没有创造性，自然进化和人类实践所凝结在每个人身上的那些自然积淀、文化积淀就难以发挥出来。而好生活有赖于我们创造性地去运用各种生命力，发挥各种生命潜能，实现生活的多样性。总之，西西弗的生活不是好生活，首先是因为他的生活不是自主的而是被强制的。

当然，要做到自主选择并不容易，其关键是要求主体有理性的自主选择的能力。正因为如此，泰勒在西西弗神话中加入了一个情节，即仁慈的诸神在西西弗的头脑中植入了一个推石头的欲望，使得西西弗推石头的行为就是满足自身欲望的行为，就是他想做的行为。不过泰勒意识到，这是不够的，因为一个被冲动的欲望驱使的行为，还称不上是真心实意的行为，因此也不是真正自主的行为，除了我们在推石头的欲望之上，还得再加上一个二阶欲望[②]，所谓二阶欲望不过是关于欲望的欲望，其实质在于其中包含了理性反思和评价的能力，也就是运用更高序列的价值标准去批判、反思和选择第一序列的偏好、欲望的能力。“一个酗酒的人想喝酒，但更高次序的愿望要求戒酒。一个自主的人，是能理性地接受、辨认或拒绝更低次序的愿望和爱好，以及能独立地控制欲望的人。这种在较高次序上的对第一次序愿望的拒绝和接受，即改变个人的偏好结构的能力就是自主性。”[③] 因为有了这种能力，行动者可以自主地控制、协调内在的各种欲望、情感的纷扰与外在环境的各种因素的诱惑和干扰，可以合理地确定目的，制定规划和寻求实现目的与计划的合理手段和途径，可以在各种不同的生活规划中真心实意地做出自己的决定。总之，西西弗一旦具有了这种能力，推石头就是他真心实意的行为，就是一个理性自主的选择行为了。当然，要做到自主，除了具备主体的自主选

① 约瑟夫·拉兹．自由的道德．孙晓春，等译．长春：吉林人民出版社，2006：381.

② 这是德沃金和法兰克福所给出的解决方案。参见：王晓梅，丛杭青．自主概念的规范性构建．哲学动态，2015（2）：78－84。

③ Gerald Dworkin. The Theory and Practice of Autonomy. New York：Cambridge University Press，1988：17.

择能力外，还要有社会可允许的选择空间，社会提供的选择空间越大，人们的自主选择的可能性也就越大，选择空间的大小也就是选择可能性的多少，社会不但要提供在量上足够多的选择，还要提供在质上足够多样性的选择，而后者比前者更为重要。这意味着，诸种涉及不同领域的选择要比更多的同类型的选择好；诸种超出基本生存需求的、有价值的选择要比更多地挣扎在贫困线上的选择好；诸种不同善之间的选择要比更多地需要在善与恶之间的选择好。①

2. 好生活必然是成功的生活

我们可以继续设想，如果西西弗确实真心实意地想推石头，那么，他的推石头的生活就是好的生活吗？当然不是，因为如果推石头的目的是推到山顶，那么，永远达不到目的的行动和生活就不会是好的生活。也就是说，一种生活即便是自主的，但如果他的活动总是失败的、不成功的，那么这种充满了挫败感的生活当然不是好生活。那么，成功的行动乃至生活是如何可能的呢？我们可以从两个层面来谈论“成功”，一是做事的成功，一是做人的成功。这里主要指的是做事的成功，做人的成功实际上是人生的意义问题，我们将在后面论述。

《现代汉语词典》对“成功”的解释是：获得预期的结果；指事情的结果令人满意。人在具体的活动中，总要追求特定的目标，按照具体的计划行事，这种特定的目标实现了，这一具体活动也就算是成功了。成功是有目的行为的自然要求。俗话说，只问耕耘，不问收获，这不过是一碗励志的鸡汤而已。心理学的研究表明，行为过程在逻辑上包含了如下因素和环节：首先是需要的产生，我们有很多需要，有些需要被意识到了，有些需要没有被意识到，客观需要只有被意识到了才会转化为主观欲望，而只有满足欲望的打算和预想，才会形成行为的目的，有了目的就有关于如何达至目的的手段和途径的想法。所有这些想法和打算都可称为行为动机。行为动机引发实际活动以实现这些打算和预想，由此产生实际的行动过程和结果，比照预想的目的和实际的结果就可看出行为的效果，如果实际的结果等于或好于预想的目的，就是成功的。

可见，要获得成功，首先要合理地确立目的。这个“合理”可以是认知层面的，也可以是规范层面的。前者是为了实现自我目的所需的认知约束。譬如，想炼丹以求长生不老，如果把这个作为目的，就是不理性的，必然会

① Joseph Raz. The Morality of Freedom. Oxford：Clarendon Press，1986：379.

失败，因为没有哪种丹药能够具有这种属性和功能。后者则是和社会规范的约束联系在一起的，不同于和认知约束联系在一起的理性。我们求得的目的需要限制在国家的法律和社会的公序良俗的范围之内，那些不合理的目的的成功达成反而有损国家利益和他人利益，不能放任自流。在这里，西西弗的“合理”选择是，别滚那么重的石头，滚石头也别想着去害人。其次是要选择有效的手段。在确立了目的之后，有效手段和途径的选取是行为成功的关键。凡是多、快、好、省地达到目的的手段、途径和方法都是有效的。“多”不只是数量上的概念，还是质量上的多元目的的概念，一种行为较之另一种行为能实现更多的目的，当然是更可取的；“快”是指以更快捷的途径来实现目的，这是个效率问题，一种行为较之另一种行为能更快地达至目的，无疑是更可取的；“好”是人们根据自身的特殊需求和兴趣决定目的计划的原则；“省”是只用成本最小的方法达到目的。上述实际上是表示“趋利避害”的理性行为选择。最后需要具备一定的品质。完整的行为过程包括了动机确立和行为实施两个阶段，前者是行为的主观方面，后者是行为的客观方面。主观动机形成阶段中的犹豫不决和行为实施阶段中的怯弱退缩是成功的拦路虎。要战胜这样的拦路虎，需要有良好的品质贯穿于从动机确立到行为实施的整个心理过程。在第一个阶段，要明智地确立行为的动机，也就是说，在种种纠结中，明智地做出决断；在第二个阶段，要有勇气坚持下去，在各种怯弱退缩的恐惧中，无所畏惧，勇往直前。

好生活包含着重要目标的成功。在生活中不求事事成功，由于人的精力和能力有限，一个人不可能使每一种活动都获得成功。但在一些主要的活动上需要获得成功，否则就难言有美好生活。所谓主要的活动，是指那些在时间上对人的生活影响深远的活动，在结构上对人的生活影响全面的活动，在投入上花费了更多时间、精力和资源的活动。譬如高考就是此类重要活动，它从时间上会长期影响行动者日后的生活；从结构上来说，它能够影响到生活的方方面面；从成本的角度来看，为了完成这样的行动，人们往往需要投入大量的时间和精力。总之，好生活应该是成功的生活，而成功主要指生活中具有支配性的行动的成功。

3. 好生活还应是有意义的生活

一种好生活，不但是自主的，成功的，而且还应该是有意义的。其实生活危机大多也是意义危机。我们可以想象一下，西西弗真心实意地推着石头，并且获得了成功，由此还带来一系列的荣誉和财富，但有一天他厌倦了这种推石头的生活，因为在其中他找不到生活的意义，所以自杀了，这样的结局是可以设想的。因为没有意义感的生活，即便在外在的标准看来是成功的，也是不值得过的。这里谈的"意义"当然是在整体生活的意义上说的。我们可以谈论各种具体活动的意义。如果目的没有实现，那么为了达到目的的那些努力也就没有意义了。这一点是和成功相通的，也就是说成功的才是有意义的。但谈论整体生活的意义，就不仅要谈论某种行为方式有意义或没有意义，而且要将意义概念运用于整个生活。所以，有意义的生活是指整体生活的意义问题。

第一，生活是个整体，整体的生活由部分的具体的生活所组成。从时间上来说，人生是个过程，包括了生命过程中的童年、少年、青年和老年四个不同阶段，不同阶段的生活是个连贯的整体；从结构上来说，生活是个整体，家庭活动、经济活动、政治活动、文化活动等，都是人生中的某个方面，不同方面的活动构成一个整体。第二，贯穿于生活的各个部分，连接其人生的不同阶段，使之成为一个整体的就是人生规划这样一根理性的红线，如诺齐克所言："一个人按照某种总体的计划塑造他的生活，也就是在赋予他的生活以某种意义。只有一个有能力如此塑造他的生活的存在者，才能够拥有或者努力追求有意义的生活。"① 这根红线的线头，是人生的终极目的，即理想的自我。第三，围绕终极目的，人生的各个阶段性的和各个方面的目的以一种有层次、有强度且有先后和发展的次序彼此关联起来，形成了一张价值之网，构成这张价值之网之经纬的是多元的具有内在价值的事物，如生命、真理、工作与娱乐、自尊、友爱、共同善、实践理性、审美、信仰等，其他的工具价值和感官价值都是编织这张价值之网的必备材料。

生活的意义是对内在于生活的多元的客观价值的主观体验。这类似于德沃金所谓的"明辨的幸福"。换言之，我们对生活的意义的理解有赖于某种反思性的概念或规范的指引，而不仅只是依靠某种主观状态的满足。由此，生活的意义具有客观性的一面，它不可以由个人宣布来实现。在某种意义上，即使个人并不拥有这些目标和内容，他也不能否认这些目标对于他的生活具有重大的意义和作用，而如果你具备或者拥有了若干符合好生活的条件和因素，那么，不管你同意不同意，人们都可以说，你过的是一种有意义的生活。正因为如此，我们既反对有关生活意义的虚无主义态度，也反对关于生活意义的主观主义态度。所谓"美好生活"不过是绝对值得并使一个人一生都好

① 罗伯特·诺齐克．无政府、国家与乌托邦．何怀宏，等译．北京：中国社会科学出版社，1991：50.

的事情的总和。

二、美好生活与至善

说到至善，恰如牟宗三先生所言："我们平常对于'最高善'，觉得好像在哲学史里面，在某个范围之内，有这么一个概念，至于这概念究竟代表什么问题，除了康德仔细考虑之外，以后就没有人注意了。"① 确实如此，至善本是西方道德哲学中的最高问题，但康德之后的西方哲学家却把这个话题边缘化了。其间的原因多种多样，但一个最重要的原因是，作为至善的"幸福"概念的主观化。亚里士多德的《尼各马可伦理学》开卷就将善划分为两种，即"具体的善"或"某种善"与"最终的善"或"最高的善"②。这个最高的善就是"eudaimonia"，也就是幸福。但近代以来，"幸福"被当成一个主观的概念而失去了在伦理学中的"至善"地位：第一，幸福是心理事实，不具有价值内涵，不具有规范性。幸福是欲望满足所带来的快乐感受。它既可以是较低层次的感性欲望的满足所带来的快乐体验，也可以是较高层次的精神欲望的满足所带来的愉悦状态；既可以是合理的欲望的满足所带来的快乐体验，也可以是不合理的欲望的满足所带来的快乐体验，由此，幸福不过是一个心理学的事实，其本身缺乏规范性。第二，幸福是个体的一种主观感受，是相对的，缺乏客观性和普遍性。欲望的纷繁复杂、经验感受的瞬息万变，必然导致人们对幸福的理解与认识的千差万别，不可能形成普遍性的共识。康德举例表明了这种疑虑：读一本富有教益的书还是打猎？听精彩的演讲还是着急去吃饭？进行很看重的理性的交谈还是去打牌消遣？周济穷人还是买喜剧门票？③ 从这些例子中，康德得出结论："幸福的概念是一个如此不确定的概念，以至于每一个人尽管都期望得到幸福，却绝不能确定地一以贯之地说出，他所期望和意欲的究竟是什么。"④ 第三，幸福不具有统合性。就幸福的性质而言，幸福是感性欲望的满足，它无疑只表达了人的自然存在这个单一的维度，大大简化了人生的丰富性与复杂多样性。从量的方面来说，快乐是无法累积的，短暂、易逝、多变。换言之，快乐如此零碎，恰如散落一地的珍珠，

---

① 牟宗三．中国哲学十九讲．上海：上海古籍出版社，1997：350.

② 亚里士多德．尼各马可伦理学．廖申白，译．北京：商务印书馆，2003：4.

③ 康德．实践理性批判//康德著作全集：第5卷．李秋零，译．北京：中国人民大学出版社，2007：24.

④ 康德．道德形而上学的奠基//康德著作全集：第4卷．李秋零，译．北京：中国人民大学出版社，2005：425.

即便穷极一生的捡拾，也必然会顾此失彼。可见，幸福作为一个无法统合其他各种价值的东西，又如何能被称为至善？

难怪沃尔夫（U. Wolf）认为，以“幸福”或“幸福性”这样的概念来翻译亚里士多德的“eudaimonia”并不完全贴切，她给出的翻译建议是“好的生活”或“好的生活方式”，这无疑是合理的。就上述对美好生活构成要素的揭示，我们以为美好生活具有三个特征，并因此具有“至善”的地位。

第一，内在性。好生活是人的存在的内在目的。（1）人为事物的目的不存在于人为事物之中，而在它的制造者之中。以时钟为例，测量时间是人的目的而非时钟的目的，所以，时钟的目的外在于它的制造者的目的。可见，人为事物的目的是外在于事物自身的。（2）有生命的存在具有“内在价值”，但不具有内在目的。植物或动物等有生命的存在，都具有适应环境、维护自己及其物种的生存和繁殖的能力。非人类中心主义的生态伦理学称其为“内在价值”，也可以认为这是生物或动物所追求的目的，只不过这里所说的“目的”，只是所谓的“合目的性”，因为非人的生命存在没有自我意识，因而也不是其自觉选择和追求的目的。（3）好生活内在于人的存在，是人的内在目的。人的生活就意味着好生活。除了维持自身生存与繁殖这个生存目的，人还要超越这个目的追求更好的生存和发展。这个要求来自人的二重性，人是自然界的一部分，因而人同其他动物都有着共同的生物学基础，动物的这种生命存在方式是适应性“生存”，还不是“生活”。在与其他生物相区别的意义上，人既内在于自然之中，又超越于自然之上；既要求顺其自然的“生存”，又设计和追求一种合乎人的超越本性的“生活”；既追求一种“好生活”，还特别希望达到一种特别好的生活，即“美好生活”，之所以把美好生活称为一种特别好的生活，是因为其包含了一种特别好的状态，即应有尽有的状态，而且包含了一种特别的维度，即自我完善的超越性的维度，一种满足超越性需要而不是匮乏性需要的审美维度。总之，人的存在意味着生活，生活意味着好生活，好生活的极致就是美好生活。按照赵汀阳的说法，生活的目的就在于生活本身，它自足地具有目的，确切地说，生活自成目的。①

第二，绝对性。亚里士多德认为，“善事物就可以有两种：一些是自身即善的事物，另一些是作为它们的手段而是善的事物”②。我们把价值分为两类：一类是工具价值，一类是内在价值。相应地，具有价值的事物有三种：一是

---

① 赵汀阳．论可能生活．北京：中国人民大学出版社，2004：99.

② 亚里士多德．尼各马可伦理学．廖申白，译．北京：商务印书馆，2003：13-14.

只具有工具价值的东西，譬如钱。二是既具有工具价值也具有内在价值的东西，譬如健康。三是只具有内在价值的东西，譬如幸福。前二者都具有相对性，它们的价值要依赖于更高价值的界定，但最后那种只具有内在价值的东西，则是绝对的，我们也可称其为目的性价值。显然，好生活就是目的性价值。好生活是所有人追求的目的，无论是哪个时代的人，哪个地方的人，哪个种族的人，哪个阶层的人，无不以美好生活作为追求的终极目的；好生活也是所有人类活动所指向的终极目的，一切人类活动都在不同方面和不同阶段上指向这个最终目的。而好生活本身却不会因为更高的目的而存在，在这个意义上，它具有不以人的主观愿望为转移的不可撤销的绝对性质。

第三，自足性。人们普遍认为亚里士多德伦理学里的幸福概念是“在两种意义上说的”，即所谓的“做得好”和“活得好”。“做得好”是自足的，思辨活动无须假借他物，就能使这种活动得以实现或运用。正是在这一意义上，思辨活动便是不缺乏任何事物的自足。但“活得好”的意义上的“自足”不限于此，它不只是不依赖外物，而是应有尽有。显然，好生活的自足性就是这个意义上的“自足”。换言之，美好生活是统合性的价值，不是各种价值中的一个具体价值，各种价值都只是美好生活的局部反映。具体说来：第一，好生活是通过一般价值来表达自身的，由此，好生活既不能脱离具体的价值，又不是某种具体价值，而是价值的上位概念，是价值的价值。第二，好生活是在价值的提升过程中实现自身的。好生活体现着价值选择的方向性，是一个价值提升的过程，也就是说，人本来固有的自由自觉的生命活动，才是一切价值背后的最终的价值尺度。第三，好生活的实现就是总体价值的实现。好生活是完整价值，不是各种价值中的一个具体价值，各种价值都只是人生价值的局部反映。任何一种价值都必须在与其他不同价值和谐共存中才能实现自身。好生活是诸种价值的整合，犹如一根线把散落的珍珠串起来，成为项链。缺失了任何一个都是不完整的，同样也不可能用其中一种价值统摄其他价值。

三、至善论是否可能

如果把“好生活”确立为至善，那么，以此为终极依据，就可确立人类活动的“应当”问题。这也许是舍勒所谓的“该死的事实”，舍勒声称：“伦理学最终是一个‘该死的血腥事实’，而如果它不能给我以指示，即指示‘我’现在‘应当’如何在这个社会的和历史的联系中存在和生活——那么它又是什么呢?"①

1. 善与应当的优先性问题。伦理学的基本范畴是“善”与“应当”。而“伦理学理论的结构，大体上是由它怎样界定和联络这两个基本概念决定的”②。早在19世纪，亨利·西季威克就洞见到了这一区分，他将伦理学分为对行为准则的研究和对人的终极目的真正善的研究两个方面。他说：“伦理学时而被看作对真正的道德法则或行为的合理准则的一种研究，时而又被看作对人类合理行为目的——即人的善或‘真正的善’——的本质及获得此种终极目的的方法的一种研究。”③ 只不过，近代以来，对什么是真正的善的问题，见仁见智，所以罗尔斯不赞成以“善”为价值依据确立“应当”的目的论思路，他以契约论为基本方法，通过纯粹的程序正义，推导出正义原则，并以此来说明“善”。这一看法在自由主义话语背景中曾引起广泛共鸣，但遭到了麦金泰尔、桑德尔、泰勒等为代表的所谓社群主义者的批评，把罗尔斯之类的公正理论称为“无根的伦理学”，认为不从某种共同体的“好”为出发点的伦理学都是抽象的、不自然的。我们以为这个批评是对的，但药方不一定对。我们以为这个“根”不在共同体的传统中，它内在于各个传统之中，又超越于各个传统，内在于各个人的特殊目的，又超越于各个人的特殊目的，这个东西就是美好生活。既然我们在上述“美好生活”的论证中，已经揭示了美好生活的内在性、绝对性和自足性，我们就可以跨越从事实到价值的鸿沟，确立一个客观普遍的终极价值依据，建构以“美好生活”为至善的目的论伦理学框架，并由此有效地回答道德主观主义、文化相对主义、契约论、神命论等伦理学理论所带来的挑战和困惑。

2. 最大化原则的问题。“至善论”内在地包含了一种最大化的要求。最大化原则也是颇受争议的一个原则，一是它在逻辑上会导致对基本人权的侵犯，罗尔斯对功利主义的批评已经透彻地揭示了这一点；二是最大化涉及价值的加总问题，如果诸多的价值不只是具有量的区别，还有质上的差异，那么如何统合并加以比较就是个问题。但“至善论”所包含的最大化原则并不是功利主义意义上的“最大”原则。在好生活的视域里，它更是一种充分性的原则，是一种最大程度发展的理想，通俗地说就是“没有最好，只有更好”。其内涵体现为如下三点：第一，实现更高的价值而不是更低的价值。好生活包

① 舍勒．伦理学中的形式主义与质料的价值伦理学．倪梁康，译．北京：三联书店，2004：730.

② 约翰·罗尔斯．正义论．何怀宏，何包钢，廖申白，译．北京：中国社会科学出版社，1988：21.

③ 西季威克．伦理学方法．廖申白，译．北京：中国社会科学出版社，1993：1，26.

含了价值的层级结构，可以确认的是，终极价值高于过程性价值，内在价值高于工具价值，共生价值高于自我价值。这是一个由低到高的客观价值秩序，就像舍勒一样，我们也不认为好生活是其中某一层次上的具体价值，而是体现在以客观的价值秩序为依据去实现这些价值的过程。因此，好生活内在要求按价值秩序实现非道德价值，不断扬弃低层次的价值而趋向于高层次的价值。第二，实现更完备的价值而不是更少的价值。好生活是自足的，好生活的各种价值都只是人生价值的局部反映。任何一种价值都必须在与其他不同价值的和谐共存中才能实现自身。由此，我们选择和追求任何一种基本善，都不能以损害其他基本善为代价，譬如，我们就不能通过损害健康的方式来获得知识。相反，即便面临诸种有限性，我们只能在当下追求某一种或某几种基本善，我们也要对其他的基本善持开放的、珍惜的态度，并把对特定善的追求看作对所有基本善的追求的一个环节或一个方面。只有这样，我们的行为才是完全合理的行为，即是道德上善的行为，否则就是道德上错误的行为。第三，实现更多人的价值而不是更少人的价值。至善论不只是一种独善其身的理论，同时也是一种关注共同善的理论，它所要求的责任自然也不仅是一种为己的责任，还包括为他的责任。道理很简单，在至善论的视域里，个人与他人、自然不是一个个彼此孤立的单子，而是休戚与共、共生共荣的整体，人性的展开过程，也就是在与其他人的关系中实现其潜能的过程。马克思说："在选择职业时，我们应该遵循的主要指针是人类的幸福和我们自身的完美。不应认为，这两种利益是敌对的，互相冲突的，一种利益必须消灭另一种的；人类的天性本来就是这样的：人们只有为同时代人的完美、为他们的幸福而工作，才能使自己也达到完美。"① 挪威哲学家奈斯（Arne Naess）在深层生态学中给出的三个原则也很契合这种理念，即：一个人的自我完善依赖于其他人的自我完善；一个人的自我完善的程度越高，对其他人自我完善的依赖程度也就越高；一个人的完全的自我完善依赖于所有人的自我完善。

3. 结果主义及其价值比较的问题。至善论一般会主张结果主义，这也是一个常常引起批评的方面。结果主义常与动机论对应，是关于行为的道德性质的判断以及做出道德决定的方法。结果主义主张行为的道德性质是由行为的结果而不是动机决定的，因此，道德决定的正确方法是依据行为的最好结果来确定的。换言之，道德上正确的行为是整体上看具有最好结果的行为。结果主义的批评者常常立足于把"结果"视为行为过程的最后一个环节的行

① 马克思恩格斯全集：第40卷．北京：人民出版社，1982：7.

为哲学，来批评结果主义的以偏概全，但如果我们持有“好生活”的至善观，就可以有更全面合理的解释。第一，这里所谓的“结果”是广义的结果，即行为所导致的所有价值的结果。行为理论中“结果”是包含了作为行为的某一环节的“结果”的整个过程，也就是说，是行为的整体，包括了行为主体的人格价值、行为选择过程中的内在价值和结果价值所产生的整体价值。也就是说，在传统的道德行为理论中，有人强调动机，有人强调行为本身，有人强调行为的处境，有人强调行为的结果，但美好生活的至善论以为，行为是一个连续的过程，严格来讲，区分行为本身与结果根本是不可能的。所谓结果主义中的“结果”不是指狭义的结果，即作为行为过程的一个环节的结果。第二，为了确定哪些行为具有最好的结果，就必须对所有可供抉择的行为进行比较。如果人们把每一种可能的行为中所预期的好的结果累加起来，再减去被预期的恶果，那么道德上正确的选择就是将产生最大净善或最小纯恶的行为。因而，结果主义要求对包含在各种不同抉择之中的基本善进行权衡或计算，只不过至善论不认为这里的计算只是量上的加减，还涉及多元的不可通约的基本善，如生命、真理的知识、正义、审美的经验、娴熟的技能、良好的人际关系、友谊、宗教等。这些价值显然不能在量的意义上计算，还需要在质的意义上排序。第三，最好的结果不只是通过量的计算得到，而且通过价值排序实现。凯克斯为价值的不可公度性下了一个较为详细的定义。① 一是不存在某种类型的最高价值或价值结合方式，使得所有其他的价值都能根据考虑它们与它的逼近程度而加以评价。二是不存在这样的中介，所有不同类型的价值都能根据它加以表达和排列，而又不遗漏任何重要的方面，从而使得不同类型的价值的互换成为可能。三是并不存在能在所有价值之间提供秩序或先后次序并为所有通情达理的人们接受的某些原则。显而易见，至善论至多承认第二点，即价值之间不可互换，但否认第一点，主张存在着“美好生活”这样一个至善的终极目的，从而否定了第三点，即价值是不可排序的，相反，可以通过至善的实在性证明，使得所有其他的价值都能根据考虑它们与它的逼近程度而加以评价，从而进行客观的价值排序。可见，不可通约的价值之间是可以比较的，通过比较可以确定一个客观的价值秩序。至善论认为把不可通约性混同于不可比较性是一个严重的错误。不可通约不意味着不可比较，其实可以比较不可通约的价值之间的高低，按照与至善即“美好生活”的接近的程度来确定价值层级。

① 凯克斯．反对自由主义．应奇，译．南京：江苏人民出版社，2002：219.

一、思考题

1. 美好生活的三个构成要素是什么?

2. 至善与幸福之间有何关系?

3. 围绕“善”与“应当”何者具有优先性的问题，在伦理学界产生了哪些争论，有哪些代表性的人物和观点?

4. 结果主义有哪些理论缺陷?

二、延伸阅读

1. 余纪元．亚里士多德伦理学．北京：中国人民大学出版社，2011.

2. 曹刚．法律的道德批判．南昌：江西人民出版社，2001.

3. 曹刚．道德难题与程序正义．北京：北京大学出版社，2011.

4. 约翰·罗尔斯．正义论．修订版．何怀宏，何包钢，廖申白，译．北京：中国社会科学出版社，2009.

第四章　福柯的哲学

张　旭*

一、福柯的生平

福柯（Michel Foucault，1926—1984），当代法国哲学家，与德里达、德勒兹三人一起，是 20 世纪下半叶法国哲学黄金时代的象征性人物。福柯生于法国西南部小城普瓦捷，1945 年去巴黎参加巴黎高师入学考试，次年进入巴黎高师学习哲学，受教于梅洛-庞蒂、伊波利特、康吉兰、阿尔都塞等人。出身医生家庭的福柯在 50 年代对心理学和精神病学十分感兴趣，1954 年他发表了第一本著作《精神疾病与人格》（1962 年改名为《精神疾病与心理学》），以及瑞士存在主义精神分析学家宾斯万格的著作《梦与生存》的法译本，1960 年福柯的长篇巨著《古典时代疯狂史》（其缩写本为《疯癫与文明》）出版，一举成名，1963 年又出版其姊妹篇《临床医学的诞生》。1966 年出版《词与物：人文科学考古学》（英译本名为《事物的秩序》，简称《词与物》）轰动一时，他与列维-斯特劳斯、拉康、阿尔都塞、巴特一起成为法国结构主义运动的领军人物。当 1967 年福柯受命于法国教育部组建新式大学楠泰尔大学哲学系时，他在哲学界的声望达到了"六八一代"的顶峰。德里达也是在 1967 年以其解构主义而成名的。很快福柯就于 1970 年成为法兰西学院院士，在越来越多地参加各种社会抗议活动的同时，福柯在 70 年代也转向了对权力谱系的研究，并先后出版了《规训与惩罚：监狱的诞生》（1975）和《性史》（第一卷）（中译本译成《性经验史》，书名有误）。1984 年出版了福柯的《性史》（第二、三卷），同年因艾滋病逝世。埃里蓬的《权力与反抗：福柯传》

* 张旭，北京大学哲学博士，现任中国人民大学外国哲学教研室教授，兼任中国人民大学基督教文化研究所研究员、北京大学法国哲学研究中心研究员。主要研究领域为德国哲学、当代法国哲学和基督教神学，主要著作有：《卡尔·巴特神学研究》、《上帝死了，神学何为？——20 世纪基督教神学基本问题》和《礼物——当代法国思想史的一段谱系》。

(1997)详细描述了福柯的生平，是一本标准而权威的福柯传记，想要了解福柯其人可以先看这本书，而另一本米勒的《福柯的生死爱欲》(2018)是近乎小报记者所写的八卦传奇，虽然可读性极佳，却无助于真正理解福柯其人其思。

1984年福柯身为法兰西学院院士去世时，已被法国人公认为“当代最伟大的哲学家”。如果说20世纪上半叶法国最伟大的哲学家是萨特的话，那么下半叶最伟大的哲学家就是福柯。费雷和雷诺在《六八一代的思想》中称其为“法兰西的尼采”，而他的老师巴黎高师的校长让·伊波利特曾称福柯是“当代哲学的化身”。他以其渊博的学识、横溢的才华、惊世骇俗的思想以及在思想史与社会史上的洞见，深刻影响了后结构主义、后现代主义、萨义德的后殖民主义、格林布拉特等人的新历史主义、戴维斯和林·亨特等人的新文化史、保罗·韦纳的历史学和海登·怀特的“元史学”、查尔斯·泰勒的“自我的道德”的谱系学、阿甘本的“生命政治”、莱恩和库珀的“反精神病学”、话语批判与文化批判、社会理论、空间理论、文学批评与艺术批评、身体理论与酷儿理论等各种时代思潮。福柯对中国学界也有极大的影响，其生前发表的著作均已译成中文。对当今西方学界的精神状况和当代学术研究前沿做一个遍览就可以看到，当今西方学界各个领域可以说很少有没受到福柯影响的，他是人文科学与社会科学领域中被引用次数最多的学者。正因为如此，哈贝马斯称福柯是对20世纪下半叶的时代精神影响最大的哲学家。

二、60年代的“知识考古”与“话语分析”

根据福柯的自述，他的思想可以按照权力-知识-主体这三条轴线的发展线索大体上分为三个阶段：60年代的“知识考古”时期，70年代的“权力谱系”时期，以及80年代的“主体的谱系”时期。福柯在20世纪60年代的早期哲学都可以称之为“人文科学的知识考古”。“人文科学的知识考古”的问题意识来自尼采从“权力意志”出发对“求知意志”或“真理意志”的批判，其方法则来源于他所师承的法国科学认识论并受到当时结构主义思潮一定的影响。60年代的“知识考古”时期的作品主要有三部：《疯癫与文明》、《临床医学的诞生》和《词与物》，这三部作品都是某种意义上的“知识考古”：《疯癫与文明》是对理性主义时代精神病学兴起之后被理性压制而陷入“沉默”的癫狂的考古；《临床医学的诞生》是对临床医学诞生时刻的“凝视”的考古；《词与物》则是对近两个世纪各种“人的科学”的“知识型”的考古。为了对早期“知识考古”三部作品的方法论和理论问题做一个总结，福柯又专门写了一本纯理论性著作《知识考古学》。70 年代初，福柯在法兰西学院就职演讲《话语的秩序》（1971）中总结了自己知识考古时期的话语理论，指出“话语的秩序”的构成既有话语内部的机制，又有话语外部的约束，也就是某种具体的权力关系。这个讲法开启了他整个 70 年代的“权力谱系”。

那什么是“人文科学的知识考古”呢？人文科学的“知识考古”（l'archéologie du savoir）中的“考古”指的不是考古学那门学科，也不是一般意义上发掘史料、实事求是的实证研究，福柯用“考古”一词指的是对现代知识体系得以形成的“历史的可能性条件”、“先验的历史性”或“真理体制”的批判性分析与重构，加里·古廷称之为“科学理性考古学”。而“知识考古”中的“知识”（savoir）也并不是通常意义上像自然科学那种严格的科学知识，它指的是那些伊安·哈金所谓的“半成熟”的科学知识（immature science），比如心理学、精神病学、临床医学、刑法学、精神分析等的科学的话语构成，它们都是关于“人”的科学。福柯从一开始就着手考察西方从 16 世纪到 19 世纪以来塑造“我们西方人”的各种现代的“人的科学”及其真理话语，运用“知识考古”和“话语分析”的方法分析西方现代各种关于“人”的知识话语之形成和运作的认知类型的断层与“特定的历史的可能性条件”。因此，这种考古分析的方法可以说是一种“非连续性”的“反记忆”（counter-memory）的历史分析。

福柯的“知识考古”区别于一般意义上的“科学史”或“思想史”研究之处在于，他发明了“知识型”“话语”“陈述”等一些独创的概念，以取代传统的“概念”“观念”“范畴”等不言自明的陈旧概念。发明这些新概念就是为了用一种与传统的思想史的方法和逻辑迥然有别的方式去分析各种科学知识的认知结构、话语构成和学科规范是如何在某种话语类型中得以形成的。这种知识型或话语分析的方法有力地取代了现代哲学从主体的理性认识能力出发进行知识能力论证和知识体系建构的简陋的认识论与知识论的传统，一方面它揭示了知识类型的某种结构性、话语秩序的某种自足性或语言的一定程度上的优先性，另一方面它也解析并勘定了这些现代科学知识和话语是如何限定现代的“人”的观念的。最能集中体现其“知识考古”思想并给他带来巨大的声望的《词与物》，在 60 年代一直被视为结构主义运动的代表作和巅峰之作，但这本书其实暗含着对“知识型”这种结构性对象的批判。福柯并不是怀疑那些知识的有效性，而是批判性地考察这些有效的“人的科学”的“知识型”和话语构成如何界定了各种“人的知识”，以及又因此如何界定了“人”的概念，比如生物学中的“生命”、临床医学和精神病学中的“病人”、政治经济学中的“劳动的人”等。

《词与物》一书的核心术语是“知识型”（épistèmé），这个词源于希腊语的“epistēmē”（知识/认识）一词，因此有人也把它翻译成“认识型”。它既不是康德的“范畴”，也不是结构主义文化人类学所说的“体系”或“文化总体性”。福柯用“知识型”这一术语指的是在不同时代由“词”与“物”之间的类比、表象或以人为中心的各种关系建构起“事物的秩序”的方式，因此，福柯本人建议将《词与物》的英译本书名改为《事物的秩序》。“词与物”或“语言与实在”的特殊关联方式体现了特定历史时期的社会感知方式和思维方式，它规定着特定时期不同学科的知识生产自身话语的可能性条件。福柯的“知识型”概念来源于巴什拉的“认识论的断裂”思想以及他的老师康吉兰的“常态与变态”的科学史思想，这表明福柯在60年代的结构主义时期的思想也并非全然独创。福柯继承了巴什拉、康吉兰、卡瓦耶以及整个“法国认识论”和科学史批判研究的传统，反对萨特式的主体性，强调形成、塑造知识和认识的结构性的条件，强调思想中“未思”的东西，强调规范性的吸纳与排斥性的双重功能。有很多人认为，福柯的“知识型”概念与库恩的“范式”概念有些相近，实际上，福柯不仅强调巴什拉式的科学知识的断层式嬗变，而且更强调康吉兰的思想：每一个知识型本身都具有常态与变态之间的区分和排斥的功能。在《词与物》中与其说福柯强调的是“知识型”的结构性与规范性，不如说他是在批判性地分析这种规范性。正如福柯在后来的权力谱系的批判中所指出的那样，各种人的知识的规范性的诞生总是与某些权力关系的配置密不可分，也就是说，“规范”与“规训”总是密不可分的。

福柯在《词与物》中的“人文科学的知识考古”的首要目标是发掘近两三个世纪不同时代各种学科知识之间横向共享的话语构成方式，也就是每个特定时代的“知识型”。每个时代的各种知识虽然有学科之别，但它们却很可能遵循着相同的认知方式，这一观点在今天已被公认为是一条思想史的原理，但在60年代无疑令人耳目一新。按照这一想法，每个时代的“知识型”与先前时代的“知识型”之间都存在着一个结构性的“认识方式的断裂”。每个时代的知识型，就像地质学的断层一样，与其他时代的“知识型”之间并无连续性，或者说，某一学科知识与下一时代同一学科的知识之间的连续性小于其与同一时代不同学科之间知识结构和认识方式的相似性，因为同一时代不同学科之间的知识话语都是以相同的“知识型”组织起来的。从知识考古的视角来看，各个时代的“知识型”本身并无真理与谬误之分，亦无进步与否，只不过是不同时代的“知识型”以及不同时期的感知方式、分类体系和语言方式的结构性断层与裂变而已。“知识考古”的分析方法不再强调知识体系的连续性和历史性，而是着力分析每一结构断层上知识或话语的“历史先验性”的构成条件。这种“非连续性的历史”的思想在一定程度上体现了一种结构主义原则，即每个时代知识的认识类型的结构性和优先性。虽然《词与物》强调了知识构成的历史先验性、认识的结构性、话语结构的优先性，但福柯并未建立一种结构主义的语言理论、符号理论或话语理论。福柯的“知识考古”更多地旨在进行“考古批判”，即通过考察分析近两三个世纪“人的科学”的知识结构、认识方式和话语类型，去理解西方现代人如何通过它们将自己塑造成各种对象化知识的“知识主体”的，进而勘测出由这些“人的科学”所构成的“我们西方的文化”的界限。

在福柯看来，结构主义强调无意识的语言结构或文化体系，无疑过于形式主义。实际上，结构主义的结构正是福柯的知识考古批判所要解析和批判的对象，《词与物》的开篇引用博尔赫斯小说中一段关于中国动物的可笑分类就已经暗示了他的立场。福柯想通过这幅可笑的“比较文化”图景让我们看到陌生的中国动物“分类法”与他们西方的“分类体系”之间存在着不可公度的文化差异，而不是科学水平的高下之分。强调不同文化的基本代码体系之间存在着不可化约的差异，这一洞见也哺育了 80 年代兴起的“后殖民主义”思潮。

福柯在《词与物》中分析了自文艺复兴以来现代西方近三个世纪不同历史时期的三种“知识型”，即文艺复兴知识型、17—18 世纪古典时代的知识型和 19 世纪的现代知识型，着重探讨了西方现代知识的三次重大的“知识型”的断裂。这三次“知识型”的断裂在哲学领域中相应的代表人物是笛卡尔、康德和尼采，不过在《词与物》对人的科学的知识型分析中他们只占据很少的篇幅。

福柯首先考察了文艺复兴时期的知识型，它主要是借助语言（词）来认识世界（物），因此，词与物之间的关系是“相似”。也就是说，文艺复兴知识型的主要认知方式是“词与物”之间的“相似性”秩序。所谓的“相似性”指的是类似于植物与动物相近，海洋与陆地连通，人与周边万物交流，它可能是一种模拟上的相似，或者是类似于星星与天空之间的关系且和生物与地球之间的类比关系，或者是类似于重的物体被地球引力吸引而轻的物体被以太吸引的交感关系。[1] 17世纪中叶“古典时代”（l'âge classique）的知识型兴起，引起了西方近代思想史上的第一次断裂：培根在《新工具》中批判了“四种假相”，文艺复兴的“知识型”被视为不够科学或不符合认识论原理的认识“假相”。

近代哲学的开创者笛卡尔率先通过分析“表象”，通过“词的体系”表象和“物的秩序”建立了一个有序的确定性的知识体系，彻底地摧毁了文艺复兴知识型。在福柯看来，西班牙的塞万提斯的小说《堂吉诃德》是处于从文艺复兴知识型向古典时代知识型的过渡阶段不能适应新知识型的典型[2]，而西班牙委拉斯开兹的名画《宫娥》则是古典时代表象性知识型的完美代表。[3] 可以说，整个古典时代的认识方式和语言的功用就是“表象”，而文艺复兴时期包裹在事物表面的那种词语观念被抛弃了。古典时代竭力追求通过对事物本身做细致入微的观察研究，以尽可能精确地再现事物的本来面貌，尽力排除那些不确定信息的来源，将表象的“词”与被表象的“物”准确地、科学地联系起来。这种“表象”的认识论在尼采看来无疑是一种“求真意志”的强迫症，20世纪大多数哲学家，从海德格尔到福柯，从德勒兹到罗蒂，都对这种“世界图景”和“自然之境”的表象论进行过严厉的批判。

18世纪的科学，如普通语法、自然史和财富分析，都追求在自然、人性和知识之间建构起清晰表象的完美秩序，在这种知识型中“人”既不是主题，也不是认识的中心。从古典主义时代的表象论转向理性的可能性条件和人的有限性的分析，这标志着“人的出现”。这正是康德哲学的时刻。康德在《逻辑学》中说，“我能知道什么？”“我应该做什么？”“我可以希望什么？”而这三个问题可以归结为一个：“人是什么？”这种对“人的有限性”的规定是19世纪各种围绕着对人进行界定的“人的科学”的认识方式的主导动机。通过“经验-先验、我思-非思、起源的消隐-起源的回归”这些二元对立的因素，有限性的“人”被建构出来。[4] 当“人”作为知识的“可能性条件”、有限性的存在和可见的对象开始被追问，自然、人性和知识之间的三角关系就发生了“认识论的断裂”，“人”从三角关系中脱颖而出。这是西方现代知识型的第二次断裂。古典主义时代的表象性认识论的彻底瓦解标志着真正的“现代性”的开端。

---

① 福柯．词与物：人文科学考古学．莫伟民，译．上海：上海三联书店，2001：23-60.

② 同①61-66.

③ 同①3-21.

④ 同①415-437.

19 世纪新兴的历史语言学、居维叶的生物学、亚当·斯密和李嘉图的政治经济学相继取代了 18 世纪的普通语法、自然史和财富分析，这些新的“人的科学”将“人”确立为知识的中心，“人”被限定为肉体生命的、有欲望需求的、能说话的存在，也即有限性的存在，人受到各种历史条件和社会条件的约束、限定，而不再依从永恒真理来确定。于是，“实证主义”和“历史主义”取代了文艺复兴时期的“人文主义”和古典时期的“理性主义”，成为这个时代各种科学知识的认识方式。19 世纪初的圣西门、斯宾塞、密尔、孔德等发起的实证主义运动，最能代表把康德的“人是什么”的人类学追问提升到“人的科学”的努力。可以说，19 世纪的实证科学和历史主义思潮彻底终结了形而上学，尤其是上帝与主体性形而上学的终结。

19 世纪各种“人的科学”的现代知识型，都以“人”作为知识的终极关切。然而，当尼采借着疯子之口喊出了“上帝之死”之时，同时也就意味着“人之死”。因为激进的历史主义和激进的实证主义不仅杀死了形而上学的哲学的上帝观念和基督教神学的信仰的上帝，同样肢解了被各种“人的科学”建构起来的“人”的观念。不仅在康德哲学中处于中心位置并作为知识、历史和语言的源头的那个自由的理性的主体的“人”被杀死了，而且整个 19 世纪各种人的科学所建构起来的认知对象，即作为“劳动的人”“生命的人”“语言的人”的“人”的观念与形象，也都被杀死了。这就是《词与物》结尾那个著名的“人之死”的断言。

在福柯看来，尼采显然是与 19 世纪的现代知识型彻底决裂的第一人，他也是我们身处其中的这个时代的新知识型的开创者。除了尼采，萨德、马克思、弗洛伊德、马拉美等，都是 19 世纪知识型的怀疑者和反叛者。现代知识型的瓦解之后，诞生的是“反人的科学”或“反人文主义”的知识型。它属于一个新的时代，今天人们将其称为“后现代”。在拉康、列维-斯特劳斯和罗兰·巴特等人手中发展起来的结构主义的“精神分析”、结构主义的“文化人类学”以及结构主义“语言学”或“符号学”，彻底取代了 19 世纪的心理学、政治经济学和历史语言学，是典型的三门后现代的知识类型。

法国 20 世纪 60 年代掀起的结构主义运动强调“语言的优先性”，其结果就是“反主体性”，也就是说，在“语言”运作之处，所谓的“主体”只不过是漂浮在各种系统、结构和象征的链条上的表面效果而已。符号系统、能指链、无意识和文化取代了“人”及其主体性、意向性、体验、真理和意义，成为后现代知识的基本认识类型；各种非历史性的共时性结构，比如亲属关系、神话结构、无意识的语言结构、符号的差异性结构、话语、文本等取代了人的意识、灵魂、主体、作者、人性、历史性、人类等，占据了新知识话语的中心。“人的科学”及其建构的“人”，不过是19世纪现代知识型的某种“历史的先验性”，它们随着后现代的知识型的兴起而崩溃。在《词与物》的结尾，福柯写道：“人将被抹去，如同海边沙滩上一张脸的形象那样被抹去。”①

三、70年代的权力谱系研究

1970年福柯进入法兰西学院之后，他开始从“知识考古”和“话语批判”逐渐转向了“权力谱系批判”。这意味着他告别了结构主义运动，整个60年代的“知识考古”的方法作为一种研究工具被吸收到了70年代的“权力谱系”的分析工作之中。福柯的权力谱系批判的第一个极富创造性的成果就是《规训与惩罚》（1975），它将福柯的哲学家声望推向了一个新的高度。实际上，福柯在1972年底开始在法兰西学院所做的年度讲座就以《惩罚的社会》（*La société punitive*）为题。

在《规训与惩罚》中，福柯讲述了一个从惩罚到规训的现代刑罚简史。福柯的观点令人耳目一新，他认为从折磨肉体痛苦的惩罚到监视控制身体的规训并不意味着我们的社会更加人道了，它只不过是一种更为精致的新型微观权力形式而已。随着19世纪中叶新型的规训社会和规训权力技术的兴起，出现了新型的人的科学以及精神病学和司法学中新的“危险的人”的概念。为了考察现代规训技术与实践以及相关的人的科学知识话语的复杂性，就需要一套新的权力-知识的谱系分析方法，而分析的对象将集中于规训社会最典型机构新型监狱的诞生。在《规训与惩罚》中，福柯提出了一个新的概念“权力-知识”（pouvoir-savoir/power-knowledge）来分析现代规训权力在特定空间形式中针对身体的种种技术与实践，这种权力-知识的谱系分析将不再集中于分析知识类型的认识结构和话语的构成规则，而是从微观的“权力-知识关系”的技术与实践入手，剖析被权力-知识关系客体化的“人的科学”以及被它主体化的“被规训的身体”。

福柯将“规训”这种新型的“生命权力”定义为控制、规范和治理“人的身体”的各种微观的权力-知识关系。现代社会的各种机构不再轻易动用国家暴力机器和主权-法律的惩罚性暴力，也不再公开而频繁地动用刑罚和体罚，不再粗暴地将人的身体作为惩罚与折磨的对象，而是将它作为干预、训

① 福柯．词与物：人文科学考古学．莫伟民，译．上海：上海三联书店，2001：506.

练、监视、控制和改造的对象，更为经济地使用它，更为精心地计算它，更为科学有效地管理它，更为规范地控制它，直至将其驯服为一种“驯良的身体”，从而将人驯服为“驯良的人”。正是这种规训身体的微观生命权力，支撑了大型的国家机器和各种社会机构的宏观权力得以顺畅运作。现代社会不是一部由军队、警察、监狱捍卫主权与法律秩序的庞大的暴力的“国家机器”，而是一个配置了各种各样微观的监视、管理、控制技术的更人道的“规训社会”和“监狱社会”。在某种意义上讲，福柯套用了尼采在《道德的谱系》的第二篇论文中对“身体-权力”的分析，开创了一套解剖现代微观权力如何将身体政治化从而建立起整个规训社会的规范与控制的方式。福柯这套分析现代微观生命权力的方式，既可以分析现代极权主义制度得以运作的微观技术（完全不同于阿伦特在《极权主义的起源》中的分析方式），揭示现代社会中的“日常法西斯主义”，也可以分析弥散在我们社会生活中无所不在的各种权力关系，比如教育。

福柯将《规训与惩罚》视作他自己思想的成熟之作，这本著作自问世以来深刻地改变了我们时代理解、审视现代权力技术与现代政治理性的视角。当然，这并不意味着权力-知识的谱系批判就是福柯最后的思想，也不意味着微观权力分析是一种令人绝望的无所逃于天地之间的泛权力论。福柯在指出现代权力配置与散布的独特性的同时，也总是暗示它们的危险性以及抵抗它们的可能性。为了寻找克服我们现代社会狡黠万分且无所不在的“监控与规训权力”（《规训与惩罚》）、“话语煽动与欲望主体化”（《性史》第一卷《求真意志》）、“治理术与生命政治”（《生命政治的诞生》）的可能性，福柯从80年代开始从解剖现代性政治转向了发掘古代的伦理关切，探究希腊罗马人的自我技艺与生存美学能否为我们克服现代社会的主权权力、规训和治理术的主体化模式提供一些可供借鉴的逃逸路线。

规训作为现代社会的权力-知识关系的基本形式，完全不同于垄断暴力的国家机器的主权-法律的权力模式。这种新的权力概念，或者更准确地说，新的“权力关系”的概念，本质上不同于传统的“统治”或“支配”概念。福柯说：“这种微观物理学的研究假设：首先，施加于肉体的权力不应被视为一种占有，而应被视为一种策略，它的支配效果不应被归因于‘占有’，而应归因于配置、计谋、战术、技术和运作；人们应该从中读解出一个永远处于张力和活动之中的关系网络，而不是读解出人们可能拥有的特权；人们理解它的模式应该是持久的战斗，而不是进行一次交易的契约或对一块领土的征服。总之要意识到：这是一种被行使出来的权力，而不是被占有的，不是统治阶级获取或保持的‘特权’，而是统治阶级的策略位置的综合效应，它通过被统治者的位置展示出来，有时还会被它继续推进。其次，这种权力不仅只是简单地强加给‘无权者’义务或禁令，它在干预他们时也通过他们并针对他们得以施行；正是在他们反抗它时，它才能反过来对他们本人施压。这就意味着，这些［权力］关系深入到社会深层，它们不是锁定在国家与公民的关系中，也不是锁定在阶级分野处，也并不局限于在个体、肉体、姿态和行为的层面上复制出法律和政府的一般形式；尽管存在着某种连续性，它们也确实通过一系列复杂机制连接成这种连续的形式，但是，它们既不存在可类比性，也没有同质性，只有特殊的机制和特殊的形态。最后，权力关系不是单义的，它们确定了无数冲撞的点和不稳定的中心，每一处都有可能会发生冲突、斗争，甚至暂时的力量对比关系的颠覆。这些‘微观权力’的颠覆并不是遵循‘要么全部，要么全不’的法则，它不是通过新控制了国家机器而获得，也不是通过制度发挥新功能或摧毁制度而获得，相反，这些局部的插曲无一能被载入历史，除非它对压制它的整个系统产生影响。……因此，为了分析对肉体的政治围剿和权力的微观物理学，在权力问题上，必须抛弃暴力与意识形态的对立、占有的比喻、契约的模式和征服的模式。”①

这种颠覆传统主权-法律模式的权力观的要点在于，首先，权力应被视为一种被配置起来的“策略”，而不应被看作一种对占有物的“所有权”，比如对暴力的合法垄断。权力的统治或支配的效果应该归因于权力关系中的策略、调度、计谋、技术、运作，而不应被归因于“占有”或垄断。权力关系是一个永远处于紧张状态和不断斗争之中的关系网络，而不是一方是绝对的占有而另一方是绝对的屈服。权力总是被各方行使的权力，而不是被某一方占有的权力。权力总是不停地被生产和再生产出来的权力关系，而不是一方垄断而另一方彻底被剥夺的权力关系。其次，权力不仅是一种权力关系，而且权力效应也是在权力关系中产生出来的。如果没有反抗者的反抗，如果反抗者没有一定程度的自由，支配者的权力就不会产生效果，权力关系也就不会被激发、扩大与散播开来。因此，被支配者与支配者在很大程度上是权力关系中的同谋关系。要想摆脱这种“同谋关系”，就要发展出某种“逃逸”策略。此外，支配者与被支配者处在一种权力关系之中，其位置也并不总是一成不变的，权力关系在冲突斗争和策略中随时都有可能被颠倒过来。在权力关系的冲突斗争中，权力并没有固定在某个对象上，相反，在社会各个领域中都

① 福柯．规训与惩罚．刘北成，杨远婴，译．北京：三联书店，1999：28－30.

有无数的权力冲突的焦点，在每一个不确定的点上都有可能发生权力关系的颠倒，在每一个局部所发生的权力关系的冲突都会对整个权力网络产生影响。最后，权力关系渗透在整个社会的表层，它在每个个体和全体人民的身体与日常行为中再生产出各种权力关系。权力关系就是各种各样的社会关系，因此，权力关系并不局限于国家机器或“国家与市民社会的关系”中，反而是各种各样的微观权力技术支撑着国家机器、主权-法律秩序及其支配性权力。

规训这种微观生命权力技术诞生于现代监狱这种特定的空间之中，这种规训的技术很快就在整个现代社会的各个机构中散播开来，逐渐形成了一个全社会性的规训网络。这种“监狱社会”在19世纪之前还是难以想象的。在《规训与惩罚》中，福柯用1840年前后的巴黎少年犯监管所、18世纪的军训、梅特莱农场、监狱群岛等一系列惊人的意象，来展示社会机构的规训实践，其中最令人印象深刻的莫过于英国功利主义哲学家边沁设计的“全景敞视”(panopticism）环形监狱：所有囚室都对着中央监视塔，因而监视塔里的看守能对囚徒的活动一览无遗。环形监狱这种封闭的空间结构暗示了一种每个人都被嵌入其中的监控机制，而这种“监控”机制正是“规训”最典型、最精细的微观形式。对于福柯来说，现代社会就是一个无所不在的全景敞视的监控社会。“全景敞视监狱”远比《疯癫与文明》中疯人院的“大禁闭”意象和《临床医学的诞生》中的“凝视”意象更令人触目惊心。美国发生斯诺登事件之后，人们对福柯所描述的监控社会更加感同身受，大数据时代的数据监控技术更是以安全的名义扩散到全社会各个角落。

福柯用“全景敞视监狱”这一令人难忘的意象为我们描绘了现代的“监狱社会”，它由规训权力的基本模式，即无所不在的监视机制和自我监视机制所生产和再生产，我们每个人都被一种不可见的微观生命权力编织到被分割和隔离的空间之中。与一般的监狱不同，“全景敞视监狱”除了空间封闭之外，它并不像传统的监狱那样光线昏暗，监管者隐秘在犯人看不到的地方。“全景敞视监狱”的设计理念是，充分的光线和监督者的注视比黑暗更能有效地捕捉囚禁者的目光，是一种更有力的监视方式。在“全景敞视监狱”之中，当被囚禁者知道自己正在受到观察，就会造成一种有意识的“自我监视机制”，从而确保监视自动地发挥控制的作用，将权力关系在每个人的身体意识中普遍地、个体化地再生产出来。于是，无须使用暴力来强制犯人改邪归正，强制疯人安静下来，强制工人埋头干活，强制学生专心学问，强制病人遵守制度，也不再有铁栅，不再有铁镣，只需要实行鲜明的隔离和妥善地安排门窗开口，不仅人道而经济，而且无声而有效。“全景敞视监狱”像某种权力实验室，它是对人性进行分析、实验和改造的优良场所，是规训社会运作的完美典范，也是现代政治技术的一个象征。

实际上，“全景敞视”这种监视机制和规训权力，不仅可以用于监狱之中改造犯人，也可以用于医院管理病人、工厂监督工人、学校教育学生。它是一种在空间中安置身体、根据相互关系分布人员、按等级体系组织人员、安排权力的中心点和渠道、确定权力干预的手段与方式的样板。它能减少行使权力的人数，同时增加受权力控制的人数，它能使权力在任何时刻进行干预却基本上从不干预，它不动用任何物质手段却能靠区隔空间直接对个人发生绝妙的作用，它可以被巧妙地纳入任何机构之中并强化它们更有效地运作，它以极其微妙、难以察觉的方式不断加强整个社会网络的力量。监视和纪律这些灵活的“非制度化”的规训伎俩，遍布于我们现代社会整个机体的表面，从工厂生产到知识传授，从技能传播到战争机器。可以说，全景敞视的规训技术无孔不入、无处不在，它是一种微观的、基础的、技术的、纯物理的层次上的日常技术，却在根基上使整个现代社会得以运转，不仅国家机器和司法制度建立在它上面，而且学校、工厂、军队、家庭、医院、法庭、修道院、教养所等各种社会机构都依赖于这一渗透到社会织体各个毛细血管部位的规训伎俩。因此，“全景敞视监狱”并不是一种不起眼的技术，它本质上是社会微观权力控制再生产的完美机制，它远比司法体制更能与整个社会的肌体合而为一。

“全景敞视”的规训权力之所以能够弥散于整个社会机构之中并在每个个体的身上再生产出权力关系本身，就在于它征用并激发了各种“人的科学”，包括医学、法学、心理学、教育学、道德哲学等。没有治安科学、治安机构、治安人员和庞大的治安记录，“全景敞视”这项监控技术也不能无限地扩散到整个现代社会的每个角落。《规训与惩罚》本来的书名是《监视与惩罚》，福柯本人建议英译本书名改为《规训与惩罚》，其中“规训”（Discipline）一词兼有“学科”与“纪律”的含义。在福柯看来，规训不仅是施加于身体之上的“监视”与“纪律”，它也是一种“学科权力”。那些“人的科学”的“学科”就诞生并运作于权力对身体的规训之中，规训的散播激发和鼓励了诸如治安学、临床医学、刑法学、心理学、教育学、统计学等知识、话语、真理的生产与再生产。福柯提出“权力-知识关系”的概念旨在打破那种无关知识的、纯粹物质性的赤裸裸的权力观以及那种无关权力的、纯粹观念性的客观中立的知识观。不存在一个知识结构或文化象征的“先验的空间”，也不存在像《疯癫与文明》中所说的“沉默”的“神秘领域”，更不用说“永恒的真理”了，所有这一切都是权力-知识关系的效应和效果。“权力-知识关系”概念基于对肉体进行政治干预的微观的规训技术，它抛弃了那种“暴力-意识形态”的流行观念，抛弃了所有权或占有性的统治、支配或垄断的权力观念，也抛弃了传统的社会契约和法律公正的观念，尤其是那种惩罚性的、禁止性的、否定性的“权力即恶”的权力概念。如果“权力-知识关系”不再是压迫性、否定性、剥夺性和支配性的统治权力，如果“权力-知识关系”是一种征用知识的、技术策略性的、再生产性的、无中心且弥散性的微观生命权力的话，那么，整个自由反抗与暴力革命的基础和前提都不复存在了。这是福柯的新权力观引发的一个冲击性效果。

福柯的“权力-知识关系”概念带来的另一个冲击性效果就是，从此人们不能再继续坚持无功利或无利害关系的客观中立的真理观和知识论了。福柯拒斥康德的无利害关系的先验主体性，也不认为有外在于各种权力关系并为反抗权力关系提供规范性基础的“理性主体”或客观的知识。众所周知，这正是自由主义政治哲学的理论基础，也是自由主义知识分子批判实践的前提。福柯一直致力于揭示那些“人的科学”或“人的知识”实际上是近两三个世纪以来的规训与治理术的“权力-知识关系”的产物，也是规训与治理术得以微观化、弥散化、个体化地再生产性的必要条件。

福柯的“权力-知识关系”概念不仅是对现代社会复杂而精密的微观权力技术和机制的分析，而且也分析了各种“人的科学”以及现代人的“政治身体”是如何在权力关系之中被建构出来的。“规训”那些针对我们身体的微观技术和伎俩，支撑起了各种光鲜亮丽的社会机构，也支撑起了我们自以为是自由的现代主体。实际上，在现代社会中，我们的身体或肉体一直被各种“权力-知识关系”规训，其最终效果是被规训成驯良的对象，即一个驯良的“主体”。现代人不再是被基督教的原罪困扰也无须被圣灵拯救的灵魂，现代人是被现代的“权力-知识关系”监视、规范化、规训和治理的身体或肉身所支撑的“主体”，是被卑微的规训技术在身体上所生产出来的“灵魂”。现代社会的规训与治理的“权力-知识关系”施加在我们被规训的身体或肉身之上，生产出了大量要被监视、训练、教育、管理和矫正的人，生产出了现代“抽象社会”中相互隔离的“陌生人”，不仅是那些家庭和学校中被规训的儿童和学生，还有那些被各种社会机构牢牢缚住而没有自由闲暇的人。我们的身体被“权力-知识关系”作为规训的微观生命权力关系中的一个部件，有时是作为载体，有时是作为中转站，有时是作为路径，这样，我们的“主体”显然是被规训出来的客体，也就是被“主体化”的主体。所谓“主体”，其实不过是规训的“权力-知识关系”在我们每个人的身体或肉身上产生出来的各种“主体化的效果”而已。总而言之，福柯的权力谱系分析不仅解构了传统的主权-法律模式的统治性的权力观，解构了客观中立的知识观和启蒙主义的知识分子观念，而且也解构了现代哲学建构起来的自由主体的概念。

四、80年代的伦理谱系研究

福柯在《规训与惩罚》中提出的“权力-知识关系”概念消解了现代自由主体和理性主体，“主体”不过是作用于其身体和欲望上的“权力-知识关系”的事件性的效果而已。用德勒兹的一个概念来说，主体只不过是“力量关系-真理”所形成的一个“褶子”。回顾福柯的六部经典著作，其中在《疯癫与文明》和《临床医学的诞生》中，他发掘了现代临床医学、精神病学和精神分析的诞生，也分析了现代社会中的疯人、病态的人、病人、精神病人以及各种“不正常的人”的观念是如何诞生于医学、司法和治理术之中的；在《词与物》和《知识考古学》中，福柯考察了生物学、经济学和语言学这三种现代“人的科学”的诞生，也分析了作为生命、劳动力和能说话的动物的人如何诞生于这些巨型的话语实践之中的；在《规训与惩罚》和《性史》（第一卷）中，他探究了现代刑法学、教育学、人口学、优生学等“人的科学”的诞生，也分析了犯罪的人、欲望的人和统计学意义上的人口的概念是如何诞生于“规训”和“性配置”的。由上述可见，福柯所见的乃是那些真实地身处医学的权力、心理学的技术、法律的规范、规训的实践、性的配置与人口的治理之中的人，与文史哲等人文学科所说的“人的本质”或“人的先验性”无关。在福柯看来，灵魂、意识、心理、主体、自我、人格……这些都是现代权力关系及其所征用的人的科学的配置的某种表面效果而已。只有当人们将权力、知识和主体这三者两两相互割开并掩盖起“权力-知识关系”时，那种哲学层面上的纯粹的个体、主体、自我、意识、理性等才会浮现出来。

在福柯这里，我们的思想探索始终应该围绕着知识-权力-主体三条轴线展开，缺一不可。这三条“轴线”划出三个“研究领域”：话语研究、权力研究、主体化研究，也给出了三种“方法论”原则：话语分析、权力分析、主体构成分析。对话语构成、权力关系、主体化实践的批判性分析，构成了福柯的“西方现代性批判”的思想体系。福柯在60年代侧重于“知识考古分析”，在70年代更侧重于“权力谱系分析”，直到80年代他才开始研究“伦理谱系分析”①。对此福柯说：“为了分析通常所说的知识的演进，我就必然要做出一次理论变革，这导致我去追问构成知识的各种形式的话语实践；为了分析通常所说的‘权力’的展示，也还要进行一次理论变革，这导致我去追问构成权力运作的多重关系、开放性策略和合理性技术；为了分析通常所说的‘主体’，看起来现在应该进行第三次变革，去探寻个体通过哪些自我与自我的关系的形式和形态来自我构成与自我确认为主体的。在研究了诸如17—18世纪的一些经验科学的真理游戏的相互间的关系之后，接着又研究了这些真理游戏与诸如惩罚实践的种种权力关系的关系，看来接下去该进行另一项工作了，那就是，以所谓的‘欲望的人的历史’为参考范围和研究领域，研究在自我与自我的关系中、在自我构成为主体中的真理游戏。”② 不过在福柯去世前，他未能完成其最后阶段的研究，也未能完成从一个新的视角整合话语批判、权力批判和自我关切的伦理三条轴线的综合研究。尽管如此，福柯的自我陈述提示我们，要理解福柯的现代性批判，仅靠“话语分析”或“权力-知识分析”都是不充分的；少了福柯晚年对自我关切的伦理的主体化与真理游戏的思索，就难以深入理解福柯的现代性批判的一贯的问题意识与独特的思想路数。

福柯20世纪80年代从权力-知识关系转向对自我关切的伦理的分析，通常被称为福柯晚期思想的“伦理转向”。所谓的“伦理转向”实际上是探究“主体的自由实践的可能性”，而非通常意义上的道德哲学研究，当然也不是要重建一种哲学的“主体理论”或者寻求反抗的“规范性的基础”。福柯在70年代的“权力谱系”时期一直致力于分析规训、性话语煽动、治理术等生命权力的权力关系、权力效果和权力配置，揭示现代社会的生命权力及其政治理性的“狡计”：它不再是以主权、法律或国家机器等剥夺、禁止和压迫的“否定性形式”施加于个体之上的，而是以策略性的、满足生命的需要、激发生命欲望等“肯定性方式”运作于个体之上的。然而，这就预设了被规训、被治理和被煽动欲望的主体在某种程度上是“自由的”。不过，在福柯看来，“性的人”或“欲望的主体”诞生于现代社会的生命权力的配置（既有发端于基督教的忏悔技术，也有医学、精神病学、心理学、教育学、卫生学、人口

① “伦理谱系”一词源于福柯的一篇访谈《论伦理的谱系》，参见：Michel Foucault. On the Genealogy of Ethics：An Overview of Work in Progress//Paul Rabinow. Essential Works of Foucault. Vol. 1. The New Press，1997：253－280。

② Michel Foucault. Histoire de la sexualité. Vol. 2. L'usage des plaisirs. Paris：Gallimard，1984：12－13.

治理、种族与优生理论等各种知识支持的真理话语体制）之中，这种客体化意义上的自由主体并不是真正意义上的“自由”的主体，而是现代社会强加于我们之上的“被主体化”的主体而已。或许古代的伦理生活方式能提供给我们更多可供借鉴的自由实践的主体性形式。因此，福柯从各种现代性经验的谱系学起源分析转向了古希腊罗马与早期基督教的伦理生活和自我技艺的考古发掘及谱系分析。

福柯在权力谱系时期从生命权力的视角率先写就了《性史》第一卷，探究现代社会“性之为性”（sexualité）以及“性的人”的诞生。福柯认为，弗洛伊德的精神分析学说的性禁忌或性压抑假说并不足以理解“性”的诞生，“禁忌”的模式也并不足以理解现代权力关系的生产性机制，建构“性”的权力关系配置实际上是通过“性科学的真理话语”的煽动与扩散实现对“性的人”或欲望主体的全面治理的，这背后是西方文化的“求知意志”和“求真意志”。如果追溯西方现代的“性史”诞生于17—19世纪的“性真相”的科学话语和生命权力的起源，那得从16世纪上溯到5世纪基督教对性的欲望的主体解释学和忏悔技术。一旦进入基督教的欲望解释学和忏悔技术的领域就会发现，基督教并不是将性的欲望问题作为揭示性真理的对象，而是作为道德规则要监视、抑制和消除的对象。那么，为什么基督教把“性”作为一种“道德实践”？为什么对“性”的伦理关切（而不仅是“道德禁忌”）在基督教那里比对其他事情的关注都要突出？再继续往上追溯到古希腊罗马的“性道德”的问题域就会发现，古代人所理解的“性的人”既不同于基督教的有罪的欲望主体，也不同于现代社会的自由的“欲望主体”，用“禁忌”模式无法解释古希腊罗马那种与禁忌无关的自由主体的伦理实践。于是，从80年代开始，福柯转而研究古希腊罗马以及早期基督教是通过何种方式将自我建构为自由实践的道德主体的。

福柯80年代的“伦理谱系”研究离开了现代性的问题域，或许还不具备无比庞大的知识体系和无比精细的权力体系的古代社会能够令人看到主体构成、权力关系、真理游戏三者之间与现代社会迥然有别的配置方式：尽管也存在着希腊神庙的“认识你自己”的律令，但它不是一种科学认知的求真意志；尽管也存在着对性的严苛的关切，但它不是遵从基督教式的普遍的道德义务以及对道德法则绝对服从的要求；尽管城邦和帝国中也存在着各种各样的权力关系，但它们从未挡住古代人追求自我关切和精神操练的优先性诉求；总而言之，自我认知的求真意志、主体的客体化程度、自我规训的规范化程度以及权力关系的致密度，都在一个很低的层面上，并且它们的存在方式都是从属于自我关切的伦理实践目标的，也就是说，古代人的伦理实践更强调自我治理，而非整个社会的普遍性的他人治理。正是这种自我治理对治理他人的优先关切，有助于我们从权力关系与主体化实践的内部抵制现代生命权力的治理术强加于我们之上的种种“被主体化”的主体形式。福柯认为，通过苦行操练而自我构成的伦理主体及其种种“自我关切”的自由实践和自我技艺，将成为批判现代社会规训、治理术和生命政治的权力关系的起点。

福柯的“伦理谱系”分析大体上可以分为五个时期：生活风格化的前柏拉图时期，伦理反思的柏拉图时期，“自我教化”的黄金时代的罗马时期，道德禁忌的基督教时期，以及解放欲望的现代社会。每个时期的伦理实质、伦理义务的方式、伦理实践方式以及伦理的目的等方面都有所不同，最根本的区别乃是伦理实质之别。福柯在《性史》第二、三卷中指出，就性的问题域而言，古希腊罗马风格化的性道德的经验形式的伦理实质是快感，其规则运用方式是享用快感，其性道德的践行方式是操练和节制，其目标取向是生存的自由与美好。古希腊罗马的性道德与基督教和现代社会最本质的区别在于，他们对性的关注点是“快感及其享用”，这一伦理实质决定了他们更为自然而松弛地对待与性相关的一些焦虑和问题，而不是像基督教那样极度关切“欲望”而非快感，极力要求人们严格地服从严苛的道德规则和禁忌，追踪、揭露、拷问隐蔽的欲望动机并竭力消除它。古希腊罗马的哲学家、道德家和医学家对基督教式的自我禁欲和自我弃绝完全没有兴趣。古希腊罗马人更关切自我的风格化生活，更关注比如养生、婚姻、家政和同性间的情爱艺术这些自我技艺，更重视精神操练，也就是一种“风格化”的自我塑造，将自己的生活和生命当成一件艺术品来进行塑造。通过这种自我修行或苦行的实践，主体将自我塑造为能够自我主宰的道德主体或自由主体。古代人认为，只有通过这种自我转化的苦行实践，一个主体才能够获得生命的真理，像笛卡尔以来通过自我认识和科学知识就可以获得理论性的真理的观念在古代是没有的。真理不是通过科学的认识获得的，而是通过风格化的自我技艺和伦理实践改变我们自身的生存而塑造我们主体的。福柯认为，这是真理、伦理和主体概念的古今之别。不经过生存美学式的伦理实践，我们自身就无法被真理渗透并改变，真理和主体就无法建立起内在的转换关系。自笛卡尔的现代哲学诞生以来，真理、伦理和主体三者才彻底分开了。

因此，要理解古代人的主体化实践的方式，就必须理解古代人如何看待伦理与真理，理解主体化实践为什么必须通过伦理达到真理才能实现其所要追求的目的。古希腊罗马人的“伦理”不同于基督教那种对欲望所施加的

"禁欲主义"以及严格服从法则、禁令、规范和普遍义务的"道德"，他们的"伦理"首先指的是"自我与自我的关系"而非调节自我与他人之间的规范。这种"自我与自我的关系"的伦理，指的是"自我关切"，也就是极度关注于将自我生命塑造为风格化的生存或艺术作品式的主体。当然，古希腊罗马并没有"主体"的概念，在福柯这里"主体"指的是主体化实践，也就是将自身当作道德主体的"风格化"的"生活艺术"或"自我技艺"，它是一整套的自我塑造、自我教化、自我节制、自我改造的苦行操练。它之所以完全不同于基督教的道德法则规范化、行为规训化、欲望动机或良心的自我审查，就在于古希腊罗马人的自我关注聚焦于生命的快乐、美好和高贵及其享用，而不像基督教的精神操练死死盯住欲望、良心和自我私念。因此，古希腊罗马人的精神操练体现出一种"生存美学"，而不是禁欲、禁忌、服从规则与义务。

古希腊罗马人面对享用快感时的焦虑时，比如行为的时机与结果、自我节制与否、婚姻的忠诚、不正常性行为等，在精神操练和自我节制上也不乏严苛，却没有受到宗教道德与宗教心理的扰乱。基督教的精神操练恰恰是利用了这些性焦虑，并将其转化为主体欲望解释学、道德法则和忏悔技术，形成了基督教以弃绝欲望为目的的自我技术。于是，古希腊罗马人的"苦行"在基督教那里变成了"禁欲"，他们的关切自我的精神操练的"伦理"变成了基督教严守法则的精神操练的"道德"，他们对快感的享用的态度变成了基督教对有罪的欲望冲动的监控；而现代社会的治理术正是起源于基督教的教牧权力，性科学的真理话语技术正是起源于基督教的忏悔技术，现代欲望主体也正是起源于基督教的有罪的欲望主体。也就是说，现代生命政治针对身体的规训、针对性的生命政治与针对人口的治理术这三种形式都从基督教那里挪用了关键的配置要素：规训从基督教那里挪用了良知自我审查和道德规则的普遍义务化；以精神分析为核心的性科学的真理话语和欲望主体则源自基督教的忏悔技术和欲望的解释学；自由主义的治理术则源自基督教的教牧权力。以基督教为中介，福柯 80 年代所从事的"伦理谱系"批判以古希腊罗马的风格化苦行的自我治理与自我技艺去批判基督教，也就是对现代社会治理生命的权力关系形式、欲望主体以及真理话语的起源的批判，这对我们克服现代生命政治的治理策略和主体模式无疑具有至关重要的意义。

如果说福柯在 70 年代权力谱系时期后半段进行的治理术研究（1976—1979）致力于生命权力及其政治理性的批判，那么，他在 80 年代转向"伦理谱系”时期（1980—1984）之后，就致力于从古代的“自我关切的伦理”出发去处理现代生命权力及其政治理性的起源的谱系学批判。古希腊罗马人优先关注自我治理并将其作为他人治理的前提，这也为我们从自我实践的伦理和现代性的自我批判出发批判权力关系并从事政治反抗提供了一条不同于革命、解放与民主抗争等宏观政治实践的新空间、新路径和新方式。因此，我们必须将福柯晚年所从事的古代伦理谱系的探究视为针对“我们自身的当下的历史”的批判，它仍然深深扎根于福柯那种“回应当下现实”的哲学观念。

福柯在《什么是启蒙?》（1984）中将康德的“启蒙”的真精神解释为“批判”的事业。福柯该文结尾说：“‘我们自身的批判的本体论’不该被视为一种理论或学说，甚至也不能将其视为一套不断积累的永恒的知识体系，而应该将其视为一种态度、一种精神气质、一种哲学生活。在这种态度、精神气质或哲学生活之中，对我们自身的批判，同时也是对‘强加于我们的界限’的历史分析，以及逾越这些界限的可能性的实验。这种哲学态度应该转换为从事各种研究。这些研究的‘方法一贯性’体现在兼用考古学和谱系学方法探究既作为理性化技术的类型也作为自由的策略性游戏的各种实践之中；这些研究的‘理论一贯性’体现在界定我们与事物、他人及自身的一般性关系被问题化的各种历史的独特形式之中；这些研究的‘实践一贯性’则体现在关注以历史-批判性地反思去检验各种具体的实践的过程之中。我不知道在今天还能否说批判的工作依然还包含着对启蒙的信仰，但我仍认为，批判的工作必然要探究‘我们的界限’。这是一项需要耐心的工作，它体现了我们对自由的渴望。”[1] 可见，无论是 70 年代的现代生命权力的谱系研究，还是 80 年代的古代伦理谱系研究，都出自福柯的“我们自身的历史-批判的本体论”的观念，它一方面要考察现代权力-知识关系强加在我们身上的种种历史性经验的界限，另一方面也要尽可能提供克服和僭越这些历史性界限的自由实践的可能性。

一、思考题

1. 福柯的“知识型”是什么意思？文艺复兴时期、启蒙时期和 19 世纪以及 20 世纪的知识型各是什么？

① Michel Foucault. What is Enlightenment?//Paul Rabinow. Ethics：Subjectivity and Truth. The New Press，1997：319.

2. 福柯在《词与物》中所说的“人之死”是什么意思？

3. 试用福柯的话语分析方法分析“作者”的功能。

4. 试分析福柯在《规训与惩罚》中的“全景敞视监视”所展示的权力与空间的关系。

二、延伸阅读

1. 加里·古廷. 福柯. 王育平，译. 南京：译林出版社，2013.

2. 朱迪特·勒薇尔. 福柯思想辞典. 潘培庆，译. 重庆：重庆大学出版社，2015.

3. 弗雷德里克·格霍. 福柯考. 何乏笔，杨凯麟，龚卓军，译. 上海：华东师范大学出版社，2017.

4. 杜小真. 福柯集. 上海：上海远东出版社，1998.

历史-政治

第五章 资本主义批判与西方社会思想传统

——韦伯和托尼两部著作的导读

彭小瑜*

资本主义作为一种现代生产方式在西方出现之后，欧洲中世纪文明的传统文化就不得不与之发生碰撞和进行协调。在这方面，我们过去的几十年的注意力都集中在马克斯·韦伯（1864—1920）的观点，尤其是他在中国广受关注的著作《新教伦理与资本主义精神》，而我们对批评韦伯或者与之观点对立的声音并没有给予足够的重视，在资本主义起源和发展问题上对其他学者的多样和丰富的见解并没有进行系统的梳理。这样的思想格局是一种挑战，也是一种机遇，敦促我们重新解读和评价韦伯关于资本主义精神的观点，更加多元地、多视角地认识近代和现代西方历史上的一个重大社会问题——资本主义经济制度背后的伦理和文化问题。在此除了追溯韦伯对于资本主义的论述，我们还将讨论，如何结合韦伯的著述来理解理查德·亨利·托尼（1880—1962）对西方资本主义的批判性研究，尤其是他的《宗教与资本主义的兴起》。

一、反封建与反社会主义的马克斯·韦伯

在韦伯看来，基督宗教及其伦理并不是资本主义的必然要素。①

其实韦伯对自己的立场表达得很清楚。他承认，作为资产阶级（也就是市民阶级）的一员，他意识到德国君主依赖容克地主阶级进行统治，而后者已经完成了它的历史使命，它代表的是过时的经济制度，它在经济上处于垂死挣扎的状况中，而且不再可能被挽救。德国的资产阶级还不够成熟，不足

---

* 彭小瑜，北京大学历史学系教授，北京大学西方古典学中心主任。主要著作有：《社会的恶与善》《教会法研究：历史与理论》《基督教与近代西方民族国家》，主编《世界史（古代卷）》（中古部分）、《外国史读本》（上册）等。

① Max Weber. General Economic History. New York: Collier Books, 1961: 368 - 369; 马克斯·韦伯. 新教伦理与资本主义精神. 于晓，陈维纲，等译. 西安：陕西师范大学出版社，2006: 104 - 106.

以成为德国的政治领导阶级，而德国工人阶级的政治水平使它无法很好地承担德国作为一个民族国家的政治领导任务。① 那么声明自己是“资产阶级一员”的韦伯，如何为资本主义辩护呢?

1. 韦伯与德国政治和资产阶级

理解和评论韦伯关于资本主义与资产阶级的观点以及他对政治的看法，必须紧密联系德国历史和德国社会状况。二战之后，为了恢复德国民主传统，韦伯被抬出来并获得大量正面评价，一度被看作精神上和思想上可以借鉴的权威人士之一。但沃尔夫冈·蒙森在《马克斯·韦伯与德国政治，1890—1920》一书里揭示了韦伯的帝国主义和民族主义的立场，受到崇拜韦伯的学者的“尖锐抨击”。蒙森和其他一些学者的研究还涉及重新审视韦伯对资本主义和社会主义的见解。韦伯 1918 年 6 月曾经对奥匈军队的军官发表反社会主义的演讲，表达了他对资本主义的两个基本看法。首先，站在资产阶级的立场，韦伯否认资本主义会因为其内在的发展规律走向危机、引发革命或在革命中崩溃，认为资本主义社会能够通过进化和调节在一定程度上缓解危机。其次，韦伯认为，如果与资本主义私有制对立的公有制就是官员管理的国有经济，借助一战时期国家对经济的管理和控制经验，他能够想象的只是官僚与工人之间的对立，工人阶级的命运不会有“丝毫变化”。②

但是正如蒙森所指出的，韦伯质疑社会主义的社会改造方案并不是因为他认为资本主义造就了理想社会。蒙森赞同马尔库塞的看法，即韦伯事实上把资本主义“市场经济”看作形式上最理性的现代经济形态，并因此认为它是具有最大产能的经济形态，而违背自由市场经济原则的任何其他方式的经济活动都会在经济效率上付出代价。不过蒙森提醒人们，马尔库塞等人的批评忽略了韦伯在方法论上对理论模式和实际经济政治的区分。蒙森认为，韦伯在理论上捍卫资本主义制度，尤其是其理想和纯粹的形态，但是他了解并批评资本家在实际的经营中对劳动者进行支配和奴役。在韦伯看来，由于劳资双方的力量对比往往是有利于资本家的，国家干预是必要的，有益于工人的地位和福利。③

蒙森后来在谈论韦伯的政治和社会思想的时候进一步指出，韦伯善于使用概念和理论从事社会研究，但是从来不愿意用简单的教条和公式替代对社

① 韦伯．民族国家与经济政策//韦伯政治著作选．阎克文，译，北京：东方出版社，2009：16－23.

② 同①228－239.

③ 沃尔夫冈·J. 蒙森．马克斯·韦伯与德国政治，1890—1920. 阎克文，译．北京：中信出版集团，2016：422－428. 该书德文第一版出版于 1959 年。

会现实的观察和分析：他不认为单一的社会主义公有经济和计划经济在现代工业化社会有现实的可操作性，但是承认社会主义理想具有人道主义的积极意义，承认在现代资本主义市场经济中，社会主义运动可以在国家的支持下通过政治、立法的手段改善工人境遇和整体社会状况，在一定程度上纠正资本主义奴役和剥削带来的社会固化及不公平。现代国家政府不应该等同于官僚集团，需要与官僚和资本保持距离，进而起到推动改革以及监督和抑制官僚体制的重要作用。蒙森强调，面对马克思所揭示的资本主义经济和社会问题，韦伯的解决之道来自他的政治设计，也就是通过政府主导的社会改良和立法措施，包括对资本主义市场经济原有的一些典型模式的修改和背离，包括为整体的社会效益削弱市场经济效益的举措——在这里，理论和理想概念只是观察和分析的工具，不是社会活动和改革的桎梏。① 蒙森的结论是：韦伯并不将资本主义理想化，不过他在整体上明确肯定和支持资本主义，因为他认为，在伴随现代社会的官僚体制下，与任何形式的社会主义制度相比较，资本主义能够为自由社会的生存提供更好的条件，也有助于德国在来自美国的强大竞争面前进行战后重建，夺取世界市场更大的份额。②

蒙森对韦伯的上述理解无疑是指向了后者的德国民族主义和帝国主义的取向。不过威姆斯特补充说，韦伯对理想的、现实的资本主义社会的认识与立场意味着他不会认可 20 世纪后半期流行的新自由主义经济学说和政策，因为他不会认为这是真正的自由资本主义，而会将之看作一种新型的特权资本主义形态，其特征是以全球化和金融资本运作为手段，以削弱中产阶级和民主政治为代价，以少数精英掌控权力和巨额财富为结果。③

作为 19 世纪末和 20 世纪最初 20 年的德国资产阶级的代言人之一，韦伯对德国经济和政治问题的基本看法与马克思和恩格斯一直论述的德国资产阶级基本特点是密切相关的。在马克思和恩格斯看来，德国资产阶级由于比英法资产者较晚成熟，其突出的特点就是出于对无产阶级的害怕，将代表过时的封建传统的王权和封建地主作为自己的同盟者。对韦伯来说，下述事实是

① Wolfgang J. Mommsen. Capitalism and Socialism: Weber's Dialogue with Marx//The Political and Social Theory of Max Weber: Collected Essays. Chicago: The University of Chicago Press, 1989: 53 - 73, esp. 57, 66 - 71.

② 同①72 - 73.

③ Sam Whimster. Economics and Society and the Fate of Liberal Capitalism// Edith Hanke, Lawrence A. Scaff, and Sam Whimster (eds.). The Oxford Handbook of Max Weber. New York: Oxford University Press, 2019: 21 - 46, esp. 41 - 42.

清楚无误的：中世纪欧洲的工商业组织、其特定的经济和法律结构形成了近代资本主义起源的基础。现代西方资本主义对自己的中世纪和近代早期传统有所吸收，有所变更，有所扬弃，但是二者之间存在不可抹杀的联系。与英法资产阶级清算封建传统和获得政治权力的方式不同，德国资产阶级的“晚熟”，意味着它与德国“拥有自己的军队和官僚机构的王权”，也就是“大的封建贵族”和“小的土容克地主”以及教会联合了起来（恩格斯语）。韦伯注意到，德国资产阶级并没有发扬中世纪西欧城市市民已经具备的政治独立性，反而在官僚化日益加强的政府面前表现懦弱，有可能会像罗马帝国晚期的资本那样被政治权力臣仆化。德国资产阶级的发展因此会受到重大打击。①

在2019年出版的《牛津马克斯·韦伯手册》里，布鲁恩斯讨论和总结了韦伯对资本主义的看法，认为他“既不是资本主义的辩护人，也不是资产阶级的朋友”。由21世纪的世界经济和社会语境往回看，人们处理和评价韦伯的思路当然会有新的角度和重点，譬如布鲁恩斯就强调，韦伯认为建立在私有制和市场经济基础上的资本主义是对强大官僚机器负面作用的一种矫正，因而有助于个人自由和社会秩序的平衡，但是他并不赞成将组织现代经济生产局限在资本主义和社会主义非此即彼的两种选项之间——换言之，按照布鲁恩斯的理解，也许在两种“主义”之外还有其他选项。韦伯对官僚体制的批评涉及这一政治和社会管理模式对资本主义和市场经济的破坏作用，同时他也注意到热衷于投机的金融资本与传统的前资本主义掠夺型资本的相似性，意识到将提高效率和创造物质财富放在至高无上的位置是一种危险和不健康的价值观。布鲁恩斯还谈到，韦伯对当代中国市场经济的发展早有预言，认为在合适的条件下中国文化比日本文化更容易接受竞争的现代自由市场经济。当然，布鲁恩斯承认，韦伯的思想可以被借鉴来解释21世纪的世界经济现象，但是人们无疑有必要调整甚至更新韦伯所使用的概念和理论。②

---

① Max Weber. The Agrarian Sociology of Ancient Civilizations. trans. R. I. Frank. New York：Verso，1998：354，364－366，409－411. 道德化的批判和批判化的道德//马克思恩格斯选集：第1卷. 北京：人民出版社，1972：185－186；恩格斯. 德国的革命和反革命//马克思恩格斯选集：第1卷. 北京：人民出版社，2012：565－573；恩格斯.《德国农民战争》序言//马克思恩格斯选集：第3卷. 北京：人民出版社，2012：22－38.

② Hinnerk Bruhns. Max Weber's Analysis of Capitalism//Edith Hanke，Lawrence A. Scaff，and Sam Whimster（eds.）. The Oxford Handbook of Max Weber. New York：Oxford University Press，2019：47－68，esp. 59－64. 参见：Max Weber. The Religion of China：Confucianism and Taoism. trans. Hans H. Gerth. Glencoe，Illinois：The Free Press，1951：226－249，esp. 246－249。韦伯在此处比较了清教运动和儒家学说的社会思想。

由于反对德国的封建传统和鼓动德国资产阶级（现代化的经济政治）的成长是韦伯学术著述的核心主题，他对工业化资本主义弊端和局限性的清醒认识不足以促成他接受社会主义，不足以促成他向社会主义者转变，他也不可能针对现代资本主义社会提出系统深入的批评和改革意见。蒙森、布鲁恩斯和威姆斯特都强调，韦伯不仅有“经济自由主义”的一面，还有“社会自由主义”的另一面，愿意在理论上和政治上接受资本主义社会体制下有限度的改良。这些晚近研究韦伯的学者都希望在韦伯和新自由主义之间画出一条清楚的分界线，哈耶克和米塞斯都曾经尝试利用韦伯对社会主义的批评，将韦伯看作新自由主义的先驱。韦伯的确深知无节制资本主义的贪婪和个人利益崇拜的巨大破坏性，但是他拒绝承认结束资本主义和争取人类解放的现实可能性，他也从来没有系统地、有针对性地探索现代民主政治如何约束现代资本主义的贪婪和强权。当新自由主义在 20 世纪 80 年代经由里根和撒切尔夫人演进为服务国际金融资本的政治、政策之后，当民主政治和社会福利被金钱政治和持续的贫富分化取代，自由主义作为一种思想文化资源，在实践上还能够为西方社会解决政治问题和社会经济问题提供多大的空间和可能性？罗伯特·安东尼奥委婉地回应了布鲁恩斯和威姆斯特。他指出，21 世纪西方的社会问题需要在资产阶级自由主义传统之外去寻找答案。① 这一答案可能是让韦伯紧张和不安的社会主义吗？

在书名和内容上，理查德·亨利·托尼的《宗教与资本主义的兴起》与韦伯的《新教伦理与资本主义精神》有相似之处，都讨论了近代资本主义起源和发展的问题，也都涉及清教徒道德的经济意义。自从这两部著作各自被翻译成多个中文版本并被介绍给广大读者之后，国内学界更多强调这两位学者和这两部著作所代表的不同甚至对立的立场和观点，强调托尼对社会主义更加开放甚至热诚支持的态度。其实对韦伯的资本主义学说的真正理解和公允评价，需要参照托尼的资本主义批判以及他对基督教与资本主义起源之关联性的研究。

2. 富兰克林与资本主义精神

在《新教伦理与资本主义精神》有关韦伯的概念和阐释框架里面，美国商人、作家和政治家本杰明·富兰克林（1706—1790）的两部经商指南手册

① Robert J. Antonio. Is There a Future for Bourgeois Liberalism//Edith Hanke, Lawrence A. Scaff, and Sam Whimster (eds.). The Oxford Handbook of Max Weber. New York: Oxford University Press, 2019: 111 - 129, esp. 111 - 115, 123 - 124.

非常关键。韦伯在第 2 章界定资本主义精神的时候引用了富兰克林的一些“励志”口号。这些口号在《新教伦理与资本主义精神》的中文版出版之后，一度在国内流行，尤其是以下所引用的几句：“切记，时间就是金钱”；“切记，信用就是金钱”；“切记，金钱具有滋生繁衍性。金钱可生金钱，滋生的金钱又可再生，如此生生不已”。韦伯也引用了富兰克林倡导节俭、工作和努力赚钱的言论。韦伯对此评论说，富兰克林前述的经济伦理源自新教加尔文派的天职观，是现代资本主义初期发展的强劲动力，是现代资本主义文化中最根本、最有代表性的因素，催生了“个人主义的”“以严格的核算为基础而理性化的”，也就是按照市场规律运作的现代资本主义经济，使之有别于前现代的以投机和政治特权为特征的“资本主义”。韦伯认为富兰克林本人具备的以及他所提倡的资本主义精神表现为“节制有度，讲究信用，精明强干，全心全意投身于事业中”，表现为对“严格的资产阶级观点和原则”的固守。韦伯不赞成他所理解的历史唯物主义，试图解释新教伦理对现代资本主义经济和社会形成不可或缺的推动作用，而不是把新教伦理简单看成特定经济状况的产物。①

由《新教伦理与资本主义精神》的文本语境来看，韦伯所谈论的资本主义精神是指资本主义经营背后的一种态度：尽力排除特权和暴力等非经济因素，精心核算和考虑成本与利润，为追求经济事业成功不遗余力地奋斗。这种态度所包含的元素在古代世界或者近代西方很多地方都有相当程度的存在，譬如韦伯和恩格斯都曾经谈到，在处理物权关系的私法领域，古代的罗马法就已经明确捍卫纯粹的、排除特权的私有制。但是韦伯认为这一发展还不足以养成在富兰克林身上体现出来的资本主义精神，人们需要在特定的思想和宗教领域寻找其根源——也就是在 16 世纪宗教改革之后新教诸宗派之一的清教徒那里。②

在阅读韦伯关于新教伦理的讨论的时候，由于他在表达上有意或者无意地模糊化，读者容易忽略，理解他的文本内容需要由三个方面去限定，也就

① 马克斯·韦伯．新教伦理与资本主义精神．于晓，陈维纲，等译．西安：陕西师范大学出版社，2006：11－31.

② 同①31－32；恩格斯．论封建制度的瓦解和民族国家的产生//马克思恩格斯文集：第 4 卷．北京：人民出版社，2009：220－221. 由于韦伯在多种意义上使用“清教运动”“理性”“价值观”等概念，并且经常缺乏对概念的清楚界定，读者除了需要留意他文本的语境，也需要使用必要的工具书。参见：Richard Swedberg，Ola Agevall（eds.）. The Max Weber Dictionary：Key Words and Central Concepts. 2nd ed. Stanford，California：Stanford Social Sciences，2016：278，284－286，368－369。

是注意到：他是在讨论现代资本主义，而不是他有时提及的古代资本主义各种形态；他是在讨论现代资本主义在英国、荷兰和美国的发生与发展问题，而没有涉及同样出现资本主义经济的西方天主教国家和地区；他是在讨论英美等地活跃的清教徒和清教运动，而没有将他们与新教其他派别混同。韦伯不是刻意去探讨现代资本主义兴起的一般规律，而是在进行“纯粹讨论历史的”个案研究，并声称他希望避免进行任何“价值判断和信仰判断”，尽管他在《新教伦理与资本主义精神》的结尾明确揭示了现代资本主义的弊病：现代机器大生产已经不再需要新教伦理这样的精神因素的支持，资本主义经济秩序自身已经成长为一只“铁笼”，以放纵的物欲囚禁人类，剥夺人的尊严和自由，导致现代人面临新的奴役。问题是，他真的没有为资产阶级，特别是德国资产阶级鼓吹与辩护的意愿和作为吗？判断《新教伦理与资本主义精神》是否做到了价值中立的最简洁和直接的方法还是回到其文本，尤其是其中的第 5 章。①

由思想和学术方法论的角度看，韦伯始终拒绝对现代西方资本主义提出宏大的、一般的评价和结论，他提醒读者避免把他对资本主义弊病的描述理解为一般性的真理，也不希望提出可以付诸实施的通用解决方案。② 就具体的政治和社会问题，他总是会依据调查和实际情况提出应对的意见，譬如针对当时德国的经济和社会问题提出的民族主义和帝国主义的主张。又譬如针对德国的社会主义和社会主义运动，韦伯选择支持资产阶级的政治统治。他在 1918 年年末针对斯巴达克斯同盟的系列演说中声嘶力竭地呼吁，要将李卜克内西和罗莎·卢森堡送入疯人院和动物园。在之后发生的柏林起义失败后，两位革命者果然被反革命军队在押解路途上无端枪杀。③ 蒙森试图就韦伯反对社会主义的立场给出一个客气的评价，认为他片面地将马克思主义等同于当时一些教条和机械的解释，不过并不否认马克思和恩格斯争取社会正义的学说在政治上和思想上是有积极意义的。在蒙森看来，韦伯个人遵循“责任的伦理”，信奉资产阶级自由主义的政治，认为社会主义的革命思想缺乏现实可

① Max Weber. Economy and Society: An Outline of Interpretive Sociology. eds. Guenther Roth, Claus Wittich. Berkeley: University of California Press, 1978: 1401 - 1402; Wolfgang J. Mommsen. Capitalism and Socialism: Weber's Dialogue with Marx. 57 - 58. 马克斯·韦伯. 新教伦理与资本主义精神. 于晓，陈维纲，等译. 西安：陕西师范大学出版社，2006：104 - 106.

② Karl Löwith. Max Weber and Karl Marx. London: Routledge, 1993: 42 - 50, esp. 48 - 49; Bryan S. Turner. Preface to the New Edition. 1 - 28, esp. 23.

③ 沃尔夫冈·J. 蒙森. 马克斯·韦伯与德国政治，1890—1920. 阎克文，译. 北京：中信出版集团，2016：70 - 91，281 - 308；韦伯攻击李卜克内西等人的言论，见第 302 页。

能性，但是尊敬那些出于“信念的伦理”、愿意为社会主义理想奋斗的革命者。在此处，蒙森未能清楚解释韦伯对李卜克内西和罗莎·卢森堡的态度。①

蒙森总结说，韦伯对资本主义和社会主义的态度，清楚折射出贯彻到他的学术和政治上的改良主义态度：在认同资产阶级和坚持自由主义的同时，关注到社会主义对资本主义的批评，并且与马克思一样注意到了现代资本主义社会对人的尊严的伤害；强调在工业化大生产的条件下，简单将私有制改变为公有制并不能完成人的解放，并不能自动改变有组织的经济活动由少数精英统治的格局，反而有可能加强专业化的官僚集团更加全面的社会控制。如果用蒙森没有使用的、更加直截了当的话语来表述，韦伯维护资产阶级立场的最透彻表露在于，他拒绝资本主义社会进化或者变革到社会主义社会的可能性，只愿意接受在自由市场和民主政治的框架内的社会和经济改革，譬如国家对企业和官僚的监督以及各种改善劳工和民众福利的进步立法。韦伯在逻辑上延伸出的一个问题是，国家权力和政治领袖如何能够体现各个阶层的利益，如何避免沦为少数享有特权的精英的工具，以便能够维护资本主义社会和资产阶级主张的自由主义价值观，防止以社会主义的名义将经济活动的决定权完全置放在“举棋不定的官僚或者新型的威权主义精英的手里”（蒙森语）。②

正如安东尼奥的前述讨论所表明的，在新自由主义兴起并成为国际金融资本的财富聚敛工具之后，韦伯思想里面的自由主义元素并非无用，但是需要被重新整理和发展，才有可能对 21 世纪具有实质性的意义。我们也应该意识到，作为西方社会思想的一个重要组成部分，韦伯所反感和反对的社会主义也需要在新的、变化的语境中得到重新审视。

二、由韦伯到托尼：资本主义批判的现代展开

如果对照和比较《新教伦理与资本主义精神》与《宗教与资本主义的兴起》这两本书，我们会发现，后者的作者托尼在第一版导言和正文里各有一

① Wolfgang J. Mommsen. Capitalism and Socialism: Weber's Dialogue with Marx//The Political and Social Theory of Max Weber: Collected Essays. Chicago: The University of Chicago Press, 1989: 56 - 57; Joining the Underdogs? Weber's Critique of the Social Democrats in Wilhelmine Germany//The Political and Social Theory of Max Weber: Collected Essays. Chicago: The University of Chicago Press, 1989: 74 - 86, esp. 77 - 79.

② Wolfgang J. Mommsen. Capitalism and Socialism: Weber's Dialogue with Marx//The Political and Social Theory of Max Weber: Collected Essays. Chicago: The University of Chicago Press, 1989: 53, 58 - 62, 65 - 69, 72 - 73; Sam Whimster. Understanding Weber. New York: Routledge, 2007: 46 - 47.

处提到韦伯，承认韦伯和其他学者对自己的启发，但是在第 5 章的注释里面有一处很长的说明，详尽表达了对韦伯的反对意见。① 也就是说，托尼尽管承认他的研究和韦伯所讨论一些问题不无联系，但并不认为他在观点上与之有系统的关联。在结构和内容上，这两本著作的书名就说明二者有相似之处，即二者都主要论述近代早期西欧基督宗教对西方资本主义兴起所发生的影响。那么二者的不同在哪里，两位作者的立场有无根本性差异，是否针锋相对?

1. 反对资本的伦理社会主义者托尼

在《宗教与资本主义的兴起》1936 年版增加的序言里面，托尼用了将近 10 页的篇幅来阐释他研究的主旨以及他与韦伯的分歧。托尼在这里对韦伯的理解清楚准确，指出韦伯、特勒尔奇、他本人以及其他众多学者都关注到宗教与社会问题之间的联系，都做相关的历史问题的研究，而韦伯在这方面因为其论著《新教伦理与资本主义精神》拥有先驱的地位。② 在托尼看来，韦伯揭示了一个历史现象，即新教的某些派别对资本主义的发展采取了比其他宗教派别更加支持的态度。不过在其宗教社会学的框架内，韦伯试图通过个案研究探索宗教与社会经济之间可能存在的历史的和具体的关联，提出一种“假说”，并没有试图就资本主义起源的历史和理论建立具有权威性的刚性教条，也没有试图总结思想和精神因素影响经济活动的一般规律，仍然强调要重视经济和社会条件对宗教状况及其演进的作用。托尼实事求是地指出，最早关注新教与英国以及荷兰资本主义发展关联的重要学者并不单是韦伯，其他德国以及英国学者在 19 世纪和 20 世纪初就已经有同样的看法，而恩格斯在《社会主义从空想到科学的发展》1892 年英文版导言里面，就明确谈到加尔文派和基督教思想与英国资产阶级和资本主义的关系。对 16 世纪和 17 世纪的作者而言，对经济问题的态度和观点总是与不同教派的立场相关的，当时人们的社会观念也更容易受到宗教的感染。韦伯在《新教伦理与资本主义精神》里面仅仅简略处理了这一时期经济和社会变革对思想和宗教观念的冲击，而实际上宗教信仰与社会经济之间始终是一种互动和互相影响的关系。③

托尼试图更清楚地说明他与韦伯的关注重点有所不同。在韦伯看来，具

① R. H. Tawney. Religion and the Rise of Capitalism. New York：Harcourt，Brace and Company，1926：ix－x，212，315－317.

② R. H. Tawney. Religion and the Rise of Capitalism. London：John Murray，1936：ix，xii－xiii.

③ 同②xiii－xix. 恩格斯．社会主义从空想到科学的发展//马克思恩格斯选集：第 3 卷．北京：人民出版社，2012：762－764.

有理性特征的中世纪修道传统①，在加尔文派以及由其派生的清教徒各派别那里转变为克制、自律和井然有序的普通信徒的生活方式，就好像方济各提倡的第三修会（平信徒的修行团体）被普及到所有教徒，并溢出到他们的经济活动，将包括工商业从业者在内的普通人的生活神圣化和理性化。② 韦伯提出这样一种理论概括，并将之用于解释清教徒在近代英国、荷兰和美国推动的资本主义：上帝为每一个人安排一项职业，工商业者如果兢兢业业，辛劳节俭，合乎理性地用心组织资本与劳动，"殚精竭虑，持之不懈"——这当然不是禁欲主义的态度，那么财富的获得就是上帝恩宠的结果，是"上帝祝福的标志了"，他们对金钱利益的追求就不应该受到非议和限制。而且这一逻辑也由资产阶级和他们所控制的教会施加于无产阶级，让后者也获得了同样积极的劳动态度。当然韦伯在这里的表述绝对没有恩格斯在表达类似观点时流露出来的鲜明的批判态度。③

在《宗教与资本主义的兴起》里面，托尼在方法上和论述内容上都展现了恩格斯的那种批判精神。在方法上，与韦伯的社会学方法相比较，托尼使用了系统和严格的历史学研究方法，没有韦伯著作里面常见的插入不同时代和东西方不同地区情况的跳跃式话语。所以除了作为结论的第 5 章，托尼的各章内容的顺序是西欧中世纪、西欧大陆宗教改革、英国宗教改革以及清教徒运动，依次讨论了西方社会与基督教思想复杂的交织和互动情况。在内容上，韦伯所强调的，是清教伦理这一特定的思想体系如何激励资产阶级的成长以及如何赋予资本主义经济的道德合法性，而托尼则是力图清晰地揭示，曾经有效遏制贪婪和自私的基督教作为一种社会力量，在宗教改革之后的二百年里如何失去了对西方社会经济活动的道德影响力。正如托尼所说的，伴随资本主义在近代西方社会确立其主导地位的重大观念变化是，人们竟然开始认为"做生意是一回事，信仰宗教是另外一回事"，二者是互不相干的，而且这一"大胆和出格"的说法对 19 世纪的很多英国人来说还成为不可置疑的见解。这一变化当然指向了资本主义的实践和观念在英国及整个西方世界的突飞猛进。

---

① 对应此处西文的汉译通常是"禁欲主义"，多数译者往往将"修行"错译为"禁欲"。

② 马克斯·韦伯．新教伦理与资本主义精神．于晓，陈维纲，等译．西安：陕西师范大学出版社，2006：62－63，87.

③ 恩格斯．社会主义从空想到科学的发展//马克思恩格斯选集：第 3 卷．北京：人民出版社，2012：764；马克斯·韦伯．新教伦理与资本主义精神．于晓，陈维纲，等译．西安：陕西师范大学出版社，2006：91－103.

“做生意是一回事，信仰宗教是另外一回事”，托尼的这一表述比起韦伯对新教伦理的议论，更加直接地揭露了资本主义剥削和压迫的性质，是在社会思想史的层面对恩格斯《英国工人阶级状况》一书绝好的呼应。只有回顾恩格斯评论资产阶级观点的下面这段话，我们才可能读懂托尼所批评的、韦伯声称不愿意进行价值判断的现象：“这里还进行以自由竞争为偶像的国民经济学的说教；工人从中得出的唯一结论是，对他们来说，最明智之举莫过于默默地驯服地饿死。这里的一切都是教人俯首帖耳地顺从占统治地位的政治和宗教，所以工人在这里听到的只是劝他们唯唯诺诺、任人摆布和听天由命的说教。”① 如果顺从天命、勤奋努力而仍然不能成功，那么韦伯说的新教伦理就必定由激励人们奋斗延展到训导人们隐忍艰辛。正如托尼所言，恩格斯对宗教与社会问题关联性的观察是先于韦伯提出的。与韦伯不同，托尼在探究基督教与资本主义发展之联系的时候，延续了恩格斯对资本主义尖锐的批判。

韦伯和托尼都用比较多的篇幅谈到了理查德·巴克斯特（1615—1691）这位 17 世纪英国清教徒最重要的牧师和代言人之一，但是使用了完全不同的角度。韦伯的侧重点是巴克斯特由新教伦理出发阐释的工商业者职业道德，讨论这种节俭、敬业和不懈追求事业成功的态度对资本主义发展的推动作用。② 而托尼的侧重点则在于说明，这一进程是资产阶级贪婪剥削态度形成的思想史，是和现代资本主义经济的发展同步发生的。在《宗教与资本主义的兴起》的第 4 章，托尼确实谈到了清教徒与近代英国资本主义起源的关系。他明确指出，“资本主义精神”早就存在，它肯定不是宗教改革之后的清教运动的产物，只不过清教思想的某些元素的确助推了资本主义的发展——尤其是在观念上。在内战之后的 17 世纪后半期的英国，经由巴克斯特等清教徒代言人的布道和文字，认为经济活动应该受到社会道德和公共利益约束的传统逐渐被侵蚀、被抛弃。这一观念转变的过程，在历史学家托尼看来，是非常微妙和复杂的。在《宗教与资本主义的兴起》第 4 章的第 3 节，托尼详尽讨论了这一问题。此处也是对比他和韦伯立场之差异比较合适的地方，凸显了托尼对资本主义的批判精神。③ 我们会意识到，托尼在此处其实翻转了韦伯的基本观点。

① 恩格斯．英国工人阶级状况//马克思恩格斯选集：第 1 卷．北京：人民出版社，2012：130.

② 马克斯·韦伯．新教伦理与资本主义精神．于晓，陈维纲，等译．西安：陕西师范大学出版社，2006：88－92.

③ R. H. Tawney. Religion and the Rise of Capitalism. London：John Murray，1936：228－253.

在讨论中世纪社会经济思想史的第 1 章，托尼在第 1 节之前插入一个长达 10 页的导论，介绍了 19 世纪和 20 世纪初基督教伦理在英国的复兴以及由此重新获得的社会影响力。细读这一部分对我们理解全书以及托尼和韦伯之间在方法和见解上的差异会有很大帮助。《宗教与资本主义的兴起》最初是为司各特·霍兰纪念基金会所准备的演讲稿（该演讲论坛推出的第一个系列讲座）。托尼毕业于牛津大学。他在第 1 章的导论里面提到了霍兰（1836—1918）以及其他牛津学长在 19 世纪为改变英国文化氛围所做的重大工作，也就是逐渐地将基督教伦理重新嫁接到社会批评。而在此之前的很长时期内，英国的舆论普遍认为经济和社会生活可以且应该脱离宗教道德的干预。在中世纪和近代早期很长一个时期里，托尼指出，经济和社会问题讨论的最终道德权威是教会，不论参与讨论的人们属于新教各派还是属于罗马天主教会。17 世纪中叶是一个转折点。无论是在荷兰还是在英国，在此之后，占上风的意见逐渐改变为支持以个人利益为中心的个人主义，认为经济繁荣发展的前提是抛弃基督教道德对个人的约束。①

2. 新教伦理与财富观念

现代西方，在前所未有的工业和科学发展的条件下，能够放任自私的个人主义长期主导社会生活吗？西方社会是否还需要基督教信仰来建构道德体系以及具有生命力的健康和谐文明和文化？这就是托尼的问题。对前一个问题，托尼的回答是否定的；对后一个问题，托尼的回答是肯定的。② 清教伦理的真正问题并不是直接否定或者放弃基督教传统的道德，而是借助其特定的论辩和逻辑，让曾经和本来应该约束资本主义剥削和贪婪的宗教道德失去社会影响力。③ 托尼在《宗教与资本主义的兴起》里面，尤其是在第 4 章第 3 节，探讨了基督教如何在 17 世纪和 18 世纪的英国失去其感召力，不再能够有效干预工商业者的行为；探讨了资产阶级自私自利的个人主义道德如何改变社会，让有产者敢于公开宣称，遭遇贫困和生活困难只是因为恶习和懒惰。④ 也就是说，托尼和韦伯在思路上都深度涉及清教伦理对资本主义发展的影响，但是他们的侧重点完全不同，托尼侧重批评和谴责资本主义，而绝不是保持价值中立的态度。在托尼的分析当中，17 世纪中叶之后，从实际效果

① R. H. Tawney. Religion and the Rise of Capitalism. London：John Murray，1936：3－13.

② 同①277－287.

③ 同①226－227.

④ 同①253－273. 托尼在第 4 章的第 4 节讨论了资产阶级鄙视和欺凌穷人的态度如何被合法化和制度化。

来看，在对待社会问题的态度上，清教伦理翻转了传统的、《马太福音》第25章所展示的基督教社会道德的基本原则。耶稣在那里要求信徒们对弱小的人要像对待他自己那样："我饿了，你们给我吃，渴了，你们给我喝；我作客旅，你们留我住；我赤身露体，你们给我穿；我病了，你们看顾我；我在监里，你们来看我。"

清教伦理如何在17世纪后半叶成为英国等国家和地区资产阶级在其地位上升阶段的思想工具，是托尼研究的重点，也是托尼着力批评的一个历史现象。以个人寻求神的名义脱离邻人，炫耀自己的成功是因为自己品格高尚和懂得自律，得到神的眷顾，否定环境可能对人有决定性影响，将生活中失败者的遭遇看作个人道德品质堕落的结果，而不是值得怜悯和帮助的苦难。这种生活态度与资产阶级反封建、反对中世纪等级和特权的需求是一致的。在16世纪晚期和17世纪早期，英国资产阶级已经获得相当的经济地位和社会地位，所以它在观念上选择了加尔文派思想里面的个人主义元素，逐渐将其发展为清教伦理所强调的、有利于工商业竞争的个人自律和个人自由观念：以宗教的名义，清教徒资产阶级不仅在政治上推翻了代表特权和干预工商业的斯图亚特王朝，也在伦理道德上抛弃了基督教传统，为资本主义贪婪社会的发展铺平了道路。韦伯在《新教伦理与资本主义精神》提到的本杰明·富兰克林，在托尼的眼里，就是这样的清教伦理版本在美国的一个代表性人物。①

托尼特意提到，韦伯论说过的积极肯定劳动和工商业活动的新教"天职"观念，帮助他理解了清教徒对社会经济问题的看法。但是托尼对巴克斯特以及其他清教徒作者的丰富引用无疑带有更鲜明的讽刺和批评的口吻，认为他们将发财欲望等同于为神服务，让资产阶级无极限的贪婪和财富聚敛华丽转身，由社会邪恶变身为经济美德和优良道德，甚至以基督教的名义将贪婪神圣化。这一观念和态度的变化也得到资产阶级经济学者在理论上与资产阶级国家政府在政策上的呼应。② 托尼的讽刺和批评锋芒清楚体现在他选择引用的巴克斯特下面的这段话中："如果神让你有办法合法地挣得更多的钱，而且让你这样的行为对你的灵魂以及对其他人没有害处，如果你拒绝这个机会并选择获利更少，那么你的选择就意味着你在事业上违背了神对你的召唤，意味

① R. H. Tawney. Religion and the Rise of Capitalism. London：John Murray，1936：228 - 238.

② 同①239 - 253.

着你拒绝为神服务。”①

如前所述，拒绝认同社会主义的韦伯并非没有观察和认识到资本主义剥削的问题，但是他拒绝展望后资本主义的社会发展，不可能在制度上批判和否定资本主义。韦伯强调思想和精神元素对社会发展的作用，却拒绝谈论哪种新道德能够引导人们摆脱资本主义这只“铁笼”。而对托尼而言，诸如法国大革命这样的剧烈社会变革不仅激烈，还往往充斥着残忍的暴力，但是建立在“新的观念体系”和“新的标准”之上，人们因此认识到旧制度的极端丑陋，进而能够认识和把握人类社会新的可能性。② 在《宗教与资本主义的兴起》里面，托尼犀利批判了英国以及其他地区和国家的资本主义起源和发展引发的社会问题，揭示其残暴和无情的特性。那么他的新道德究竟是什么呢？

托尼通常被看作 20 世纪英国最重要的社会主义者之一。③ 如果以认可公有制和国家经济调控职能作为衡量标准，那么，我们可以在他的代表作之一《平等》里发现，他对社会主义最直接和系统的讨论。劳伦斯·戈德曼在其 2013 年出版的托尼传记里面专门讨论了他的社会主义思想。戈德曼试图就托尼的思想脉络提出新的解读，指出在一战之前，他的资本主义批判以及他对社会主义的理解偏重于倡导一种新道德建设。戈德曼按照出版时间的顺序列举了托尼的三部代表作，分析了他的社会主义思想的演进和变化。在 1912—1914 年写下的《个人札记》里面，托尼反对将工人收入的增加和生活福利的改善简单看作社会主义的核心奋斗目标。对资本主义的批判以及由此发生的社会改良只能建立在合适的道德基础之上。对英国和其他西方国家而言，这一道德和精神文化的基础就是基督教。在这里，我们可以清楚看到，韦伯和托尼都借助基督教的话语体系来解释资本主义，他们都认为个人态度对社会经济结构的形成和发展有重大影响，但是他们的结论完全不同。对托尼来说，现代资本主义的兴起，至少在他讨论的英国和其他新教国家与地区，是基督教道德被资产阶级排斥出社会经济领域的结果。基督教道德与资本主义精神是完全对立、格格不入的。对托尼来说，将社会主义事业首先看成反资本主义的新道德建设，是顺理成章的事情：消除资本主义贪婪需要改变人们对财

① R. H. Tawney. Religion and the Rise of Capitalism. London：John Murray，1936：243.

② R. H. Tawney. R. H. Tawney's Commonplace Book. eds. J. M. Winter, D. M. Joslin. Cambridge：Cambridge University Press，1972：58. 关于托尼对革命和社会主义的态度，可参见：Lawrence Goldman. The Life of R. H. Tawney. London：Bloomsbury，2013：167 - 197。

③ Richard Henry Tawney. Encyclopedia Britannica. Britannica Academic，1998. academic. eb. cnpeak. com. Accessed 6，September 2021.

富的态度，而不是单纯去争取工资和物质生活水平的提高，变相地认同资本主义制度和财富观念。而这种生活态度改变的真正途径是教育和教育带来的人格完善，是要让人们认识到“为了消除贫困，需要养成对物质财富的鄙视”，是要让人们认识到教养、艺术、文化等生活的其他方面绝对不应该为了经济利益被牺牲掉，人的尊严和自由也绝对不应该为了经济利益被牺牲掉。①

在托尼看来，让更多人意识到资本主义不再是一种适合现代社会的经济制度，意识到资本主义在道德上从来不是一种维护人的尊严和自由的生活态度，是社会主义建设不可或缺的思想革命。只有让更多人意识到社会主义的原则不仅致力于保障人们有尊严的物质生活，同时也致力于推动人与人的合作，借助平等的教育消除愚昧和粗野，改变人的行为方式，人与人之间的平等才有可能拓展到抽象的法律原则之外，扩展到经济、文化、教育、艺术等生活的各个方面。譬如一个煤矿工人难道就不需要懂得欣赏文学、音乐和美术作品吗？社会主义不仅肯定经济的平等，也要借助推进教育机会的平等来促成其他各方面的社会平等。②

在《贪婪社会》（1921）和《平等》（1931）里面，托尼就社会主义进行了更加直接和比较系统的讨论。这也是他对社会主义更加成熟和全面的看法，涉及他对公有制经济和国家干预经济必要性的认可。但是自始至终，托尼一直坚持他个人对社会主义的理解。也就是说，他始终没有停止强调社会主义在道德上和文化上的意义，所以他肯定不能接受将社会主义变成改良主义的思路：改善劳工待遇与否定资本主义的经济制度和资本主义生活态度，完全是两回事。③ 上述认识对我们阅读和理解《宗教与资本主义的兴起》一书非常关键，其提示我们，不仅他的社会主义具有鲜明的伦理色彩，他的资本主义批判也同样如此。

在该书的第1章，托尼介绍了资本主义兴起的“中世纪背景”。他实际上讨论的内容涉及基督教社会思想和经济伦理在16世纪、17世纪是如何退出社会经济领域，如何放弃对人们的行为的约束的。当然，如果我们从阶级分析

① Lawrence Goldman. The Life of R. H. Tawney. London：Bloomsbury，2013：167－189. 戈德曼举出的三部著作依次分别是：R. H. Tawney. The Acquisitive Society. London：Bell，1921；Equality. London：G. Allen and Unwin，1931；R. H. Tawney's Commonplace Book. Cambridge：Cambridge University Press，1972。

② 彭小瑜．“经济利益不是生活的全部”：理查德·亨利·托尼的资本主义批判．史学集刊，2011（4）：5－22. 参见：彭小瑜．一位经济学家的社会正义理想：理查德·伊利的资本主义批判．首都师范大学学报（社会科学版），2020（5）：1－14。

③ Lawrence Goldman. The Life of R. H. Tawney. London：Bloomsbury，2013：189－197.

的角度来看，这一进程的本质就是资产阶级建构符合自己剥削行为和经济利益的赤裸裸的贪婪性道德，并以此取代中世纪封建社会的道德。而与此相匹配的是洛克这样的思想家在政治上把国家世俗化，将其首要职责界定为保护私有者的财产。中世纪经院神学家对经济伦理的传统看法，譬如对高利贷和其他牟利行为的批评与限制有顽强的生命力。在16世纪宗教改革发生之后，人们并没有立刻放弃对贪婪的批评态度，新教各派与天主教会都继续认为基督教道德应该干预和指导人们的社会生活和经济行为。这一情形到了17世纪中叶开始发生变化。二百年之后，当工业革命在19世纪中叶兴起的时候，人们早已不再认为，包括经济在内的世俗社会活动和组织应该按照教会提出的道德标准来运作。人们甚至认为，只有让自私的个人主义和个人利益得到自由伸展的空间，经济的发展和繁荣才有可能实现。所以当亚当·斯密（1723—1790）用"看不见的手"来为市场拒绝道德和政治干预辩护的时候，"做生意是一回事，信仰宗教是另一回事"，已经被资产阶级提升为"包括教士在内的所有受过教育的人都能够接受"的共识。托尼指出，在历史上，社会的主流观点有时候反对把邻人看作谋取私利的工具，在另外一些时候则沦落到以为自私自利的个人主义是符合神意的。现代资产阶级以经济自由的名义将个人的自私自利抬高到偶像崇拜的地位，而教会则放弃了对这样一种个人主义的批评和制约。这一现象的确说明，基督教精神与资本主义的兴起有密切的关系：基督教道德之退出经济领域正是资产阶级得以挣脱羁绊、大展身手的一个重要社会文化条件。①

16世纪宗教改革之后的基督宗教神学，无论是新教还是天主教，体量庞杂，内容繁复。不过由托尼作为经济史学者和社会主义者的眼光看过去，新教神学有一个突出的基本问题，也就是割裂人们对神的信仰与人们相互之间的关爱，将信仰个人主义化，使之切合资产阶级的贪婪和资本主义之下的人际关系。韦伯的确谈到过清教伦理对贫穷和穷人的蔑视。他以此解释了英国济贫法令对乞讨的严厉处分以及英国资产阶级对工人阶级严苛的劳动纪律与要求。② 这部分被韦伯一笔带过的内容，在托尼那里，成为第4章"清教运动"整整一章的主题：当清教徒看到穷人倒卧路旁的时候，他觉得面对的不是值得怜悯和出手帮助的不幸对象，而是应该谴责的道德败坏行为；当面对

① R. H. Tawney. Religion and the Rise of Capitalism. London：John Murray，1936：3-13，195-196.

② 马克斯·韦伯．新教伦理与资本主义精神．于晓，陈维纲，等译．西安：陕西师范大学出版社，2006：103.

财富的时候，尽管富有者的财产以及其他天赋所得都可能被滥用，他不觉得有疑心的必要，因为他认为财富只是对富有者优胜能力和意志的奖赏。托尼的文字带有鲜明和犀利的批判性。到了 17 世纪后半期，托尼指出，英国资产阶级建立了自己的政权，不仅让基督教同情穷人的传统社会思想退出了经济领域，也在政治上让救助贫困措施等国家经济干预政策失去了合法性。①

3. 韦伯和托尼对天职观的不同理解

一个富有启发性的对比是韦伯和托尼对天职观念的不同使用。韦伯所重视的，是在清教徒那里，为上帝敬业和辛劳致富这样的观念促进了近代资本主义的发展。② 而正如托尼所承认的，韦伯对天职观念的观察和论述对他深有启发。不过托尼所强调的，是 17 世纪中叶以后清教运动明确将“劳作就是祈祷”这样的思路系统化：勤勉于世俗事务被等同于做好神所分配的工作，被看作信仰的证明，在当时资本主义工商业蓬勃发展的语境中，其实是将人们无止境的贪婪包装为敬业，甚至抬高到宗教品德的高度，引发了一系列道德危机，严重打击了人的尊严和精神；而且这种资产阶级的诉求不仅与英国政府的帝国主义扩张政策结合在一起，同时也得到经济学者在理论上的呼应。托尼和韦伯一样引用了英国清教牧师巴克斯特等人的言论，但是托尼非常明确地将后期清教运动对经济活动的影响概括为：将贪婪和财富攫取转化为符合道德的社会责任，以宗教的名义为资本主义剥削提供坚实的道德基础；源自古代和中世纪的基督教传统道德退出了社会生活领域，以清教伦理的名义取而代之的资产阶级道德并不是真正的基督教道德。理解了托尼的研究之后，如果再回顾韦伯饶有兴致转引的本杰明·富兰克林所写的发财致富小册子，我们会清楚地感觉到，所谓新教伦理（清教伦理）其实已经蜕变为商场“厚黑学”③。托尼和韦伯处理清教伦理社会后果的角度和侧重点是完全不一样的。

在西方近代资本主义的兴起过程中，在清教伦理侵入社会经济领域的同时，与贪婪被美化和合法化相伴生的现象还包括对贫困和穷人赤裸裸的鄙夷和歧视。在《宗教与资本主义的兴起》第 4 章第 4 节，托尼对这一议题的讨论突出显示了他对后期清教社会思想的批评：从古代教会到中世纪各个时期，怜悯穷人是基督教社会思想的核心，而资产阶级在西方历史上首次正面和系统地挑战了这一价值观。按照马克思和恩格斯的说法，近代资

① R. H. Tawney. Religion and the Rise of Capitalism. London：John Murray，1936：230－238.

② 马克斯·韦伯．新教伦理与资本主义精神．于晓，陈维纲，等译．西安：陕西师范大学出版社，2006：91－96.

③ 同①240－253.

本主义“尽可能地消灭意识形态、宗教、道德等等，而在它无法做到这一点的地方，它就把它们变成赤裸裸的谎言”。这也就是他们在《共产党宣言》里面谈到的，道德和宗教等成为“资产阶级偏见”、服务“资产阶级利益”的情况。①

托尼由两个方面展示了新兴资产阶级对下层民众的冷漠和蔑视，一个是圈地运动，另一个是处理极端贫困群体的新方式。剥夺农民传统上对庄园公地和公地使用权的圈地运动，在17世纪中叶之后，得到了从事土地投机的城市市民和新兴资产阶级的支持。托尼强调了当时统治者态度的变化，也就是他们在观念和道德上不再觉得需要尊重沿袭自中世纪的、多种权利交织在一起的传统的土地关系，开始使用洛克（1632—1704）等人后来在理论上系统化的资产阶级法权观念，将原先的封建领主权利看作和转变为绝对的所有权。托尼遗憾地指出，这些人当中包括宗教人士，包括他和韦伯都引用过的巴克斯特。这位清教牧师被认为具有审慎良知的人，“可能正因为他是审慎的”，托尼讽刺地写道，“他就圈地问题给出的赞成意见与他之前大多数的神职人员不同，他给出的只是一个有所保留的支持圈地的立场，认为圈地‘可以由虔敬的人温和地进行’。他的理由是具有代表性的，也就是认为雇主可以在雇工里面执行有益于道德的纪律，因为雇工们自己是做不到这一点的……也就是说，雇工们的处境和生活条件如何并不是那么重要，重要的是他们的道德品质。圈地让农民在经济上受损失了，却让他们作为基督徒获得了道德进步。在信仰和道德上得到提升的机会比单单享受物质生活那要重要好多啊”②。

在济贫问题上，英国清教运动在消除基督教传统社会思想的基础上建立了冷酷无情的资产阶级道德标准。托尼写道，济贫问题的特殊性在于，“没有任何一个社会生活领域如此清晰地表明，一种新的道德标准在清教的铁砧上被打造了出来”。托尼继续写道，从此之后，在饥荒中遭罪的农人和手工业者，被疾病折磨的病人，无人供养的孤儿和老人，都不再是社会问题，他们需要面对的只是他们个人的问题。在17世纪中叶之后的二百年里，基督教社会思想怜悯弱者的原则被虚伪地用《帖撒罗尼迦后书》第3章第10节否决了：“若有人不肯做工，就不可吃饭。”清教徒的社会理论假借宗教道德的名

① 德意志意识形态//马克思恩格斯文集：第1卷．北京：人民出版社，2009：566；共产党宣言//马克思恩格斯文集：第2卷．北京：人民出版社，2009：42. R. H. Tawney. Religion and the Rise of Capitalism. London：John Murray，1936：253-273.

② R. H. Tawney. Religion and the Rise of Capitalism. London：John Murray，1936：260.

义，不仅不再将对于穷人的苛刻责难，“看成是一种罪过，反倒将之看成是道德责任，而且排斥人们自然产生的怜悯，劝告人们说，任由怜悯心泛滥不会减轻穷人的苦难，反而会让这一苦难永久化”。富人拥有财富是因为他们勤奋劳作，因为他们品德优良，证明他们得到了神的眷顾，而穷人的苦难并不是他们所处的恶劣环境造成的，而是源自他们的懒惰和其他恶习。①

资本主义意味着“人和人之间除了赤裸裸的利害关系，除了冷酷无情的‘现金’交易，就再也没有任何别的联系了”。《共产党宣言》这句名言被托尼用来总结“资本主义精神”和“资本主义的兴起”。不过他的侧重点是揭露资产阶级代言人在17世纪中叶到18世纪中叶这一百年里刻意塑造的、在文化上和道德上对待新兴的无产阶级的态度。托尼尖锐地抨击说，他们将工人群众描写为生活放荡、恣意酗酒、劳动纪律松懈的懒汉，认为应该立法来压低劳工们“奢侈”的生活水平，认为低工资对他们是极其有益的，可以防止他们喝酒太多，可以迫使他们为挣钱更勤奋地劳作，而资本家对工人的剥削在他们的眼里就成了对后者的道德教育：“除了白痴，谁都知道，必须让工人们老是受穷，那样他们才可能懂得勤俭。”借用英国资本主义兴起的情况为典型案例，托尼愤怒地抗议说，以清教伦理说教作为借口和强词夺理的合法性，“严酷的经济剥削竟然被当作是一种社会责任了！”他对资产阶级文化和虚伪道德的激烈批评，是我们在韦伯那里完全看不到的。②

新教伦理，或者说清教伦理，被演绎成资本主义的推动力量是英、美、荷兰等国家社会经济和历史文化的诸多因素所驱动的，并不是宗教学说依据其自身内在逻辑独立发展的结果。所以托尼在《宗教与资本主义的兴起》第4章的结尾特意指出，由清教传统衍生出来的贵格派就始终坚持，基督教关爱弱者和穷人的社会道德必须贯彻到经济活动之中。勤奋、节俭、专注于经营的确是现代工商业发展需要的品德，但是这并不意味着英国清教运动中很多人强调的苛刻、盲目、自私自利的极端个人主义是经济进步必不可少的条件。在历史上发生的野蛮的资本主义原始积累方式，在托尼看来，并不一定是必然和不可避免的，资本主义的兴起应该可以走一条更加温和、能够更好兼顾社会公益的道路——尽管如前所述，《平等》以及其他的托尼著述透露出，他对资本主义私有制的弊端和局限性并非没有清醒的认识。③ 对社会主义更加积

① R. H. Tawney. Religion and the Rise of Capitalism. London: John Murray, 1936: 261-269.

② 同①269-272.

③ 同①253-260，引语见272-273。

极乐观的认可态度，当然是托尼有别于韦伯的最突出特点之一。

从 17 世纪后期开始，科学、大工业以及资本主义市场经济带来了物质文明的巨大进步。托尼在《宗教与资本主义的兴起》的结论里面谈到，简单地用中世纪传统的基督教道德谴责现代资本主义社会，不可能带来富有希望的社会改革和进步。与拒绝社会主义、同时又对资本主义改革前景悲观的韦伯相比较，托尼开出了什么切实可行的、乐观主义的社会改革药方呢？他在书的结论里面提醒读者，他参与讨论宗教与资本主义兴起之关联，是希望人们认识到，所有人毫无例外地都有精神需求，任何经济利益上的满足都绝不应该以伤害他们的尊严和自由作为代价；所有的经济制度的运作，如果希望避免足以造成社会瘫痪的不满和骚乱，都必须考虑和满足人们在经济利益之外的需求。托尼阐释说，这一基本事实意味着财富是为人服务的，而不是相反；意味着社会主义者所重申的真理——生产的组织应该以服务人类福利为目的，而不是以博取利润为目的。也就是说，人格的完满和完全需要有社会经济发展提供的环境和条件，同时也需要有驾驭经济活动动机和约束剥削与压迫冲动的道德原则，而资产阶级的代言人在 17 世纪和 18 世纪建立的资本主义意识形态，却将物质财富的博取看作“人类活动的终极目的，和人世间成功的终极标准”，否决了西方传统的基督教社会思想，也顽固地抵制和压制来自社会主义运动的批评。①

在《宗教与资本主义的兴起》最后的段落里面，托尼呼吁说，对资本主义的批判可能有种种令人不满意的地方与缺憾，但是在资本主义的贪婪和对人性的伤害面前，“保持沉默是懦夫的行为”，且比发表不成熟的言论要“更加不可容忍”。这番话语让我感动，也让我想起韦伯完全不同的表态。他在《新教伦理与资本主义精神》的结尾，拒绝对资本主义展开深入的批评，并为此摆出一副虚伪和扭扭捏捏的样子。②

三、余论：托尼的温和与韦伯的暧昧

在托尼身后不仅有长期稳定的现代英国民主政治，同时还存在 19 世纪以来持续和逐渐强大的社会改革力量，包括社会主义思潮和运动。托尼推动社会福利、义务教育和工人教育的努力以及他的社会主义倾向，他在一系列影

① R. H. Tawney. Religion and the Rise of Capitalism. London：John Murray，1936：277 - 287.

② 马克斯·韦伯．新教伦理与资本主义精神．于晓，陈维纲，等译．西安：陕西师范大学出版社，2006：104 - 106.

响深远的历史研究著作中提出的社会批评和社会改革建议，包括他对被资产阶级利用的清教伦理的批判，英国主流社会不仅能够接受，而且也愿意进行广泛深入的讨论，并在此基础上将其改革思路付诸实践。而第二次世界大战之前的德国不仅面临一个政治上不稳定的局面，在社会经济和社会改革问题上也缺乏能够团结大多数人的共识。威姆斯克在比较托尼和韦伯的时候，不仅指出了上述社会环境的差别，而且还感慨说，清楚了解资本主义社会弊端的韦伯在反对社会主义的同时，也悲观地认为资本主义体制内部的改革只可能有局部和有限的效果。① 的确，韦伯不具备托尼处处流露的强烈和持续的社会改革精神，不具备托尼对基督教道德和社会主义伦理推动社会进步作用的乐观认可。当然，韦伯在德国也从来没有像托尼那样成功有效地影响到英国的教育、社会福利和其他各方面的改革事业。

如果我们对照阅读《新教伦理与资本主义精神》和《宗教与资本主义的兴起》，会有一个扑面而来的强烈印象：韦伯将他所理解的近代早期新教伦理（清教伦理）看作基督教道德的一种历史形态，承认其真实性，在客观上以基督教的名义美化了资本主义精神。这种印象，对照托尼对大致同一历史阶段的英国清教伦理的尖锐批评，就变得更加清楚。如果我们将目光转向马尔库塞等更加晚近的左派学者对韦伯的评论和谴责，可能韦伯在政治和经济问题上认同现代资本主义的观点就能被展示得更加明晰。马尔库塞完全认同沃尔夫冈·蒙森对韦伯的资产阶级和民族主义立场的批评，但是使用的语言要更加直白和犀利：工业化和资本主义，以及德意志帝国作为一个现代国家的崛起，正是韦伯看好的西方和德国的发展前景，其中的资产阶级不仅有反封建的政治使命，也肩负抵制社会主义运动的任务。韦伯不断重复社会科学研究需要“价值中立”这一表述。而马尔库塞尖锐地指出，这不过是藏匿韦伯为资产阶级和帝国主义政策服务的立场，并不妨碍他以“价值中立”的“理性”等概念去赋予资本主义合法性，去掩盖资本主义社会内在的、导致其经济政治危机的非理性，并以历史命运作为借口来拒绝批评已经暴露出来的资本主义的种种弊端。“但是社会不是自然界，命运由谁来决定呢?”马尔库塞指出，将资本主义看成是人类不可逃避的历史命运，不过是韦伯的一番辩护词。②

站在批判资本主义的立场去看，韦伯所谓的“价值中立”不过就是要求

① Sam Whimster，R. H. Tawney. Ernst Troeltsch and Max Weber on Puritanism and Capitalism. Max Weber Studies，2005（5－6）：297－316.

② Herbert Marcuse. Industrialization and Capitalism in the Works of Max Weber// Peter Hamilton. Max Weber：Critical Assessments 2. Vol. 3. London：Routledge，1991：123－136.

社会科学的研究者不去批评资本主义的种种问题，拒绝参与社会改革，拒绝通过研究为社会进步提出建议和方案。英国学者约翰·刘易斯曾经说，韦伯的态度和哈耶克对资本主义市场经济的露骨捍卫是异曲同工的：资本主义意味着人类历史的终结，尽管理性的市场在运行中往往会有非理性的结果，人们不必无用地抱怨市场的非理性力量，每一个人都应该努力去适应市场，而不是矫情地提出任何制度都难以满足的要求，因为再没有比资本主义更完美的体制了。也就是说，在刘易斯看来，资本主义市场经济的自由在本质上是一种不自由和非理性：让人的自由受制于市场的枷锁，受制于市场盲目非理性的破坏力量。①

让我们回到托尼对资本主义批判最为系统的著作《平等》，并以此来结束我们的导读。在《平等》的第 7 章（结语）第 3 节，托尼集中讨论了平等和自由的关系。② 他在这里其实也预见到了在他去世之后逐渐抬头的新自由主义。他指出，将平等以及促进公益的社会改革看作自由的敌人，是资本主义者的通病，原因是他们通常对生活有着极度悲观的态度，容易将人民对美好生活的追求看作不可能实现的。其实这个部分也可以看作托尼对哈耶克一些观点的直接反驳，后者一贯敌视政府的经济干预和社会福利政策。托尼认为缺乏政府干预，现代化的工业社会是无法健康运作的，普通人的福利将受到践踏，所以“小政府”代表的不是自由，而是放任资本野蛮运作，造就资本利益独大的专制。换言之，资本是一种全方位的权力，没有社会的制约，资本会在现实中成为真正的专制权力，伤害到多数人的自由。③

如果韦伯能够像托尼那样，在平等和自由之间有一个如此乐观、愿意推进切实社会改革的态度，如果韦伯所面对的德国历史和社会能够让他更清楚地看到社会改革的可行性，他肯定会改变他对资本主义和社会主义的基本立场。正如托尼所言，自由不仅是抽象的原则，自由必须伴随有实现自由的真实条件，譬如受教育的自由不能因为贫困的束缚而不去落实。自由不是特权。如果只有少数人具有实现自由的条件，自由必然会受到损害。如果社会状况和社会政策让所有的社会成员能够过上满足基本需求、符合人的尊严的体面生活，必要的时候还能够适度地任性，那么这个社会才是自由社会。④

---

① John Lewis. Marx Weber and Karl Marx//Peter Hamilton. Max Weber: Critical Assessments 2. Vol. 1. London: Routledge, 1991: 200 - 219.

② R. H. Tawney. Equality. London: G. Allen and Unwin, 1931: 254 - 268.

③ 同②259 - 262.

④ 同②263 - 268.

换言之，平等绝不会破坏自由，只有平等才能使自由完美和完满。

一、思考题

1. 韦伯所说的“新教伦理”与基督教传统道德有何异同？

2. 韦伯和托尼如何理解和解读现代资本主义的起源问题？

3. 韦伯的社会和政治思想与他所处时代的德国资产阶级有何关联？

4. 托尼为何要强调社会改革和资本主义批判？

二、延伸阅读

1. 彭小瑜．社会的恶与善．北京：商务印书馆，2017.

2. 沃尔夫冈·J. 蒙森．马克斯·韦伯与德国政治，1890—1920. 阎克文，译．北京：中信出版集团，2016.

3. R. H. 托尼．宗教与资本主义的兴起．赵月琴，夏镇平，译．上海：上海译文出版社，2013.

4. 马克斯·韦伯．新教伦理与资本主义精神．于晓，陈维纲，等译．西安：陕西师范大学出版社，2006.

第六章　德意志帝国的崛起

李　维*

历史上德意志地区有三个帝国，作为近现代民族国家的德国，是从德意志第二帝国开始的，即从 1871 年一直到第一次世界大战结束。这一时期德国飞速发展，与西方列强的矛盾不断加剧，最终走向世界大战。本章主要讲述这段历史。

我们主要探讨三个层面的问题。第一个是理论层面。19 世纪上半叶，在第二帝国建立之前，德意志的社会精英们也在思考、设计本民族应该如何发展。是不是遵循英国的古典经济学之父亚当·斯密所宣扬的普遍原则，发展自由经济和自由贸易，加入世界经济就可以了，还是说必须走政治统一的道路。第二个是现实层面。我们要看一看当时德国面临的国际、国内形势，面对哪些机遇和挑战，比如英国的打压、国内天主教分裂势力的抬头等。第三个是对策层面。对策不是抽象的理论。许多决定国家命运的措施、办法，都是建立在精确的政治算计上，基本上属于民族智慧的范畴，比如在 19、20 世纪之交，德国人在挑战英国海上霸权时，或在大陆上面对来自法俄的包夹，他们利用智慧战胜面临的困境，甚至是绝境。

我们先讨论德意志第一帝国，即德意志神圣罗马帝国的简史。公元 961 年，罗马教廷为摆脱罗马城市贵族的控制，向德意志国王求助。奥托一世便率兵越过阿尔卑斯山，征服了意大利大部分地区。962 年，教皇加冕他为罗马帝国的皇帝，这就是德意志神圣罗马帝国的起源。第一帝国不是中央集权的大帝国，而是一盘散沙。尽管有皇帝，但权力十分有限。选帝侯们希望皇权

---

* 李维，德国柏林洪堡大学历史学博士，北京大学历史学系教授、博士生导师，主要教学与研究领域为德国现代史、欧洲一体化史。兼任中国德国史研究会副会长、中国德国友好协会理事等。曾获教育部人文社会科学优秀成果奖、北京市高等教育教学成果奖、北京大学教学成果奖、北京大学教学优秀奖。主要论著有：《纳粹德国有关“欧洲经济新秩序”的规划 1939—1945》（德文）、《欧洲合众国——库登霍夫-卡莱基“泛欧”思想研究》，译著有：《德国人和他们的神话》，主编有：《历史语境下的德国与欧洲》《走向欧洲命运共同体之路》。

弱小，不过多约束他们，这样才好发展各自的势力。那么，德意志神圣罗马帝国内部的结构是怎样的呢？第一是大城市，比如汉堡、不来梅，中部的法兰克福，南部的纽伦堡等，部分城市取得了真正独立的地位，拥有武装，享有和大邦诸侯同等的权利。第二是小的公国、王国，公爵把掠夺来的土地作为军事采邑赐给自己的军事贵族，军事贵族又把土地作为骑士领地封赠给小贵族，封臣对封君有出兵打仗的义务，他们共同剥削领地上的农民，这就是公国。国王收回公爵的权力，把部落公爵领地变成官府公爵领地，把世俗和教会的大贵族变为国王的封臣，建立统一的行政管理体系，这就是王国。第三个是主教领地，当时的教会势力非常强大，有些还是选帝侯，比如特里尔大主教、科隆大主教、美因茨大主教。他们都拥有选举皇帝的权力，而且往往倾向于选择一个比较弱势的皇帝。总的来讲，帝国长期处于四分五裂的状态，结果导致德意志地区的政治经济非常落后。到了16—17世纪，英国、法国早已成为强有力的民族国家，但是德意志民族国家的诞生却遥遥无期。周边的列强在进行战争时，比如说三十年战争、西班牙王位继承战争、奥地利王位继承战争、七年战争等，大多殃及德意志地区。在三十年战争的最后一年，1648年，德意志土地上有三分之二的居民死于饥荒，或死于官兵及盗贼的刀枪下。

要改变这样的悲惨局面，必须依靠强大的政治、军事力量。在那个漫长、混乱的历史时期，一支力量悄然出现了，它就是普鲁士。其地理位置基本上以今天德国的柏林-勃兰登堡为中心。1701年，弗里德里希一世加冕为普鲁士国王。他的儿子威廉一世号称“士兵国王”，其最大的爱好就是用棍棒训练军队，把士兵变成没有思想、盲目服从上级的工具。

之后出现了一位德国历史上的著名人物：弗里德里希大帝，也叫弗里德里希二世。他在主政期间进行了改革，发展工商业，接受启蒙思想，实行宗教宽容的政策，还削弱了农奴制，使王国得到迅速发展。弗里德里希大帝信奉“Macht vor Recht”，也就是“强权即公理”。他认为，每一个君主都是想扩张的，要想夺取土地，就直接下手，抢到了以后，就找法学家来辩护。弗里德里希二世对德国影响深远，包括对第三帝国希特勒的影响。二战结束后，普鲁士成为军国主义的代名词，弗里德里希大帝遭到批判。到20世纪90年代德国统一后，德国社会重新审视了普鲁士的精神文化遗产，在今天德国柏林的菩提树下大街（unter den Linden），可以看到大帝的骑马青铜雕像。

近代普鲁士的发展并非一帆风顺，其经历了崛起、失败、再度崛起的过程。在与拿破仑进行的1806年战争中，普鲁士遭受了灭顶之灾，丢失了一半土地，人口骤减一半，军队被裁减到 4 万人，还要支付巨额赔款，在付清赔款前由法国占领。惨败让普鲁士统治者认识到，必须进行彻底的改革，实现自我救赎。具体措施包括：废除农奴制；改革国家最高行政管理机构，以责任制的大臣制替代枢密院；承认王国内犹太人的公民地位；进行教育改革，建立新型的研究型大学；建立公民组成的普鲁士国民军，实行普遍义务兵役制等。通过变革，普鲁士走上了现代的道路，获得了新生，成为统一德意志的决定性力量。

到了 19 世纪中叶，普鲁士逐渐开启了统一德国的历史进程，主要致力于经济、军事改革。第一是经济方面，普鲁士建立了关税同盟。关税同盟是什么呢？它和自由贸易区有怎样的区别？应该说关税同盟是一个更高级、更紧密的自由贸易区。自由贸易区内的成员互免关税，但他们享有与自由贸易区外部国家签订关税协议的权力。而关税同盟就不一样，关税同盟不仅是内部成员的互惠，最重要的是，它拥有共同的针对第三国的关税。也就是说，成员国是不能够单独和其他国家签订关税协议的。这样做的目的，就是把成员国对同盟外国家的贸易，转化成同盟内成员间的商品交换，逐渐形成一种稳定的、内部的经济循环，最后形成统一市场。1828 年，普鲁士与黑森建立关税同盟，1834 年成立了普鲁士领导下的德意志关税同盟，3/4 的德意志地区参与进来。到 1852 年，除奥地利和个别地区外，所有其他各邦都已相继加入关税同盟。关税同盟为德意志地区的经济与社会统一奠定了坚实的基础。关税同盟同样是今日欧盟的基础。我们在研究中发现，现代欧洲经济共同体借鉴了德意志关税同盟的历史经验。

第二是军事方面。1848 年，德国爆发了资产阶级民族民主革命。全德意志国民议会在美因河畔法兰克福的圣保罗教堂隆重开幕。议会制定了宪法，规定建立统一的德意志帝国，宣布取消贵族等级特权和封建土地制残余，宣布私有财产不可侵犯以及一些资产阶级的自由民主权利。国民议会选出普鲁士国王为德意志皇帝。普鲁士国王拒绝承认帝国宪法，镇压了 1848 年的革命。对首相俾斯麦而言，只有顺应、掌握德意志的统一潮流，才能最终拯救普鲁士王权。但他认为，资产阶级议会不应独揽大权，而应建立一种具有德意志特色的立宪君主制度，内部做一定的立宪改革，同时必须确保君主政体的统治优势。更重要的是，俾斯麦看到，德意志地处欧洲中央，要想统一并崛起，定会遭到周边列强的反对。西边的法国不愿意看到德国的统一，东边的俄国也不愿意看到它的崛起，东南方向的奥匈帝国也会出来阻挠，周边国家都因着自己的利益，不愿意看到一个统一、强大的德国。俾斯麦深知，这样一个崭新的国家，不可能通过演说、开会和决议来形成，而是不可避免地要通过军事上的斗争，用铁和血打拼出来。

事实证明了俾斯麦是正确的。1864 年普鲁士首先联合奥地利打败了丹麦，接着 1866 年联合意大利打败了奥地利，最后在 1871 年打败了法国。威廉一世在法国的凡尔赛宫镜厅加冕为德意志帝国皇帝。那么应该怎样理解帝国建立的重要历史意义，它对保障德意志地区人民的福祉有何影响？换言之，如果德意志不统一，不建立中央政权，只是融入世界经济，凭借自由贸易，该地区是否也能获取财富，赢得长久的幸福生活？

根据亚当·斯密的学说，这是完全可以的。斯密是古典经济学之父，写过《国富论》。他主张，市场必须是自由的，政府不能干预，贸易必须是自由的，不能采取贸易保护主义。他还强调分工交换的作用，有分工才能扩大产量，有交换才能产生盈余，这样经济才能发展。如果不分工、不交换的话，人民必定陷入贫穷。从某种程度上讲，自由经济说的确具有普遍意义，在当时的德意志地区也有一定的影响力。然而，德意志民族的思想家弗里德里希·李斯特认为，亚当·斯密的说法不对。斯密说经济是个人的，是自由的，是海洋式的；李斯特说经济是国家的，是需要干预的，是大陆式的。李斯特看到，不存在个体的、独立的经济，经济是和政治问题紧密联系在一起的，而个人的前途总与国家的命运息息相关。在《政治经济学的国民体系》一书中，他说斯密的学说只对英国有利，完全是在其取得了霸权地位后用来维护自身统治的。而对于德国这样后起的大陆国家，这种理论是完全行不通的。李斯特的学说也强调生产力，但他的生产力跟我们说的不一样。我们强调的是生产工具和人。李斯特说文化也是生产力，宗教也是生产力，这些都是精神资本。他还说拥有财富固然是重要的，但是控制财富的国家力量更重要。比如说英国控制着海洋的各个重要通道，掌握着进出大洋的钥匙。和平时期可以发展贸易，但是一旦有风吹草动，就可以动用海军来封锁海上贸易通道，从而限制，甚至窒息他国的经济发展，这就是控制财富的国家力量、政治力量。

李斯特认为，在亚当·斯密主张的这种自由贸易体系里，德意志地区是没有什么安全可言的，因为它不具备控制财富的能力。李斯特用历史学的办法来研究经济，他想看看斯密的经济理论，在现实当中究竟是怎样的。他考察了 12—13 世纪的意大利丝织贸易，当时威尼斯、热那亚的丝织贸易兴盛一时，但意大利还未统一，这个地区战乱不断，丝织贸易最终衰败了。他接着研究了 14—17 世纪的汉萨同盟，该同盟主要为商业性质，经营毛纺织贸易。虽有自己的武装、舰队，但它没有发展成为强大的政治力量。面对英国的贸易保护政策，汉萨同盟也被挤垮了。李斯特还考察了 17 世纪的荷兰，荷兰当时没有和德意志的北部结盟，没有形成更强大的政治势力，最后被英国打败了。英国挤垮荷兰的时候，曾颁布了《航海条例》，内容都是反自由贸易的：第一，只允许英国船只运输英国及其殖民地的进出口货物。第二，从殖民地运出来的重要物资，比如从北美殖民地运出的烟、糖、棉花等，只能运到英国及其殖民地。第三，其他国家制造的产品，必须经过英国本土，才能运往英殖民地。李斯特还举了一个例子，北美的新英格兰及周边地区矿产丰富，可是在独立战争前，根据英国的规定，那里连一个钉马掌的铁钉都不能生产，因为所有的制造业都要在英国完成。李斯特据此认为，没有强大的民族国家保护，任何地区的财富终将流失。德意志地区要想发展，就必须依靠民族统一的强大政治意志。没有独立的民族国家护佑，德意志地区永远不可能站到世界财富的顶端。

德国在 1871 年以后的历史，印证了李斯特的学说是正确的。帝国的成立为工业化提供了政治保障，极大地促进了经济增长和社会发展。德国只用了 30 年的时间，走完了英国百年的发展道路，从农业国迅速转变为工业国，从一个诗人和思想家的民族，转变为以工艺技巧、工业组织及物质进步为特征的民族。1900 年德国的钢产量为 740 万吨，居欧洲之冠。到 1910 年，德国基本完成了城市化进程，城市人口 3 897 万，占总人口的 60%。德国工业化有以下几个特点：第一，它是在国家的引导下完成的。国家大力推动铁路建设，促进了全国统一市场的形成。德国还瞄准那些对国民经济具有决定性影响的领域，组建了国立研究机构，像化学研究所、物理研究所、机械研究所等。第二，以科技为龙头，19 世纪下半叶有很多改变人类社会生活的重大发明，都是在德国完成的。例如伦琴发现了 X 光，赫兹发现了无线电波，西门子发明了直流发电机和电动机。总之，科技为工业革命提供了技术条件，发挥了先导的作用。第三，德国的民族精神发挥了积极作用。德意志人做事崇尚精确性（Genauigkeit）和彻底性（Gründlichkeit）。他们严谨、认真，助力德国经济迅速发展。第四，阿尔萨斯-洛林的刺激作用。德国西部的鲁尔区盛产优质石煤，石煤主要用来烧炭炼铁。德国本身是一个缺铁的国家。1870 年普法战争后，德国从法国夺取了阿尔萨斯-洛林，获得了这里的铁矿，对鲁尔区形成了天然的互补关系，这一地区很快成为德国最重要的重工业基地。

德意志第二帝国发展工业化的同时，面临着诸多挑战。首先是国内的政治问题，即维护国家政权和统一的问题。俾斯麦看到，巴伐利亚及各邦的分离主义者都聚集在天主教的旗帜下，对普鲁士领导下的帝国构成了现实的威胁。针对这种现象，俾斯麦发动了所谓的“文化斗争”。他在 1873 年颁布了反天主教的法令，规定国家监督教会教育，国家对教士的授职具有否决权，剥夺了主教在教会内的大部分授职权等。1 300 多个教士被撤换，科隆、波森的大主教被抓。这场斗争其实与文化关系不大，主要针对教会的世俗权力和神职人员对非宗教事务的干预。其实质是普鲁士统治与反普鲁士统治的斗争，是普鲁士领导下的帝国大一统与西南小邦分裂主义的斗争。其次是社会问题。工业化初期，工人的地位和生活水平不是上升，而是降低了。工人群众开始联合起来争取自己的利益，开展社会主义运动。俾斯麦在 1878 年颁布《反对社会民主党企图危害治安的法令》（简称《非常法》），镇压工人运动，解散了 330 多个工人组织，900 多人被放逐，1 500 人被关进监狱，禁止 1 300 多种刊物、书籍出版等，这样就把工人运动镇压下去了。可以说，俾斯麦在内政上有两根大棒子：一是打压天主教，二是打击工人运动。

另外，俾斯麦进行了社会立法，这在人类历史上是第一次。我们常说的福利社会、福利国家，德意志第二帝国是雏形。20 世纪 80 年代初期的劳动立法规定：工人一周工作不能超过六天，每天不能超过 10 个小时；要按时支付工人工资；工矿企业不得使用童工等。1883 年颁布的《疾病保险法》规定：工人交 70％的保险费，雇主交 30％。工人生病了，可以从保险费中支取半薪和医疗费，死后支取丧葬费。1884 年通过了《工伤事故保险法》，雇主为工人缴纳保险费，工人根据受伤的程度，领取一定的款项。1889 年颁布了《残废和养老保险法》，由国家、雇主和工人三方交纳保险费用。俾斯麦通过一系列的立法来完善社会保障体系。通过上述胡萝卜加大棒的政策，保证了帝国快速稳定的发展。

在外交方面，俾斯麦编织各种利益关系网络，巩固德国在欧洲的地位，阻止法俄形成夹击德国的局面。19 世纪下半叶，奥斯曼土耳其帝国业已衰落，巴尔干半岛出现了权力真空，俄国和奥地利都想填补进来，因此两国产生了矛盾。俾斯麦抓住了这个机会，与奥匈在 1879 年签订了军事同盟条约。根据这个条约，如果俄罗斯进攻奥匈，德国会支援奥匈；如果俄罗斯进攻德国，奥匈要援助德国。到了 1882 年，俾斯麦又等到了机会。当时法国和意大利为争夺北非殖民地产生了矛盾与冲突，德国乘机把意大利拉进来，缔结了三国同盟条约：法攻意，德奥帮意；法攻德，意助德，奥匈阻止俄夹击德国。这样就形成了《德奥意三国同盟条约》。需要注意的是，这些都是防御性的条约。签订这些条约的时候，谁也没想到，若干年后会爆发欧洲乃至世界大战。从德、奥、意三国同盟中，我们看到了一战同盟国阵营的雏形。

尽管有三国军事同盟条约，俾斯麦仍旧觉得不满意。德国 1887 年与俄国签订了密约：只要俄在法德冲突中保持中立，那么俄奥发生战争的时候，德国就不帮奥匈了。针对东线可能发生的战争，德国在德奥同盟的基础上，又上了一道保险，史称《再保险条约》。威廉二世登基后，1890 年条约到期，就不再续约了。这样俄国就有了担忧。上面我们主要是从中欧、德国的角度，来讲法国、俄国夹击德国的可能。但是如果站在两边的立场上看问题，情形就完全不一样了。德、奥、意三个国家从中央联合起来，完全可以对两边各个击破，所以俄、法在商业和军事上迅速接近，并于 1892 年签订了军事盟约。它们认为这也是防御性的。到 1904 年，又出现了新变化，英国承认法国在摩洛哥的殖民利益，反过来法国承认英国在埃及的殖民权益，英国和法国签订了瓜分殖民地的协议。1907 年英、俄就波斯的势力范围达成协定，俄国控制北部，英国掌控南部。至此一战中协约国一方的雏形也形成了。但这些瓜分殖民地的协定，与打第一次世界大战没有什么直接关系，只是在客观上形成了两大阵营，加剧了帝国主义国家间的矛盾，使欧洲的局势更为动荡不安。

如果用一个关键词来概括俾斯麦时期的外交政策，这个词就是面向“欧洲”(Europa)，就是说，德意志第二帝国满足于在欧洲大陆的发展。相比之下，到威廉二世上台，他采取的政策就不是面向“欧洲”，而是面向“世界”(Die Welt)，德国要走向世界，要开拓海外殖民地。也有学者认为，并不存在这种截然的划分。德国的不少殖民地，比如西非的多哥、喀麦隆，德属西南非、德属东非，以及太平洋上的德属新几内亚等都是在俾斯麦执政晚期获得的。关键看德国社会经济的发展程度，到了特定阶段，就一定要去世界上寻原料、找市场，必然要扩充海军，保护贸易航道，要走一条所谓的“新路线”。这是不以个人的意志为转移的。

威廉二世上台时很年轻，才华横溢、口若悬河，却又刚愎自用、唯我独尊，表现得有些浮躁，甚至神经质。1893 年他在外旅行 199 天，人称“旅行皇帝”。他几乎天天开化装舞会，还经常举行军事检阅，在 16 年的时间里，给卫队更换了 37 次制服。威廉二世出生时，由于医疗事故，落下残疾，左臂萎缩。现在可以看到的威廉二世画像，大多是右手放在左手上，或右手执剑，或用手套衣物遮住左手，以此来掩饰其生理缺陷。有人认为，威廉二世的性格和他的残疾有关，为了证明自己能克服残疾，甚至能够做得比别人更好，他经常表现得过于暴躁、激烈，甚至影响到了国家政治。但更多的研究表明，像威廉二世这样一个大国君主，其个人的生理、心理特征对国策的影响是微乎其微的。很多事情都是大势所趋，再加上臣属的积极谋划，皇帝个人的作用和影响是有限的。

威廉二世上台后，实行了一系列的新政。内政方面，年轻的皇帝开始采取怀柔政策，缓和与工人阶级的关系。1890 年，镇压工运的《非常法》到期，没有再延长。后来又颁布了新的法规：工厂禁用 13 岁以下童工，禁止童工周日工作，妇女每天工作不得超过 11 小时，16 岁以下工人工作时间不得超过 10 小时；成立商业法庭来调解资本家和工人的纷争等。在经济方面，德国积极发展世界自由贸易，减少对国内的关税保护，努力为本国工业开拓海外市场，由此获得了巨大的发展。在外交方面，大力奉行“世界政策”。德国想发展海上自由贸易，就必须保护自己的海洋航道，就必定要发展海军，就必然要寻找海外支撑据点和建立殖民地。整个国家的政策基调也随之发生了改变。为了追赶英法等殖民大国的扩张步伐，抢夺所谓“阳光下的土地”，时任外交大臣的布洛在会议中公开表示，德国一定要建设强大的海军。

那么，德国要造多少大型战舰呢？是跟英国一样多呢？还是比英国多？造多少才合理，才能够保证国家安全？当时的大军舰主要指 2 万吨至 3 万吨的战列舰，是国家的战略打击力量。德国海军大臣梯尔皮茨提出了所谓的“威慑思想”，即建造的数量应该达到如此程度：一旦德、英海军展开战略决战后，英国海军所剩的主力战舰数量不足以在海上继续称霸，英国就会有所忌惮，不敢和德国进行决战，德国海军就达到了战略威慑的目的，德国就安全了。德方认为，这个比例应是 3∶2，也就是说英国有 3 艘战列舰，德国只需造 2 艘。1898 年，德意志帝国议会通过了第一个造舰法案，包括打造两支舰队，各 8 艘战列舰。1900 年，很快通过了第二个造舰法案，数量翻倍，准备打造 4 支舰队，共 32 艘战列舰。德国提出保持“三舰速度”，每年建造 3 艘大型舰只。目标是到 1920 年，拥有 60 艘大型战舰。这些举措引起了英国的愤怒和担忧，英国坚持 2∶1 的战略优势，德国针锋相对，争取 3∶2 的比例目标。在一战的日德兰大海战中，英、德双方战舰数量的大致比例就是 3∶2。在这次海战中，双方主力舰队擦肩而过，并没有发生战略总决战，因为谁都不敢拿国家的战略打击力量来冒险。德国在这场海战中，取得了战术上的胜利。在一战中，德海军保持了对英国的战略威慑。

德国大力发展军事力量，提倡尚武精神，因此军人享有较高的社会地位，社会上弥漫着浓重的军国主义氛围，甚至引发了闹剧。1906 年，柏林有位老鞋匠叫弗伊格特，时年 57 岁。他曾因盗窃入狱多年。释放回来后他发现，军人在社会上非常神气，很受尊重。于是他动起了歪心思，不知道从哪找来了一身上尉军服，装扮成军官的模样。弗伊格特在路上遇到一队士兵，假称自己在执行紧急任务，命令这些士兵跟着他，一起赶奔科佩尼克区政府。到达后扣押了这里的官员，“收缴”了“赃款”，然后让士兵押解嫌犯先回柏林，自己则携款潜逃。当然案子很快告破了，但这场闹剧说明，到威廉时代，军国主义已经发展到了怎样的病态程度，不管是谁，只要穿上军服，就有了毋庸置疑的权威，就可以发号施令。后来这出闹剧被改编成喜剧，出现在德国的戏剧、电影和课本里。直至今日，德国的各大剧院经常上演《科佩尼克上尉》。当年的案发地点，现在变成了景点，常年对外开放。关押老鞋匠的监狱也在附近，可供参观。监舍所在的那条大街叫自由大街，颇具讽刺意味。

威廉时代的社会喧嚣与威廉二世本人的浮躁性格有关。他的即兴讲话经常招致国内外的不满，“《每日电讯》事件”就是一个很好的例子。1908年德皇到英国去度假，遇到英国军官沃特利上校，就想跟对方私下聊聊，来宣泄自己的情绪，释放一下压力。因为很长时间以来，威廉二世内心十分纠结。一方面，他有二分之一英国血统，其母亲是英国的维多利亚公主，他对英国有感情。另一方面，英、德开始了海上军备竞赛，关系日趋紧张，作为德意志帝国的皇帝，他必须时刻捍卫德国的利益。让年轻的皇帝没有想到的是，这次私人谈话很快就被英国的大报《每日电讯》刊登发表了，在德国国内和国际上引起了风波。威廉二世说了什么呢？第一，作为德国的皇帝，他有英国血统，对英国一直是有好感的。但是在对英的问题上，主要是德国人民对英国有看法，他个人没办法改变。威廉二世这样讲，等于说英、德矛盾根深蒂固，没有解决的可能，战争不可避免。第二，德国建造那么多大军舰，其实不是针对英国的，德国就是想保护自己的海上贸易通道。将来也许有一天，英国在东亚还需要德国的帮助。这句话的潜台词是，英国人和德国人都是欧洲白人，可以联合对付东亚的日本人。威廉二世这样说，必然招致日本的不满。第三，在布尔战争中，是他阻止了欧洲大陆的反英同盟，并且帮助英军制定了作战计划，英国才打赢了这场战争。英国人认为德皇在说鬼话，因为他们知道，当时德国支持布尔人抗击英国。总之，威廉二世的这些话非常不得体，在国际上产生了很大的影响，更重要的是在国内引发了不满。德国的社民党及自由派认为，德国的政府不向议会负责，要向皇帝负责，但这样一位信口开河的年轻人能领导我们的国家吗？议会中的自由派和社民党都吵嚷着要进行议会民主改革。

在上述一片繁荣、喧嚣、浮躁中，德国不知不觉地步入了20世纪，走进了第一次世界大战的前夜。如果要探讨这次战争爆发的必然性和根本原因，列宁的“帝国主义论”可以为我们提供最为清晰有力的解释。他认为，到19世纪下半叶，各列强进入了帝国主义阶段。在垄断资本的驱动下，列强疯狂地争夺殖民地，掠夺海外原料，抢占海外市场，由此加速了彼此间的矛盾，最后引发世界大战。这个论断一直是我国学者对一战性质的主流见解，在当今欧洲学界也有影响力。

在这里，我们要关注的是偶然性。一战爆发的直接原因，是奥匈帝国和塞尔维亚两个国家的领土争端。它们身后都有大国的影子。早在19世纪下半叶，塞尔维亚业已独立，沙皇俄国是它的支持者。奥匈帝国的背后则站着德国。奥塞争夺的焦点是波斯尼亚。1908年波斯尼亚正式并入奥匈帝国，塞尔维亚极度不满，因为塞尔维亚想得到这个地方，由此获得亚得里亚海的出海口，成为一个名副其实的地区大国。塞尔维亚想要获得俄的支持，但由于沙皇俄国在1905年日俄战争中败北，元气大伤，此时无力帮忙，但塞尔维亚并未就此放弃对波斯尼亚的领土要求。

1914年6月28日，奥匈帝国王储斐迪南大公在萨拉热窝被塞族青年普林西普刺杀。普林西普是波斯尼亚人，他在塞尔维亚的首府贝尔格莱德学习，受到狂热的塞尔维亚民族主义的影响，刺杀了斐迪南大公。事件发生后，奥匈很快发现，普林西普使用的是塞尔维亚军方的制式手枪，而且还获得了证据，枪支和人员的过境都是塞尔维亚边检机构一手安排的。奥匈帝国将此视作塞尔维亚的宣战行为，所以准备惩治塞尔维亚。但奥匈忌惮塞尔维亚背后的俄国，于是在7月5日，奥匈驻德大使面见了德皇，寻求他的支持。西方史学家据此认为，在这次接见中，德皇给奥匈帝国开出了一张空白支票。也就是说，无论发生什么情况，即便是世界大战，德国都和奥匈站在一起。实际上我们发现，西方史家有意忽略了这次谈话中的某些内容。德皇当时和奥匈帝国的大使说了三条：第一，惩治塞尔维亚要干脆，要快，要坚决。第二，不要怕俄国，为攻打俄国，德国已经准备多年。第三，俄国一定会三思而后行，战争打不起来。换言之，他根本就不用兑现自己的参战承诺，根本就没想打仗。这一条在西方的史学著作里很少提到。德皇说完这些话，就去挪威度暑假了。当时德国政府还给媒体打了招呼，不要渲染战争气氛，不要在国际上发出错误的信号。

7月23日奥匈帝国向塞尔维亚发出了最后通牒，要求对方在48小时内给予明确答复。内容主要包括以下两方面：第一，塞尔维亚长期以来反对奥匈帝国，想把波斯尼亚从帝国分离出去。塞尔维亚必须停止分裂宣传和活动，开除反奥官员等。第二，同意奥匈帮助塞尔维亚镇压发生在其领土上的反奥分裂活动，同意奥匈派代表进入塞尔维亚，参与调查刺杀涉案人员。

塞尔维亚的反应绵里藏针，有条件地接受了最后通牒，即答应务虚的第一部分，拒绝务实的第二部分。奥匈恼羞成怒，7 月 28 日对塞尔维亚宣战，29 日炮击了贝尔格莱德，由此引发了多米诺骨牌效应：俄国在 7 月 30 日进行了全国总动员。当时德皇看到这个危险局面，31 日警告沙皇：俄国在 12 个小时之内必须撤销动员。其实此时德国最害怕法国落井下石，乘势夹击德国。所以德皇要求法国在 18 个小时之内表明立场。法表示将按自己的利益行事。到了 8 月 1 日下午 4 点 30 分，法国进行了全国军事总动员。此时德国判断，法国和俄国夹击德国的态势已经形成，战争不可避免，德国必须坚决、迅速地执行“施利芬计划”。

施利芬是德军总参谋长。1905 年，他针对法俄夹击德国的两线战争，提出了较完备的预案。计划主要内容如下：第一，德国要集中绝对优势兵力于西线，用六至八周的时间彻底击溃法国。为什么要六至八周？因为德方估计，俄国幅员辽阔，工业化程度低，组织程度差，全国总动员至少需要这么长时间。这也是德国唯一不会腹背受敌的时间窗口。德国一定要抓住这个时机先打败法国。第二，在进攻法国时，应绕过法国的正面防线，不惜破坏比利时的中立，迅速穿过比利时，南下直取巴黎。第三，在击溃法国以后，马上借助德国发达的铁路网，把大军运到东线打垮俄国。这个计划的要害就是时间差，德国必须先下手为强，任何拖沓意味着丧失战机，意味着将陷入腹背受敌、万劫不复的境地。所以在 1914 年 8 月 1 日下午 5 点，德国立即进入全国总动员，坚决实行“施利芬计划”，当天就对俄国宣战，8 月 3 日对法国宣战。

德军对法国的进攻最初较为顺利。但在巴黎东北的马恩河，法军挡住了德军，法称之为马恩河奇迹。然后双方建立了战线对峙，并不断进行侧翼包抄，西北至英吉利海峡，东南到了瑞士，在长达几百公里的战线上相持了四年。战争非常惨烈，包括像 1916 年的凡尔登战役，号称“绞肉机”，法、德双方各死伤 30 多万人。最大的单日伤亡出现在 1916 年的索姆河战役，英军一天伤亡多达 5.7 万人。德国原来计划的闪电战、运动战变成了持久战、阵地战，变成了残酷的消耗战。1917 年 4 月美国宣布参战，此后相继投入 100 万美军进入西线与德军作战。1918 年德军发动春季攻势，未能取得胜利。9 月，兴登堡防线被突破。德军总参谋部已经认识到，德国无法赢得战争。10 月，德国进行了政治体制改革，通过一系列宪法修正案，规定首相要对议会负责，德国转变成一个君主立宪制的国家。但这种民主改革为时已晚，美国总统威尔逊要求德皇退位，要求德国承认军事上的完全失败。此时的德皇已经成为德国与西方谋求和平的障碍。11 月 9 日，德皇退位，11 月 11 日，德国与协约国签订了停战协定。

战后签订了《凡尔赛条约》，德国失去了 1/7 的土地、1/10 的人口，由于萨尔和莱茵河左岸被占领，德国丧失了 75%的铁矿、44%的生铁生产能力、38%的钢生产能力和 26%的煤炭产量，丧失了全部海外殖民地。条约还规定德国只能拥有 10 万陆军，不许有坦克、重机枪等重武器，不许有潜艇，不许有空军。另外，德国还被强加巨额赔偿在内的诸多苛刻条款。德意志帝国瞬间从世界一流大国变成了欧洲的三流国家。德国社会对此忿忿不平，极端民族主义情绪高涨，《凡尔赛条约》是纳粹崛起的重要历史背景。此后德国经历了魏玛民主的混乱，很快走进纳粹的黑暗时代，但二战再次战败，最终无条件投降，真可谓"其兴也勃焉，其亡也忽焉"。

一、思考题

1. 为什么俾斯麦时期被称为德国历史上的"美好时代"?

2. 德国是否应对一战爆发承担主要历史责任?

3. 纳粹党为什么能迅速夺权?

4. 德意志人是如何不断改写、传播、利用神话的? 这反映了怎样的政治诉求、文化价值取向和心理状态?

二、延伸阅读

1. 米夏埃尔·施蒂默尔. 德意志：一段找寻自我的国家历史. 孙雪晶，译. 天津：天津人民出版社，2007.

2. 弗里茨·费舍尔. 争雄世界：德意志帝国 1914—1918 年战争目标政策. 何江，等译. 北京：商务印书馆，1987.

3. 克劳斯·费舍尔. 纳粹德国：一部新的历史. 余江涛，译. 南京：译林出版社，2016.

4. 赫尔弗里德·明克勒. 德国人和他们的神话. 李维，范鸿，译. 北京：商务印书馆，2017.

第七章　国家极化与当代欧美民主政治危机

庞金友*

当今欧美政坛乱局横生，暗流汹涌，新现象、新问题层出不穷。如何理解这些新变化的本质与根源，判断这些新变化的走向与趋势，认识这些新变化对后发现代化国家的借鉴与启示，既是重大的理论问题，也是紧迫的现实问题。国家极化既是当前欧美政治的显著特征，也是晚近系列变革的症结所在。它受全球化、资本化、民主化、自媒体化、后物质主义等浪潮推动，又对民粹主义、保守主义、激进主义、逆全球化和“后真相”等思潮影响深远。本章试图在全面梳理国家极化的本质特征和演进逻辑的基础上，深度剖析国家极化的时代背景和形成机理，详细探讨国家极化对国内政治和世界格局的深刻影响，以期为后发现代化国家的国家建构和政治发展提供积极的借鉴与启示。

一、国家极化的本质特征

国家极化既是一种客观的政治现象，也是一种抽象的分析范式。作为前者，它代表着当代西方民主政治的最新变化，对欧美国内政治、地区间政治以及未来世界格局影响深远，值得高度重视；作为后者，它是观察当代欧美民主政治危机的全新视角，拓展并推进当前学界关于政治极化研究的同时，也为民主政治理论研究提供了新的议题和素材。

“极化”（polarization）原属物理学概念，意指物体在一定条件作用下其性质相对于原来状态有所偏离从而发生两极分化的现象，如分子极化、光子极化和电极极化等。这一概念后被引入政治学领域，用来描述当代政治中的极化现象。最初的政治极化（political polarization）专指美国政党政治中民主

* 庞金友，中国政法大学政治与公共管理学院教授，副院长，博士生导师，韩国鲜文大学、美国埃默里大学卡特中心访问学者，意大利罗马二大高级访问学者，中国政治学会副秘书长，中国政治学会青年工作专业委员会副会长，《政治思想史》杂志编委，主要从事西方政治思想史与政治学理论的教学与研究工作。

党与共和党的两极分化和对立。进入 21 世纪后，政治极化在美国的强度、深度和广度上明显增强且有全球蔓延之势，学者们开始将英国和欧陆各国纳入研究视野。由于欧陆各国大多实行多党制，极化范围随即由两极分化扩展为多极分化。随着研究范围的扩大、研究视野的拓展和研究议题的深化，极化的内涵和外延继续延展。政治精英间的分化，精英与民众的分化，意识形态的分化，社会阶层的分化，甚至政治激化、文化战争、反全球化等议题，均被纳入极化研究的视野。至此，原来的“政治极化”概念已无法涵盖这些新现象和新变化。因此，本章提出“国家极化”概念用来指称当代欧美因利益分配长期失衡造成贫富阶层两极分化，政治精英对峙决裂，政治观念对立冲突，政治行为极端激进，进而导致意识形态分歧加剧，社会群体裂痕扩大，大众文化对抗升级，地区合作和国际关系逐渐孤立化和紧张化的政治发展形态。

那么，究竟何为国家极化现象？国家极化现象具有哪些本质特征，遵循何种演进逻辑？从发生学的角度看，当代国家极化现象的演进逻辑简单而倾向于线性发展：分配失衡和收入差距首先造成贫富阶层的两极分化，在民主制度的框架内，这种经济极化容易导致精英分化、政党分化和意识形态分化，最终导致社会的分裂和文化的冲突。当前欧美各国国家极化现象虽然程度不同，形态各异，但整体来看，由经济到政治，再到社会和文化的多维度、多层级的复合性极化是当代国家极化的显著特征。

第一，贫富阶层分化对峙。因分配制度失衡，普通民众财富的持续减持与少数精英财富的高度聚敛相伴而生，最终必然造成低收入阶层与高收入阶层的两极分化和对峙。法律面前人人平等，但基于收入和财富，原本平等的人群被硬生生切分为两大对立的群体。这种经济极化是近些年欧美各国的普遍现象。“在过去的 10 年中，美国的家庭平均收入下降了超过 10%。同时，收入不平等也在逐年加剧，美国成为不平等现象最严重的工业化国家。截至 2010 年，美国最富有的 1%的人口占有全国将近 25%的收入。”① 2008 年后，一些美国人甚至失去了住房、工作和退休金。如果说财富分配失控且向富有群体集中是可怕的，那更可怕的是，当下美国已经形成“赢者通吃”的格局。从 1989 年到 2008 年，收入最高的 1%人群获得了美国经济中收入增长的一半以上。“假如这 28 年的总收入增长是一个馅饼，最高的 1%中的 1/10，也就

① 库普坎，寿春．治理鸿沟：全球化与西方民主的危机．国外理论动态，2014 (5)：33.

是30万人，所享有的那一块，比底层90%，即2.7亿人那一块的2倍还要大。”[1] 欧洲的情形同样不容乐观，在过去的20年间，“在欧洲最主要的经济体中，中产阶级的收入持续下降，不平等则不断加剧。西班牙的失业率维持在20%，居高不下；甚至连作为欧盟经济火车头的德国也境况不佳，从2000年到2008年，德国中产阶级减少了13%”[2]。美国穷人和富人的政治立场与党派归属是泾渭分明的。穷人更倾向于支持民主党，支持国家干预和福利政策；富人则倾向于支持共和党，支持自由市场和减税减福利政策。日趋严重的经济极化会加剧各政治阵营之间的分歧，激化精英和政党之间的矛盾，从而使意识形态冲突、党派对立趋于表面化、公开化。[3]

第二，政党政治乱局横生。20世纪80年代以来，欧美政党格局发生较大变化：一些温和的主流政党逐渐式微，甚至在内忧外患下面临四分五裂的危险；一些激进政党迅速崛起，风头大盛；一些新兴小党趁势而起，拼力搅局。这种政党乱局具体体现为：首先，两党对抗白热化。美国共和党与民主党的冲突和对抗不断升级、加剧，“政治对峙在美国创建的时候就被纳入了国家体制之中，但近年来在华盛顿越演越烈”[4]。2010年3月，奥巴马力推的医疗改革法案虽获国会通过，但没有一名共和党议员投票赞成医改方案。其次，精英立场极端化。国会议员的政治立场不断突破一贯的传统的温和与审慎，呈现明显的极端化趋势，甚至达到了“有史以来的最大值”（如图7-1所示）。他们要么旗帜鲜明地选择自由派立场，要么坚定不移地固守保守派情怀，温和持中立场越来越不受欢迎。在民主党内部，保守派议员损失惨重；在共和党内部，宣扬自由放任原则的数名共和党大佬落选，绝大多数共和党候选人转向保守立场，逐渐背离共和党人的传统基调。[5]

再次，意识形态两极化。从意识形态的角度来看，美国国会议员纷纷向左右两翼偏移，中间阵营日渐萎缩（如图7-2所示）。“这两个政党的议员基本上分别组成了左翼自由派阵营和右翼保守派阵营，而20世纪50年代和60

① 哈克，皮尔森．赢者通吃的政治．陈方仁，译．上海：上海人民出版社，2015：2.

② 库普坎，寿春．治理鸿沟：全球化与西方民主的危机．国外理论动态，2014（5）：33.

③ 西方有学者曾专门论述经济不平等与政治极化之间的密切联系，认为这种联系体现为两个机制：“第一个机制是，经济不平等往往是政治极化的原因；第二个机制是，政治极化使财富不平等和过度集中的现象更加严重。”参见：麦卡蒂，普尔，罗森塔尔．政治泡沫：金融危机与美国民主制度的挫折．贾拥民，译．北京：华夏出版社，2017：39。

④ 约瑟夫·奈．美国世纪结束了吗？．邵杜罔，译．北京：北京联合出版公司，2016：104.

⑤ Alan I. Abramowitz，Kyle L. Saunders. Ideological Realignment in the U. S. Electorate. The Journal of Politics，1998，60（3）：634－652.

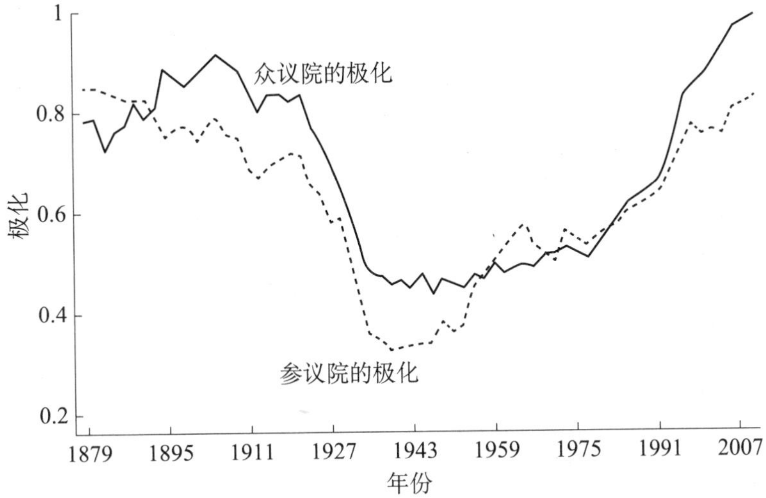

图 7-1　美国国会的极化

资料来源：麦卡蒂，普尔，罗森塔尔．政治泡沫：金融危机与美国民主制度的挫折．贾拥民，译．北京：华夏出版社，2017：39.

年代时期比较常见的自由主义共和党人和保守主义民主党人至 2005 年前后变得相当罕见。"① 而在进入 21 世纪的第二个十年，欧洲各国极左、中右、极右政党势力不断增强，在选举政治中屡有突破。在欧洲议会内部，甚至形成了左翼和右翼政党的稳定联盟，为欧盟政治的分裂埋下了伏笔。最后，主流政党已失去绝对权威。欧洲各国主流政党的权威形象遭遇实质性撼动，独霸政坛的政治格局已难以维持。多数政党不得不放弃一党组阁的最优模式，被迫选择联合执政的次级方案。一些原本默默无闻的小党、摇摆不定的中间政党在成为主流政党竞相争取的热门对象后，开始待价而沽。这就使原本充满变数的联合执政变得更加扑朔迷离。德国总理默克尔所在的全民党历时数月方成功组阁，从而开创德国政党组阁历时最长纪录就是一个明证。

第三，精英与民众阶层裂痕扩大。经济极化由来已久，再加上政党极化、意识形态极化的强力推动，社会阶层不可能无动于衷，阶层分裂、观念冲突、文化战争等就再自然不过了。② 20 世纪中后期，欧洲选民的政治忠诚度开始

① 周琪，王欢．值得关注的美国政治"极化"趋势．当代世界，2011（4）：24.

② Alan I. Abramowitz，Kyle L. Saunders. Ideological Realignment in the U. S. Electorate. The Journal of Politics，1998，60（3）：634-652.

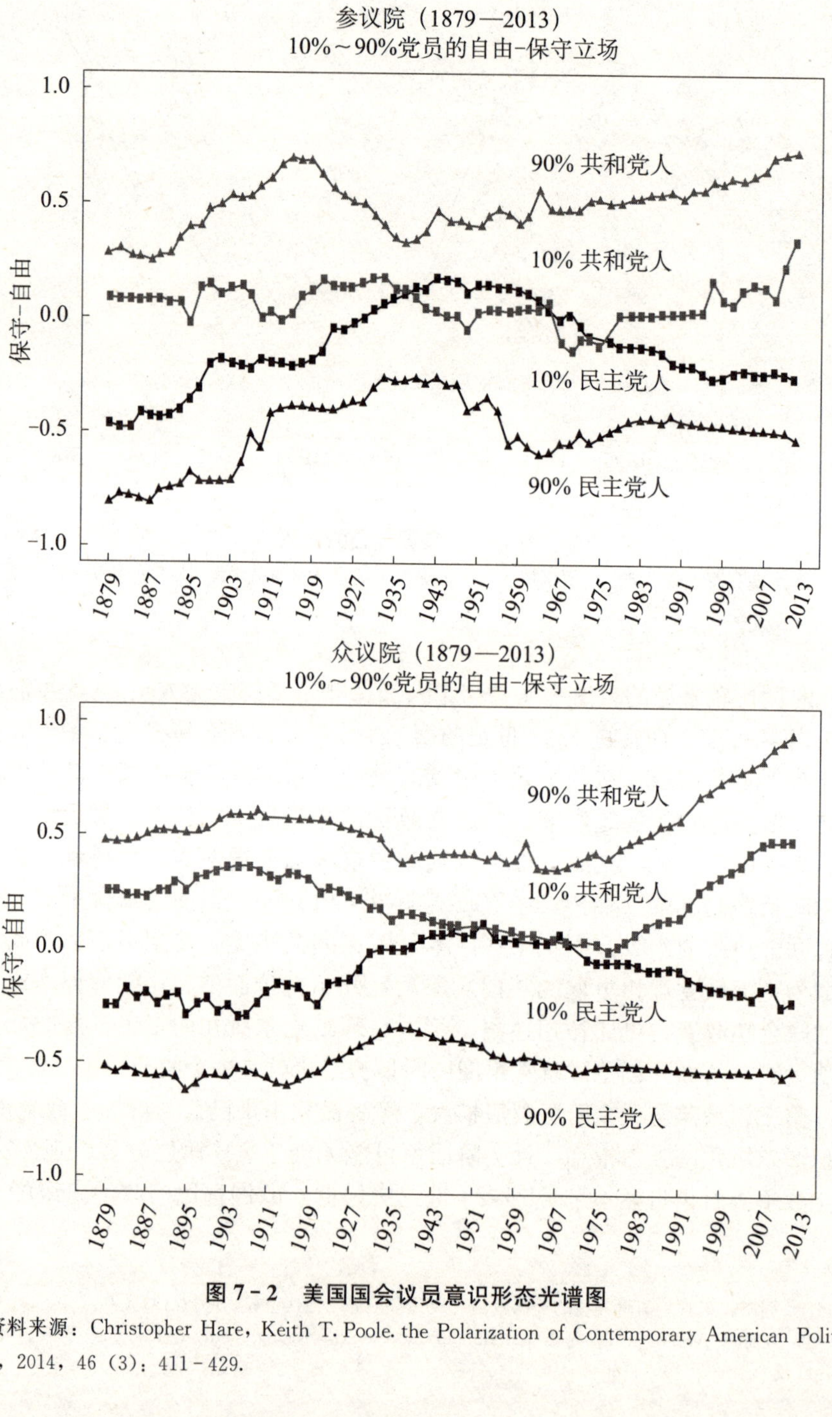

图 7-2　美国国会议员意识形态光谱图

资料来源：Christopher Hare，Keith T. Poole. the Polarization of Contemporary American Politics. Polity，2014，46 (3)：411-429.

下滑，政治冷漠普遍流行。选民们宁愿冷眼旁观也不愿亲身参与，甚至拒绝投票。与此同时，各国政党为追求选票最大化，不惜由先锋党转向全民党，左翼、右翼和中间派政党之间的界限越来越模糊，施政纲领越来越趋同。随着选举政治的功利化、政党政治的世俗化和新兴媒体的普及化，欧洲各国主流政党“越来越只代表少数在经济全球化和新自由主义中获益的大资产阶级、少数跨国公司资本家的利益，西欧政治转变为精英统治、富人民主”①。政党领袖们大多出身豪门，家世显赫，政治履历光鲜。为了追逐权力和选票，他们往往忽略甚至无视普通民众的利益诉求和生活疾苦。这就变相加大了精英与大众之间的隔阂和对立。2008 年全球金融危机在重创欧盟经济、引发主权债务危机的同时，引发了大规模的社会矛盾、分歧和动荡。欧洲各国为应对危机或推出巨额援助计划，或实行经济紧缩政策，但都无法兼顾中下层民众的生活质量和就业问题。民众纷纷投身街头运动，游行不止，抗议不断，暴力冲突此起彼伏。

第四，极右与极左思潮同步崛起。20 世纪 80 年代后，一度流行的“第三条道路”遭到冷遇，多元文化主义等调和路线不再吃香，激进主义、民粹主义、孤立主义有所抬头。“在矛盾叠加的情况下，越来越多的个体或群体对所处现状和政治制度日益不满，倾向于接受和支持意识形态光谱中处于左右两端的思想，并不断分化，包括政党之间的极化、政治精英和普通民众的极化、不同族群的极化等。”② 这一思想态势最终造成一种极端结局：极左与极右势力同时崛起。首先，右翼势力在法国、意大利、奥地利、瑞典、荷兰和丹麦正在风起云涌。右翼民粹主义者为了赢得更多的选民，简单、粗暴地将矛头指向伊斯兰教和穆斯林移民，将其视为当前一切社会矛盾的根源。这种激进情绪虽不能解决任何实质问题，却成功地将公众的视线和民众的不满引向了外来族群。这在一定程度上起到了缓解社会紧张情绪、慰藉民众无助的心理的作用。同时，新纳粹主义开始死灰复燃。以德国新纳粹党为代表的激进派崇尚暴力手段与恐怖主义，仇视现存体制与规则，拒斥现行民主规则和政治体制，以德国国家民主党、意大利社会运动党和英国国家党制度为首的温和派则采取温和策略，将重点放在稳步占据地方议会选举，积极参与执政联盟，争夺欧洲议会席位。与此同时，在全球经济持续低迷、社会矛盾普遍激化和右翼政党强势崛起的三重压力下，左翼势力也在争取自身地盘，经过艰难的

① 张莉．极右与极左：欧洲政治惊爆“极化”现象．世界知识，2011（18）：38．
② 史志钦．多重危机下的欧洲政治社会极化趋势研究．人民论坛，2017（3）：7．

整合与重组先后成立“欧洲左翼党”和“欧洲反资本主义左翼”两个欧洲议会党团联盟，并开始在他们擅长的议会斗争和街头运动中大展手脚。然而，由于前者执着地相信可以借助无限度甚至不计代价地增加福利从而赢取选民支持，后者则天真地希望通过彻底断绝与整个资本主义体系的往来以摆脱全球经济危机，他们的政治纲领注定缺乏前瞻和远见。在某种程度上，左翼政党活动代表着广大民众负面情绪的宣泄和释放，起到了抗衡右翼势力的作用，但这种倾向一旦失控就会对欧洲社会的稳定和和平构成威胁。在左右两大极化势力的夹击和裹挟下，一度强盛的欧洲还能坚持多久，还是一个未知数。

第五，社会分裂危机加剧。一体化进程和移民、难民问题是瓦解欧洲政治共识、加剧欧洲社会分裂的火药桶。对于老一辈欧洲人来说，欧洲一体化是一种信仰，更是一种寄托，他们相信一体化是摆脱 20 世纪那场血腥噩梦的最佳途径。而对于年轻人来说，利害得失才是评判一体化必要与否的唯一标准。他们不在乎欧洲未来是否走向一体化，只在乎这种一体化能给他们带来多少利益。换句话说，他们不爱欧洲，只爱自己。这种代际断裂乃至背后的文化冲突是终结欧洲一体化建设的真正根源。移民和难民问题也是欧洲人的纠结所在。曾经，欧洲人担心：穆斯林进入本国边界容易，如何让他们融入社会主流呢？如今，欧洲人更担心：越来越多的穆斯林越过边界、融入主流社会意味着什么？围绕要不要允许移民越过边界、要不要鼓励难民融入主流社会，各国政府、政党派别、社会群体之间产生了重大的分歧。随着分歧加剧，文化极化和社会极化必然被激发。更有甚者，一些新兴政党借民众对全球化、移民政策和经济发展等问题的普遍不满，趁机宣扬反移民、反全球化、反欧洲一体化等激进立场，尤其在民族主义、宗教信仰和文化认同等议题上大做文章，极力鼓动人们与现行政治体制和政治文化决裂甚至对抗，这就更加助长了人们心中的焦虑和担忧。人们越来越担心：长此以往，欧洲社会将被政治极化撕裂到何种程度？

总体来说，经济极化是国家极化的逻辑起点，也是国家极化的必要条件。经济极化不断加深，容易引发政治极化。当政治极化持续扩张，精英与大众、文化传统与现代观念、公民理想与现实政策之间的冲突和对抗就会逐步升级，社会和文化极化随之出现，国家极化最终形成。当一个国家符合上述所有特征时，就可以说它已经发生国家极化现象，或者将其称为“极化国家”了（如图 7-3 所示）。

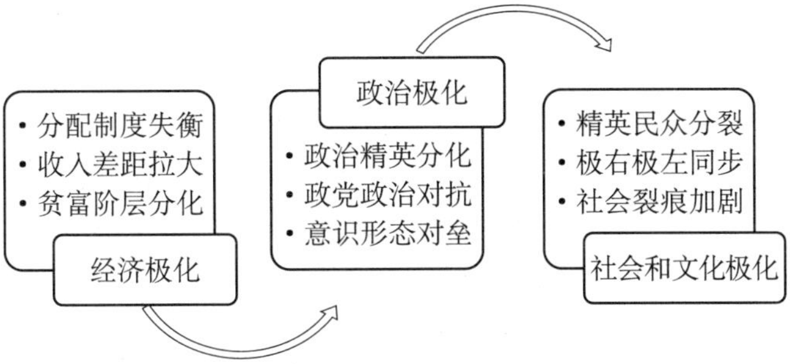

图 7-3　国家极化的特征与逻辑

二、国家极化的时代诱因

从本质上讲，国家极化仍是现代民主政治发展的一种形式，只不过是一种极端形式，一种变态形式。作为现代民主政治的衍生形态，它在以普选、代议和多数原则为核心精神与基本原则的民主框架内孕育、形成和发展。没有主权在民，贫富两大阶层再分化，也不会在国会活动和政党生活中掀起多大波澜；没有民有、民治和民享，政治精英再对立，政党政治再混乱，也不会引发招致民众的普遍响应，更不会有"文化战争"的爆发。① 经济极化和政治极化的现象在欧美各国由来已久，为何在当下迅速加剧并呈现强势扩张趋势并最终导致国家极化的形成呢？我们不妨仔细观察最近 20 年欧美社会发生的重要变革。

第一，全球产业形式深度转型。后工业化时代的到来，工业化水平迅猛升级，资本、技术、劳动力等生产性要素在全球范围内加速流通，劳动力密集型产业和传统劳资结构被迫转型，"高消费-知识附加值"的经济运行模式应运而生。这种经济形态的后果是：一方面，精英阶层迅速聚敛财富。据皮凯蒂和塞斯的数据显示："20 世纪 70 年代后，收入分配底层 90%与顶层 10%群体之间的实际收入增长率形成了巨大差距。2013 年，底层 90%的平均实际收入竟然比 1972 年还低。"②（如图 7-4 所示）另一方面，底层弱势群体逐渐边缘化。"富人、利益集团和商业公司能够使用其大量的资源，来扩大它们赢得或影响公共政策的机会。这或多或少地制造了所有民主在规范的政治程序

① Morris P. Fiorina，Samuel J. Abrams，Jeremy C. Pope. Culture War? The Myth of a Polarized America. New York：Longman，2011：11-32.

② 戈登．美国增长的起落．张林山，等译．北京：中信出版集团，2018：583.

（如投票）和实际情况之间的紧张关系，因为富人更有能力施加政治影响，从而使结果对其‘更公平’。”[①] 底层民众长期处于不利的境地，对经济全球化、国内经济形势和政府实际作为非常不满。[②] 正是这种经济获益上的不均衡，决定了低收入与高收入阶层之间的冲突、对抗和不可调和性，从而为政治极化埋下了重大隐患。[③] “公民经济不平等和他们参与选举和政策制定的平等权利之间的紧张关系，体现为‘一人一票’和‘一欧元一票’之间的矛盾，这种矛盾可以在所有欧洲民主政体中发现，这也是典型的政治分野的来源。”[④] 换言之，只要社会出现贫富的差距，政治就有极化的可能；贫富差距越大，政治极化的程度就可能越高。

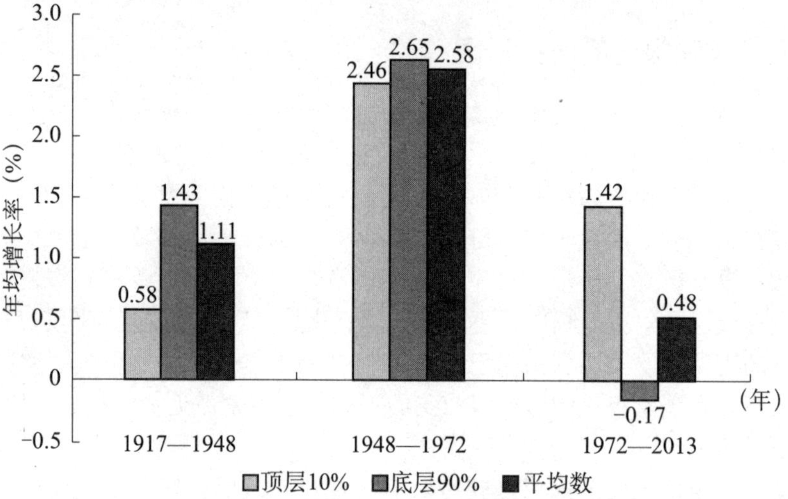

图 7-4　1917—2013 年样本区间实际收入增长率

资料来源：根据 Facundo Alvaredo、Anthony B. Atkinson、Thomas Piketty and Emmanuel Saez 的世界顶层收入数据库计算，参见：戈登．美国增长的起落．张林山，等译．北京：中信出版集团，2018：583。

① 马克·凯塞尔曼，乔尔·克里格．转型中的欧洲政治．史志钦，等译．北京：人民出版社，2016：9.

② Clem Brooks，Jeff Manza. A Great Divide? Religion and Political Change in U. S. National Elections，1972－2000. The Sociological Quarterly，2004，45（3）：421－450.

③ Andrew Gelman，Lane Kenworthy，and Yu-Sung Su. Income Inequality and Partisan Voting in the United States. Social Science Quarterly，2010，91（5）：1203－1219.

④ 同①.

第二，多元文化主义遭遇困境。宽容、理解、吸纳是当代多元文化主义的基本原则①，但各国践行这一原则的具体政策略有不同。英国追求权利平等，法国侧重文化认同，德国则关注社会地位。然而，随着移民不断涌入，这些具体政策相继遭遇阻击和困境。其中之一也是最核心的困境是族群认同与国家认同之间的冲突。过于推崇少数族群的族群认同，会助长族群对国家的离心力；而过于强调国家的优先性，又会引发族群与国家的对立。这意味着，无论是放任自流，还是强势同化，都会遇到问题。尤其当基于宗教、心理等文化因素而自身高度认同的外来族群进入推行多元文化主义政策的国家时，问题会更突出、更复杂，作为多元文化主义根基的“文化相对主义”的脆弱性就更为明显。② 困境之二是移民群体不满情绪的增加。各国多元文化主义政策大多通过颁布法律以保障外来族群的权利，往往忽视文化、种族和心理上的差异。少数族群在工作和生活遭受歧视、排斥的现象并不少见，游行、示威和抗议运动此起彼伏。困境之三是欧洲民众种族意识被唤醒。近些年，欧洲民众原本对移民群体的增长速度和高生育率深感不安，少数族群的不满和抗议更加剧了社会各阶层的忧虑。越来越多的欧洲人开始担忧“欧拉伯”（Eurabia）的出现③，开始思考“我们是谁”的问题，并怀疑若干年后欧洲还能否是欧洲人的欧洲。蛰伏已久的欧洲人的种族意识被重新唤醒，再度获得生机。困境之四是社会大众排外心理加剧。连续不断的恐怖袭击带来的不安全感强化了民众对特定移民群体的恐惧和排外心理。益普索集团的民意调查显示，法国民众已经对外来群体失去了信心、耐心和爱心，74%的人认为伊斯兰教文明与法国社会无法兼容，70%的人认为在法国的外国人太多了，63%的人认为法国文化对移民群体没有影响力，57%的人认为仇视白人的种族主义在法国已经相当普遍。④ 可以肯定的是，多元文化主义政策的社会正义性是不容置疑的，但上述困境的出现，使多元文化主义在欧洲沦为鸡肋，食之无味，弃之可惜。连那些一直持温和或多元立场的知识分子群体，也开始质疑多元文化主义政策的合理性。一些激进派政党更是打着维护欧洲传统和文化的旗号，刻意强调异质文化和宗教之间的冲突，将特定移民群体视为欧洲价值和民主制度的敌人。这些无疑都埋下了社会分裂的隐患。

---

① 盖尔斯敦．自由多元主义．佟德志，译．南京：江苏人民出版社，2008：136－144.

② 哈里森．多元文化主义的终结．王乐洋，译．北京：新华出版社，2017：绪论 3.

③ 欧洲（Europe）与阿拉伯（Arabia）的结合。刘晓锋，廖晓明．欧洲政党意识形态极化倾向的原因和影响分析．国际展望，2017（4）：57.

④ 鲍永玲．欧洲难民潮冲击下的多元文化主义政策危机．国外社会科学，2016（6）：70.

第三，公民价值观念发生变迁。自 20 世纪 70 年代起，西方发达国家的公民价值观发生了重大转变，即由传统价值观转向世俗-理性价值观，由关注人身和经济安全转向关注生活质量和自我实现（如图 7－5 所示）。这种变化被英格尔哈特称为由物质主义价值观（materialism）向后物质主义价值观（post-materialism）的转变。[①] 对后物质主义者来说，物质和财富依旧重要，但精神价值和生活质量更为重要。他们淡化了对物质的追求、对权力的追逐和对权威的敬畏，也淡化了对家庭、国家和宗教的坚守，更淡化了对主流文化的自信、对传统文明的捍卫；他们更看重生态环境的质量，更关注族群和移民的权利，更关心性别角色与性道德的界限，更青睐生活方式的自我选择，更重视生命的价值与和谐的社会关系。公民价值观的这种变化，在迅猛的全球化进程的加持下，引发了当代西方文明的全面危机。首先，后物质主义追求更高层面的精神价值，其必要前提却是物质主义。只有经济繁荣，国家富裕，福利完备，才有公民精神追求的条件和基础。一旦这些条件和基础出了问题，后物质主义便成为无源之水，镜花水月。其次，后物质主义一边大张旗鼓反思西方社会、批判西方文明，一边却对非西方文明表现出极大的宽容，正如丛日云教授所说，“后现代主义与现代主义为敌，但却向前现代文化伸出橄榄枝”[②]。而非西方文明往往包含前现代甚至反现代等复合元素，最终使得西方文明身陷后现代和前现代的双重夹击之下。最后，后物质主义消磨了政治精英捍卫西方文明的斗志，使西方社会渐渐失去了优势，难以应付咄咄逼人的民族主义和国家主义。按后物质主义的观点，当前西方文明的衰败之势是发展的必然，任何一种文明的衰落或退位都是理所当然的。西方发达国家率先进入现代文明，也率先闯入后现代文明。当它们越来越现代，越来越文明，越来越追求和平生活和精神富足时，后发现代化国家也在不断崛起，不断扩张，不断形成自己的特色优势和全球竞争力。尽管发达国家依旧强大，但在以更高速度发展和壮大的发展中国家面前，优势地位日益受到威胁和挑战。从这个意义上来看，特朗普主义绝非真正的反全球化，只能被看作对后物质主义价值观的回应，向以物质主义为重心的全球化策略的回转，只是一种试图挽救西方文明危机的努力而已。相比之下，主流政党仍然试图通过模糊意识形态争取更多的选民。殊不知，选民对陈旧老套的主流价值和千篇一

① 英格尔哈特．现代化与后现代化：43 个国家的文化、经济与政治变迁．严挺，译．北京：社会科学文献出版社，2013：150－155.

② 丛日云．西方文明的困境：后物质主义如何应对全球化的挑战．探索与争鸣，2018（1）：37.

律的施政纲领不再怀有兴致，他们更倾向于那些立场鲜明、不拖泥带水的政党和主张。这就在更大程度上助长了政治极化的氛围和环境。

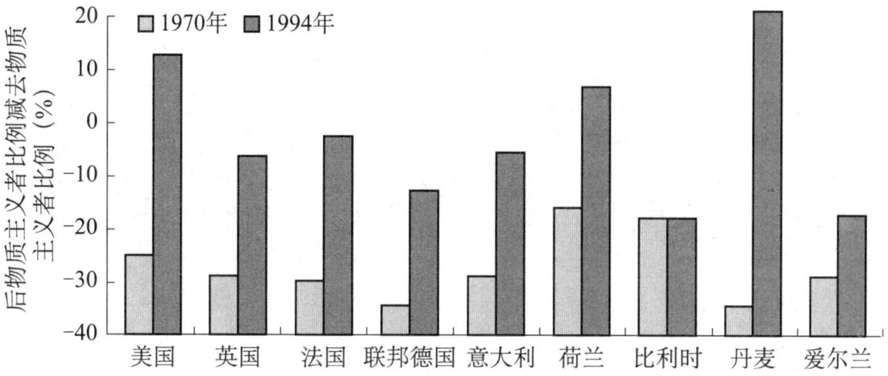

图 7-5 欧美九国民众朝向后物质主义价值观的转变（1970—1994）

资料来源：英格尔哈特．现代化与后现代化：43 个国家的文化、经济与政治变迁．严挺，译．北京：社会科学文献出版社，2013：160.

第四，政治传播发生重大变革。随着互联网的深度普及，社交平台的广泛流行，信息技术和算法的持续升级，现代人在不知不觉间闯进以信息共享、智能分发和大数据为特征的自媒体时代，传统政治传播途径和信息分发规则发生了根本性的变革。这种变革具体表现为：首先，力量对比被扭转。自启蒙时代以来，政治精英与普遍民众一直是引领者和被引领者的关系。随着民主时代的到来，为了争取选民，决胜竞选，精英们不再冲在时代前沿，反而转向揣摩民意，亦步亦趋，引领者竟成了追随者。随着自媒体的兴起，原本居于政治外围和边缘地带的普通民众开始活跃起来。精英还是精英，无论看财富、地位还是权力都占据相对优势，但在互联网的环境下，他们的言论和主张逐渐淹没在此起彼伏的民意喧嚣与舆论热点中。曾经略带贬义的“人多势众”，终于在选举权和话语权的双重加持下，转化为实实在在的实力和能量。最近两年，无论是英国脱欧，还是美国大选，抑或欧陆的民粹运动，政治精英的气势与境况可谓节节败退，江河日下。其次，媒体格局被改变。在传统政治传播格局中，主流媒体稳居垄断地位，一度风光无限。思想的启蒙、价值的传播和信息的扩散，全部仰仗主流媒体由上至下的单向传播。而在自媒体时代，各种新兴媒体由下而上表达诉求和情感，它们更廉价、更灵活、更多元，天然具有草根色彩，拥有无与伦比的群众基础和民意氛围。再次，认知偏见被放大。置身信息时代，人们每天面对海量信息和各种观点，却无法甄别信息的真假和观点的优劣。久而久之，人们失去了寻找事实、探究真相的信心和耐心，转向接受熟人文化、圈子文化和与自己价值、立场更为接近的观点，却对与自己相左的看法选择回避或漠视。随着异质化信息的自动过滤，同质化信息的相对强化，人们被抛进了类似“过滤气泡”的信息结构中。这种主观倾向再加上精准的“智能推送”技术，受众越来越倾向于基于个人偏好自主选择同质化信息，自身偏见在不知不觉被强化、放大。最后，极端立场被强化。广泛普及的社交平台和网络，为相近立场的人群提供了相互沟通的便利，也为发展和巩固已有立场提供了更多的机会，这就更容易强化极端群体的封闭性、激进性和极端性。“社交网络的使用者通过一系列对相异观点的筛选和过滤，进而通过在线社交网络的朋友建构机制，寻找与自己政见相同者，最终塑造了一个以自己为中心的观点极化的社会网络。”① 上述政治传播的新变化给现代人提供了一个高度便捷又极有威胁的政治境遇：轻松获取政治信息，自由寻找政治社群；同时在不知不觉间，不断放大认知偏见，不断强化极端立场。

第五，政治版图与选民阵营不断重组。二战后，美国南方各州的政治版图发生了重大改变。最大的变化是受罗斯福新政和福利国家政策的影响，原本坚持共和党的黑人选民转而支持民主党。而民主党中持保守立场的政治精英的主导地位受到冲击后，开始向自由主义立场靠拢。② 另外，民主党中相当数量的白人选民转向支持共和党。“南方的民主党人已经是行尸走肉。当他们离职的时候，替代他们的几乎总是更为保守的共和党人。”③ 与此同时，共和党内部，激进的保守派在不断替代那些温和的保守派。这又反向迫使南方共和党的保守立场趋于明确，甚至更为激进。三股力量同时作用，无论是保守的民主党政治精英，还是温和的共和党政治精英，最终都必须有所行动：要么主动强化自身意识形态色彩，要么被动转向对方阵营。这就奠定了世纪之交美国国家极化的基本框架。欧洲的情况与美国相近。面对国际大环境和欧洲小环境的持续恶化，经济、政治和社会境遇的每况愈下，欧洲民众对政治精英、主流政党渐渐丧失信心和耐心。疑欧情绪、排外主义开始流行，极端情绪和暴力行为逐渐蔓延。激进的左翼政党和极端的右翼政党同时登上政治

---

① 陈福平，许丹红．观点与链接：在线社交网络中的群体政治极化（一个微观行为的解释框架）．社会，2017（4）：231.

② Keith T. Poole，Howard Rosenthal. The Polarization of American Politics. The Journal of Politics，1984，46（4）：1061－1079.

③ 哈克，皮尔森．赢者通吃的政治．陈方仁，译．上海：上海人民出版社，2015：184.

舞台，中间政党则遭到冷遇。对于选民来说，政党和精英的政治主张越鲜明，越激进，越具现实关怀，民众越喜欢；界限模糊、路线摇摆的则被民众抛弃。

由此来看，国家极化的出现并非一朝一夕之功。它是全球化、民主化和信息化等世界大潮流，保守主义、民粹化、移民潮等欧美小气候，以及英国脱欧、特朗普上台等偶发性政治事件等多重因素，在后物质主义价值观和新兴政治传播格局的托衬下合力助推、相互作用的结果。它明显呈现“后现代政治”的典型特征：民主政治越发达，意识形态越多元，国家极化程度越高。这一发展态势，势必对当下欧美的国内政治生活、国际关系格局和未来世界政治走向产生重要而深远的影响。

三、国家极化的政治影响

作为现代政治发展的一种极端形式，国家极化内在的破坏力、解构力和重塑力，有些已经显现，有些仅露冰山一角，有些尚在潜在滋长。但毋庸置疑，这一现象正在愈演愈烈，日益成为影响当下欧美民主政治生活的重要因素。

第一，否决型政体出现。共识、宽容与妥协，是美国政治传统的底色。但国家极化现象的出现，对美国政治传统构成了致命的威胁。民主党与共和党在意识形态和政策主张上势同水火，持续对抗，必将导致共识的瓦解、宽容的消散、妥协的丧失，从而埋下分裂政治和否决政治的重大隐患。“高度两极化的自由主义-保守主义政治的力量和美国现有政治制度的惯例组成了一个既定的框架，决定了美国政府对 2008 年金融危机的应对政策。”① 否决政体既消解了总统的行政权威，也削弱了国会的立法效率，更打击了选民的参政信心。尤其是民主党和共和党的持续对抗，时不时将崇尚分权制衡的三权分立体制推向人人都不愿看到的制度僵局。两党之间的分歧与冲击越来越多，合作与默契越来越少，具有前瞻性、持续性和重大变革意义的公共政策的出台越来越困难。奥巴马在参选之初就注意到了美国政党极化的危险，因此承诺要做一个“超越党派”的总统。然而，愿望再美好，行动再努力，他最终仍未能恢复两党合作、重振美国经济。他的经济刺激计划虽获通过，却没有得到共和党众议员哪怕一票的支持。他的医改方案，更是遭遇共和党的全线阻击。2014 年中期选举后，共和党全面掌控参众两院，两党冲突几乎成为奥巴

① 麦卡蒂，普尔，罗森塔尔．政治泡沫：金融危机与美国民主制度的挫折．贾拥民，译．北京：华夏出版社，2017：221.

马试图推行的每一个现实政策的巨大障碍。“在对外政策问题上，民主党与共和党争斗频繁，难解难分；而党内分歧，如共和党新保守主义者与茶党孤立主义者之间的裂隙，可能会同党派分歧一样削弱政府的力量。”[①] “政府停摆”(非核心部门关闭）是否决型政治的典型表现。仅 2018 年，美国政府就于 1 月、2 月和 12 月停摆了三次。最后一次停摆导致联邦政府的国土安全部、运输部、内政部、农业部、国务院和司法部等九大内阁级部门以及数十个附属机构停止运行，更创下停摆时间的最新纪录。为了摆脱困境，2019 年 1 月 15 日，特朗普突然使出“撒手锏”，宣布美国进入“国家紧急状态”，借以绕过国会调用更多经费修建边境墙。此举不仅使共和党和民主党之间的对抗升级，更将美国政党政治引向新一轮的“宪法危机”。“否决型政治”的后果可见一斑。

第二，极端政治流行。国家极化容易导致极端政治的出现。这种政治形态“在政治竞争中采取不妥协的立场，追求一种极端化的目标。如果两党均采取不妥协的态度，‘极端政治’便有可能演化成为‘极端化政治’或极化政治，并导致宪政体制的低效和瘫痪”[②]。某种程度上说，特朗普主义本身就是一种极端政治。它代表着对传统建制派、新兴建制派甚至包括整个联邦政府在内的官僚机构的全面反击。这种反击既是特朗普的竞选策略，也体现着他的“反潮流”特征，极大迎合了底层选民的不满情绪和变革心理。无论目标如何，特朗普的竞选策略和施政纲领容易造成社会结构的高度分裂，意识形态的直接对立，极端立场的深度蔓延。借助浅白、粗暴甚至略显偏执的话语，特朗普成功地激发了中下层白人群体心底潜藏已久的怀疑、愤怒和恐惧，使他们越来越相信：必须坚决抵制全球化、外来移民和穆斯林的扩张。这种“特朗普现象”自然不是“论争式民主”，甚至也不是墨菲所谓的“敌对民主”(antagonistic democracy)。[③] 国家极化一旦发生，选举政治原则提供的竞争关系就会变得面目全非，全新的敌友关系浮现水面。选举政治中的不同政党及其候选人将彼此视为竞争对手，他们认定彼此间的差别只是路线和策略的不同，“他们不会相信自己一方就是永远和绝对正确的，从而不同意自己的另一方就是‘与人民作对’，甚至应该被彻底打倒”[④]。然而，特朗普治下的美国政治却有别样风景。特朗普向世人宣告，他所代表的“沉默的大多数”才是真

① 库普坎，寿春．治理鸿沟：全球化与西方民主的危机．国外理论动态，2014（5）：33.

② 王希．特朗普为何当选?：对 2016 年美国总统大选的历史反思．美国研究，2017（3）：17.

③ Chantal Mouffe. The Return of the Political. London：Verso，1993：1－8.

④ 段德敏．英美极化政治中的民主与民粹．探索与争鸣，2016（10）：77.

正的人民，有色人种、外来移民、同性恋等群体则不应划归人民行列。他将希拉里乃至背后整个竞选阵营都视为敌人，他甚至向其支持者暗示，如果他落选，那些持有枪支、支持他的人应该做点什么。

当对抗成为政治的显性特征，敌对成为政治的主旋律，其结果只能是：传统选举政治中优胜劣汰的竞争关系，直接升级为当前极化政治中你死我活的敌我关系。茶党的出现就是一个绝好的例子。茶党运动的兴起源自奥巴马执政时代美国经济和政府财政的急剧恶化。茶党运动的倡导者旗帜鲜明地反对凯恩斯主义，反对政府过度干预，主张减少税收、降低福利。从政治光谱来看，茶党运动大体属于右翼自由放任的共和党阵营，但更强调公共权力的合法性，政府权力应严格限定于宪法规定的范围。茶党运动有力响应了那些对奥巴马时代经济政策和政府行为强烈不满的群体的诉求，影响力迅速扩大。在 2010 年中期选举中，它不仅极大地影响了共和党议席的选举结果，也成功地迫使一些共和党精英采取更倾向于右翼、更加激进的政治立场，从而成为影响当代美国国家极化现象的一个重要的因素。

第三，政治信任危机升级。政治信任是现代政治的重要特征，是政治正当性的根本来源。若政治信任缺失，政治正当性就会松动，政府合法性就会削弱；一旦政治信任过低，政治决策和政府行为就会丧失民意基础，难以得到民众的支持和认可。如此一来，“政府在制定和执行政策时将会遇到难以预料的阻力，付出更多的社会成本”①。在现实生活中，民众对政府的信任程度往往与其对政府的政策预期和政府的实际作为息息相关。若政府尊重民意，积极作为，政治信任就会增强，民众对政府的支持度必然上升；若政府背离民意，消极无为，政治信任就会减弱，民众对政府的支持度必然下降。这就是政治信任的运行逻辑。

在极化政治的情境下，因经济利益而分化的对立阵营之间是对立的竞争关系，彼此戒备，相互提防。受民众利益和诉求的牵动，政党精英、国会议员们出于维护本阵营威信和广大选民的权益考虑，其言论和主张必然要体现这种为民请愿的精神，与对立阵营的冲突和对抗就在所难免了，有时甚至不惜采取激进的立场或极端的做法。政治精英们维护了本阵营的利益，却失去了对立阵营的信任。更何况，在当下利益高度分化的背景下，政治精英难以确保本阵营所有成员的利益。长此以往，采取激进立场的精英们不仅渐渐失去了对立阵营的支持，也可能损失一部分己方阵营的信任，结果只能是，“人

① 庞金友．当代西方国家失败理论的路径与逻辑．政治学研究，2017（5）：42.

们对政府有一种新的不踏实感”[①]。有数据表明，当前美国民众对政府的信任度正在明显下降，“1964 年有 3/4 的美国公众说，他们相信联邦政府绝大多数的时候在做正确的事情，而现在只有 1/4 的美国人承认自己持这种观点。”[②]这种信任危机并非美国专有，包括欧洲在内的全球大部分国家都有所显现，“加拿大、英国、意大利、西班牙、比利时、荷兰、挪威、瑞典和冰岛也出现了相当程度的政府信任度的下降”[③]。如果国家极化愈演愈烈，政治信任长期处于真空状态，就可能导致信任危机。此时人们往往会滑向两个极端：要么选择相信谣言和传言，相信极端分子的激进言论；要么转向怀疑一切，拒绝权威，疏离道德，从而走向政治犬儒主义的歧路。

第四，“后真相政治”蔓延。在国家极化的框架下，各政治阵营之间的竞争和对抗不断升级。分属不同阵营的政党精英与国会议员必须借助各种传播媒介和舆论平台，积极表明立场，宣扬政治主张。为了达到解释、说服和引导的效果，在宣传内容和传播策略上有时难免要有所侧重，有所取舍。过度渲染，片面解释，避重就轻，甚至有意无意隐瞒事实，有选择地公布真相，逐渐成为政治传播的常态。再加之，20 世纪 90 年代后，欧美各国的媒体机构陆续获得经营自主权。为了争夺市场份额，追求利润最大化，更为了追求时效性，满足受众的趣味性，各媒体不惜牺牲新闻的真实性和事实的客观性。更有甚者，有些网络媒体为了吸引眼球，刻意营造一种介于真相与事实之间的“第三种现实”，曲意迎合广大受众。这就形成了一种所谓的“后真相时代”。“后真相”（post-truth）以及“后真相政治”揭示了一个当代欧美社会出现的特殊政治现象：事实不再是媒体报道的中心，真相开始让位于情感、观点和立场；相较于事实与真相，人们更倾向于信任自己的感觉、情绪和情感。换句话说，当情感先于事实、立场决定真相时，真相即便在场，也显得不那么重要了。

后真相政治的出现，反过来又加剧了欧美社会的政治危机。首先，它给传统政治秩序带来了颠覆性的挑战。后真相时代，信息内容高度多元化、多样化和差异化，信息传播深度碎片化、扁平化和不确定，使得政治秩序以一种不同于以往的方式运行：在“前真相”时代，谁拥有真相，谁就掌控民众；

① 史蒂夫·福布斯，伊丽莎白·艾姆斯．重铸美国自由市场的灵魂．段国圣，译．北京：华夏出版社，2017：前言 3.

② 小约瑟夫·S. 奈，菲利普·D. 泽利科，戴维·C. 金．人们为什么不信任政府．朱芳芳，译．北京：商务印书馆，2015：5.

③ 同②6.

在后真相时代，谁更有热情，谁更富创见，谁更具感召力，谁就拥有更多民众。[①] 其次，后真相政治程度越深，人们对现实政治的怀疑越深，左右阵营的对抗和分化越严重，造成的社会危害越大。在话语专断、情感压制理性的背景下，来自底层民意的宣泄、非理性的社会氛围和激进化的利益表达三者共同成为当代极端民粹主义情绪产生的重要根源。此时，质疑理性，仇官仇富，反精英，反体制，就成为一种升级版的"政治正确"。最后，"后真相"容易导致"后政治心理"的形成。由于得不到真相，或者不相信得到了真相，民众会产生怀疑和批判的心理。个体的质疑心理在社交平台的加持下，借助"回音壁"效应，很容易上升为集体质疑和无节制的偏执。与怀疑心理相伴而生的是从众心理。由于担心被遗忘，害怕被边缘化，人们更倾向于接受那些更活跃、更有活力的立场和观点。

第五，国际秩序紧张趋势增强。国家极化的影响远不止在国内政治层面。精英分化、政党对抗和文化分裂等极化现象都在不同程度影响着地区关系、全球秩序和未来世界格局。英国脱欧造成的欧洲一体化进程的暂时中断，特朗普主义倡导的反全球化浪潮的波涛汹涌，欧洲移民问题引发的全球多元文化主义政策的彻底破产，某种程度上说都是国家极化的结果。对政治精英来说，"强大的经济和种族压力集团让他们为以自身利益定义的国家利益而争斗，并对美国国会施压，为带有对其他国家制裁措施的外交政策和行为准则的谋略而立法"[②]。对普通公民来说，"如果因为国内社会和文化方面的问题变得心烦意乱，或为内部的争斗而分裂的话，美国就失去了在外交政策上集体行动的能力"[③]。即便他们一直相信"通向全球化的唯一道路就是合作与分享"[④]，但国家极化的加剧势必对传统世界秩序造成冲击，对战后相对稳定的国际关系产生影响。越来越多的人意识到"自由主义霸权秩序的理念忽视了世界政治中地区的作用和地区性的秩序建构；但地区正在成为世界政治冲突和合作的重要场所"[⑤]。越来越多的人感觉到"欧洲政治正在转型，从战后的稳定到一个未定的未来：从一系列被以阶级为基础的政治支配的冲突到一个

① 庞金友．网络时代"后真相"政治的动因、逻辑与应对．探索，2018（3）．

② 约瑟夫·奈．美国世纪结束了吗？．邵杜罔，译．北京：北京联合出版公司，2016：100.

③ 同②87.

④ 热拉尔·迪梅尼尔，多米尼克·莱维．大分化：正在走向终结的新自由主义．陈杰，译．北京：商务印书馆，2015：148.

⑤ 阿米塔·阿查亚．美国世界秩序的终结．袁正清，肖莹莹，译．上海：上海人民出版社，2017：180.

更为复杂的政治动向；这种动向由包括中立者与超越了左派与右派分歧的政治主张的多个激进版本组成”①。

四、几点启示

国家极化代表了当代欧美政治的最新变化，是当代欧美诸多政治危机的重要源头。其虽未从根本上撼动欧美政治的根基，但确实改变了一些政治观念，松动甚至颠覆了一些人们早已习以为常的原则和习俗。它尚未成为政治的主流，却能量超强，影响力十足。

首先，国家极化是现代民主政治的极端形式和变态发展。它在民主体制和框架内孕育，成熟后又反噬民主。若没有民权观念的广泛普及、平等理念的深入人心、领军人物的登高一呼、广大民众的普遍参与以及新兴媒体的推波助澜，就不会出现国家极化现象。一旦时机成熟，它就会成为冲击和挑战民主的利器。实际上，分配不均、贫富差距自古有之，国家极化在欧美的崛起和爆发，恰是在当代民主不断深化、发展的背景下，在经济、政治、社会和文化等诸多因素多维联动和加持中出现的。

其次，国家极化的冲击和挑战是长期的、持续的。国家极化的出现是经济分化、政治冲突和社会矛盾日积月累的结果。只要这些根源不除，国家极化就不会消失。乐观地说，它会持续到这些影响因素的彻底消除之时；悲观地说，它可能持续相当长的一段时期。它也许不会将人类社会拉回那个类似冷战格局的时代，但掀起覆盖全球的“极化铁幕”却是完全可能的。国家极化暗含分化、激化和裂化的政治风险，对崇尚理性、宽容的政治原则是一个挑战，对倡导和平、发展的国内政治是一场危机，对注重合作、双赢的国际秩序是一波冲击。更何况，它的影响和后果还在慢慢显现。

再次，经济极化是国家极化的必要条件。一个国家即使出现经济极化，也并不必然出现国家极化。然而，但凡出现国家极化现象，必有经济极化为其基础和条件。这意味着，经济极化如果控制不好，容易引发极化现象向政治、社会和文化领域扩散、蔓延。因此，发展中国家必须高度重视经济极化的后果，最大程度回避国家极化的风险。当代欧美国家极化的经验与教训提醒我们，发展中国家必须从以下几个方面着力：第一，建立合作、共享的分配机制。第二，打造开放、有序的公共领域。第三，培育谦逊、宽容的文化

① 马克·凯塞尔曼，乔尔·克里格．转型中的欧洲政治．史志钦，等译．北京：人民出版社，2016：52.

氛围。第四，建构理性、富有共识的舆论话语。第五，追求发展、共享的国际环境。

最后，国家极化使当代欧美各国民主政治生活遭遇困境和危机的同时，也为未来的政治发展提供了新的可能性。未来世界秩序究竟会走向何方，是否将指向一个“复合的世界”①，这个尚不可知，但旧的世界格局的解体，必然带来崭新的全球体系的建立。对于发展中国家而言，无疑既是挑战，也是机遇。发展中国家若能抓住这一机会，就有可能在未来的发展道路中谋求更大的发展空间，拥有更多的可能性。

一、思考题

1. 当代欧美的国家极化现象具有哪些显著特征?
2. 当代欧美的国家极化缘何兴起?
3. 当代欧美的国家极化对民主政治有哪些影响?
4. 当代欧美的国家极化对发展中国家的借鉴和启示是什么?

二、延伸阅读

1. 马克·凯塞尔曼，乔尔·克里格．转型中的欧洲政治．史志钦，等译．北京：人民出版社，2016.

2. 热拉尔·迪梅尼尔，多米尼克·莱维．大分化：正在走向终结的新自由主义．陈杰，译．北京：商务印书馆，2015.

3. 海因里希·温克勒．西方的困局：欧洲与美国的当下危机．童欣，译．北京：中信出版集团，2019.

4. 雅各布·哈克，保罗·皮尔森．推特治国：美国的财阀统治与极端不平等．法意，译．北京：当代世界出版社，2020.

① 正如阿查亚所说：“复合的世界将是一个充满多样性和复杂性的世界，是一个新旧大国并存、地区治理能扮演更重要的角色以及去中心化的秩序治理结构。”阿米塔·阿查亚．美国世界秩序的终结．袁正清，肖莹莹，译．上海：上海人民出版社，2017：12.

科　学

第八章　科学革命：从天文学到物理学

张卜天*

伴随着1962年托马斯·库恩（Thomas Kuhn）《科学革命的结构》（*Structure of Scientific Revolutions*）的出版，“科学革命”这一术语逐渐深入人心，为思想界和大众所认识和接受。这个概念代表这样一种科学观：科学的发展本质上不是一种知识的渐进积累，而是一种新的思想或理论以激进的方式颠覆、取代旧有思想或理论的过程，科学的演进因此可以被归结为一连串“革命”的结果。

然而，对于很多科学史家来说，特指的“科学革命”（the Scientific Revolution）则是指发生在欧洲16、17世纪那场独一无二的思想剧变，这场革命将统治西方两千多年的古代宇宙论模型彻底击碎，而代之以全新的天文学、物理学和世界图景。如今，我们依然生活在这场思想革命的影响之下，譬如我们相信太阳每天的东升西落不过是一种假象，真实情形是我们脚下的地球正在围绕太阳高速运转；我们认为无论是手中抛出的球，还是天空中巨大的星体，其运动都受到某种万有引力的支配；而我们眼前五彩斑斓的大千世界，实际都是由一些肉眼看不见的细小微粒所组成；等等。这些观念如今已经构成了我们理解宇宙以及从事自然科学研究的基本出发点，它们是如此自然，以至于我们时常忘记了一个事实：对于生活在500年前的人们来说，这些观念并不“自然”，有些甚至显得极端荒谬、可笑。

本章所要讲述的正是这些观念最初的星星之火是如何一步步摧毁先前思想的藩篱，进而逐渐汇聚成新的思想大厦的历史。我们沿用一般科学史家的做法，用两部重要的科学著作界定这场科学革命的起止时间：1543年哥白尼的《天体运行论》（*De Revolutionibus Orbium Coelestium*，又译《天球运行

---

* 张卜天，中国科技大学物理学学士，北京大学科学哲学博士，现任清华大学科学史系长聘教授，哲学系双聘教授，清华大学科学人文经典研究中心主任，曾任国际科学史刊物ISIS编委。研究方向为西方科学思想史、自然哲学史、科学与宗教等。主编主译“科学源流译丛”“科学史译丛”“世界科普名著译丛”等丛书，翻译学术著作近60种。

论》)，以日心地动说取代古典的两球宇宙模型，宣告了革命的开始；1687年牛顿的《自然哲学的数学原理》，建立了经典力学体系，对科学革命中锻造的各种新概念与思想线索进行综合，标志着这场革命的终结。参与这场革命的科学伟人可谓英才辈出、众星云集；整个革命过程环环相扣、高潮迭起。科学史研究已经充分揭示出这场革命中众多思想线索之间错综复杂的交织。

本章包括以下几个部分：首先概括16世纪之前的旧世界图景，即科学革命之前人们对天界与地界的认识；其次概述16世纪以来天文学的变革，并分析天文学的变革所导致的物理学问题；然后介绍物理学革命如何解决了这些问题，并描述新物理学所展示的世界图景；最后简要评述近代科学革命所带来的新世界图景所面临的内在困难。

一、哥白尼之前的西方宇宙论

浩瀚无垠的天空，从古至今都是人类好奇心和想象力的无穷来源。有史可查的每一种人类文明，都曾试图对宇宙的结构进行描述，给出一套独特的宇宙论解释模式。早期人类的宇宙论更接近神话或象征，掺杂着对自然拟人化的叙述，其中或许会包含一些实际天文观测结果，但这并不是必需的。原始宇宙论最重要的功能在于，它将人类赖以生存的自然世界统一起来，为其日常生活和所信奉的神明提供了活动舞台，从而满足了人们内心最深层的家园感与存在感。因此，宇宙论构成了世界观的基础：只有在某种宇宙论背景的观照下，人类才有可能给他们的每一项实践和精神活动赋予意义，而人类文明正是在这一充满意义的世界中才能得以延续。

和其他古代文明非常不同，古希腊人很早就开始了建立理性宇宙论的努力。所谓的理性宇宙论，首先意味着在其对宇宙结构的描述中，神明和超自然事物几乎完全消隐，人们更为关心的是，如何将自然世界的实际现象和天文观测纳入宇宙论体系的建构之中。公元前6世纪米利都学派自然哲学家阿那克西曼德（Anaximander）留下的一则残篇中已经出现了古代理性宇宙论的雏形，而到了公元前4世纪，“两球宇宙模型”已经为绝大多数希腊天文学家和哲学家所接受。“两球宇宙模型”的基本思想是，恒星散布在一个巨大的天球上，地球停留于该天球的中心，太阳处于恒星天球与地球之间。恒星天球连同太阳自东向西运动，形成了昼夜分明的“日”；与此同时，太阳还有另外一重自西向东的运动，以恒星天球为背景，完成这样一次向东运动所留下的轨迹便是所谓的“黄道线”，而所需的时间恰好是365天多一点，构成了“年”的概念。“两球宇宙模型”将原本散乱的天文现象纳入一个统一的、简洁的解释原则之中，成为哥白尼之前西方宇宙论的基本框架。

但必须注意，“两球宇宙模型”本身并不构成一个宇宙论体系，在恒星天球和地球之间，还存在着几颗行星——古希腊人的行星概念和现代的有很大不同——其本义是“漫游者”，用来指称和恒星相比运动显得不那么规律的七个天体：太阳、月亮、水星、金星、火星、土星和木星。这些行星总在黄道线附近徘徊，时而还会出现“停留”与“逆行”的现象。对此，古希腊人相信，天的世界是完美的，这种完美性体现在天体绝对完美的圆运动上，尽管行星的运动看起来缺少规则，实际却能用圆的组合加以刻画和描述。柏拉图明确提出了“拯救现象”的要求，也就是用均匀的圆周运动来解释行星不规则的运动。这从方法和目的两个方面对后世的天文学研究做出了规定，我们将会看到，哥白尼的工作很大程度上正是对柏拉图“拯救现象”的回应和回归。

在某种意义上，柏拉图之后西方宇宙论的发展可以概括为在“两球宇宙模型”下进行“拯救现象”的一系列努力。亚里士多德为两球宇宙提供了物理学（自然哲学）基础，宇宙被截然分成月下世界和月上世界：在月下世界，土、水、气、火四种元素的不同结合构成了万物，同时也规定着物体自然运动的方向，这是一个充满生灭、变化和运动的世界；而月上世界则由一种被称为以太的第五种元素构成，星体被镶嵌在巨大的水晶天球上，有规律地、永恒地运动着，没有生灭和性质变化。对月上世界天体运行的研究，在希腊化时期的科学家托勒密那里达到了新的高峰，他对本轮-均轮、偏心圆等工具的熟练运用，以及引入的偏心匀速点，为解决行星问题提供了全套技巧。他的著作《至大论》（*Almagest*）浓缩了古代天文学最伟大的成就，是一部为天体运动提供完整定量描述的集大成的数理天文学论著。

尽管亚里士多德主义物理学和托勒密天文学从未被融贯和系统地组织在一起，但二者结合所形成的空前强大的宇宙论体系已经足以掩盖其各自的理论缺陷以及这两种理论之间的不相容。特别是经过 13 世纪经院哲学家托马斯·阿奎那的努力，亚里士多德主义哲学与基督教教义已被相当成功地调和起来，从而再次赋予了这一古老哲学体系全新的生命力。在哥白尼所生活的时代，欧洲人普遍信奉一种具有基督教神学意义的亚里士多德-托勒密宇宙论，其图景大致是这样的：月下世界从中心到外围分别由土圈（通常被看作地狱的处所）、水圈、气圈和火圈构成；火圈之上是月亮天球，地界和天界由此分开，月亮天球之上分别是水星、金星、太阳、火星、土星和恒星所在的诸天球，如洋葱般层层嵌套，它们的运动和位置可以通过托勒密天文学计算得出；再往上则是根据《圣经》所推知存在的水晶天和最高天，后者是上帝及其选民的永恒居所。

二、新天文学

1. 哥白尼与《天体运行论》

16 世纪的欧洲思想界风谲云诡，暗潮汹涌，传统观念遭到了前所未有的挑战。新的大规模的翻译运动复兴了新柏拉图主义、赫尔墨斯主义、伊壁鸠鲁主义等一批反亚里士多德主义的古代思想，人文主义学者热情地迎接和讨论这些新观念，同时对守旧陈腐的经院哲学报以无情的嘲讽。基于托勒密对地球尺寸的过小估计，哥伦布向西远航意外地“发现”了美洲大陆。人们在惊叹这位古代科学巨匠在地理学上的巨大失误时，也对其在天文学上的成就产生了严重的怀疑。马丁·路德和让·加尔文掀起了宗教改革的大潮，新教对一切超越《圣经》之外的罗马天主教教义进行了否定和批判，其中自然也包括罗马教廷认可的亚里士多德-托勒密宇宙论。

在这样一个充满变革的大时代背景下，作为科学革命开启者的尼古拉·哥白尼（Nicholas Copernicus，1473—1543）倒显得格外平静，甚至近乎保守了。除早年的游学经历外，这位天主教教士从未离开他所供职的弗龙堡（Frombork）大教堂。1514 年左右，哥白尼写了一份阐述日心说思想的小册子，名为《要释》（*Commentariolus*）。这本始终以手稿形式流传的简短著作，很快奠定了哥白尼作为天文学家的声誉。1515 年，罗马教廷开展了历法改革的工作，经过十几个世纪的误差累积，从罗马时代沿用下来的儒略历已经和春分等天文现象不再同步。教皇的一个委员会写信征求哥白尼的意见，他没有提供具体的解决方案，而是强调应该对天文学的观测和理论加以改进。在此后的很长一段时间里，哥白尼都在苦心孤诣地反复推敲着日心体系的技术细节，直到 1539 年，他才在其学生雷蒂库斯（Georg Joachim Rheticus，1514—1574）等人的劝说和鼓励下，同意将自己的天文学著作出版。历史记载说，1543 年 5 月 24 日，他在垂危之际收到了《天体运行论》刚刚问世的印刷本，他只用手轻轻地触摸了一下就与世长辞了。

翻开《天体运行论》，我们更多地看到了哥白尼保守而非革命的一面。事实上，哥白尼既不想撼动亚里士多德的权威，也不想移动上帝的宝座。他想做的只是在不打破亚里士多德主义基本世界图景的前提下，技术性地调换太阳与地球的天文学功能，以更好地继承和延续柏拉图的“拯救现象”传统。在《天体运行论》的序言中，哥白尼概述了他提出日心地动说的动机。他之所以批判托勒密体系，是因为在尝试解释行星运动的一些不均等性的过程中，托勒密使用了偏心匀速点，而哥白尼认为此举违反了匀速圆周运动的假设。因此，他在导论性的第一卷中建议放弃地心和地静的天文学预设，让太阳成为宇宙的中心，将太阳的运动转移给地球，以简化对行星运动的数学计算。

哥白尼在《天体运行论》第一卷中所设想的宇宙图景大致是：太阳取代地球位于宇宙中心并保持静止；水星、金星、地球、火星、木星、土星被镶嵌在各自的天球上依次围绕太阳转动；最外层的恒星天球静止不动；月亮是地球的卫星，它既随地球绕日公转，又绕地球做周月旋转。地球被赋予了三重运动：绕轴周日自转、绕日周年公转、地轴的圆锥运动。由于哥白尼保留了天球概念，地球第三重轴转运动是十分必要的，因为只有这样，才能抵消地球被镶嵌在天球上旋转而造成的地轴方向的变化，使地球自转轴在绕日公转时，与黄道面保持固定交角，从而形成地球上的四季差别。

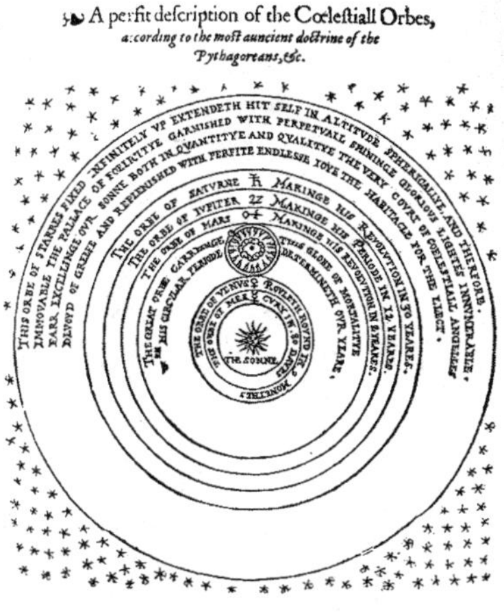

图 8-1　早期的哥白尼主义者托马斯·迪格斯（Thomas Digges，1546—1595）所描绘的哥白尼体系，它预言了新宇宙的无限性

与托勒密体系相比较，这个新图景在天文学上有三个主要优点：第一是比较容易定性地解释行星的“逆行”现象。在哥白尼的体系中，“逆行”并非缘于行星本身的运动，而是缘于地球运动与行星各自绕日运动的叠加，是一种纯粹视觉的现象。第二是能够确定诸行星的轨道次序。在托勒密体系中，各个行星的几何结构是互相独立的，因此没有确定行星次序的标准；而在哥白尼体系中，太阳系内行星的排布由它们绕日运行的时间所决定。水星（88天）、金星（225天）的周期小于地球（365.25天），因而处于太阳和地球之间，属于内行星，而火星（687 天）、木星（12 年）和土星（29 年）则属于外行星。内行星概念的引入，使得哥白尼无须借助额外的特设性假设就能解释为什么水星和金星总是出现在太阳附近。第三个优点主要体现在天文计算上。利用三角学的方法，哥白尼借助日地距离计算出了所有行星到太阳之间的距离，这相当于确定了太阳系和诸行星轨道的相对尺寸。在《天体运行论》的开篇，哥白尼这样评价其体系的和谐与统一："通过假定地球具有我在本书中所赋予的那些运动，经过长期认真观测，我终于发现：如果把其他行星的运动同地球的轨道运行联系在一起，并且针对每颗行星的运转来计算，那么不仅可以得出各种观测现象，而且所有行星及其天球的大小与次序都可以得出来，天球本身是如此紧密地联系在一起，以至于改变它的任何一部分都会在其余部分和整个宇宙中引起混乱。"①

在简化的定性解释方面，哥白尼体系的确比托勒密更有优势，但这些进步很快便被《天体运行论》随后几卷庞杂而繁复的数理天文学计算淹没。在对行星运动的精确计算中，哥白尼依然不得不求助于本轮与偏心圆，从而使新体系至少与托勒密体系同样复杂，而它对行星位置的预测精度明显比不上托勒密体系。偏心圆的运用使太阳并不处于宇宙的中心。换言之，哥白尼体系并未成为一个真正彻底的日心体系，它更应该被理解为一个地动日静体系。

哥白尼体系还面临着一系列更为严峻的理论困难。在天文学上，假如地球绕太阳运转，那么随着地球从轨道的一侧转到另一侧，恒星的相对视位置应当有微小的改变，即出现恒星视差。然而，自古以来从未有人观察到这一现象。对此哥白尼预言，视差现象本身是存在的，但由于土星和恒星天球之间的距离过于遥远，肉眼无法直接观察到。事实上，直到 1838 年，科学家才借助功能强大的望远镜证实了这条假说。除此之外，新的宇宙体系还存在着物理学上的困难。如果周日运动和周年运动成立，地球就不再是静止的球体，而是一个时刻处于高速运动的天体，那么为何从高处落下的物体不会被抛向西边？我们都知道，古希腊的阿里斯塔克（Aristarchus of Samos）早已提出过日心体系的构想，但正是因为这些在物理学上无法解释的现象，他的理论在当时就遭到了自然哲学家们的批判和否定，如今哥白尼需要重新面对这些古老的反驳。

尽管在《天体运行论》中，哥白尼同样未对他的新天文学做出有效的物

① 哥白尼．致教皇保罗三世陛下//天球运行论．张卜天，译．北京：商务印书馆，2016.

理学辩护，但他的理论最终没有重蹈其前辈的覆辙。阿里斯塔克仅仅提出了日心说的基本构想，而哥白尼则是利用严格的数学工具，探索新的宇宙结构在天文学上的可靠性。虽然这个体系此时还存在各种缺陷和不足，但哥白尼的工作最大限度地说明了其内在的和谐与统一，揭示了对其进一步修改和变革的可能性，它将在未来半个世纪引起欧洲最优秀的科学家的注意。与之相比，沿用一千多年的托勒密体系显得过于烦琐复杂，它不符合当时兴起的对于数学简单性的审美要求。

2. 第谷与观测天文学

阻碍哥白尼取得比托勒密更为精确的行星预测结果的另一个原因是他采用的天文数据。这些数据包含了大量的错误，一部分来自实际观测中的失误，另一部分则来自传抄过程中的笔误或曲解。哥白尼本质上是一名数理天文学家，而非观测天文学家，他对古代流传下来的观测数据不加怀疑地使用，严重损害了他的计算工作。显然，天文学上的新突破必须建立在更为精确可靠的观测数据的基础之上。丹麦天文学家第谷·布拉赫（Tycho Brache，1546—1601）相当认同这一点，他用毕生勤恳的工作将欧洲天文学从对古代数据的依赖中解放出来。

第谷的两项天文观测对消解古典宇宙体系起到了重要作用。1572 年 11 月，他注意到仙后座出现了一个前所未见的明亮光点。第谷和其他天文学家希望测量这颗新星的周日视差，并由此推算出它的距离，但他们并没有观测到视差，这就意味着它比月球远得多，应该处于月上世界。新星的出现和消失，挑战了亚里士多德关于月上世界没有生灭和性质变化的学说。不久以后的 1577 年，天空中出现了一颗明亮的彗星。亚里士多德曾认为，彗星和流星同属月下世界，属于气象学而非天文学的领域。而第谷却观测到了彗星的周日视差，这一观测结果也得到了他人确证，表明这颗彗星位于远在月球之上的金星天球。1585 年，当另一颗明亮的彗星出现时，第谷给出了相同的观测结果。这些彗星进一步表明，“不变的”天界存在着变化，彗星的位置变化则表明它们正在穿越行星天球，这就意味着带着行星运动的坚实天球也许并不存在。

第谷更为系统的天文学观测在汶岛（island of Hven）进行，这是一座位于丹麦和瑞典之间的小岛。受丹麦国王的资助，第谷在岛上建造了城堡式的天文台——天堡（Uraniborg），其中装备有他所设计和制造的许多更为强大、更为精准的观测仪器。借助这些仪器，第谷和他的团队达到了人类裸眼天文观测的极限。经过二十多年的系统观测，他们编制星表，极大地完善了以前的所有观测，其恒星观测达到了约 1 弧分的角度，而之前的观测数据最多也只能达到 4 弧分。这种对精度的大幅提升为日后天文学的进步铺平了道路。

除了在观测天文学上的工作，第谷还提出了一个新的天文学体系。他是一位感觉相当敏锐的天文学家，完全清楚哥白尼体系的优点，而他又深知其所面临的巨大挑战，特别是地球运动所引发的物理学困难。因此，第谷在自己的体系中再次认为地球静止不动，居于宇宙中心；月亮、太阳绕地球转动；水星、金星、火星、木星、土星绕太阳旋转，同时随太阳一起绕地球转动；而最外层的恒星天球每天绕地球旋转一周。第谷体系是一种折中方案，它在数学上与哥白尼体系完全等价，却又巧妙避开了那些对哥白尼的反驳，因此在 17 世纪受到了不少天文学家的欢迎。

图 8-2　里乔利（Giovanni Battista Riccioli）《新天文学大成》（*Almagestum novum*，Bologna，1651）的卷首插图。正义之神正在哥白尼体系和第谷体系之间进行权衡，而托勒密体系（位于右下角）已被弃置一旁

3. 开普勒与行星三定律

第谷体系貌似是一个完美的解决方案。但如果对其深入思考，便会发现这个体系蕴含着一种极大的不和谐。曾被看作神圣而完美的天界，如今却像是被一个蹩脚的技师临时拼凑起来一样。对称性和统一性赋予了哥白尼体系

独特的审美价值，这一点对于约翰内斯·开普勒（Johannes Kepler，1571—1630）这样狂热的新柏拉图主义者来说尤为重要。

开普勒在图宾根大学学习时第一次接触到哥白尼的新天文学。哥白尼体系和谐的数学结构，成为开普勒相信和捍卫它的最重要理由。他同时关心的问题是，为什么在哥白尼体系中，围绕太阳运转的行星只有六颗？托勒密体系中有七颗行星，这样它们就能与创世的七日、七种已知金属、七个音阶以及世界上所有其他重要的“七”很好地相合。六颗行星又有什么特殊的意义呢？1595年，开普勒想到了一个巧妙的答案，只要将球体和正多面体以适当顺序套起来，球体的相对大小就能符合哥白尼理论所给出的行星到太阳的相对距离。由于正多面体（所有面全等的五种所谓的柏拉图立体，即正四面体、立方体、正八面体、正十二面体和正二十面体）只有五种，因此被它们隔开的球体只有六个，恰好等于行星的数目——不多不少就是六颗（见图8-3）。对于开普勒而言，这一发现令人敬畏。他找到了行星数目和距离何以如此的原因，揭示了天界的几何结构，其优雅和美正是对哥白尼体系的最佳证明。无论从当时还是现在的天文学观点来看，这样的证明都很难具有说服力，但对于开普勒来说，数学不仅是描述自然的工具，它同样也是自然的存在原因和意义源泉——自然之所以是我们看到的这样，正是因为其遵循了某种简单而和谐的数学定律。正是在这种精神力量的强大支撑下，他最终洞悉了行星运行的奥秘。

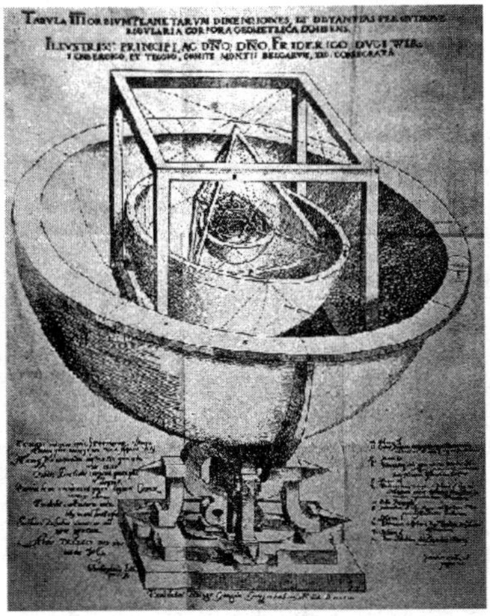

图8-3　开普勒的行星天球模型

1596 年，开普勒在《宇宙的神秘》(*Cosmographic Mystery*) 一书中宣布了他的发现，并且给第谷寄了一本。第谷意识到了开普勒非凡的数学和天文学才能，并邀请他前来和自己合作。1599 年，第谷离开汶岛来到布拉格，担任鲁道夫二世皇帝的宫廷天文学家，开普勒于次年投奔了他。在此后的近 10 年中，开普勒利用第谷留下的丰富数据，潜心研究火星的轨道问题。由于火星的轨道比其他行星都要更偏离正圆，自古以来对它的计算都是天文学家最为头疼的问题，托勒密、哥白尼和第谷都没有给出过令人满意的回答。开普勒为此做过 70 次不同的尝试，希望将第谷所获得的数据纳入哥白尼的本轮和第谷的圆周，但全都以失败而告终。他一度使理论预测与第谷的观测之差只剩下了 8 弧分，换作托勒密或哥白尼可能会忽略这 8 弧分的误差，因为他们的观测结果只精确到 10 弧分的精度。但开普勒却无法容忍这一误差的存在，他既不想背离哥白尼的日心体系，又不愿辜负第谷认真细致的观测，在这双重信念的压逼之下，他最终放弃了行星沿圆周轨道匀速运动的古老假设，从这一禁锢了西方天文学家近两千多年的教条中走出来，用他自己的话说，“这小小的 8 弧分为天文学的彻底变革指明了道路”。

在 1609 年出版的《新天文学》(*Asrtronomia Nova*) 中，开普勒公布了他的火星轨道研究结果，其中包括了其三条行星运动定律的前两条。第一定律指出每颗行星的轨道都是椭圆，太阳位于它的一个焦点上；第二定律规定，太阳与行星的连线在任何相等时间段内扫过相等的面积（因而这条定律也被称为等面积定律)。现在，椭圆取代了正圆轨道，等面积定律取代了相对于圆心的匀速运动，而偏心圆、本轮、偏心匀速圆以及其他特设性工具都不再需要了，开普勒的宇宙比过去所有体系都更为简单和优雅，而给出的预测则比之前所有的预测都更精确。行星天文学从此翻开了新篇章。1618 年出版的《世界的和谐》(*Harmonice Mundi*) 一书包含了我们现在所知的开普勒第三定律：行星轨道周期的平方之比等于到太阳平均距离的立方之比，即 $(T_1/T_2)^2=(r_1/r_2)^3$。这是一个全新的天文学公式，它不具备任何预测行星位置的功能，却显示出了行星运动内在的和谐一致，这是开普勒最为看重的。不仅如此，第三定律还预示着诸行星的运动仿佛受到来自太阳的某种统一原则的支配，它的威力将在 17 世纪后半叶逐渐发挥出来。

4. 伽利略与他的望远镜

就在开普勒出版《新天文学》的 1609 年，伽利略·伽利莱（Galileo Galilei，1564—1642）将望远镜对准了天空。伽利略并没有发明望远镜，他只是在荷兰透镜技师的基础上对望远镜进行了改进，他也不是第一个利用望远镜观察星空的人，英国科学家托马斯·哈利奥特（Thomas Harriot，约1560—1621）在几个月前已经这样做了，并且率先绘制了月球表面的地形图。伽利略的意义在于，他第一次充分理解了望远镜中的天文现象，并且用这些新的证据为哥白尼体系做出了辩护。

借助望远镜，伽利略看到了从未用肉眼观测到的大量恒星，这从侧面暗示了古代天文学家的局限性，他们能看到的星星数量少得可怜，所做的结论也无法令人信服。与行星不同，恒星在望远镜中显示的尺寸并没有被放大，伽利略认为这是对哥白尼的有力支持，因为他在《天体运行论》中做出过正确的预测。与行星相比，恒星距离我们要遥远得多——由于太过遥远，望远镜无法将其尺寸进一步放大。伽利略观察到月球表面布满了沟壑和山脉（见图8-4），而古人曾认为月亮和所有天界物体一样是完美的，犹如一个光洁无瑕的圆盘。他还发现了地球反照现象，正如月光可以照亮地球上漆黑的夜晚，从地球反射的光也同样可以照亮月球的黑暗区域。这些新证据表明，月球与地球并无本质上的不同，天界和地界的截然二分不再有效。伽利略还发现木星周围有四颗卫星，哥白尼体系中行星围绕太阳旋转的说法如今看起来不再那么荒谬了，因为宇宙中的确存在着类似的现象。伽利略发现土星的形状很奇怪，看上去像长了一对“耳朵”，这对“耳朵”有时会改变形状，甚至消失不见。由于望远镜精度的限制，伽利略并没有在此基础上发现土星环，但这再一次证明了天体的多样和复杂，远非古代的一句“完美天体”就可以简单地概括之。甚至连太阳也称不上完美，几年后伽利略便发现了太阳黑子的存在。然而，对托勒密体系最有力的反驳来自他对金星相位的观察。在托勒密体系中，金星总是位于太阳与地球之间，因而最多只能呈现出新月形。伽利略观测到了新月形的金星和满盈的金星，这表明金星必定时而处于我们和太阳之间，时而远在太阳的另一侧，简而言之，金星是围绕太阳运转的。

我们既不能过分高估，也不能过分低估望远镜所带来的价值。毕竟，就在伽利略公布这些新奇的天文观测证据之时，埋头苦算的开普勒已经揭示了行星运动的规律，开普勒于1627年出版的《鲁道夫星表》很快就成了天文工作者新的工作指南，至少在天文学内部，新的天文学体系已经站稳了脚跟。从这个意义上来说，望远镜的出现仅仅是锦上添花，而绝非雪中送炭。17世纪一直存在关于望远镜的光学功能和所提供的天文证据是否可用的争论，而即便承认这些证据可用，其中也没有哪一条能对哥白尼体系的关键——地球绕日运动——提供正面的直接支持。望远镜的真正价值和意义在于，它提供了许多关于新天文学的非数学的旁证，人们无须拥有太多的数学知识，只需

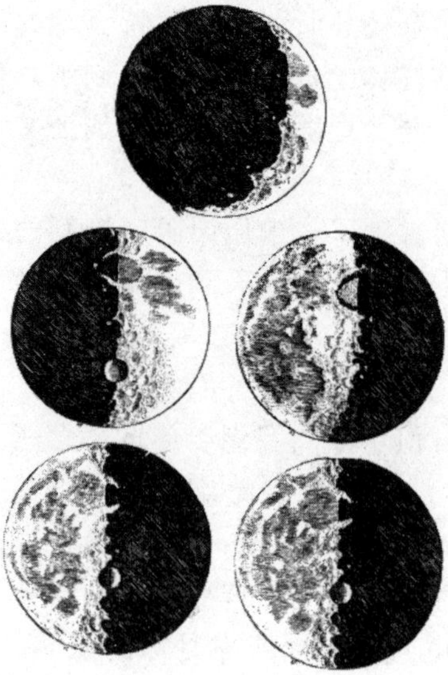

图 8-4 伽利略手绘的月相图，望远镜下的月亮并不是一个完美的球体

透过望远镜就能观察到这些现象，于是所有对古代宇宙论不利的证据都间接支持了人们对新宇宙论体系的接受。望远镜很快就成了 17 世纪流行的玩具，同时也成了新天文学最好的宣传工具。

三、物理学的变革

1. 伽利略与运动科学

伽利略对金星全套相位的发现彻底埋葬了托勒密天文学，现在天文学家只能在第谷体系与哥白尼体系之间进行选择。于是，这两个体系之间唯一的分歧，即地球是否运动，就成了天文学家最为关切的问题。如果承认哥白尼体系对宇宙的描述是真实的，那就意味着亚里士多德主义物理学的全面破产：地球被移出了宇宙的中心，天界与地界的划分不再成立，区分地界物体的自然运动和受迫运动也失去了意义。一门新的物理学已经呼之欲出。它迫切需要解决的问题是运动地球的概念与我们日常所感知到的运动经验之间的种种矛盾，这些矛盾集中体现在落体问题上：为什么从高塔上落下的物体，没有因为地球高速的绕轴自转被抛在西边，而是落回了原地？伽利略终其一生都在致力于回答这样的运动问题。早在 1590 年他还在比萨大学任教之时，便已开始对运动问题进行研究。他原本计划完成一本名为《论运动》（*De Motu*）的专著，尝试将阿基米德的数学力学方法与亚里士多德主义物理学结合起来。

然而，这一努力并不成功，伽利略由此越发感到，古代物理学中存在着无法调和的矛盾，如果不对基本运动概念进行全盘的清理和改造，就无法彻底消除这些矛盾，《论运动》的写作也就此搁置。经过十余年的思考，伽利略最终在运动问题上取得了重要突破，相关成果公布于相继出版的《关于两大世界体系的对话》（*Dialogue Concerning the Two Chief World System*，1632，简称《对话》）和《关于两门新科学的谈话》（*Discourses and Mathematical Demonstrations Concerning Two New Sciences*，1638，简称《谈话》）中。在《对话》中，运动科学充当着理解和辩护哥白尼体系的重要工具，而在《谈话》中，运动科学已然被当作一门"新科学"而加以研究。

对运动问题的关注古已有之，伽利略之所以将运动科学独立出来，视之为一门全新的科学，不仅在于他新发现的那些运动定律，而更重要的则表现在其研究思路和方法上，《对话》中一段经典对白充分体现出了这一点。伽利略的代言人萨尔维阿蒂（Salviati）质问他的对手、信奉亚里士多德哲学的辛普里丘"重物为何下落"，辛普里丘答道："任何人都知道那是因为重性。"萨尔维阿蒂立刻指出其要害："你错了，辛普里丘先生，你应该说任何人都知道它被称为'重性'。"这一反驳干净利索地戳中了亚里士多德物理学的软肋：仅仅通过赋予其"重性"这一名称，便自欺欺人地相信已经知道了重物下落的原因，而实则对其一无所知。在伽利略看来，由于语词的滥用，数百年来人们已经在运动问题上误入歧途，毫无建树，对运动原因的追问掩盖了对运动过程的分析。作为一门新科学的运动科学，其首要问题是回答物体如何（how）运动，而非物体为何（why）运动。

基于这样的思路，伽利略在运动学方面取得了一系列开创性的成就。他对运动进行了分类，一种是最简单的匀速运动，另一种是加速运动，而加速运动又可以细分为匀加速运动和非匀加速运动。伽利略对其中的匀加速运动进行了细致考察，发现物体的运动速度不是与距离而是与时间成正比，运动距离与时间的平方成正比。他再次发现了所谓的"中速度规则"，这条规则是说，任何时段内匀加速运动的距离，与物体在该运动过程中的中间速度做匀速运动时的距离相等。14 世纪的经院学者已经证明了这条规则，但对他们而言，"中速度规则"的证明仅仅是逻辑训练的一部分，而在伽利略看来，这条规则是对实际运动过程精确的数学刻画，无论是自由下落的物体，还是从斜面滚落的小球，都是匀加速运动的具体实例。

伽利略批判了那条流行的谬误，即认为物体下落的速度与其重量成正比。事实上，重量不同的重物几乎以相同的速度下落，它们在空气等具有阻碍作用的介质中下落时，阻力随速度的增加而增加；当阻力变得与物体重量相等时，加速会停止，物体继续匀速下落。这就意味着，当物体的所有受力之和为零时，它将保持其运动状态。这一结论再次和亚里士多德的意见相左，后者认为物体的运动总是需要力的维持。我们发现，此时的伽利略距离惯性定律只有一步之遥，然而事实却是，他从未表述过一般意义上的惯性定律，甚至根本没有使用过“惯性”（inertia）这个词。伽利略仅仅谈论物体保持运动状态的特殊情形，其一是刚才提到的垂直下落的运动中阻力和重力相抵的情况，这时物体继续匀速运动，直到接触地面。另一种情况发生于水平运动中，在《对话》中，伽利略假想了一个既没有向上斜度也没有向下斜度的光滑水平表面，在其上滚动的小球不会加速或减速，而将“永恒地”匀速运动下去。但对伽利略而言，这一平面并不是一个纯粹数学的、无限外延的平面，而是地球球面的一部分；换言之，不受外力的小球所做的是匀速圆周运动。无论在垂直运动还是在水平运动中，地球始终作为一个不可或缺的背景存在着。在伽利略那里，所谓的惯性概念从未被看作物体本身所固有的性质，地球充当着类似于“自然位置”的角色，它的存在使这种运动保持成为可能。伽利略一手打造的全新的运动科学中依然残留着亚里士多德物理学的某些痕迹。

当然，我们无法对伽利略苛求更多。对于大步跨入新时代门槛的思想伟人而言，其外套上很难不沾染旧时代的些许尘土。更何况对伽利略来说，他的运动科学已经为哥白尼地心体系提供了足够有力的辩护武器。结合他所发现的关于运动的分解、合成和叠加的法则，伽利略证明了抛物体的运动轨迹是一条抛物线，由此出发，矛盾最为集中的落体问题可以得到令人满意的回答。物体从高塔下落后，将继续其“平行于”地球表面的运动，因为它没有遇到任何阻力来反抗这种运动。这就是说，它将继续参与在塔顶时所拥有的地球运动，从塔顶落下后仍将跟上地球的运动。即使地球在运动，物体也会落到塔基处。就这样，哥白尼宇宙所面对的最大理论障碍被清除了。

然而必须注意，伽利略将正圆赋予惯性运动，这样就在圆心的位置隐含地预设了“自然位置”，这与新天文学体系是有内在冲突的。在新的宇宙中，宇宙的绝对中心是不存在的，因而也就不存在一个决定着运动本性的中心。在这样一个宇宙中，“自然位置”是完全荒谬的概念。空间的均匀性导致“自然运动”只可能是直线的，围绕天体的圆运动是“受迫”的，是“不自然”的。继伽利略之后，越来越多的人意识到了这个问题。法国哲学家伽桑狄（Pierre Gassendi，1592—1655）和笛卡尔（René Descartes，1596—1650）先后给出了现代意义上的惯性原理，即物体在不受外力的情况下将保持匀速直线运动。接下来我们将会看到，伽桑狄和笛卡尔提出惯性原理并非出于偶然，惯性原理在他们所构建的机械论自然哲学中扮演着至关重要的作用。

2. 从“机器隐喻”到机械论哲学

亚里士多德曾有一句名言：“不理解运动，就不能理解自然”，深刻地点出了西方思想中运动概念对自然观的巨大奠基作用。伽利略的运动科学对时间、空间、位移等运动基本概念的重新界定，彻底颠覆了亚里士多德主义自然哲学的基本架构，预示着一种全新的自然观。17 世纪欧洲出现的这种新的自然哲学思潮，取代了古代的有机论或有机自然观，一般被称为机械论或机械自然观。

有机自然观和机械自然观基于对自然世界整体上的不同理解，这种理解决定了二者对待自然研究问题采取了不同的回应策略。古典的有机自然观以植物、动物这样的有机体作为理解自然的蓝本。譬如一粒大树的种子，其一生会经历发芽、生长、成熟等一系列阶段，它未来展开的所有生命形式，都潜在地蕴藏在这粒小小的种子之中。宇宙也是一个类似的有机体，它的发展变化也是其内部潜能不断展开和实现的过程。在这种观念的支配下，亚里士多德四因说中的目的因占据了决定性的地位。如果我们问“为什么一粒种子会发芽”，那么答案便是“因为它要长成一棵大树”。这种目的论的探究方式同样延伸到无生命的物体上，例如问“为什么重物会下落”，则回答是“它想要回到其自然位置”或者“它有回到其自然位置的趋势”。由此可见，在有机自然观中，每一个自然物的存在和行为都同它最终指向的目的密切地联系着。

和有机自然观不同，机械自然观将宇宙视为一台无生命的、巨大的机器，或是一部构造精密的钟表，这一类比关系常常被称为“机器隐喻”或“钟表隐喻”。“机器隐喻”是近代欧洲独有的一种思想文化现象，将宇宙比作机器的观念，在此前的任何一种人类文明中都不曾有过。“机器隐喻”的出现标志着欧洲古今思想的巨大分野，塑造了近现代西方思想的独特走向，对其精神根源的考察将是一个颇为有趣的历史课题。这里只谈三个可能的方面。

首先，“机器隐喻”和基督教的影响密不可分。有机自然观是古希腊人的产物，作为有机体的宇宙，无始无终，自给自足，至大无外。而基督教的创世说却认为，物质世界是由全知全能的耶和华神从无中创造出来的。具有生命的东西是不可能无中生有的，我们看到一粒种子，总是想到它是从另一棵大树上孕育出来的，生命的过程就这样不断地轮回和延续着，所谓“生生不息”表达的正是这个意思。但机器则不同，机器既不会自发地存在，也不会繁衍，它肯定是被一个更高级的智慧体设计和制造出来的。正如我们看到一个做工精美的钟表，并不会夸耀这个钟表本身，而一定会赞叹制造它的匠人。“机器隐喻”正是通过这种方式，巧妙地将自然世界和独一的神联系在一起。自然世界是一台庞大而严密的机器，而上帝则是创造和维护它的“神圣技师”。

其次，文艺复兴时期机械工程的巨大发展，对“机器隐喻”的流行起了推波助澜的作用。中世纪的欧洲生产力较为低下，所使用的工具、器械也较为简单，人们还无法意识到机器的能力和价值。而到了文艺复兴时期，随着城市财富的膨胀，各种大型公共工程相继上马，巨型机器在其中扮演了举足轻重的作用。巨型机器象征着新兴的文明，人们对机器的崇拜油然而生，那些发明设计机器的工程师的社会地位也随之提高，不再被视为卑下的手工匠人，而成了公众认可和敬仰的对象。其中，最为重要的机器当属钟表。15、16 世纪的欧洲钟表制造业已经达到了相当高的水平，人们第一次看到了似乎不需要外力持续推动就可以精密运行的造物。这不由得使他们推想，那些周而复始运动的天体，不就像钟表上的齿轮，整个宇宙不就像一台严丝合缝的大钟吗？

最后，也是最为重要的一点是，科学革命时期思想家们发现“机器隐喻”特别有助于他们对亚里士多德主义哲学进行批判。以伽利略为代表的研究者们日益感到，亚里士多德主义自然哲学之所以无效，源于其目的论式的自然探究方式。如果把自然看作一台机器，这种自然探究方式的荒谬性立刻会暴露出来。例如当我们问“这个钟表为什么会动”的时候，回答“它想记录时间”是荒唐可笑的，这种回答根本不会增加任何知识。正确的思路应当是分析钟表里每一个零件的构造、功能和相互之间的关系，只有这样我们才能对钟表有更为深入的了解。换句话说，在自然研究中，关心的重点应该是动力因——物质的运动及其相互作用，而非目的因。随着批判的深入，“机器隐喻”所蕴藏的内在逻辑被逐渐展开，与之相应的机械论哲学应运而生。尽管不同的自然哲学家所给出的机械论哲学版本不尽相同，但无不遵从以下两点假设：第一，正如钟表的运作可以还原为其内部组件及其相互作用，对一切自然现象的解释也只能从物质及其直接的相互作用出发；第二，正如对钟表整体运动的解释总要归结为对其细小零件的运动进行解释，对宏观自然现象的解释也要归结为对微观物质的解释。

事实上，类似机械论的哲学思想古已有之。古希腊哲学家德谟克里特和伊壁鸠鲁所倡导的原子论可以算得上古代最具机械论色彩的一种自然哲学理论，该理论认为，宇宙是由在虚空中飘荡的无数原子组成的，原子的随机运动构成了一切自然现象。这样一个宇宙排除了神的干预，也使人类的存在缺乏目的和意义，因而在古代往往被指责为无神论和唯物论，在基督教的中世纪几乎被人遗忘。然而，随着伊壁鸠鲁等人的著作在文艺复兴时期被重新发现和出版，古老的原子论再次受到了学者们的关注。法国的天主教神父、自然哲学家伽桑狄就认为，只要对伊壁鸠鲁的原子论学说进行适当修正，便可使之与基督教神学相容，例如是上帝创造了原子，并且在创世之初就把运动注入了原子之中。他保留了古代原子论的基本架构，承认原子是不可见的、但有广延的实体，在物理上不可再分，具有坚固性和不可入性。不同的原子在大小、形状和重量上有所差别，但总体上看，原子的种类是有限的，它们通过不同的方向和排列而聚集成原子团，继而形成大千世界的种种物质。原子在虚空中运动，不断相互碰撞，引起了自然界中的一切变化。

与伽桑狄同时代的法国哲学家笛卡尔给出了一套更为严格的机械论版本。和伽桑狄不同，笛卡尔敏锐地洞察到，一个完全机械化的宇宙将是一个数学的宇宙，整个物理学王国都可以被还原为几何学。这一观念要求人们从感性的现象世界跳出来，不依靠具有欺骗性的人类感官，而是借助理性之光抵达那个最真实、最可靠的数学王国。经由“普遍怀疑”的方法，笛卡尔把不具有广延的思想实体和具有广延的物质实体区分开来，物质总是占据三维空间的一部分，这种特性被称为广延，在笛卡尔那里，物质、空间和广延本质上是等同的。笛卡尔进而将物体实体的性质分成第一性质和第二性质：第一性质是广延实体的性质，是那些属于物体本身的、可以数学化的性质；第二性质则依赖于思想实体的活动，是那些属于主体的、不可数学化的性质。第二性质是第一性质作用于人的感官而产生的结果。事实上，开普勒和伽利略都曾表达过关于第一性质与第二性质的类似区分，该区分是迈向自然数学化的关键一步。

笛卡尔和伽桑狄在惯性原理上保持了高度的一致。在充满惰性物质的宇宙中，运动是物体的基本状态，运动本身不需要原因，而改变运动才需要原因。惯性原理是机械论宇宙的基石。然而除此之外，二人的自然哲学几乎毫无共同之处，笛卡尔既不承认虚空，也不承认原子，他的宇宙被物质充满，其中的物质是无限可分的。在《哲学原理》（*Principia Philosophiae*，1644）中，笛卡尔规定了宇宙运行所服从的最高定律，即总物质量和速度的乘积保持恒定，类似于今天的动量守恒定律。此外他还加入三条辅助性的运动定律，用以描述自然事件的进程：第一定律排除了一切可能的自发运动，第二定律即惯性定律，第三定律刻画了物体碰撞之后的运动。在此基础上，笛卡尔给出了他的机械论世界图景：整个空间被不可见的物质微粒填满，这些微粒一刻不停地在涡旋中运动。每颗恒星都处于涡旋的中心，涡旋产生的巨大离心力将行星维持在圆周轨道上。与此同时，行星的自转也形成了一个环绕自身的小涡旋，这使行星不仅可以携带月亮这样的卫星，而且也会把处于行星表面的物体推向球心，从而形成重力（见图 8-5）。

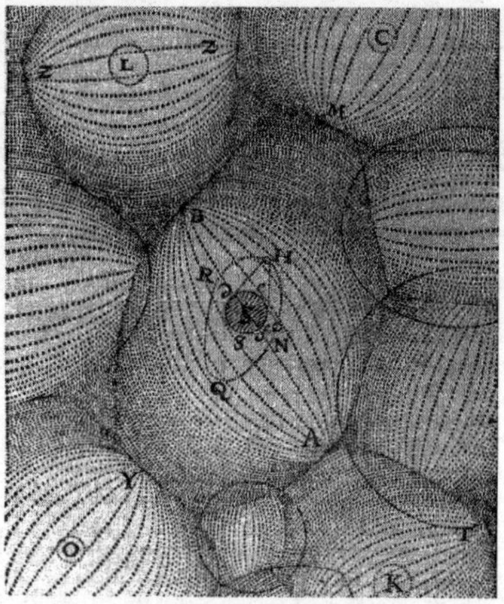

图 8-5　笛卡尔的涡旋宇宙

无论笛卡尔的涡旋理论如今看来多么荒谬，当时的人们却是以十分严肃的眼光来看待它的。毕竟，涡旋理论第一次给出了取代亚里士多德体系的全套宇宙论方案，它使人们看到了从最基本的机械论信条出发能走多远。然而，它的缺陷也十分明显，除了整个体系的公理化结构具有明显的数学特征之外，涡旋理论并不是数学的，其中并不包含任何定量的数学关系。开普勒三定律已经精确刻画了行星的运动规律，但笛卡尔并未将其纳入他的理论之中。这说明在注重定量描述的数学传统和精于因果分析的自然哲学传统之间依然存在着巨大的理论鸿沟。填平这一鸿沟将引出科学革命的最高成就——牛顿的《自然哲学的数学原理》（*Philosophiae Naturalis Principia Mathematica*，简称《原理》）。

3. 牛顿的综合

在长达一百多年的思想演进过程中，新天文学体系所带来的种种困难逐渐有了清晰的答案，现在仅剩最后一个问题仍然悬而未决：究竟是什么把行星维持在轨道上？作为大文学家的哥白尼和第谷对这一问题语焉不详。开普勒曾认为太阳会对行星施加某种力，他将这种力称为“致动灵魂”，这一观念显然与流行的机械论思潮格格不入。伽利略的运动科学固然成功，但他极少关注运动的原因。笛卡尔的涡旋理论仅仅是一种定性的、粗糙的宇宙模型，然而这一理论却暗示，沿轨道运行的行星和落向地心的重物遵循着相同的动力学机制。牛顿的工作真正将上述思想线索统一起来。通过引入力的概念，他对这一终极问题做出了成功的解答。

还在大学学习期间，牛顿就已经开始考虑关于物质、重力和碰撞等问题。了解了伽利略、笛卡尔和惠更斯等前人关于运动的工作之后，牛顿渐渐认识到，一门基于惯性原理的运动科学需要一种力的概念。1666 年，通过对圆周运动的分析，牛顿意识到，要想把月球维持在稳定轨道上，必须有一个力把它拉向地球，这个力的大小等于使月球飞离的离心力，但方向相反。牛顿用“向心力”一词来命名这种吸引力，并推测这个重力与地月之间距离的平方成反比。与此同时，他还发明了所谓的“流数法”，即我们现在的微积分。运用这一数学理论，他推导出了引起轨道运动的力，计算了开普勒第二定律所要求的面积。然而，由于担心自己的研究成果可能招致的非议，牛顿并没有将这些原创性的研究成果立即公开。

直到 1685 年，一次偶然事件才最终促使牛顿将这些研究成果公之于众。那时，胡克和哈雷都已确信，使行星保持在轨道上的作用力与该行星到太阳距离的平方成反比，即所谓的“平方反比律”。但如何从平方反比律出发推导出天体的运动轨道，两人都一筹莫展。为此，哈雷专程到剑桥向牛顿请教，牛顿在得知哈雷的问题之后立刻表示，根据平方反比律，天体的运行轨道将是一个椭圆，并就此已经做了证明。然而，牛顿在自己的故纸堆里并没有找到证明的草稿，于是他答应重新进行计算，并把结果寄给哈雷。就这样，牛顿重新捡回了 20 年前关于天体动力学的思考。

最终，牛顿于 1687 年完成了《自然哲学的数学原理》这部集大成的著作。牛顿在其中综合了自 1543 年以来整个近代科学革命的思想成果，建立了完整的经典力学体系。这部著作就像其标题所提示的那样，很像一本数学或几何学著作。它从定义与公理开始论述。牛顿先是系统表述了经典力学的一些基本概念（如质量、动量、力、空间、时间等），然后提出了关于运动的三大基本定律：

定律 1（惯性定律）：每一个物体都保持其静止或匀速直线运动状态，除非有外力作用于它迫使其改变那个状态。

定律 2（加速度定律）：运动的变化正比于所施加的推动力，变化的方向沿着所施加的力的直线方向。

定律 3（作用与反作用定律）：每一个作用都有一个相等的反作用；换句话说，两个物体彼此之间施加的作用总是大小相等，方向相反。

通过这三大定律，牛顿对力进行了清晰的界定，这为《原理》中的所有证明提供了基础。《原理》的正文部分共分三卷。第一卷题为“论物体的运动”，主要涉及对引力的数学分析。牛顿首先揭示出，开普勒第二定律即等面积定律蕴含着每颗行星的运动都有一个向心力。在此基础上他证明，如果物体沿圆锥截线围绕一个中心力运转，那么这个向心力必定与中心力源和做轨道运动的物体之间距离的平方成反比。相反，如果有一个向心力与两个物体之间距离的平方成反比，则做轨道运动的物体必定沿着一条圆锥截线运动。这就是说，开普勒第一定律与平方反比律可以相互推导。至此，哈雷的问题得到了圆满解决。《原理》的第二卷没有标题，原本只是第一卷的一部分，主要讨论物体在介质中的运动，因为内容相对独立而被拆分出来，牛顿在其中批判了笛卡尔的涡旋理论。

第三卷名为“论宇宙体系”，在这一卷中，牛顿将他前两卷所使用的方法和结论进行推广，得出了万有引力定律，并用这一定律解释各种现象。牛顿证明，开普勒三定律不仅对太阳系有效，而且也适用于木星的四颗卫星、土星的五颗卫星，月球的运动也满足等面积定律。这就表明宇宙中存在着一种普遍的力，这种力不仅将行星和卫星维持在它们的轨道上，而且决定了物体在地球表面的下落造成了潮汐现象。牛顿把这种力称为万有引力，并给出了其数学表达：

$$F=G\frac{Mm}{D^2}$$

这条定律表明，宇宙中任何两个物体之间都存在一种吸引力，其大小与二者质量的乘积成正比，与它们之间距离的平方成反比，公式中的 G 被称为万有引力常数。万有引力定律的发现标志着，科学沿着背离亚里士多德宇宙论的方向迈出了最后一步：它表明地界和天界服从同样的物理定律，从而最终消除了二者的区分，确立了自然的空间均匀性。这是牛顿最伟大的科学成就之一，即第一次用力学原理——一套公理和适用于天地万物的万有引力定律——完整地解释了宇宙。

牛顿的力学体系象征着世界的理性秩序，以“自然定律”的名义运作。它不仅解释了现在和过去的现象，还可用于预言未来事件。在《原理》中，牛顿证明彗星像行星一样，必定沿着巨大的圆锥曲线轨道运转。一些彗星的轨道是椭圆，它们必定周期性地从外太空回到我们太阳系的可见区域，而另一些则会造访我们的太阳系而不再回来。哈雷用这些结果来分析过去的彗星记录，发现了一颗周期约为 75.5 年的彗星。他做了一个大胆的预言，说这颗彗星将在 1758 年再次出现。当它在确定日期重现时，虽然那时哈雷和牛顿已经去世多年，人们还是体验到一种对数学所激起的人类理性力量的深深敬畏。这种对科学的新的崇敬被形容为“惊人的”“非凡的”“异乎寻常的”，对未来事件的成功预言则象征着这门新科学的力量：对自然完美的数学理解体现在能够对未来做出可靠的预言。18 世纪不仅是启蒙时代，而且成了“信仰科学的时代”。牛顿象征着科学的成功，他是一切思想的理想，不论在哲学和心理学中，还是在政治学和社会科学中。

牛顿在《原理》中基本上接纳了笛卡尔所表述的机械自然观，用机械论取代目的论作为自然的解释原则。牛顿的新世界是一个机械论的世界。在牛顿这里，机械论大致有两种相互关联的含义：一是“机器隐喻”依然得到保留，世界是个不具有内在动力的大机器，没有主动性的灵魂，一切都按照自然定律的必然性运行；二是力学还原论，即认为一切自然现象最终都可以还原为物质微粒及其运动，一切科学最终都可以还原为力学。就人及其与物理世界的关系而言，牛顿基本上未经质疑地接受了某种版本的笛卡尔主义生理学和形而上学。这也是当时的正统观点。人的灵魂被封闭在身体之中，与外在世界没有任何直接接触。这正是牛顿对第一性质与第二性质学说的继承和理解。在这种理解中，物理世界是一台严格根据力学定律来运行的庞大的数学机器，而人只是这台数学机器无关紧要的旁观者。

牛顿本人当然不认为这个机械论的宇宙是自足的，它时时刻刻需要上帝的协同，上帝补充机械宇宙运行所消耗的能量，并不断修正其自身所产生的偏差。万有引力正是这种协同机制的表达。对牛顿而言，万有引力不是一种机械力。它既证明了纯粹机械论宇宙的非自足性，又揭示了上帝在世界中时刻发挥着作用。因此，牛顿所设想的上帝不同于笛卡尔和莱布尼茨所设想的上帝：后者是一个按照几何规律创世后不再干预世事的唯理智论的上帝，而牛顿的上帝则是一个随时会干预世界运行的唯意志论的上帝。然而，牛顿去世后，牛顿主义者逐渐忘记了牛顿的教诲，把引力视为一种纯粹的机械力，视为物质本身所固有的一种属性。天体力学的发展越来越确证牛顿世界体系的稳定性，牛顿的上帝逐渐抽身隐退，留下的这个机械论世界正是我们目前仍然生活于其中的世界。

四、新世界图景的问题

最后一部分，我们从本体论、认识论与价值论三个方面来简要评论近代科学革命所带来的新世界图景。

首先，近代科学革命打破了亚里士多德的天界与地界的区分，把宇宙统一成了一个开放、无限的宇宙。这个新的世界图景就像是17世纪的诸多天才共同锻造出的一颗熠熠生辉的“大钻石”。但不幸的是，这颗“大钻石”上有一个十分醒目的瑕疵：作为观察者的人并没有被放入这个宇宙之中。所有其他事物都在其中获得了自己的位置，只有人失去了自己的位置，变成了世界体系的旁观者。由此我们看到了这场科学革命在思维上蕴含的某种共同风格：只有当哥白尼在思想上置身于地心说体系之外看这个体系，他才能心安理得地建议调换宇宙中心；只有当笛卡尔在思想上跳出身体之外看身体，他才能将身体与灵魂截然分离开来；同样，只有在思想上像上帝那样置身于世界之外看世界，牛顿才能构造出一个纯粹数学的、客观的、机械论的世界图景。人相对于世界的外在性，似乎正是这个世界图景得以构成的条件。但是，一个不包括人在内的世界图景，还是一个真实、完备的世界图景吗？人在本体论上的这种缺席，究竟是人类为获得一幅满意的世界图景而不得不付出的代价，还是未来在理论上需要正视并解决的一个重大理论困难？

其次，笛卡尔的工作使我们清楚地看到，在这幅新的世界图景中，广延性的身体和世界与非广延的心灵和精神不得不仅仅依靠松果体这个大脑中微不足道的部位来连接。果真如此，我们就会面临一个认识论上的重大困难（事实上，这个困难至今仍未获得完满解决）：这个被囚禁在松果体中的心灵，如何才能走出那个幽暗的小室，获得关于一个无限宇宙的确定性认识呢？或许正是这个困难，说明了认识论为什么会在笛卡尔之后的近代哲学发展中一直占据中心地位。

最后，我们日常生活的世界是一个充满着质与可感知觉，充满意义与价值的世界。古代世界图景之所以能够满足古代与中世纪精神生活的需要，恰恰是因为它将价值世界与事实世界融为一体，其中价值的等级秩序决定着存在的等级秩序。但是，近代科学革命在建构宇宙时完全摒弃了所有诸如完美、和谐、意义、目的等基于价值观念的考虑。因为这些概念所指称的只是一些主观的东西，它们在一个纯粹数学的、量化的、客观的宇宙中没有任何本体论地位。宇宙是一个纯粹事实的世界，它与价值世界是完全分离的。然而，如果这个客观的科学世界被视为最真实、最本源的奠基性世界，并且被用来规范我们的日常生活世界，我们如何才能恰当地说明意义与价值的最终根源？一个无意义、无价值的宇宙如何才能为我们提供生活的意义与价值？我们是否一直在一幅本质上毫无意义的近代世界图景中绝望而徒劳地追寻着意义？这是未来科学与哲学的发展必须做出回答的难题。20世纪物理学中的相对论与量子论革命试图将人的形象部分地放回到世界图景之中，但就其所获得的世界图景仍然是一个纯粹数学化的世界图景而言，上述意义与价值的根源问题并未获得根本解决。

一、思考题

1. 哥白尼以前的西方人建立的宇宙模型是什么样的？

2. 哥白尼、第谷和开普勒的天界模型各自有何区别？

3. 伽利略的研究在何种意义上催生了新的天文学？

4. 作为近代科学和新世界图景的伟大奠基者，牛顿的贡献体现在哪些方面？

二、延伸阅读

1. 托马斯·库恩．哥白尼革命．吴国盛，张东林，李立，译．北京：北京大学出版社，2020.

2. I. 伯纳德·科恩．新物理学的诞生．张卜天，译．北京：商务印书馆，2016.

3. 劳伦斯·普林西比．科学革命．张卜天，译．南京：译林出版社，2018.

4. 埃德温·阿瑟·伯特．近代物理科学的形而上学基础．张卜天，译．北京：商务印书馆，2018.

第九章 西方科学的文化根源

孟建伟*

在整个西方文化和文明史中最突出的是什么？科学。要是没有科学，整个西方文化和文明史就不会如此灿烂辉煌，相反，它很可能会变得有些黯然失色。由于近代西方科学的确立，科学的迅猛发展，整个西方社会也随之得到了前所未有的迅猛发展，在短短几百年间就实现了高度发达的现代化。

我们今天赶超西方，赶超什么呢？最重要的方面就是科学。在 3 世纪到 13 世纪的中国，不仅我们古代的人文是领先于世界的，而且我们的科学技术也是遥遥领先的。专门研究中国科学技术史的英国科技史学家李约瑟认为，中国在当时科学技术的发展水平，让西方人都望尘莫及。

我们过去有什么科学技术领先于世呢？我们常说有四大发明，但除此之外，还有众多发明也领先世界。李约瑟为此提出，为什么中国的科学技术在古代如此强盛，而近代科学却产生于西方，而不是中国？带着这样的问题，我们要考察一下西方科学的根源，特别是文化根源。

本章主要论述以下几个方面的内容：第一，西方科学文化的两个原点；第二，从“人的发现”到“世界的发现”；第三，西方科学与启蒙精神；第四，西方科学的文化精神。

一、西方科学文化的两个原点

首先，我们来看看西方科学文化的两个原点。斯蒂芬·F. 梅森说，科学主要有两个历史根源：一个根源是“技术传统”。一开始没有真正意义上的科学，最早搞的就是技术，“它将实际经验与技能一代代传下来，使之不断发展”。另一个根源是“哲学传统”，“它把人类的理想和思想传下来并发扬光

---

* 孟建伟，中国人民大学科学技术哲学专业博士，中国科学院大学人文学院特聘教授、博士生导师，中国自然辩证法研究会科学技术文化专业委员会副主任，北京市自然辩证法研究会副理事长。主要研究方向为科学哲学、文化哲学和教育哲学。

大”①。就是说，最早的时候，没有真正意义上的科学家，他们要么是哲学家，要么是工匠。什么叫工匠？比如说，泥匠、瓦匠、石匠等。这些匠人做的就是技术活。科学或者来自这些匠人的技术经验，或者来自一些哲学家的思辨。

科学有两个维度：一个维度是往天上看的；另一个维度是往地下看的。往天上看的是什么维度？就是哲学和理论的维度。往地下看的是什么维度？就是技术和解决问题的维度。我们今天对哲学的理解是有问题的。在古希腊，哲学包括所有学科，后来一门门学科独立出来了，最后剩下一门哲学。我们今天把哲学看成一门独立的学科，但哲学其实与所有别的学科是分不开的，它代表了所有学科形而上的维度。比如说物理学研究到最后是什么？是物理哲学。化学研究到最后是什么？是化学哲学。生物学研究到最后是什么？是生物学哲学。法学研究到最后是什么？是法哲学，也叫法理学。就是说，哲学代表着所有学科里面最高的形而上的维度。

近代科学为什么没有在中国产生？恐怕这同我们一直停留在经验科学的层面密切相关。就是往往局限于具体的、解决实际问题的层面。我们中国的古代科学强在什么地方？我们很务实，解决好多实际问题，比如说，赵州桥，怎么造的；都江堰，怎么设计的；李时珍写了《本草纲目》，把好多中草药都收集起来，都是经验。经验问题很重要，如果科学解决不了社会现实问题，科学就会变成无用的东西，不可能会得到应有的尊重。

但是科学还有一个理论、哲学上的高度。没有这个高度，近现代科学就无法得到确立，这方面是西方的强项。西方的科学家里面有一大批是什么类型的科学家？就是带有哲学家色彩的科学家，如伽利略、笛卡尔、莱布尼茨、牛顿、达尔文、爱因斯坦、波尔、海森堡、狄拉克等。相比之下，我们这类人物比较少，而是以解决实际问题的居多，从古至今，我们有这个传统，但缺少一个哲学的维度。科学最伟大的意义要么是哲学意义，要么是技术意义。哲学意义是什么？就是说科学改变了人类对这个世界的看法，这类科学家就是带有哲学家色彩的科学家。而科学发现和技术发明，则能改变人的生活，例如，从蔡伦的造纸术、瓦特的蒸汽机，一直到计算机和互联网技术等，这都是对人类生活有决定性影响的技术发明。

当然，这并不是说我们没有哲学。但在科学上，确实从一开始，我们没有那样坚实的哲学基础。希腊人的哲学最接近科学，你从柏拉图学园的门楣

① 斯蒂芬·F. 梅森. 自然科学史. 周煦良，等译. 上海：上海译文出版社，1980：1.

上写着“不懂几何者不得入内”就不难看出其哲思的性质。这批哲学家酷爱数学，酷爱哲学，这实际上为西方科学奠定了一个伟大的形而上哲学的高度。而我们的哲学则似乎缺少这个维度，其更多地为我们的人文、伦理和艺术奠定了一个伟大的基础。

怀特海说，“现代科学导源于希腊，同时也导源于罗马”①。从更深层次说，这两个历史根源还可以概括为西方科学文化的两个原点：一是古希腊文化中蕴含的逻各斯；二是古罗马文化中蕴含的努斯。西方科学文化的形而上层面主要导源于古希腊文化中蕴含的逻各斯，而西方科学文化的形而下层面主要导源于古罗马文化中蕴含的努斯。接下来，我们简要谈谈这两个西方科学文化的原点。

所谓逻各斯，是一个含义相当复杂而丰富的概念。它既包括言说、陈述、意义、法则、定义、解释、计算、比例、推理和逻辑等在内的属于知识理性的范畴，也包括为知识理性奠定哲学基础的形而上范畴。

逻各斯对于西方科学文化的确立，至少有以下三个方面的重大意义：

其一，关于自然界本体规律的确立。希腊哲人赫拉克利特说，“逻各斯是万古长存的”，因此，“应当追随那个普遍共同的东西”②。科学何以可能？人们何以能够从事科学？需要有一个必要的前提，那就是自然界存在着“普遍共同的东西”，即存在着规律。这是逻各斯所确立的。要是这个“普遍共同的东西”即规律不存在，科学也就失去了其最根本的哲学基础。于是，不但科学将变成不可能，人们的探索也将失去其最根本的意义。

其二，对人类能够把握自然规律的肯定。赫拉克利特说，“自然喜欢躲藏自己”，但“思想是最大的优点，智慧就在于说出真理，并且按照自然行事，听自然的话”③。这里所说的“自然”，也就是“本性”或“规律”，即“逻各斯”。在赫拉克利特看来，思想是能够把握逻各斯的。巴门尼德提出“思维和存在是同一的”观点，认为思维者能够遵循“真理之道”，凭借理智把握那个“唯一真实的存在”④。科学何以可能？人们何以能够从事科学？除了需要有一个前提，即自然界存在着规律以外，还需要有另一个必要的前提，那就是人

① 怀特海．科学与近代世界．何钦，译．北京：商务印书馆，1959：16.

② 赫拉克利特．赫拉克利特著作残篇．罗宾森，英译．楚荷，中译．桂林：广西师范大学出版社，2007：11－12.

③ 北京大学哲学系外国哲学史教研室．西方哲学原著选读：上卷．北京：商务印书馆，1981：25.

④ 罗素．西方哲学史：上卷．何兆武，李约瑟，译．北京：商务印书馆，1986：78.

类能够把握自然规律。这也是逻各斯所确立的。要是人类不能把握自然规律，科学也就失去了最根本的哲学基础。

其三，对人类能够运用语言进行理性交流的肯定。除了自然界存在着规律和人类能够把握自然规律以外，还需要有第三个必要的前提，那就是借助于逻各斯的理性交流，人类得以超越自身。正是通过理性的交流，我们才能辨认出孰是孰非。要是这个理性不存在的话，我们就无法交流，于是，科学也就无法发展。在这里，逻各斯又起了一个很重要的作用，就是对人类能够运用语言进行理性交流的肯定，从而为科学奠定了一个形而上的基础。这些基础由希腊人苏格拉底奠定，他通过一生的哲学对话，为人类知识的理性交流做出了光辉的榜样。

这三个方面的意义对古希腊文化的影响是巨大的。首先，确认了对理性宇宙秩序的本体信念。古希腊人从一开始，就对世界的本原进行研究。对于东方人来说，往往首先研究比较实用的东西，于是，经验科学获得大力发展。可是，古希腊人则不同。他们首先研究最深奥的问题：世界的本原是什么？虽然这个问题对当时来说，似乎显得太抽象，没有实际意义。但是，要知道，这个问题恰恰是科学最基础的并且不可回避的问题。这种思维方式为后来的西方科学奠定了基础，这也是古希腊人的根本精神。荷马之后，希腊剧作家写了一大批悲剧作品，这些悲剧作品的创作进一步强化了对世界秩序和规律的信念。正如怀特海所说，这种悲剧里面蕴含着一种道理：就像宇宙的规律一样，存在着一种铁的、不以人的意志为转移的命运。这是一种有关“现代思想中的自然秩序”的思维。①

其次，确立了追求自主独立和自我超越的人生理想。古希腊人的追求，非常具有理想主义的色彩。即使在古希腊最黑暗的时代，他们也从来没有失去过生活的品位。对他们来说，生活永远是奇妙的，令人欣喜的。世界永远是美好的，永远值得人们去追求，特别是对自然秩序的追求。

最后，发展了民主的理念与精神。科学知识的兴起与发展，脱离不了自由开放的语言对话和信息交流，而科学交流需要民主的理念和精神来保证。如果没有民主的理念和精神，就不可能做到在真理面前人人平等。这样一来，强权就会取代真理。

总之，古希腊文化通过逻各斯凸显了知识理性及其形而上意蕴，从而为西方科学文化确立了“仰望星空”的精神品格并奠定了形而上的架构。

---

① 怀特海．科学与近代世界．何钦，译．北京：商务印书馆，1959：10－11.

所谓努斯（νoιϛ），也是一个含义相当复杂而丰富的概念。原本指的就是心灵，既包括感觉、思想、情感、意志以及相关范畴，也包括与实践理性有关的形而下范畴。

努斯对于西方科学文化的确立，至少有以下三个方面的重大意义：

其一，肯定了感性、知觉在人类认识中的地位。如果说，逻各斯强调的是知识、逻辑以及形而上的基础，强调世界是有规律的，而规律是可以认识的，并且可以用理性去探讨的，那么，努斯强调的是感性、知觉的重要性，强调怎样从感性、知觉出发去理性地认识世界及其规律。努斯往往被理解为透过事物表面的现象，揭示事物背后的本质，因此，努斯同感性、知觉的洞察力紧密地联系在一起，可以说是从感性认识走向理性认识的通道，也是理性认知与知觉经验相结合的纽带和桥梁。努斯所强调的正是科学的实证研究的思想基础。

其二，努斯凸显了改造世界的实践理性。如果说，逻各斯凸显的是认识世界的知识理性，那么，努斯凸显的是改造世界的实践理性。知识理性和实践理性有什么差别？读书好，成绩好，在很大程度上属于知识理性的范畴，而在实践中干得好，需要有运用知识的能力，需要有实际经验，需要有超越书本知识的智慧，这在很大程度上属于实践理性的范畴。知识理性偏重于知识、理论和逻辑，强调的是真理性，而实践理性偏重于实践、经验和应用，强调的是实用性。努斯作为一种理智力量，不仅与认知世界的知觉经验紧密相关，而且还与改造世界的实践活动有着密切的关系。努斯所强调的正是科学的实践意义和实践价值。

其三，确立了理性合作的共同体意识。努斯强调实践理性，而实践又是社会的，需要人们理性的合作，需要有社会责任感，需要有一种共同体的意识。因此，实践理性包括两个层面：一是关于怎样运用知识和经验来改造世界的理性；二是如何协调人类社会事务运作的理性。作为宇宙万物运动的推动者，努斯不仅影响着人们怎样运用知识和经验来改造世界，而且也影响着人类社会事务的运作。于是，努斯不仅强调科学实践的合理性，而且强调社会实践的合理性，而后者也是科学文化的核心要素之一。

这三个方面的意义对古罗马文化的影响是巨大的。首先，确认了经验研究的重要性。如果说，古希腊人代表着一种重理论的哲学传统，那么，古罗马人代表的就是一种重实际的工艺传统。在他们那里，强调的并不是抽象的理论，更不是本本主义的诠释，而是活生生的生活实践。怀特海说，在公元 6 世纪的时候，意大利有两个杰出人物，他们为未来时代奠定了基础：一个是圣·本笃，另一个是大格黎哥里。他们的特点是，注重实际，注重在平凡事物中寻找意义，并把这种注重实际的精神贯彻到自己的宗教文化活动当中去，于是，观察和实验精神在他们那里得到了发展。①

其次，孕育了改造现实的实践精神。古希腊人往往重视理论，而轻视实践。在亚里士多德看来，求知是人类的本性，为求知而求知，并无任何实用目的，这才是求知的最高境界。但古罗马人往往相反，他们出于实用的目的，将部分古希腊科学知识运用于征服自然，从而改善古罗马人的生活。他们最突出的实践才能在于，运用已有的科学技术知识来拓展各种设施，建设交通要道和规划、管理城市。西塞罗自豪地说，虽然希腊人大大推进了数学的发展，但将这门技艺有效地应用于测量和计算的却是罗马人。② 改造现实的实践精神在罗马文化中得到了孕育和发展。

最后，提出了有关公平正义的法律思想。实践是社会的，需要有一种共同体和实践理性的意识。那么，如何来保障有关社会实践的实践理性呢？一靠道德，二靠法律。古罗马人对法律和法制的推崇，特别是西塞罗提出“人人平等”的主张，不仅有助于当时提高有关工程与研究的社会组织管理的效率，而且也为日后科学的社会建制乃至现代科学共同体的建构奠定了重要的思想基础。

总之，古罗马文化通过努斯，凸显了实践理性及其形而下意蕴，从而为西方科学文化确立了“脚踏实地”的精神品格，奠定了形而下的架构。

二、从“人的发现”到“世界的发现”

西方科学有着深厚的文化根源。除了古希腊哲学、古罗马精神以外，还有一个十分重要的背景，那就是伟大的文艺复兴运动。文艺复兴有两方面的意义：一个叫作“人的发现”；另一个叫作“世界的发现”。从“人的发现”到“世界的发现”过程，我们也可以大致理解为从“文艺的复兴”到“科学的复兴”的过程。

文德尔班说，“近代自然科学是人文主义的女儿”③。为什么？因为文艺复兴运动兴起之后，文艺的复兴带动了科学的复兴。在现如今的观念里面，科学与人文艺术往往被看成是互不关联的。其实，通过对文艺复兴运动的考察，

---

① 怀特海．科学与近代世界．何钦，译．北京：商务印书馆，1959：15－16.

② 克莱因．西方文化中的数学．张祖贵，译．上海：复旦大学出版社，2004：84－85.

③ 威廉·文德尔班．哲学史教程：下卷．罗达仁，译．北京：商务印书馆，1993：473.

我们不难发现，它们之间不仅相互关联，而且几乎不可分割地联系在一起。

我们从“人的发现”和“世界的发现”的关系中，就可以看到科学与人文艺术之间的深刻关联。什么叫作“人的发现”？主要指的是人的内在的心灵世界的发现。它深深地触及诸如我是谁、我从哪里来、我要到哪里去等一系列属于心灵世界的根本性的问题。显然，这些问题的解决有助于大大推进“世界的发现”。什么叫作“世界的发现”？主要是指外在的客观世界的发现。当然，“世界的发现”也有助于推进“人的发现”。换句话说，“世界的发现”离不开“人的发现”。因为所谓“世界的发现”，从根本上说就是人对世界的发现，因此，要发现世界首先要对人自身有所发现；反之，“人的发现”也离不开“世界的发现”。因为“人在发现”不是空洞的，只有在对外部世界的发现过程中，人才能真正发现自己内在的心灵世界。这不仅是“人的发现”和“世界的发现”之间的深刻关联，而且也是科学与人文艺术之间的深刻关联。

首先，我们来探讨“人的发现”。文艺复兴不仅要恢复中世纪丧失的古典文化的精髓，恢复古典作家的纯洁质朴的光辉，而且要恢复最具有真理与自由的古典精神。在这样一种精神理念下面，文艺复兴树立了一种新的人性观。这种人性观的特征包括：

其一，充分肯定人的自主性。自主性是文艺复兴新的人性观的第一个特征。在中世纪的时候，人并不是独立自主的，思想并不是独立自主的，人的一切都是由上帝决定的。在中世纪，强调的是人性的卑微、人生的悲惨和人世的罪孽。但是，到了文艺复兴以后，人的尊严、人的崇高、人的价值得到充分的肯定，因而人的自主性得到充分的肯定。文艺复兴几乎所有的作品都在极力歌颂人的价值，强调人自身所具有的尊严和荣誉。其实，人有了这种自主性，才有可能从事文艺和科学，才会有文艺的复兴和科学的复兴。

其二，充分肯定人的能动性。文艺复兴肯定人的独立性的重要依据是什么？人具有充分的能力和才能来实现现实的目标，享受世俗的幸福。这是对人的能力和才能的肯定。正是在这样一种精神文化的氛围中，文艺复兴时期出现了大批多才多艺的艺术家，而他们在许多领域都有自己独特的创造。他们是全才式的“完整的人”、“完美的人”或“完全的人”。例如，达·芬奇不仅是一个伟大的画家，还是一个伟大的科学家和工程师，而且几乎在每一个领域，他都达到登峰造极的地步。在达·芬奇的一生中，他画出了许多世界名画。除此以外，他还有许多创造和发明。

其三，充分肯定人的自由。什么是自由？有人将自由理解为人身不受束缚。其实，这只是外在的自由。除了外在的自由，人还有一种更高的自由，那就是内心的自由。内心的自由通过什么渠道才能实现？通过各种各样的文化，如艺术、科学、哲学等。人为什么要搞科学？爱因斯坦曾说，科学家有两种动机：一种动机是消极的，就是要逃避日常生活的“粗俗”和“沉闷”，还要摆脱“欲望”的桎梏。好比城里的生活太喧闹、太嘈杂，他要逃避和摆脱它，于是到大山里面去了。这是一种“逃避”和“摆脱”。另一种动机是积极的，就是当他“逃避”和“摆脱”之后，发现哲学家、音乐家、科学家、画家和诗人都聚集在新的地方，他们都在用不同的语言描绘这个世界的图像。所不同的只是，画家用绘画的语言来描绘世界，音乐家用音乐的语言来描绘世界，而科学家则用数学的语言来描绘世界。他们都用这种方式来征服世界，并从中获得“宁静和安定”，还有心灵深处的自由。

可见，艺术与科学不仅同创造紧密地联系在一起，而且同人的自由联系在一起，特别是同人的心灵深处的自由紧密地联系在一起。在文艺复兴时期，正是对人的自由的充分肯定，激发了许多艺术家和科学家投身于艺术和科学领域。当然，有了自由就有创造，文艺复兴不仅将欧洲的艺术推向辉煌，而且也为近代科学奠定了基础。这种自由的理念对于艺术和科学有着双重的意义：一方面，文艺复兴所倡导的自由在当时的文化当中孕育了一种宽容的态度，这显然非常有益于艺术和科学的创新与进步。另一方面，文艺复兴所倡导的自由又激发了艺术家和科学家，通过对自然的考察来丰富对人性的理解，然后进一步提升文化的高度，捍卫人性的尊严。这就是“人的发现”。

其次，我们来探讨“世界的发现”。文艺复兴最伟大的成就不仅包括“人的发现”，而且包括“世界的发现”。它不仅为人类揭示了一个崭新的心灵世界，而且为人类揭示了一个崭新的自然世界。而这个崭新的心灵世界和自然世界，对近代科学的兴起和发展来说，都是至关重要的。所谓“世界的发现”，主要体现在以下三个方面：

其一，发现了世界的秩序。在文艺复兴时期，人们有一种特殊的想象力。他们认为，人与自然有很多对应的东西。人好比小宇宙，而自然世界是个大宇宙。在这个小宇宙和大宇宙之间，结构和比例是对应的。他们用这样一种关系来探索自然，把人类灵魂和心智的结构、秩序和规律同自然界的结构、秩序和规律对应起来。虽然这种观念在当今看来似乎有悖于科学，但无疑这是一种对自然秩序和规律进行探索的尝试。值得注意的是，按照传统的艺术美学观，艺术只是一种虚构。但是，在但丁、彼得拉克看来，艺术作品当中或多或少包含着虚构的内容，然而艺术还是在探求真理，只不过它把“实在的真理”隐藏到了这幅虚构的画面之后。这对科学有着极大的启示作用。也就是说，艺术家所画的那个世界，并不是假的，因为这幅画的背后隐藏着“实在的真理”，正是这种思想启示了科学。虽然科学观察到的只是表面世界，但是在这个表面世界的背后却存在着一个深层的结构，即所谓“实在的真理”。正是从包括绘画在内的艺术里面获得灵感，近代科学家大多相信，他们所发现的数学规律，就是表面世界背后的那个真实的理智结构，即所谓“实在的真理”。

其二，发现了世界的魅力。虽然文艺复兴通过对古希腊文化和文明的发掘，发现了一个全新的世界，但这只是起点，而不是终点。既然要发现隐藏在世界背后的那个真实的理智结构，那么就应当面向真实的实在世界本身。因此，革命性的文艺复兴还有一种强烈的倾向，那就是反对极端推崇古人的权威，要求艺术家和学者“抛开书本”，不应在柏拉图和亚里士多德中学习，而是应当打开“原本的自然之书”，去直接拷问自然。而这不仅是近代艺术的伟大开端，即追求个性和独创性的精神，推崇通过艺术的手法表征自然，而且更是近代科学的伟大开端，即追求数学和实验的方法，推崇通过科学的手段表征自然。也正是通过打开“原本的自然之书”去直接拷问自然，文艺复兴发现了自然世界的魅力，激发了欧洲人从事科学探究的兴趣，吸引了大批学者和艺术家投身于自然科学的探究之中。也正是通过打开“原本的自然之书”直接拷问自然，导致古代科学的衰落和近代科学的兴起。

其三，发现了可量化和可控制的世界。近代自然科学的产生得益于两种方法：一种是数学方法；另一种是实验方法。这两种方法的伟大意义在于，通过它们可发现一个可量化和可控制的世界。而这两种方法的发现，在很大程度上得益于文艺复兴。文艺复兴时期的艺术家和工匠们首先运用数学方法来提高他们的技巧，达·芬奇说，“绘画是一门科学，其基础是数学”。值得注意的是，达·芬奇还说过，在科学中，但凡没有用到数学的地方，仍然是不可靠的。这说明，在他看来，数学是绘画与科学共同的基础。当然，数学只是基础，仅仅靠数学是不够的。除了数学以外，文艺复兴时期的艺术家和工匠们还大量运用解剖学、透视法和明暗转移法等来提高其艺术水平，而这些方法不仅同数学密切相关，而且还同实验密切相关。这些方法的运用使得画中的形象无比精确，从而使达·芬奇成为最具有科学家色彩的艺术家和最具有艺术家色彩的科学家。因此，文艺复兴对自然科学的影响是巨大而深刻的，它在很大程度上孕育了近代科学所需要的思维与方法：一方面，文艺复兴的艺术家关于数学方法的应用和对自然界数学比例的揭示，为伽利略的自然世界数学化和笛卡尔的“普遍数学”做了必要的思想准备；另一方面，文艺复兴的艺术家又是一批实验哲学家，他们为近代科学孕育了实验方法。正如科学史学家萨顿所说的，文艺复兴革命，并不只是“简单地回到古代”，而是“回到自然”。人文主义者“为此铺平了道路”，但“革命本身却只能由实验哲学家完成”。在他看来，这场文艺复兴革命的基本原因就是，“将这种工艺和实验的精神用于探求真理，这种精神突然由美术界扩展到科学界。这正是列奥纳多以及他的同行们所做的工作。此时此地，现代科学才得以诞生”①。

总的说来，文艺复兴是一个伟大的分水岭，在它之前是古代科学，在它之后是近代科学。从“人的发现”到“世界的发现”的过程，可以理解为从“文艺复兴”到“科学复兴”的过程。在这个伟大的过程中，既包括从古代文艺到近代文艺的复兴过程，又包括从古代科学到近代科学的复兴过程。

三、西方科学与启蒙精神

从古希腊哲学到古罗马精神，然后再到文艺复兴，构成了近代西方科学产生的文化背景。因此，不难理解，科学并不是凭空产生的，它有极其深刻的文化根源。首先，哲学是近代科学的重要根源，后来文艺又直接推动了近代科学的产生。接下来还有一个文化背景，那就是启蒙运动。启蒙运动是18世纪一场伟大的思想文化解放运动。它大胆地吸收了由伽利略、开普勒、笛卡尔以及牛顿所发动和完成的科学革命的思想方法，然后把它完善为一个现代的知识工程和社会工程。

我们从法国数学家达朗贝尔下面这段激情洋溢的话中，不难感受到这场启蒙运动的波澜壮阔。

> 我们的世纪被称为……卓越的哲学世纪……新的哲学化方法的发现与应用，与各种发现相伴随的那种热情，宇宙奇观在我们身上引起的理念的某种提升——所有这些原因造成了心智的强烈骚动，就像冲破了堤坝的江河一样从各个方向蔓延穿透大自然。②

伏尔泰说，“我们应当尊敬的是凭真理的力量统治人心的人，而不是依靠暴力来奴役人的人”③。由此可见，这是一个崇拜科学的时代，也是一个崇拜

① 乔治・萨顿．科学的生命．刘珺珺，译．北京：商务印书馆，1987：68.

② 托马斯・L. 汉金斯．科学与启蒙运动．任定成，张爱珍，译．上海：复旦大学出版社，2000：1.

③ 伏尔泰．哲学通信．高达观，等译．上海：上海人民出版社，2005：56.

英雄的时代。启蒙运动的特征是，把科学看成所有文化中最伟大的文化，把自然科学家当成英雄。当时最伟大的英雄是谁？毫无疑问，就是牛顿。在这样一种精神文化氛围中，科学被看成拉动人类文明进步的一架大马车，也是推动人类社会进步的决定性力量。这样一来，西方科学与启蒙运动就有着很深的互动关系：一方面，启蒙运动在科学中获得灵感，由此产生一种启蒙精神；另一方面，科学又在启蒙运动中得到一种巨大的推动力，从而获得加速成长和发展。这显然又是西方科学之所以能迅猛发展的一个不可多得的文化根源。

首先，启蒙运动在科学中获得灵感，由此产生一种启蒙精神。这种启蒙精神主要体现以下几个方面：

其一，以“自然”取代“上帝”。在中世纪，“上帝”决定一切，没有“人”的地位，也没有“自然”的地位。到了文艺复兴时期，“人”的地位提高了，特别是作为艺术家的“人”的地位提高了，艺术家可以比作像“上帝”那样的创造者，其作品可以同自然相媲美。到了启蒙运动时期，一方面，“人”的地位又进一步提高了，特别是作为科学家的“人”的地位提高了，他们成了世间的英雄；另一方面，“自然”的地位也进一步提高了，以致“自然”取代了“上帝”。为何“自然”能取代“上帝”？因为“自然”具有科学所揭示的放之四海而皆准的必然规律。当然，从今天的观点看，以“自然”取代“上帝”显然也有诸多问题，但从历史的观点看，这对西方科学与社会的进步有着无比巨大的意义。

其二，将自然科学扩展到“人的科学”。既然自然界可以用理性的方法来研究，并取得了公认的成就，那么，关于人、社会和文化的研究为什么不可以用这种方法来研究呢？牛顿曾说：“如果自然哲学在它的一切部门中能由于坚持这种方法而最后臻于完善，那么，道德哲学的领域也将随之而扩大。”① 这正是启蒙思想家的重要关切之一。他们被牛顿的科学方法及其伟大成就激励，尝试建立一门新的科学，叫作“人的科学”。所谓“人的科学”，就是包括政治学、经济学、法学、历史学、伦理学、美学乃至教育学等在内的我们今天所说的人文社会科学。关键是，要以自然科学为典范，用自然科学的方法来改造传统的人文社会领域的研究，最终建立一门能同自然科学相媲美的“人的科学”。

其三，用科学与理性来推动社会进步。启蒙思想家对“自然”和自然科

---

① 牛顿．牛顿光学．2版．周岳明，等译．北京：北京大学出版社，2011：259.

学的推崇以及对牛顿的崇拜，最终归结为要用科学与理性来解决社会问题。既然科学与理性能有效地解决自然界的问题，为什么科学与理性不能有效地解决社会问题呢？启蒙运动蕴含着一种强烈的科学主义、理性主义和乐观主义。它崇拜科学，认为科学是人的智慧的源泉，代表着人的日益发展的能力，人应对未知从而控制自然的能力。它推崇理性，认为理性是衡量一切的唯一尺度，用这个尺度就可以构建合理的社会制度，从而让真理、正义、平等和人权代替迷信、特权、偏见和压迫。于是，启蒙运动弥漫着一种强烈的乐观气氛，认为用科学与理性就可以战胜愚昧和无知的世界，最终导致社会进步。

总的来说，启蒙运动在科学中获得巨大灵感，由此产生一种启蒙精神。它以“自然”取代“上帝”，将自然科学扩展到“人的科学”，用科学与理性来推动社会进步。启蒙精神不仅代表着西方科学现代化的起点，而且代表着西方社会现代化的起点。

其次，科学又在启蒙运动中获得一种巨大的推动力，从而获得快速成长和发展。启蒙运动对科学的推动作用主要体现在以下三个方面：

其一，推动近代知识的综合。18 世纪法国启蒙思想家编纂《百科全书》，开启了人类新的综合知识的尝试。这本书的全称是《百科全书，科学、艺术和工艺详解词典》，由狄德罗任主编，达朗贝尔任副主编。启蒙思想家孟德斯鸠、伏尔泰和卢梭，哲学家爱尔维修、霍尔巴赫和空想社会主义者摩莱里、马布利等人，都参与了该书的撰稿。值得注意的是，在此书编纂过程中，还诞生了百科全书派。编纂《百科全书》对科学来说，主要有两个方面的重要意义：一是外在的。百科全书派高举“理性”的大旗，在反对封建特权制度和天主教会的同时，也在很大程度上为科学的进步扫除了来自科学外部的各种障碍。二是内在的。百科全书派编纂《百科全书》，力图以经验为基础，揭示近代各种知识之间的相互联系，从而实现新的综合。这无疑对科学本身有着直接的影响。启蒙思想家提出的自然观和认识论，从某种意义上是在为近代科学的合理性做哲学论证。在 18 世纪开启化学革命的拉瓦锡坦承，启蒙思想家要求精致化的科学语言的主张对他的研究有着深刻的影响。

其二，促进科学活动的建制化。《百科全书》的编纂过程，实质上也是科学知识的传播过程，也就是说，从科学知识的角度促进科学的社会化。此外，启蒙运动还推动了科学活动的建制化。在早期，既没有专门的科学家团体，也没有专门的科学家职业。人们几乎只凭个人兴趣进行研究，因此，充其量只是“业余科学家”。1662 年英国皇家学会成立，是科学活动体制化的开端。

紧接着，1666年法国科学院成立，迈开了“科学专门职业化的第一步”①。然而，科学大规模的建制化是在18世纪完成的，并深受启蒙精神的影响。例如，柏林科学院成立于1700年，1743年改组；俄国科学院成立于1724年；瑞典科学院成立于1739年，后在哥廷根、波伦亚、都灵和慕尼黑建立了皇家学院。类似的学会包括：爱丁堡学会（1783）、曼彻斯特学会（1781）、哈勒姆学会（1756）。法国许多省份也纷纷建立了科学学会。② 如果说，科学知识的传播是科学社会化的基础的话，那么，科学活动的建制化则是科学社会化的保障。否则，科学家的工作得不到社会的承认，科学家在社会中也没有地位。当然，启蒙精神促进科学活动的建制化的意义并不局限于此，它对于增强科学的社会关切、科学家的集体协作以及公开和公正的科学交流等都具有极为深远的意义。

其三，增强科学的社会效用。启蒙运动对于推动科学社会化的作用，不仅体现在促进科学知识的传播和科学活动的建制化，更重要的是体现在增强科学的社会效用。如果科学不能发挥特有的社会功能和社会效用，那么，科学也就难以实现其社会化。当然，科学社会化的目标就是实现现代化。这个现代化的目标是双重的：既是科学的现代化，又是社会的现代化。更确切地说，启蒙运动的精神实质，就是既要以科学的现代化来推动社会的现代化，同时又要以社会的现代化来推动科学的现代化。在启蒙思想家看来，科学对社会具有两个方面的重要功能和价值：一是精神生活层面的启蒙。他们倡导用科学和理性来开启民智，破除迷信、愚昧和无知，最终让真理、正义、平等和人权代替迷信、特权、偏见和压迫。二是物质生活和技术的提升。于是，他们主张科学家不应局限于为学术而学术，而应当走出学术的象牙塔，将自己的聪明和才智服务于社会，改善人类的生活。

毫无疑问，如果将科学同社会，特别是同广大老百姓的生活紧密地联系起来，那么，科学必然会得到巨大的支持，社会也将得到快速的发展。西方科学为什么能够在近代以后得到迅猛发展？西方社会为什么能够最早实现现代化？启蒙精神推进科学的社会化，特别是对社会效用的强调显然起了巨大的作用。它在为科学赢得了更多的社会声望和支持的同时，又使科学服务于社会，推动社会的进步。这是一股前所未有的巨大力量！因此，要理解

① 刘珺珺．科学社会学．上海：上海人民出版社，1990：124.

② 托马斯·L.汉金斯．科学与启蒙运动．任定成，张爱珍，译．上海：复旦大学出版社，2000：176－177.

西方科学的文化根源和背景，不能不深刻理解启蒙运动及其精神的意义和作用。

总的来说，启蒙运动及其精神为科学树立了三个形象：一是典范的形象。它把科学作为所有文化的典范，认为在所有文化中只有科学才有资格成为典范，所有文化都应该向科学学习。二是进步的形象。它强调在所有文化中科学是最具有进步意义的文化，正是科学的进步带动了社会的进步，并且必将取得更大的进步。三是解放的形象。它强调科学不仅是一种进步的力量，更是一种解放的力量。科学的使命是什么？就是要通过启蒙，使人不仅在物质生活层面，而且在精神生活层面获得解放。尽管从今天看来，启蒙运动的观点和做法未必完全正确，特别是将科学的地位和价值做过高的评价显然是有问题的，但是，从历史的观点看，启蒙运动及其精神对于科学的发展和社会现代化的确起到了至关重要的作用。

四、西方科学的文化精神

从西方科学的文化根源看，它的精神内涵可以从多种角度来理解：

首先，从方法论的角度看，西方科学体现了一种极强的理性精神和实证精神。科学方法论强调数学方法，而数学方法体现了一种极强的理性精神，它不允许有任何逻辑上的漏洞。可以说，它所蕴含的理性精神是所有理性精神中最强的一种。科学方法论强调实验方法，而实验方法体现着一种极强的实证精神。实验方法要求所有的猜想和假说都基于实验事实和实证依据，要求经受最严格的实验检验。也可以说，它所蕴含的实证精神是所有实证精神中最强的一种。数学方法和实验方法的意义在于，它们最大限度地保证了科学的确定性、精确性、合理性和客观性。虽然数学方法和实验方法并不能保证科学在逻辑上和经验上天衣无缝，并不能使科学达到绝对真理，但是，除此之外，恐怕再也没有比这更为合理而严格的方法了。

其次，从认识活动的角度看，西方科学体现了一种对知识和真理的追求并为之奋斗的精神。这种精神包括自由探索、勇于批判、大胆创新、严谨求实的精神等。这种精神也可以概括为以下两种精神的结合：一种是实证精神；另一种是创新精神。创新精神强调的是科学对新思想的追求。人的思想永无止境，科学认识也永无止境。对新思想的永无止境的追求，这是科学认识的一个重要维度。实证精神强调的是科学对确定性的追求。在科学中，每一种新思想必须有充分依据，必须得到经验的确证。对确定性的永无止境的追求，是科学认识的另一个重要维度。正是两个维度的有机结合，构成科学认识永不衰竭的精神动力。

再次，从文化特征的角度看，西方科学体现了一种哲学精神和技术精神的有机结合。科学精神也包括两种精神：一是哲学精神；二是技术精神。哲学精神主要包括探索自然奥秘的好奇心，追求智力冒险，这是哲学精神，也是哲学家的精神。技术精神包括重视实际经验与技能，观察与实验，强调实际效用和工具理性，这也是实践家的精神。从这个意义上说，科学精神也可以概括为理想主义和现实主义两种精神的结合。理想主义强调的是求知精神，而现实主义强调的是求实精神。正是这两种精神的有机结合，强有力地推动着科学文化不断向前发展。

最后，从社会价值的角度看，体现了一种为人类的自由和解放而奋斗的精神。人类的自由和解放包括两个层面：一是物质生活层面的自由和解放；二是精神生活层面的自由和解放。如果说，技术精神侧重于强调物质生活层面的自由和解放的话，哲学精神则侧重于强调精神生活层面的自由和解放。科学既有重要的经济和技术价值，又有重要的文化和精神价值。前者应对的是物质生活层面的自由和解放，而后者应对的是精神生活层面的自由和解放。正如马克思和恩格斯所说的，二者的有机结合使科学真正成为"一种在历史上起推动作用的、革命的力量"，是"历史的有力的杠杆"，是"最高意义上的革命力量"。

当然，科学不可能在真空中成长，它是在特定的社会历史文化背景中成长起来的。因此，不但科学具有历史性和时代性，而且科学精神也具有历史性和时代性。例如，在近代初期到启蒙时代，西方科学具有很强的清教主义和功利主义精神，也带有很强的机械论色彩；在 18 世纪下半叶至 19 世纪，西方科学似乎少了一些机械论色彩，多了一些历史主义和辩证法的精神；到了 20 世纪，西方科学在强化实证精神的同时，似乎又多了一层思辨色彩，在强化功利主义的同时，理想主义也在不断发扬光大。

一、思考题

1. 如何理解西方科学文化的两个原点？
2. 如何理解文艺复兴中"人的发现"和"世界的发现"？
3. 如何理解西方科学与启蒙运动的关系？
4. 如何理解西方科学的文化精神？

二、延伸阅读

1. 孟建伟．科学与人文新论．北京：科学出版社，2017.
2. 孟建伟．论科学的人文价值．北京：中国社会科学出版社，2000.
3. 孟建伟．科学技术哲学研究．北京：东方出版社，1998.
4. 孟建伟，郝苑．科学文化前沿探索．北京：科学出版社，2013.

第十章 古代西方的健康、疾病与治疗

张大庆*

健康、疾病与治疗是医学的主题，也是人类生活中的一个永恒主题。当然它们也是哲学的一个主题。我是谁？我从哪儿来？要到哪儿去？这些哲学的终极问题，在医学领域则具体地呈现出非常现实的问题，是每个人都不得不面对的问题，如人的生物学本质、自我身份的认同、生殖与辅助生殖技术的价值、死亡的意义等。实际上，哲学中很多高深的问题，最初都是来自医学的现实，来自对自身经历和感受的追问。所以说，人怎么去认识自然和自身，既是哲学的基本问题，也是医学的现实问题。

一、古代文明对健康与疾病的认识

现代科学的很多学科，如天文学、物理学、生物学，最早都是从古代自然哲学中分化出来的。自然哲学关注的是如何认识自然、如何解释自然，也包括如何理解健康与疾病。现在人们一谈到疾病诊疗，马上联想到的是装备着各种“高精尖”诊疗设备的现代化医院，但处置病痛实际上是人类最早和自然打交道的一种途径。在处置病痛的过程中，人类逐渐积累了诊疗经验，比如古希腊人认识到季节、气候、水质、风土等对健康与疾病的影响，了解到草药的一些功用（如菊苣利尿、苦薄荷祛痰、马齿苋解毒、苦艾健胃等）。人们对于外来因素所造成的伤害，如被动物咬伤、打斗造成的外伤、不慎跌落导致的骨折等，原因很明显，对症处置便可以了。但对另一些病症，如头疼、家庭成员或一群人都出现发热、寒战、腹泻，甚至死亡等，人们希望知晓原因，以规避再次遭遇厄运，所以需要探寻原因并提供一些解释。例如，

* 张大庆，北京大学博雅特聘教授、北京大学科学技术与医学史系副主任、北京大学医学人文学院医学史与医学哲学系主任，北京大学医学图书馆馆长。主要教学与研究领域为医学史、医学哲学、医学人文学等。学术任职：中国科学技术史学会医学史专业委员会主任、中国自然辩证法研究会副理事长兼医学哲学专业委员会主任、教育部医学人文素质及全科医学课程指导委员会副主任、国际科学史研究院通讯院士、国际医学史学会（ISHM）科学委员会执委兼中国国家代表。

人之所以患病，但又找不到病痛的直接原因，可能会倾向于接受“惩罚说”，即由于作恶，或因亵渎了祖先或神灵而受到的惩罚。因此，患病者需要祭祀、祈祷，祈求神灵的宽恕。在荷马史诗中，阿波罗是鼠疫和各种瘟疫的传播者，但同时他也是驱除一切疾病的神。由于人们将疾病的原因以及祛除病痛的功劳都归功于神，于是人们在疾病得到治愈后就要去神庙献祭，向神灵表达感激。在约公元前400年雅典阿斯克雷庇亚神庙的遗址中，发现了一幅静脉曲张病人的腿部浮雕，医史学家认为这是古希腊的一种祭祀浮雕。

在祈求神灵的同时，人们也会主动寻找一些缓解病痛的方法，例如钻颅术被认为是一种古老的缓解头痛的治疗。钻颅术在亚洲、非洲、欧洲、美洲都有被应用的证据，可能的解释是，头痛源自鬼怪、恶魔在头颅内作祟，因此需要通过在头颅钻个孔把鬼怪放出去。虽然有人认为钻颅术是一种古老的外科手术，但实际上作为一种巫术更确切。钻颅术的效果很难判断，且具有很大的风险。因此，更为普遍的是借助于各种附有神力的狰狞面具或利用散发特殊气味的植物等作为驱魔工具术来驱魔治病。

祭祀需要用重要的牺牲来作为祭品，以表达虔诚。古巴比伦人认为肝脏是动物体内最重要的器官。为什么是肝脏呢？日常经验表明，失血过多就可能导致死亡，因此，血液被视为生命的象征。在动物各个器官里，肝脏所含的血液最丰富，因此，巴比伦人用肝脏来进行占卜。

在古埃及，人们也信仰神灵主宰人类的医疗保健，如托斯（Thoth）可治愈中毒和外伤，爱西斯（Isis）能起死回生，塞梅特（Sechmet）擅长治疗妇科病，而伊姆霍泰普（Imhotep）能治疗眼疾，鹰头神霍鲁斯之眼（Eye of Horus）具有起死回生之力量，人们修建神庙供奉这些神灵，期盼他们能护佑人们的健康。

随着经验的积累，古埃及人也掌握了许多疾病的诊疗知识。人们可以从考古学家发现的一些纸草文中窥其概貌。目前所知的与医学有关的有：康氏纸草文（Kahun Medical Papyrus）、史密斯纸草文（Smith Surgical Papyrus）、埃伯斯纸草文（Ebers Papyrus）等。康氏纸草文大约抄写于公元前1950年，其中记载主要是妇科疾病。史密斯纸草文的抄写年代可能在公元前21世纪—前16世纪，主要记载了48个外科病例，还记载了冷敷、用牛骨夹板和浸有松脂的绷带治疗骨折等方法。埃伯斯纸草文大约抄写于公元前1550年代，内容包括内、外、妇、儿、眼、皮肤各科及卫生防疫等，载药700余种，方剂877个；剂型有片剂、丸剂、粉剂、煎剂、膏剂、栓剂、糊剂等；对生理解剖、疾病防治也有论述。这些纸草文展示了古埃及医生对人体的解剖、生理、病理等的认识以及常用的诊疗技术。

古埃及人的生产、生活与尼罗河息息相关。基于类比联想，他们把对气象和河水的观察与人体的生命现象联系起来，具体到人体的脉管与呼吸，认为人体是由固体成分（土）与体液（水）组成；脉管相当于“沟渠”，体温是火，呼吸是气，体液与气流注于脉管中；脉搏则相当于河水涨落；血液是人赖以生存的源泉；来自空气中的灵气（Pneuma）赋予人活力；灵气与血液流注的管道乃称“气动脉”（Arteria，拉丁文 art 为气）。

埃及医学对地中海地区的医学影响很大，公元前 6 世纪后，埃及的希利俄波利斯的学校中有许多希腊人、犹太人、腓尼基人、波斯人来此受业。古希腊著名的哲学家泰勒斯（Thalēs，约公元前 624—前 547）、毕达哥拉斯（Pythagoras，公元前 580—前 500）、历史学家希罗多德（Herodotus，约公元前 484—前 425）、医圣希波克拉底（Hippocratēs，公元前 460—前 377）都曾来埃及游学。古埃及的灵气与体液病理观念，对后来希腊医学影响很大。

二、古希腊罗马时期的医学观念

古希腊医学也经历了神灵医学模式的阶段，古希腊最著名的医神是阿斯克勒庇俄斯（Asclepios），他的妻子和儿女们也是掌管治疗、卫生、药物等的神，如玛卡翁（Machaon）掌管战伤治疗，海吉娜（Hygina）掌管个人卫生，潘纳西亚（Panacea）掌管药物等。古希腊修建有许多供奉医神阿斯克勒庇俄斯的神庙，神庙里的祭司借助神灵的力量，给前来求治的病人治疗和安慰。神庙都修建在风景优美、空气清新，且有温泉的地方，这样的环境无疑有利于病人的康复。

随着人类经验的不断积累，神灵干预的手段在逐渐消退，人们开始凭借积累的经验、思辨推理来理解自然，解释疾病。古希腊哲学家认为整个自然界构成了大宇宙，而人体则是一个小宇宙，观察世间万事万物的变化可认识自然，观察人的生老病死可认识生命。因此，柏拉图讲，苏格拉底以前的哲学家也都是医生，并被称为医哲学家。希波克拉底说过，“医哲乃神”（iatro philosopher ist Theo），具备哲学家头脑的医生就如同神明。

医生的职责是维护人们的健康。古希腊哲学家认为，健康既是一种良好的身体状态，也是一种良好的精神状态，还是一种良好的道德状态。健康是一种美德，古希腊哲学家通常是把人性、德行与健康放在一起考量的。因此，古希腊人非常重视身体的健康。古希腊的奥林匹克运动，就是一种身体的比赛，所以奥林匹克运动会既是体育的竞技，也是身体健美的比赛。

健康是身体内各种体液之间保持平衡的观念，是古希腊思想家关于自然秩序的一种普遍信念。在许多前苏格拉底哲学家的著述中都可发现类似的思想。大约在公元前 450 年，那种将世界的构成看作某种单一初始物质或元素（如气或水）的思想影响已明显减弱，因为这种思想不能解释变化和差异。于是出现了两种替代的解释模型：一种是爱奥尼亚（Ionia）哲学家赫拉克利特（Heraclitus，约公元前 540—前 480 与前 470 之间）提出的两种基本物质——火与水——之间的竞争模型。在这种解释模型中，所有物质仅是在这二者之间保持着一种不稳定的平衡，变化是永恒的、经常的，稳定性可能仅仅在某些限定内才能保持。而西西里（Sicilia）哲学家恩培多克勒（Empedocles，约公元前 495—约前 435）提出了另一种宇宙解释模型：宇宙由土、气、火、水四种元素构成，并形成各种适当的混合。每种物质都是由这四种元素的不同特性所构成，如骨由两分水、两分土和四分火构成；血液由每一种元素以相同的比例构成。每种物质的稳定性在于四元素之间保持适当的比例平衡。与赫拉克利特永恒变化理论不同的是，恩培多克勒认为事物一旦获得平衡就可保持稳定，因为事物可通过保持它的适当比例而维持它的持续稳定性，如呼吸过程能被解释为，在特殊器官内元素为保持适当平衡而产生的运动变化。恩培多克勒的这种元素间保持适当平衡的思想成了后来的四体液生理和病理学理论的哲学基础。

希波克拉底汇聚了前人的智慧，建立了体液病理学说。希波克拉底认为人体的健康取决于身体内体液的平衡，疾病是体液失调的结果。在“论人的特性”中，希波克拉底指出：“人的身体内有血液、黏液、黄疸、黑胆，这些体液构成了人的体质，通过这些体液便有痛苦的感觉或享有健康。这些体液的比例、能量和体积配合得当，并且是充分地混合在一起时，人就有完全的健康。当某一体液过多或缺乏时，或某一体液单独处于身体一处，血液与其他体液不相配合时，便感到痛苦。当一种体液离开其他体液而孤立时，不仅是它原来的地方要闹病，它所停留的地方也要闹病；因为体液过多就会造成疾病和痛苦。事实上，当一种体液流出体外超过所应当流出的量时，这个空虚处便酿成疾病。假如体内发生这种空虚，即当某种体液移动或离开其他体液时，人将表现出双重疾病，一是在该体液所离开的地方，另一个是体液所流到的地方。”① 体液论是在希波克拉底时代逐步建立完善起来的，是希腊医生与哲学家之间相互交流、相互影响的产物，自然哲学家依据医生所提供的

① W. H. S. Jones. Hippocrates. Vol. 4. Cambridge：Harvard University Press，1959：11.

临床经验和观察资料按次序分类，形成了影响西方以后 2 000 多年医学发展的重要理论。

希波克拉底认为人的健康至关重要。缺乏健康会导致智慧不能发光，才艺不能展示，身体不能战斗，知识不能运用，财富变为无用。因此，医生的主要任务是通过帮助人们的身体恢复自然治愈力来医治疾病，恢复健康。这是希波克拉底最重要的医学思想。我认为这个观点到现在依旧不过时，只不过我们现在换了种说法，把自然治愈力叫免疫力。希波克拉底还提出过一个“不伤害”原则，即医生最重要的是不伤害病人，在此不伤害的基础上尽量帮助病人。

通过总结长期的临床实践，希波克拉底对疾病的病程进行了分期。他认为可将疾病病程分为三个阶段：未成熟期、消化期、分利（危机）或迁延期。例如，感冒咳嗽首先是嗓子疼、干咳，是“未成熟期”；之后可能会出现发热，会有痰，痰从浓稠到清，人就会很快好转了，这个就是“消化期”；“分利期”（危机期）即患者处于疾病转归的关键时期，其结果可能痊愈或死亡，也有可能引起慢性病症，如慢性支气管炎，从而进入了“迁延期”。体液病理学说可以解释诸多常见病问题，例如感冒痰多、黏液多的原因是因为大脑支配黏液，人受寒之后引起大脑分泌黏液增加，于是出现打喷嚏、流鼻涕的症状。治疗感冒可用发汗、喝热牛奶等调整体液平衡的方法予以治疗。

希波克拉底非常重视医学伦理问题，在后人编辑的《希波克拉底全集》中收入了多篇关于医学伦理的论述，如“论医生”“论可贵的品行”“论法规”“论医术”“论古代医学”“誓词”“箴言”等。这些论述代表了古代医生的道德理想，也体现了医生开始依据不同的价值观念来建构其伦理规范。希波克拉底的伦理学是一种确定医生正当行为的准则，是一组特定的规范，也可以作为判别良医与庸医的标准。这些给医生提出的戒条，旨在保障医术的安全和保证医生职业及其开（执）业者的名誉。

希腊化时期的亚历山大里亚（Alexandria）是地中海地区的科学文化中心。在托勒密王朝（Ptolemies）的统治下，希腊文化与古代东方文化有了紧密接触。托勒密王鼓励学术研究，建立了藏书 70 万卷的图书馆及从事研究的博物馆。亚历山大里亚城中哲学家、医生、艺术家和诗人云集，科学和文化达到了高度的繁荣，古希腊的科学、哲学和医学，在这座地中海城市找到了自己的继承者。

在亚历山大里亚，医学家们认识到了解人体内部的构造，对于理解生命的规律以及治疗疾病是十分重要的。他们将希腊医学的研究传统与埃及尸体防腐技术很好地结合起来，开展人体解剖的研究，其中最著名的解剖学家是希洛菲利（Herophilus，公元前335—前280）和埃拉锡斯特拉特（Erasistratus，约公元前310—前250）。希洛菲利是第一位系统地研究脑和脊髓解剖的人，提出脑是神经系统的中心和智慧的所在。他也是第一位将大脑与小脑区分开的人，并且准确地描述了大脑某些部位的血液供应。此外，“十二指肠”也是由他命名的。他被盖仑（Galen，约129—200）称为“实行人类和动物解剖的第一人”。埃拉锡斯特拉特是第一个研究病理解剖的人，比较系统地研究了淋巴系统、血管、心脏和心瓣膜、肝脏和胆管、前列腺等器官的解剖结构。

公元1世纪后亚历山大里亚政治、经济、文化式微，而地中海对岸的罗马兴起，尤其是恺撒（Caesar，公元前100—前44）对埃及的征服，意味着亚历山大里亚作为科学文化和医学中心的结束。罗马作为新的文化的中心以及科学和医术的继承者凸显出来。

公元前4世纪左右，古罗马城已成为意大利中部初具规模的大型城市。罗马以其公共设施而闻名于世，这些公共设施使罗马的城镇清洁而益于健康。罗马帝国为了防止流行病，修建了城市的水道（罗马的饮水由九条输水管道从市外输入）、下水道和浴场。《十二铜表法》规定，禁止在市内埋（殡）葬；保护饮水卫生。公元前1世纪在法国南部的尼姆斯附近修建的蓬迪加尔（Pont du Gard）高架引水桥就是一个精美的典范。受意大利北部伊特拉斯坎（Etruscan）人的影响。罗马帝国宫殿废墟中有洗澡堂的设施，每一所罗马人的房子都有输水系统供给新鲜水，还有盥洗室。甚至在罗马最早年代也已经有了最大的下水道，将水排到环绕着小丘的沼泽里，以保持城市的清洁。

随着希腊医学的引进，罗马医学有了长足的进步。恺撒大帝时代，城市中开（执）业的医生获得了市民权，其社会地位有所提高，很多医生开设诊所和医护室。罗马帝国时期，许多较大的要塞内都设立了军医院。医院有良好的供水与排水设施，病房光线充足，医院的花园被用来种植药用植物。医院在战伤外科处置方面已积累了丰富的经验，考古学家在出土于庞贝的“外科医生公馆”发现了带齿钳口的手术钳具、双刃弯曲的手术刀及导尿管等外科器械。这些手术器械可用来摘除在膀胱内形成、导致膀胱口堵塞并使尿液无法排出的结石。古罗马医生索兰纳斯（Soranus，98—138）就曾描述过用解剖刀将这些结石推离原位、使之重回膀胱腔体内的过程。

古罗马时期也出现了一批著名的医学家，如方法学派的代表人物阿斯克莱庇亚德（Asclepiades，公元前128—前56）、西方古代药物学先驱的迪奥斯科里德斯（P. Dioskorides，40—90）、解剖学家鲁弗斯（Rufus，约1世纪）以及被誉为妇科和产科的创始人的索兰纳斯等。对后世影响较大的医学家有塞尔苏斯（A. Celsus，约1世纪），他的《论医学》被重新发现后，于1478年在佛罗伦萨出版，是欧洲第一部印刷出版的医学著作。塞尔苏斯根据对疾病的不同治疗法将自己的著述分为三部分：饮食、药物、外科。他记载的外科术式，如会阴膀胱取石术、唇上皮癌V形切除术、环状截肢术等影响久远。塞尔苏斯总结了炎症的四种主要征象：红、肿、热、痛，沿用至今。在塞尔苏斯以前，医书大多用希腊文写成，他倡导用本国文字——拉丁文写医书，后来拉丁文成为医学的官方语言，直到近代。

古罗马时期最著名的医生是盖仑。年轻时，盖仑先学习哲学，然后转向医学，28岁在帕加蒙（Pergamum）任角斗士医生。公元170年“哲学家皇帝”马可·奥勒留（Marcus Aurelius）聘他任宫廷医生。盖仑在行医之余也做解剖研究、授课、辩论等。盖仑著作丰富，但多已佚失，其中留存于世且影响较大的有《论解剖规程》，是第一部系统研究人体解剖的著作。他在该书中提出了人体血液运行的理论：他认为生命中存在三种灵气：自然灵气（来自食物，由肝脏转化为血液而生成）；生命灵气（肝脏产生的血液输送到心脏，与呼吸的空气相结合产生动力送达全身）；动物灵气（生命灵气到大脑后产生）。三种灵气的有机构成维系生命，血液潮汐式的涨落为身体提供营养。①盖仑的血液运行学说的影响在西方长达一千多年，直到哈维提出血液循环理论证明了盖仑的错误，盖仑的血液运行学说才得以终结。

盖仑在希波克拉底的体液病理学说的基础上，提出了体质病理学说。体液、体质病理学说二者加在一起就可以解释所有的疾病：体液病理学说解释得了什么病，为什么得病；体质病理学说解释为什么每个个体疾病特征不同，主要是因为病人的体质各异。体液病理学说把人分为四大类：一是多血质的，情感很充沛；二是黏液质的，磨磨叽叽的；三是胆汁质的，容易暴怒；四是忧郁质的。每个人具有不同的气质，因此其易患的病就有所不同。这个理论经过改进，在心理学领域现在还在被采用。

盖仑非常重视药物治疗。他有自己专用的药房，大量利用植物药配制丸

① Charles Singere. Galen on Anatomical Procedures. London: Oxford University Press, 1956: xiii - xix.

剂、散剂、硬膏剂、浸剂、煎剂、酊剂、洗剂等各种剂型的制剂，对西方药物学产生了深远的影响。

三、信仰与治疗

古希腊罗马时期崇尚理性，为什么后来人们会抛弃理性呢？理性是人类相信凭借自己的智慧，凭借自己的观察、经验的积累，可以解释世界万事万物的变化。然而，当人们面对火山爆发、地震、洪水等大的自然灾害，面对突如其来的不明原因的人口大量死亡，这些在当时是人们凭借经验还不能解释的，于是不得不认为有超自然的神灵在左右着这个世界，认为是上苍对人间罪恶的惩罚。其实这种情况距离我们并不遥远，无论是 2003 年的 SARS 流行，还是目前的新冠肺炎的全球大流行（肆虐），即便科学昌明的今天，依然会出现各种非理性的观点。人们最恐惧的是未知。

罗马帝国后期疲于战争，民不聊生，再加上自然灾害和瘟疫，公共浴室性病的流行等，不断地打击罗马帝国。当时罗马帝国的许多城镇瘟疫流行、尸骨遍野，而医生们面对瘟疫和大量人口的死亡束手无策，人们不再相信理性的解释，所以这个时期宗教盛行。神秘主义也占据了重要地位，把疾病看成是得罪了上苍而受到的惩罚。人们后来讲中世纪是黑暗的，其所指就是理性光芒的消失。在这个时期，人们不再去探讨事物本源、真相问题，而是集中在宗教、道德问题上。科学与医学进入了一个缺乏思想的黑暗时期，人们期望依靠信仰来应对疾病与死亡的恐惧和威胁。

不过，信仰也的确是一种支撑力量，会给无助的人们带来慰藉，信仰疗法也会有助于人们增加康复的信心。现代精神病学家托马斯·萨斯（Thomas Szasz，1920—2012）说：“当宗教强大，医学弱势的时候，人们会误把魔法当作医学。”① 宗教在某种程度上也具有治疗价值，比如提倡节欲，强调质朴的生活方式、心理暗示等。

四、东西方医学观念的汇集与融合

古埃及人与腓尼基、叙利亚、红海沿岸地区早就有文化交往。《旧约全书》中记载当时西亚与东北非交易的药材有没药、阿月浑子果、杏仁、蜂蜜、香油、酒、香料等。横贯欧洲的“运锡之路”“运盐之路”，琥珀贸易也历久不衰。古罗马时代，从北非至罗马有一条商道。另外，当时还有一条从东南

① Thomas Szasz. The Second Sin. New York：Anchor，1973：115.

亚至北非沿海之间的“肉桂之路”，以肉桂、丁香、豆蔻、胡椒贸易为主。西汉时期开通的“丝绸之路”逐渐成为一条横贯亚洲、非洲和欧洲的国际大通道。它曾是中国联系印度、埃及、巴比伦、希腊、罗马文明的纽带，也是贯通马其顿、伊朗等国的必经之路。张骞两次出使西域，从国外及中国的西陲带入胡桃、安石榴等。由南方传入中原的有犀角、象牙、玳瑁等。中国也大量出口丝织品和包括肉桂、大黄等药材。中国也得到了各种物产，如来自中亚的玉，波罗的海的琥珀，罗马诸行省的玻璃、珊瑚、珍珠、亚麻布、黄金等。随着丝绸之路的进一步开拓，西域的安石榴、胡桃、苜蓿、苏合香、茉莉、胡豆、胡麻等药用植物和一些可入药的动物、矿物也相继传入中国。汉武帝时，月氏国曾派使臣渡过弱水，向汉朝上贡返魂香。公元 5 世纪，伊朗成了景教僧［聂斯托里派（Nestorians)］的避难地。这些景教僧世居希腊、罗马帝国的亚洲领土——小亚细亚、叙利亚、巴比伦一带，世代行医，兼通希腊的科学文化。“西医东渐”使东方有了古叙利亚文的希波克拉底、盖仑等人的各种医学专著。由此可见，世界各国的传统医药学在其形成过程中并不是封闭的，而是在医药文化的交流中不断变化、丰富和发展起来的。

西罗马帝国灭亡以后，东罗马帝国的首都君士坦丁堡成了欧洲医学的中心，一直延续到 15 世纪。东罗马帝国（拜占庭）时期的医药主要源自古希腊罗马医学，医生信奉希波克拉底和盖仑的理论。如皇帝朱利安（Julian，331—363）的私人医生奥里巴修斯（Oribasius，325—395）的《诊断学》，保罗（Paul of Aegina，625—690）的《妇科学》《毒物学》《处方》等都是基于希波克拉底和盖仑的理论而写成的。拜占庭人注重养生，《饮食历书》将一年四季分为干、湿、热、冷四个阶段，详细罗列了一年四季宜食和忌食的食物名单，通过饮食来调养身体，维护健康。与此同时，基督教的信仰疗法也具有广泛影响，有专门治疗某种疾病的圣徒，如圣塞巴斯蒂安（St. Sebastian，256—288）能治疫病，圣约伯（San Giobbe）治疗麻风，圣安东尼（St. Anthony the Great，约 251—356）治麦角中毒，圣露西娅治眼病，修道院设有专门供养这些圣徒的神龛，用来供患者祈祷，祛病消灾。

东罗马帝国时期军队中设有军事护理团，在一些大型慈善机构和修道院也附设有医院或医生团。例如，1112 年教皇约翰二世建立潘多克拉多修道院（Pantokratoros monastery）时，附设了一个小型医院，病房配置有男女医生、助理医生、高级助手及男女杂工等，另有内外科医生负责门诊。13 世纪，教皇英诺森三世（Innocent Ⅲ）聘请著名医生盖氏（Guy of Montpellier）来罗马创办圣灵医院（Holy Spirit Hospital)。至 13 世纪末，欧洲各地医院纷纷建立起来，其原因与麻风流行有关，为了防止麻风的传播、扩散，英国设立了200多所医院隔离病原，法国则达2 000多所。麻风病院的设立对控制麻风病的流行起到了积极作用。

公元7世纪之后，阿拉伯地区的医学在汇集了东西方医学的基础上得到了迅速发展。当时，阿拉伯军队占领了拜占庭帝国许多文化中心，如叙利亚的安条克（Antioch）、巴勒斯坦的凯撒利亚（Caesarea）、加沙（Gaza）以及埃及的亚历山大里亚等。这些文化中心学者云集，图书馆和博物馆收藏丰富，阿拉伯人从中了解到西方的古典文化、科学和医学。在阿拔斯王朝的宫廷中，阿拉伯医学家翻译了大量古希腊罗马的医学文献，同时也接受了来自中国、印度的医学知识。在知识交流的进程中，阿拉伯医学呈现出自身的特点。在此基础上，阿拉伯也获得了一些技术上的突破，尤其是在药物制备方面。我们可以看到，阿拉伯人最重要的贡献是发明了酒精。酒精被称为生命之水，可以燃烧和饮用。阿拉伯人开发了很多化学工艺，发明和改进了很多技术。阿拉伯人还发明了炼金术，希望把贱金属变成黄金，首先要把贱金属粉碎，这一过程称为黑化，再加上汞，称为白化，接着加上黄金，即黄化，最后加入硫进行熏蒸，称为净化。虽然人们并没从炼金术中得到真正的黄金，但这些方法推动了制药、化学的发展。

阿拉伯医生的主要贡献在临床医学方面，累塞斯（Rhazes，860—932）区分了天花与麻疹。天花与麻疹是当时流行严重的两种疾病，二者都有发烧、出疹（的症状），早期很难鉴别。麻疹渡过自然期就会痊愈，不会留下后遗症，而天花则不然，危险性更大，死亡率更高。所以对于医生来说，鉴别它们很有意义。

阿拉伯医学中最重要的医学家是阿维森纳（Avicenna，980—1037），他最著名的著作是《医典》（*Canon of Medicine*）。该书分五卷，第一卷是概论，论及医学和哲学问题，如医学的定义和范畴，什么是健康，疾病的分类、原因和症状，如何保持健康等；第二卷论述药物；第三卷论述外科；第四卷论述各类疾病的诊疗，包括占星术；第五卷为处方。

在外科学领域，阿尔布加斯（Albucasis，936—1013）吸收了古希腊罗马外科的知识和技术，并根据自己的临床诊疗经验，设计了新的外科手术和外科器械。他撰写的《医学方法》（*Kitab al-Tasrif*）是一部关于医学和外科百科全书式的著作，该书包括30章，内容涉及解剖学、疾病分类、营养以及内科诊疗、整形外科、眼科、药理学、营养学，外科部分尤为突出。该书是伊斯兰世界和中世纪欧洲医生、外科医生的重要医疗实践指南，其影响长达6个世纪。

五、医院的发展与医学院的兴起

到中世纪的后期，随着城市化的发展，城市医院的功能也有了重大变化。一是医院的经营管理由修道院转变为市政当局。原先的医院主要是照顾鳏寡孤独，后来变成城市的贫民医院。由于贫民医院收治了大量无家可归的贫困病人，为医生研究疾病原因提供了一个重要的场所。在医院管理者的允许下，医生对那些因病症严重治疗无效而死亡的病人，进行尸体解剖研究，以探究病人的死亡原因。

与此同时，医学教育也发生了重大变化。到了 9 世纪以后，在教会控制相对较弱的意大利南部的萨勒诺（Salerno），出现了医学院校，大约从 1100 年到 1300 年是学校的鼎盛期。其最主要的贡献是将阿拉伯医学文化回传到西方。代表人物是康斯坦丁努斯（Constantinus），他将阿拉伯文的希波克拉底《格言》和盖仑的《小技》翻译成拉丁文，使古希腊罗马医学的传统得以复兴，此外他也介绍了许多阿拉伯医学的内容。

萨勒诺医学校是“经院医学”教育向实践医学教育转变的一个关键点。中世纪的修道院医学，研习范围仅限于几部古典医书和培植一些药用植物，记诵经典与崇尚空谈的经院思潮也深刻地影响到医学的方方面面。教会不允许尸体解剖，因此讲授解剖学完全是背诵教条、纸上谈兵。教授总是以“盖仑是这样说的”开始讲课。萨勒诺医学校强调解剖实践的重要性，是从经院医学向经验医学转变的一个重要标志。虽然，尸体解剖仍然受到限制，但至少可以利用动物做解剖学研究。西西里国王腓特烈二世（Frederick Ⅱ，1194—1250）允许进行少量的尸体解剖。萨勒诺医学校的科弗（Kopho）撰写了第一部解剖学教科书。解剖学从此成为大学课程表中必修的实践科目。

大学的建立与城市的发展密切相关。一般认为在 12 世纪初，欧洲的一些大学逐渐建立起来。欧洲南方和北方的大学之间存在着差别：北方的大学多掌握在教会手里，而南方的大学世俗力量更强一些，医学和法学比较发达。早期的大学有：巴黎大学（1160）、博洛尼亚大学（1088）、牛津大学（1168）、蒙彼利埃大学（1181）、剑桥大学（1209）、帕多瓦大学（1222）等。起初，大多数大学只设神学系、法律系和医学系，这三个系的建制延续了许多个世纪。当时的医学学习并不是我们现在的形式，通常是以一种纯理论的方式教授医学。大学课程由所谓“七艺”构成，包括三学科（文法、修辞及伦理学）和四学科（算术、几何、天文学和音乐），哲学和法律是单独教授，而医学通常是作为哲学的一部分来讲解。因此，在一些大学，如帕多瓦大学，医学属于文科。

13世纪以后，法国蒙彼利埃大学的医学教育在欧洲占有重要地位，各地许多有名望的医生或是访问该校或到那里研修。另一所有影响的医学院是意大利的博洛尼亚大学，在那里真正开始了解剖学研究。该校的蒙迪诺（Mundinus，1275—1326）于1315年公开解剖过一具女尸，次年出版了一部解剖学教科书，其中主要内容是基于人体的解剖。该书流传甚广，发行过23版。蒙迪诺是文艺复兴前最早公开解剖的学者。虽然直至文艺复兴，解剖学一直囿于盖仑的理论，但尸体解剖却逐渐推广，新的解剖结构和前人著作中的解剖学错误不断被发现，为人体解剖学的建立奠定了基础。

当时的医学教学，要求学生死记硬背，教师和学生间也可进行讨论，但所讨论的也是书本上的问题。作为医学教科书或参考书的是一种称为《阿的西拉》（*Articella*）的医书汇编本，这种选编教材一般包括“医学概论”“医论”以及希波克拉底与盖仑的著作等。此外，与医学相关的占星术也是大学的课程之一。人们认为，瘟疫和疾病是天象和行星的变化所导致的。教授们也常常就彗星是不是流行病的前兆，月亮是否对人体有影响而争论不休。

大学毕业生可授予学士、硕士和博士三种称号。获得医学博士通常需要至少10年的学习与实践时间。由于时间长、费用高，自然医学生是大学各系中人数最少的，例如在15世纪，牛津大学每两年才有一名医学生毕业，剑桥大学则10年内才有两人毕业，博洛尼亚大学在1419—1434年有65名医学生和一名外科学生毕业。获得医学学士的时间要短一些，但也得花上四至五年的工夫。这里提到的医学教育，主要是医学理论、疾病诊断和药物治疗，而不包括外科。在一些大学，毕业生领取证书时，还要先发誓不做外科医生。

大约在12世纪之后，医学教育开始出现实践转向，其最显著的标志是外科成为一门医学教育的固定课程。长期以来，外科被看作一种通过实践，而不是通过书本知识可以学到的技艺。外科技艺的传授也主要是通过师带徒式的培训，而不是课程学习。有些大学，如牛津大学和剑桥大学不允许开设外科课程。尽管如此，外科医生通过组建自己的行会，争取大学的教席来提升自己的地位。14世纪，外科教学在意大利的大学中作为医疗实践的一部分获得了一定的学术地位，其设立了外科学院，并建立外科医生的培养标准，不过，外科医生依然受大学的内科医生领导。

14世纪末，医学界理论派与实践派之争更为凸显，其原因主要来自律师对医学的抨击，认为医学不是一门科学，只是一种经验的和机械的技艺，由此迫使医生们，尤其是大学的医科教授把更多的精力放在纯粹的理论思考上，因为只有说服人们认可医学是一门严格意义上的科学，方能获得医学的尊严。不过，理论与实践之争，反过来促进了人们对医学更深入全面的认识，更加明确了医学理论与医疗实践之间的联系和区别。

在此期间，疾病的诊断和治疗也有了一些变化。验尿术在这个时期发展迅速。尿液是人体中最重要的一种体液，尿液表现出的各种变化，可反映出与疾病相关的身体状况，尿液易于收集、观察，因此成为用体液病理学解释疾病的最好标本。在当时医生诊所的门口，都要挂一个尿瓶作为诊所的标识。

由于人体的疾病来源于体液平衡的破坏，疾病治疗便可以通过调节体液平衡来实施。例如，某人发热可能是因为某种体液过多或变质，可通过放血来减少体液或排除变质的体液。放血有三种疗法：静脉切开、杯吸术以及水蛭放血。当然，放血疗法并不是切开静脉这么简单，它还具有一定的风险，例如经过放血，疾病并没有好转，于是医生们就利用占星术来加以解释。医生可以通过观察星辰，根据所其支配的星位来为病人治疗。按照占星术的这套说辞来诊疗疾病，如果效果不佳，也可提供一个“合理”的解释。

医学的实践转向也与这一时期传染病的流行密切相关。比如面对麻风病的肆虐，人们不得不采取严格的隔离措施。为了预防黑死病的蔓延，许多地中海沿岸的城市建立了海港检疫制度，以保护自己不受鼠疫大流行的侵袭。第一个系统的海港检疫由威尼斯市建立于 1348 年 3 月 20 日，威尼斯市不许所有可疑船只和旅客入港。米兰于 1350 年也仿效之。1374 年，米兰执政官伯纳波·维斯孔蒂（Bernabo Visconti，1323—1385）发布命令，所有鼠疫患者和看护过他们的人都必须居住在城墙外修建的隔离病院内。1377 年，拉古萨（Ragusina）建立观察站，对来自感染地区的旅客和商人隔离 30 天。在马赛（1383）、威尼斯（1403）、马约卡（1471）这一时间延长到 40 天。然而，理查德·帕默（Richard Palmer）认为，控制鼠疫最有影响的尝试是米兰执政官吉安·加莱亚佐·维斯孔蒂（Gian Galeazzo Visconti，1351—1402）在 1398—1400 年采取的措施。当 1398 年鼠疫出现在索西罗（Soncino）时，他禁止从那里来的任何人进入米兰。他利用阿达（Adda）河作为天然防疫线（cordon sanitaire），让所有旅客停在桥头和码头，1400 年，他修建了一条备用的可不进入城市的通道，供旅行者去罗马。1399 年，他发布命令，所有染病者必须住进两所鼠疫病院，并关闭他们的房屋，曾与传染病接触者被送出城。他反对城市议会关于病人应留在自己家里的主张，坚持在医院里隔离病人，并提供医疗照顾。在以后几个世纪，米兰的规则成为意大利预防鼠疫的模式。

通过回顾古代西方有关健康、疾病与治疗的历史，可以了解到人类健康的维护、疾病的防治既有自身（及诊治）的演化逻辑，同时也受到各国家、各民族的政治制度、经济发展、文化传统及宗教信仰的广泛影响，只有从这种多维度的视角出发，才能更全面地认识与理解医学之于人类的价值。

一、思考题

1. 古希腊人是如何认识疾病与健康的关系的？

2. 什么是信仰疗法？

3. 阿拉伯人在医学上有哪些重要贡献？

4. 西方人控制鼠疫的做法对于后来人们防治疫病起到了哪些有益的借鉴作用？

二、延伸阅读

1. 罗伊·波特．剑桥医学史．张大庆，等译．南京：译林出版社，2022.

2. 张大庆，苏静静．全球视野下的医学文化史．北京：中国协和医科大学出版社，2019.

3. 张大庆．医学史十五讲．2 版．北京：北京大学出版社，2020.

4. 柯杨，张大庆．医学哲学．北京：人民卫生出版社，2014.

文　学

第十一章　多重矛盾构筑的“家园”

——华兹华斯的长诗《在格拉斯米尔谷地卜居》

秦立彦*

1799年，29岁的华兹华斯与妹妹多萝西定居在了格拉斯米尔谷地的鸽屋(Dove Cottage)。此后到1813年，华兹华斯一直居住在格拉斯米尔谷地，当然具体地点有所变化（其中1799—1808年在鸽屋，居住时间最长）。这些年也是华兹华斯创作丰富的时期，卜居于格拉斯米尔谷地对华兹华斯而言是一个重要举动。1800年，定居于此的第一个早春，华兹华斯写下了一首1 049行的素体长诗《在格拉斯米尔谷地卜居》（*Home at Grasmere*，以下简称《卜居》）①，描述了卜居的过程，表达了对居住地和自己的希望。这首长诗在他生前未发表，论及的人也不多，但对了解华兹华斯的心路轨迹有重要意义。文学家的特权是不必清除自己思想中的矛盾，反而可以在文本中保留这些矛盾。华兹华斯这首诗就体现了几组彼此拉扯的力量，它们在文本中始终存在，最终也未解决，让我们得以窥见华兹华斯式的浪漫主义的复杂性。

拜伦曾在《唐璜》的序言中说湖畔派诗人们应将湖畔换成海洋，借此讽刺他们生活圈狭小，视野狭小。② 抛开其中的讽刺不谈，内陆的“湖”与“海洋”确实在某种程度上表明了华兹华斯与拜伦、雪莱等更年轻一代的浪漫主义诗人，在对空间和“根”的理解上存在巨大差异。华兹华斯卜居于英国的一个谷地，愿意扎根于此，并称之为自己的“家园”（home)。我们或可以不用“乡土”这个具有浓厚中国意味的词语指称他的行为，但强调自己在故国一处地方的根，强调文化传统以及与父辈的联系，确实是华兹华斯的一个特

---

* 秦立彦，北京大学中文系比较文学与比较文化研究所副教授，美国圣地亚哥加州大学比较文学博士。主要教学与研究领域为中美文学关系、中英文学关系、英语诗歌。出版专著《理想世界及其裂隙——华兹华斯叙事诗研究》、译著《华兹华斯叙事诗选》《我孤独地漫游，如一朵云——华兹华斯抒情诗选》等、诗集《地铁里的博尔赫斯》《可以幸福的时刻》《各自的世界》，并发表多篇中英文论文。

① 文本见 William Wordsworth. Home at Grasmere//William Wordsworth：The Major Works. ed. Stephen Gill. Oxford：Oxford University Press，2000：174－199。中文为本章作者翻译。

② Lord Byron. Don Juan. New York：Penguin，2004：Dedication 5.

点。他的一些叙事诗中的牧羊人正是这种“根”的精神的写照。他们世代生活在某地，世代传递着一点土地和并不丰厚但够用的家产，也传递着某种顽强的家族精神。[①] 在叙事长诗《麦克尔》（*Michael*）中，老牧羊人麦克尔的儿子到了大都会伦敦后，切断了与家园、故土的联系，染上恶习，终于流亡海外，使父亲的希望落空，家族的血脉断裂，带来诗歌的悲剧性结局。在诗剧《兄弟》（*The Brothers*）中，年轻的牧羊人出海成为水手，却仍然是半个牧羊人，在大海上仍然看到高山和羊群的幻象。他思念故土，漂泊多年后回到故土，打算重新在此定居并终老。对故土的思念使他的多年海上生活仿佛是虚度的。而在长诗《彼得·贝尔》（*Peter Bell*）中，主人公彼得·贝尔曾四处游荡，对他精神品格的提高却并无裨益，反而是“其出弥远，其知弥少”。相比之下，拜伦笔下的唐璜则是在欧洲、亚洲游历的无根的国际化人物。作品的这种对照在两位诗人身上也同样存在。拜伦自我流放出英国，漫游于瑞士、意大利，死于希腊。华兹华斯虽也曾在法国步行游历，但他选择在故国一角长期定居，则是与拜伦相反的举动。一边是对远方、异乡异域的向往，一边是对“家园”、故土的依赖——同一个“浪漫”的名称下包含着几乎截然相反的方向。

《卜居》对格拉斯米尔谷地的自然环境与居民进行了叙述和评价。前三分之一可以说是自然的主题，之后华兹华斯用大约四百行诗书写谷地中的居民，这一部分也是最纠缠、矛盾最集中的地方。875 行到结尾则以诗人的责任作结。在这首长诗中，诗人有充分展开自己的空间，于是更多地留下了思维运动的轨迹和思想矛盾的痕迹。诗的整体色调是明亮、乐观的，但这种色调也发生了多次变化。开篇时，诗人的情绪非常高涨，可以说兴高采烈。他绝对肯定格拉斯米尔谷地的神圣性、唯一性，绝对认可自己卜居于此的选择，不需任何让步。诗人对上天的赐予非常感激；生活没有让他失望，更超出了他的期望。然而随着诗的推进，开始出现犹豫、疑虑甚至忧伤，中间经过多次的让步、调整、协商，诗的语气虽然仍旧乐观，但已没有最初那么热烈，谷地的唯一性、绝对性打了折扣，但谷地的有益性仍得到确认。最后，当华兹华斯说到自己作为诗人的职责和任务时，诗的语气再次坚决起来。全诗经历了一个类似钟摆式的运动。

这首诗的乐观色调，与诗中反复出现的“希望”（hope）一词密切相关。“希望”是一种望向未来的姿态。这种前瞻的方向体现在诗人对自身经历的总

① 华兹华斯诗中的牧羊人常常也耕种土地，兼有牧人和农民的特点。

结中，体现在他对今后一年谷地生活的展望中，也体现在他对整个人类未来的判断中。

华兹华斯在开篇写道，自己少年时就曾驻足于这谷地中，当时即有过以此为家的模糊的愿望。诗人书写少年时的自己伫立于高处，静观壮阔的谷地在面前展开，那种远望已经是望向未来。这样的开篇把成年后卜居于此的选择，与遥远的少年渴望联系在一起，找到了个人史上的根源，形成一种连续和回归。而细致地、如在眼前地描绘童年所见的壮美自然，于写诗的“现在”（1800）而言，又形成一种前瞻的姿态。这个开篇类似于华兹华斯的一些短抒情诗——《水仙花》（*The Daffodils*）、《孤独的割麦女》（*The Solitary Reaper*）。它们均是书写一个过去的鲜活时刻（虽然《孤独的割麦女》并非源于诗人的亲身经历），那时刻的重要性在其本身，更在其未来对诗人的意义，在于其沉淀成为诗人的养分，成为他反复诉诸的安慰与力量。但不同的是，多年后的卜居使这首长诗中的过去复活，过去与现在重新连接了起来。

华兹华斯写《卜居》之时，是他在格拉斯米尔谷地居住的最初两个月后。严酷的冬天即将过去，早春的消息开始显现。这是一年中最有希望的时候，也是此后多年的谷地生活最开端、最新鲜的时候。冬末春初的诗人期待着这一年，新来的居住者期待着未来的漫长岁月。这种未来的指向贯穿在字里行间。在诗中对谷地当下景物的描写中，夹杂着对未来可能有的景物的描写，现在时与将来时共存：“春天的时候/我还会有我的画眉和一百多种啼鸟。”（Ⅱ.736－773）尚不存在的，只存在于想象中尚未证实的未来事物，与当下的事物并置，共同构成这谷地丰富的自然环境。

这首诗也表达了华兹华斯写诗时对人类未来的信心，对“进步”的信心，在华兹华斯关于人类命运的诗中属于较乐观的一首。① 诗人把自己在这谷地中已拥有、将拥有的幸福，书写为全体人类未来都会有的幸福，只不过诗人是先行者。这谷地是嵌在现世中的未来世界的一角：

> [We] ......in that individual nook,
> Might even thus early for ourselves secure,
> And in the midst of these unhappy times,
> A portion of the blessedness which love

① 可对比短诗“Lines Written in Early Spring”，其中人类是世界上唯一的不和谐音（The Major Works. 80－81）；十四行诗“The World is Too Much with Us”中，人类的历史就是一个日益失去想象力的下滑过程（The Major Works. 270）。

And knowledge will, we trust, hereafter give
To all the Vales of earth and all mankind. (Ⅱ.251-256)

[我们] ……在那一个小小的角落,
甚至这样早,甚至在这不幸的时代,
就能够获取一小份幸福,
而我们坚信,在未来,
爱与知识会把这样的幸福
赐予世上的所有山谷,赐予所有人。

那么,格拉斯米尔谷地是乌托邦?桃花源?华兹华斯卜居于此,是退隐?避世?避人?在这个问题上我们看出,华兹华斯力图达到某种均衡,或者说他允许矛盾的存在。他一边确认这谷地与世隔绝的“世外性”,同时又将其书写为自成一个小世界,其中的生活并不孤独。

谷地周围的高山使之与外部世界形成地理上的隔绝。对于这种隔绝,华兹华斯用了“seclusion”(Ⅰ.6)、“seceding”(Ⅰ.249)、“recess”(Ⅰ.827)等词语。空间上的这种隔离不像莫尔的《乌托邦》那样,被设置在一个地点无法明确也无法到达的海外岛屿,而是嵌在世界中,有地理坐标,可在地图上找到。这里有桃花源的味道,但仍可以进入。华兹华斯将其比为一个“洞穴”(cave),其中有它自己的天地、风景与人:

and divided from the world
As if it were a cave, a multitude
Human and brute, possessors undisturbed
Of this recess, their legislative Hall,
Their Temple, and their glorious dwelling-place. (Ⅱ.824-828)

仿佛一个幽洞般与尘世隔绝,
专属于那众多的人,众多的鸟兽,
他们是这隐蔽所在的主人,
不受侵扰的主人,这里是他们的立法厅,
他们的圣殿,他们的华居。

华兹华斯在这里使用了政治色彩的“立法厅”和宗教色彩的“圣殿”。“自然”是这里的政治,也是这里的宗教。这里与世隔绝但并不脱离,在世界中但又自成一体。这里是谷中的生物共有的家园,人与其他生物是平等的。

都是主人。这里仿佛也不受外界的历史时间的限制，它的“退出”不仅是空间上的，也是时间上的。这是一块处女地。然而诗中偶用的否定式表达——“不受侵扰”（“undisturbed”，Ⅰ.826）、“不受染污”（“inviolate”，Ⅰ.686），也透露出诗人的焦虑，怕外界的侵入，怕历史时间的进入，怕这样一块圣土、净土终将失去。

华兹华斯追求某种程度的隔绝，但并非“独自一人”，而是某一个适于自己的“社区”。卢梭晚年的作品《漫步遐想录》的开篇写道：“我在世间就这样孑然一身了，既无兄弟，又无邻人，既无朋友，也无可去的社交圈子。”①在此书中，卢梭在自然中的徜徉完全是独自一人进行，与对他人的恐惧联系在一起。然而华兹华斯强调，他退到这谷地中并非孤独，也不是逃世。“退”和“逃”之间的微妙差别，从他在诗中对“solitude”（独自一人）一词的不同使用中可以看出些端倪。这个词在诗中多次出现。当它指诗人独一无二的、先知般的地位时，华兹华斯对它的态度是正向的、肯定的。有时，他也将其描绘为自己兄妹在此谷地所寻求的：“到这里/一起过与世无争的平静日子”（“to live/Together here in peace and solitude”，Ⅱ.326－327）。而在另一处地方，当判断谷地生活是否为“独自”时，他做出了否定的回答：

> Then boldly say that solitude is not
> Where these things are. （Ⅱ.808－807）
>
> 那么让我大胆地说，在有这些的地方，
> 不会有孤独。

“这些”指华兹华斯在上文中列举的谷地中亲切的人与事。他对卢梭式的自我中心的浪漫主义人物有这样的批评：

> He truly is alone，
> He of the multitude whose eyes are doomed
> To hold a vacant commerce day by day
> With that which he can neither know nor love，
> Dead things，to him thrice dead，or worse than this，
> With swarms of life，and worse than all，of men，
> His fellow men. （Ⅱ.808－814）

---

① 卢梭．漫步遐想录．徐继曾，译．北京：人民文学出版社，1986：1. 此书题目中也有“solitaire”一词。

只有那样的人才是孤独的，
他身在人群中，他的眼睛却注定要与
他不能理解也不能爱的事物，
日复一日地进行空洞的往还，
那是些死物，对他是加倍地死了，甚至更糟，
他面对着芸芸生命，最糟的是，他面对着人，
他的同类。

诗人不追求寂寞、孤独，而是追求同伴、伙伴、社会。华兹华斯批评了一些浪漫主义者的自恋以及对外界、他人的物化。他退出了喧嚣的俗世，但希望在这里找到另一种“社会”，不是人类的某种政治组织，而是上帝这个父亲统治下的一个家庭，一个广厦，一个包括人与自然物在内的有机整体。

格拉斯米尔谷地在华兹华斯到来之前，早有居民。可以说华兹华斯的这次卜居类似避世，却并没有到逃世的极端。“逃世”（escape，flight）是浪漫主人诗歌中一个反复出现的冲动。济慈的《夜莺颂》在此具有较典型的意义[①]，其中无忧的夜莺被书写为人之外的、高于人的自然力量。济慈几乎在半催眠状态下听到夜莺，他希望离开人间与夜莺同去，到达一个没有痛苦和死亡的所在。借助诗歌的翅膀，他到达了那里。那是一个迷离优美的自然世界，是遗忘，是自由，那里没有任何一个别的人。但那里实际只在想象中、诗中存在。这种逃离是一个必然醒来的迷梦。《夜莺颂》对人世的厌倦令人动容，然而当挣脱了社会性之后，诗人也不再是人，而是如同夜莺，也一样死去。这种浪漫主义的逃世声音，直到叶芝的《湖上小岛茵尼丝弗里》（*The Lake Isle of Innisfree*）还有着余响。该诗受到了梭罗《瓦尔登湖》的启发，诗人渴望到一个小岛上，“独自一人生活在蜜蜂嗡嗡的林中”（“live alone in the bee-loud glade”）。[②] 诗中两次出现“我现在就要起身前去”（“I will arise and go now”），这是诗人对自己的反复的命令。但既需反复的命令，就说明那种生活方式只存在于向往中、热望中、诗中，是永远失去或无法实现的。同这些典型的浪漫主义式的“逃世”渴望相比，华兹华斯在《卜居》中显得温和，迁居于此既是他实际做到的，又并不与自己前后的生活断裂开来。这个谷地

---

① John Keats. Ode to a Nightingale//The Complete Poems of John Keats. New York：Modern library，1994：183－185.

② W. B. Yeats. The Collected Poems of W. B. Yeats. ed. Richard J. Finneran. New York：Scribner，1989：39.

中已有很多居民，他们固然无法成为诗人的同道，但华兹华斯也愿意他们是自己的伙伴，构成一个适于他心灵发展的人的环境。①

在《卜居》中，华兹华斯从自然和人两方面描绘格拉斯米尔谷地的环境。对自然的部分，诗人的信心很少动摇。这里的大自然几乎是无缺陷的，总的来说温和、美丽、快乐、舒适，令人亲近。当然，自然也并不总是如此。当华兹华斯回顾自己和妹妹如何在冬天第一次到达这里时，诗中的自然第一次呈现出严厉的表情，诗中也第一次出现了悲伤的暗流。这样的自然是令人敬畏的，不再是诗人的伙伴，而是他的考验者。诗人的心灵不再与之互为镜像，互相契合，而是与之对抗，诗人经受了考验，克服了障碍，从中感受到自己的力量。在那次旅途中，诗人和他妹妹经过了鹿跳泉，在那里也想到了上帝，但这一个上帝不是慈父式的家长，而是“哀痛的上帝/受难的上帝”（Ⅱ.244-245）。即便在这样的忧伤与受难中，自然虽不与诗人心灵形成镜像，却符合上帝的另一面，自然仍不改其神性。然而严冬毕竟不是此诗的主题。冬天——大自然的另一个面目——是需要忍耐与等待的。诗人只为了等待春天，在严冬中只为了守护希望，也必须在冬天即将过去的时候，才写下这首希望之诗。

如果说谷地中的自然主要是优美、愉快的，纵使其严厉可畏的一面也有益于心灵的发展，那么，关于谷地中人的环境，诗人则显得有更多摇摆与犹疑。此诗从自然主题过渡到人的主题，是以两只天鹅的消失作为衔接。这两只天鹅因类似诗人兄妹而尤为他们所关注，春天到来，万物欢欣的日子，它们却不见了踪影。这是更沉重的悲伤的浮现，是在春天里发现的悲伤。这是新的一年中少有的令人失望之事，是丰足中的空缺、空白。两只天鹅哪里去了？对此华兹华斯有不祥的预感和畏惧。他在此也诉诸希望，但基本否定了这种希望，并由此引入了谷地中的居民：

> Perchance
> It is too late already for such hope;
> The Shepherd may have seized the deadly tube,
> And parted them. （Ⅱ.350-353）

哎，

① 可参见陶渊明《移居二首》：“昔欲居南村，非为卜其宅。闻多素心人，乐与数晨夕。”（袁行霈．陶渊明集笺注．北京：中华书局，2003：131）与华兹华斯相比，中国的隐士陶渊明更加强调社会性与平等，他并无坚固的、需要保护的自我，也没有“必须有为”的心态。

或许怀抱这样的希望已经太迟，
或许某个牧羊人已拿起了致命的猎枪，
拆开了它们。

诗人马上从天鹅的失踪，推想到它们可能已被本地居民枪杀。此前诗中的气氛十分欢乐，这使这种猜度显得越加突兀，令人惊惧——虽然在下一段里诗人对自己的猜度进行了指责和否定。这既是本地居民在诗中第一次出现，也是在描述过大自然之后，忽然说出人对自然的戕害，对自然意志的违背，展现了人的残忍。虽然这是不能坐实的猜测，但毕竟构成一个徘徊不去的阴影。

同样，本地居民的好处也常常不能坐实。华兹华斯常常以复杂的句式表达他们的优点，比如用条件句：

Ah! If I wished to follow where the sight
Of all that is before my eyes, the voice
Which is as a presiding Spirit here
Would lead me, I should say unto myself:
They who are dwellers in this holy place
Must needs themselves be hallowed. (Ⅱ. 362 - 367)

如果我愿意追随我眼前的万物
引我去的方向，追随着那
掌管这里的精灵的声音
引我去的方向，那么我应对自己说：
住在这神圣所在的人们，
自身必定也是圣洁的。

这几行诗后对谷地居民优秀素质的赞美，都是在虚拟语气的条件句之下展开的（虚拟式表达的是很难实现或与现实相反的情境），却用的是现在时，而非虚拟式，可以说是一种思想的“引语”，仍部分地受到虚拟条件式的制约。下一段开头，华兹华斯这样写道：“我们就这样安慰自己。”（Ⅰ. 379）那么，天鹅的命运究竟如何？这成为一个悬而未决的疑团。华兹华斯宁愿相信它们不是为本地人所杀。他用信念和意志的力量把这个疑虑压了下去，以便能重新回到欢乐的主题。

华兹华斯对大自然没有什么疑虑，带来最多疑虑的是人。在这样壮丽的自然中，谷地的居民实际上远未达到应有的道德高度。在这样的自然的荫蔽与教育下，他们却似乎并不比世人更好些。在多次的反复后，华兹华斯还是肯定了本地居民优于世人的某些好处，他给出的原因并不是自然的教育，而是这里相对来说稍微宽裕的经济条件，在别的有类似经济条件的地方，人们也会有类似的优点。谷地居民的优点究竟是什么，华兹华斯没有明言。他表示，他对本地居民并不抱“浪漫的希望”（“romantic hope”，Ⅰ.400）。这是一个浪漫主义诗人对“浪漫”的否定，“希望”在这里也是少有的否定式表达，意思是“不抱希望”。紧接着，华兹华斯写到多次听到人的模糊呼喊，那是谷地中最可怕的声音，也是全诗的最低点和最阴沉的时刻，那声音传递的是“肮脏的言语，亵渎神灵，暴怒”（“ribaldry and blasphemy and wrath”，Ⅰ.426），形成谷地中最不和谐的因素，这几个并列的名词也是此诗中最刺目的词语。它们都与人有关。谷地中的人跟别处的人并无不同，别处的罪过这里都有。

然而华兹华斯是一个非常注重他人对自我的意义的诗人。在《坎伯兰的老乞丐》中他表示，“人于人是宝贵的”（“man is dear to man”）。[①] 他固然崇拜自然，但同样渴望同类。当完全没有人迹的时候，自然就是野的。在《卜居》详述的第二个谷地家庭的故事中，丧母的六个女儿与父亲维持着家庭之乐。这种快乐呈现在房屋的外形上。与其他房屋不同，那座房子在自然之上添加了人工之美，而不像其他房子那样完全只依靠自然——“未必有情的自然”（“Mere friendless Nature”，Ⅰ.560）。当“自然”一词出现的时候，这是唯一一次被这样负面的词语修饰。彻底的自然未必最好，人赋予的秩序有时更好。花园里墙上装饰性的石头是这家人从河里、从山上搬来的。他们的劳动改变了这些自然物的处所和用途，将其为自己所用，赋予其新的秩序。在华兹华斯那里，大尺度的自然，在远观、静观中的自然，是无缺陷的，但在小尺度上，在自然与人的“接触面”上，有时经过人劳动加工后的自然更好。[②] 同样，这一家人从山上辛苦开掘出的一小块园地，也是给自然打上了人的劳动的烙印。园地灌木丛中的人工鸟巢，与墙头的那些石头一样醒目，都是给自然加上人手的“点睛之笔”，也是诗人着力描写的细节，是诗中放大的特写。

---

① William Wordsworth. The Old Cumberland Beggar // The Major Works. 49 - 54，Ⅰ.140.

② 《废毁的农舍》（*The Ruined Cottage*）开篇，美丽的自然风景中“我”在艰难跋涉，对跋涉者而言，自然不再美丽，而只是障碍；玛格丽特的健康表现在她对花园的用心照料，她的没落伴随的是那农舍和花园被“自然”收回。而在长诗《索尔兹伯里平原》（*Salisbury Plain*）中，当诗人在暴风雨的平原上看到一间小破屋时欣喜无比，因为那是人手所造。两诗分别见：The Major Works. 31 - 44，13 - 29。

如果说对谷中居民进行道德上的评判，其结果是发现他们只是很有限地优于俗世居民的话，此后华兹华斯其实转移了自己的重点。他希望表明的不再是“他们在道德上比世人更好”，而是“他们与我们在情感上有共鸣”。谷中人的情感虽然更与利益相关，但不是“卑贱的”“不洁的”（Ⅰ.672）。这样的否定式表达，同一开始对谷地的热烈赞美相比，已经是下降了很多梯度。

华兹华斯用较长篇幅讲述了谷地中三个家庭的故事。这些故事属于华兹华斯擅长的那种关于乡村的叙事诗。当叙事的力量推动着诗的前进，我们发现，华兹华斯似乎暂时忘记或放弃了自己的“论点”。三个故事大大溢出了他的议论的范围，或者与那些议论相左。华兹华斯在三篇故事之后，这样总结谷地居民生活的意义，他们“传布着健康，传布着冷静的喜悦”（Ⅰ.687）。这个结论远不能涵盖这三个故事。第一、第三个都是令人困惑的悲伤故事，与健康、愉悦关系不大。第一个故事讲述了谷地中的一个男子，经济上的困顿带来了他道德的衰落，他终于死亡。诗人对他是完全同情的。他的过错源于人性的不严重的弱点。那么，他为何遭到如此惩罚？这个家庭的悲剧与外界无关，妻子有些虚荣，丈夫有些随意和不善经营，结果无波澜的平静被打破，一家人陷入了不可逆转的衰弱。故事中的男主人公受到良心谴责，成为一个在内部、外部都无法“自在”（“at home”，也即“在家”）的反面例子。当他内心不安宁时，外部的一切都无法安慰他，大自然也仿佛成了他的敌人。第三个故事也是个衰落的故事。一对夫妻当初为家中的羊群种下树林，现在树林繁茂，他们则不再兴盛，丈夫死去，妻子“在孤独中枯萎”（Ⅰ.641）。总体来看，这三个故事并没有多少本地化特征，与华兹华斯讲述的其他地方的乡村故事没有本质不同。可见，就普通人的生活而言，这谷地又并非与世隔绝，这里的人生与谷外的人生是一样的。

那么，这谷地还是唯一、独特的吗？还是“非此处不可”的家园吗？在华兹华斯最自信的时候，他称这谷地为“我们所知的最高圣殿”（“the noblest Temple that we know”，Ⅰ.194）。这里不仅是退居地，而且是中心，是终点，具有唯一性、绝对性，是自足的、无缺陷的完整的所在。然而，即便在这样早的时候，在这样热烈的肯定中，诗人也仿佛不经意地加入“或者，这是幻象?”（Ⅰ.155）这样自我否定的声音，为后文埋下了伏笔。这样的纠缠存在于全诗中，仿佛是诗人心中浪漫与现实的力量在拉锯。一旦他肯定了谷地的特殊性，又马上部分地否定它。在多次往复与自我否定后，谷地的独特性越来越少，跟谷地外的世界也越来越像。对谷中居民，华兹华斯的最后结论似乎是：

we shall moreover find
(If sound，and what we ought to be ourselves，
If rightly we observe and justly weigh)
The Inmates not unworthy of their home. （Ⅱ. 855－858）

而且我们也将看到
——若他们神志清明，我们自己也理应如此，
如果我们恰当地观察，公正地判断——
这里的人没有辱没他们的家园。

这个结论对观察者和被观察者、判断者和被判断者都提出了要求，尤其是对观察者。即便这样一个低调的标准，谷地人也未必能达到。在这一结论的下一段第一句，华兹华斯再次将其否定，“纵使这里的居民/不如我们所愿，我们自己也有足够的力量”（Ⅱ. 859－860），则毕竟还存在着谷地居民令诗人失望的可能性。

此诗题目中的“家”（home）可以分出很多个层次。格拉斯米尔谷地是最外的一个层次，但并非因其在外层而不重要——从全诗的篇幅分配来看，将这谷地作为“家园”是诗人最想要说服自己的层次。诗人可以把希望放在谷地居民身上，但不能没有疑虑。从谷地朝内缩小就是他的小家，由他和妹妹组成，将来还可以有其他亲友的加入。这是一个小得多的堡垒。如果谷中人令诗人失望，他仍可以依赖这个家，“家园中的家园”（“a home/Within a home”，Ⅱ. 261－262）。值得注意的是，诗中对鸽屋的内部空间和建筑细节没有任何描述。对这个属于自己的小空间，华兹华斯几乎都是从外部书写，仿佛自己站在户外，站在远处。可以说，构成这个“家”的并不在于其家庭空间，而在于一个使华兹华斯有“家园感”的人的存在。这个家的最重要的组成部分就是家中的另一成员多萝西（诗中的艾玛）。此诗中最强烈的感恩与激情是赋予妹妹的，诗人愿对妹妹使用最高的赞美，认为自从有亚当以来无人有他这样的幸运。这种情感与谷地无关。如果没有妹妹，谷地不会是家，哪里也不可能是家。对此谷地的选择是华兹华斯童年愿望的实现，而拥有妹妹在他看来是人类更古老的愿望的实现。

在此诗中，华兹华斯仿佛构筑了一个拥有几道防线的城池。即便那外层被攻破，内层则近乎固若金汤。小家中除了恒定不变的妹妹，还可以有临时居住的三五同道。这三五人有极其亲密的关系，他们包括作者的弟弟约翰·华兹华斯、柯勒律治、作者未来的妻子及其姊妹。值得注意的是，诗人将这

几人都视为兄弟姐妹，未来的妻子和其姊妹是诗人“心灵的姊妹们”（“sisters of our hearts”，Ⅰ.869），柯勒律治是诗人“心灵的兄弟”（“a Brother of our hearts”，Ⅰ.870）。“友人”不足以描述这种关系，它比友谊的纽带更牢固。这是一个以血缘和类似血缘的关系联结起来，又构筑在志同道合基础上的“家庭”。当然，这也是一种不得已的防线。如果真的退守到这一步，不再与谷地中的其他人有关系，“卜居”也就失去了大部分的意义。

华兹华斯在诗的最后转向了诗人的责任和诗题的选择。这看起来脱离了对谷地的描写，仿佛有些突兀，实际上是此诗由外向内的运动以及防线内退的必然结果，也揭示了诗题中“home”一词的最后一层含义：诗人的自我。诗人对同道人组成的家庭深具信心。但他对自己的内心力量和特殊禀赋更深信不疑，这是此诗一切希望的来源。

yet unto me I feel
That an internal brightness is vouchsafed
That must not die，that must not pass away.（Ⅱ.885－887）

但是我感觉到，在我的身上，
有一种上天惠赐的内在之光，
一定不能让它逝去，不能让它消亡。

诗人是这内在光芒唯一的守护者，护卫和传递这光芒是他不可推卸的神圣职责。选择居住于何处，此时看来也并非最重要，最重要的是诗人如何安身立命，他在卜居之处做什么：

I must not walk in unreproved delight
These narrow bounds and think of nothing more.（Ⅱ.877－878）

我不能走在这狭窄的天地间，
无忧无虑而不受指摘。

之前他用“洞穴”表示此谷地的隔绝与自足，这里则第一次说到这谷地是“狭窄的天地”。同自我内心的无限天地相比，谷地的空间显得逼仄，那小家也仿佛成为外部的存在。至此我们抵达了诗人的本质与内核。在这里，他是与世隔绝的，甚至与最亲近的人也是隔绝的，他享受这种隔绝，独自拥有着财富。他是给予者，发光者。也许因为尚未发表，此诗中对自我不朽的信念表达得非常直白，类似但丁在《神曲》林勃狱中的自我判断，当时看来或许会令人觉得虚诞，现在看来则是预言式的。

在这一首诗中，华兹华斯对自己的身份、事业、责任的信心是明确无误的，但从华兹华斯的全部作品看，纠结和强烈的扰动也会摇撼这最后的城池，信心并非可以一劳永逸地确立。卜居于某处后，并非从此就可以永远满意地生活，而是需要反复确认内在的力量和决心。我们可以把华兹华斯的另一首名诗《决心与独立》（*Resolution and Independence*）视为《卜居》的续篇，从中可看到他在“自我”与“诗人”这一深层次上的疑虑。《决心与独立》作于1802年5月至7月间。诗人已在格拉斯米尔谷地中居住了两年多，而现实并不像《卜居》中诗人期待的那样乐观。在《决心与独立》中，华兹华斯想到诗人的悲惨命运时满腹疑虑，他的自我在快乐和谐的自然世界中成为不和谐的声音。那时，他最渴望的是遗忘人世。做人的意义，做诗人的意义，都受到质疑。此诗中也出现了“雄伟的诗人”，与《卜居》中是一模一样的用词：在《卜居》中，“雄伟的诗人”是上帝的圣殿（Ⅰ.1029）；在《决心与独立》中，他们被剥离了神性，显得脆弱无助，“雄伟的诗人在困厄中死去”①。诗人迫切需要上天的指引和鼓励。幸好他遇到一个神秘老人，使他恢复了信心。同《卜居》相比，《决心与独立》一诗的语气要沉郁得多，诗人的信心跌落得更低，但最后仍得到了拯救。或许这正是华兹华斯的力量之一。他的诗中并非无边的浪漫，而是有着丰富的现实层次。他愿意承认人间苦难的深度，自身绝望的深度，但仍能在其中艰难地保持希望。

罗素在《西方哲学史》中为“浪漫主义运动”这一文学现象专设了一章。在罗素看来，浪漫主义的本质是“对已有道德标准和美学标准的反叛”②。他分析了浪漫主义的一些特点，比如厌倦安稳，寻求刺激，偏爱大自然中可怕的一面，反社会性，迷醉于异国与远方。罗素眼中的浪漫主义主要是卢梭和拜伦式的。他只一次匆匆提及华兹华斯，说他变得“反动”（reactionary）③，而并未对他的诗歌做出评价。实际上，作为英国浪漫主义诗人中成就最大的华兹华斯，很多时候并不符合罗素对浪漫主义的定义。他更温和，也更愿意妥协。他去过远方，但也描写家园。他注重自我与内心，但也强调人的社会性和道德，强调传统。鲁迅《摩罗诗力说》中“立意在反抗，旨归在动作”的浪漫主义诗人也主要是拜伦式的，同为浪漫主义诗人的华兹华斯并不能以

---

① William Wordsworth. Resolution and Independence // The Major Works. 260 - 264，Ⅰ.123.

② Bertrand Russell. A History of Western Philosophy. New York：Simon and Schuster，1967：675.

③ 同②680.

"摩罗诗人"视之。[1] 在罗素和鲁迅的笔下，拜伦式的浪漫主义是典型的浪漫主义。而华兹华斯与典型浪漫主义之间的差别，若只以政治立场的"消极""积极"来解释，反而会遮蔽很多面向。[2] 或许，正是华兹华斯的非典型性，使他在自我与他人、个人与社会、浪漫与现实、人与自然这些力量之间维持着矛盾和犹疑，也维持着某种丰富而宝贵的平衡。

一、思考题

1. 英国浪漫主义诗歌的主要诗人及其作品有哪些？
2. 英国浪漫主义与启蒙时代的关系如何？
3. 英国浪漫主义与法国大革命有何关系？
4. 如何理解华兹华斯的诗学主张？

二、延伸阅读

1. 拜伦．唐璜．查良铮，译．北京：人民文学出版社，2015.

2. 华兹华斯．我孤独地漫游，如一朵云：华兹华斯抒情诗选．秦立彦，译．北京：人民文学出版社，2021.

3. 华兹华斯．华兹华斯叙事诗选．秦立彦，译．北京：人民文学出版社，2021.

4. 济慈．济慈诗选．屠岸，译．北京：人民文学出版社，1997.

① 鲁迅．鲁迅全集：第1卷．北京：人民文学出版社，2005：68.

② 在"反动""消极"的华兹华斯笔下，出现最多的是乡村普通人的形象。

第十二章 莎士比亚戏剧与“人”的发现

李忠实*

在西方文学和戏剧史上，莎士比亚（1564—1616）是神一般的存在，拥有无与伦比的地位和影响力。他的作品被译成70多种文字，剧本在全球累计演出次数迄今无人能及；以莎剧为蓝本的电影已经有600多部。他也是迄今为止被研究最多的作家，各种研究文献汗牛充栋。文艺复兴以后，西方各个重要的文学流派都渴望把自己同莎士比亚联系起来；20世纪，他更是被尊为“现代派艺术的鼻祖”。在世纪之交的一次读者评选中，已经去世几百年的莎士比亚竟然当选为“20世纪风云人物”。英国政治家丘吉尔曾说：“我宁可失去一百个印度，也不愿失去一个莎士比亚。”中国作家金庸毫不掩饰自己对莎翁的喜爱，他说：“如果有一天能上太空，又只能带一套书，那必须是莎士比亚全集。”为了纪念莎士比亚，联合国教科文组织还将莎士比亚的忌日（4月23日）定为“世界读书日”。

莎士比亚是一位文学家还是戏剧家？其实这早已不是问题。莎士比亚作为演员的戏剧生涯早已湮没无闻，但是他那些伟大的戏剧作品流传至今，并将继续彪炳史册。莎剧的博大精深，只有文学才能承载。18世纪的歌德在《说不完的莎士比亚》一文中就说，莎士比亚的名字和业绩应该属于文学史，而不属于舞台戏剧史，“对于他的伟大心灵来说，舞台是太狭隘了”①。

但是这个问题的提出也不是毫无意义的。首先，我们不应该忘记莎士比亚剧作家兼演员的身份。文学和戏剧是既有区别又有深刻联系的两个领域。莎剧毕竟为舞台演出而作，莎士比亚在创作这些剧本的同时，也把他对戏剧艺术规律的把握、对舞台的深刻理解融汇其中。所以欣赏莎士比亚戏剧，需

---

* 李忠实，中国政法大学人文学院副教授，主要教学与研究领域为西方文学史、戏剧理论。讲授“西方文学史”“中外文学名著导读”“戏剧研究与实践”等课程，改编导演各类戏剧作品十余部，包括莎士比亚悲剧《哈姆雷特》、《罗密欧与朱丽叶》、《麦克白》和《奥赛罗》等；发表各类作品200多万字。

① 伍蠡甫．西方文论选：上卷．上海：上海译文出版社，1988：466.

要一定的戏剧理论修养，需要舞台空间想象力。这样才能在脑海中重建这些作品的舞台形象，更充分地领略它们的艺术魅力。其次，莎剧舞台演出史，以及以莎剧为蓝本的各类改编作品，从来就是莎士比亚研究中不可缺少的部分，也是莎剧内涵不断显现、不断丰富和深化的过程。19 世纪的一位诗人和评论家查尔斯·兰姆发现，演出莎剧的经历往往使演员的演技获得极大的提升；对观众来说，演出看得越多，对莎剧的理解就越深刻。许多人正是从观看莎剧演出，甚至是观看根据莎剧改编的电影作品而开始接触莎剧、认识和喜爱莎剧的。

戏剧有两种生命：一种活在文学里，一种活在舞台上。欣赏莎士比亚最好的方式，是把两种生命合二为一，这样才能看到一个完整的莎士比亚。

一、莎士比亚及其时代

1. 莎士比亚生平

莎士比亚是谁？有些批评家认为，历史上确曾有过一位演员莎士比亚，但此人是不是那些伟大戏剧的作者，却是个问题。莎士比亚作品中蕴含了丰富的文学、历史和法律知识。莎士比亚，一名羊毛商人的儿子，没有受过大学教育，怎么可能懂得这么多？他又怎么可能对权力的运作、宫廷的礼仪习俗、贵族的生活如此了如指掌呢？莎士比亚戏剧的作者恐怕另有其人①。有人认为莎剧的作者是英国女王伊丽莎白一世。伊丽莎白女王博学多才，精通拉丁文、古希腊文、古希伯来文，她生前的一些演说和翻译作品一直流传至今，显示了她的文学才华。还有人猜测，兼为学者、作家和政治家的弗朗西斯·培根就是莎士比亚。培根家族的后代热衷炒作这个话题，他们甚至声称从莎士比亚作品中发现了一首藏头诗，连读出来是“这是培根的作品”。

今天已经很少有人相信这些假设了，不过这些怀疑也并非空穴来风。关于莎士比亚的生平资料确实很少，为数众多的莎士比亚传记不少是根据传闻写成的。根据各种互相矛盾的史料，我们可以了解莎士比亚生平的大概情形。莎士比亚出生在英国中部埃文河畔的斯特拉福镇，他的父亲是个经营羊毛、谷物生意的商人，曾被选为镇议员，但是在莎士比亚 14 岁时破产了。莎士比亚 16 岁辍学，跟父亲经商，18 岁时结婚，娶了比他大 8 岁的安妮，两年内生了 3 个孩子。那时候，伦敦的一些剧团每年都要到斯特拉福镇巡回演出，引发了莎士比亚对戏剧的兴趣。1586 年，他随一个戏班子步行到伦敦谋生。还

① 李忠实．中外文化未解之谜．北京：当代世界出版社，2002：410.

有一种说法是，莎士比亚在本地一家贵族的领地上偷猎了一头鹿，遭到控告，畏罪逃往伦敦。这期间他干过很多卑贱的职业，26 岁那年，他写出了历史剧《亨利六世》三部曲，剧本上演后大受欢迎。1592 年，“大学才子派”作家格林在一篇文章中借用莎士比亚剧作中的台词攻击莎士比亚，说他是“一只暴发户式的乌鸦”①，由此可以推测，28 岁的莎士比亚已经在伦敦站稳了脚跟。也就是那一年，他写出了《罗密欧与朱丽叶》，并一举成名。

莎士比亚活了 52 岁，一生共创作了 37 部剧本，154 首十四行诗和两部叙事长诗。莎士比亚剧本第一次出版是在他去世 7 年以后，由与他同台演出的两位好友编辑整理，名为《威廉·莎士比亚先生之喜剧、历史剧和悲剧。根据准确的真正的文本刊印》，史称“第一对开本”。后人根据莎翁的思想和艺术风格，把他的创作分为三个时期：第一时期以历史剧和喜剧为主，作品主要有《亨利六世》《罗密欧与朱丽叶》《仲夏夜之梦》《威尼斯商人》《温莎的风流娘儿们》等。第二时期以悲剧为主，脍炙人口的四大悲剧《哈姆雷特》《奥赛罗》《李尔王》《麦克白》都诞生在这一时期。第三时期的创作以传奇剧为主，作品主要有《辛白林》《冬天的故事》《暴风雨》等。如果撇开莎翁的戏剧成就，单就 154 首十四行诗而论，莎士比亚就已经算得上一位优秀的抒情诗人了；37 部戏剧中的任意几部，也足以确立莎士比亚在英国戏剧史上的地位。

2. 莎士比亚是“时代的灵魂”

莎士比亚伟大作品的诞生要归功于伟大的时代。在他创作的 20 多年间，正值伊丽莎白女王统治的全盛时期，英国对内削弱了封建贵族和天主教教会势力，对外摧毁了西班牙无敌舰队，夺得了海上霸权，全国都处于亢奋状态。工业发达，商业繁荣，海外贸易和殖民掠夺使英国聚敛了大量财富。先进思想在大学内外传播文学，尤其是诗歌和戏剧进入了黄金时代。

那时圈地运动仍在进行中，大量失去土地的农民涌入城市。亨利八世治下仅有 5 万人口的伦敦，到了伊丽莎白时代，拥有 20 万居民，伊丽莎白时代后期更是猛增到四五十万。城市迅速扩张，富有的市民不断增多，作为大众娱乐方式的戏剧受到广泛欢迎，大众剧场应运而生。伦敦先后出现了 20 多座剧场，如玫瑰剧场、天鹅剧场、帷幕剧场、黑衣修士剧场，还有大名鼎鼎的环球剧场，莎士比亚生前持有这个剧场十分之一的股份，并且在那里度过了创作生涯中最辉煌的十年。

① 赵澧．莎士比亚传论．北京：中国人民大学出版社，1991：4.

时代对戏剧的需求到了饥渴的程度，很多能人开始为大众剧场写作剧本。在莎士比亚出现之前，英国剧坛上活跃着一个被称为“大学才子派”的作家群，他们的创作极大提升了英国戏剧的质量。代表人物马洛和基德，都擅长写悲剧。马洛最具才华，成就最大，被称为“英国悲剧之父”。他对戏剧最重要的贡献就是使用了无韵诗，台词激情洋溢，荡气回肠。莎士比亚将其视为楷模。这个马洛是个短命的天才，一次他在酒馆里与人发生争执，被人用刀刺中腹部，英年早逝。另一位代表人物基德写过一部以复仇为主题的《西班牙悲剧》，首创一种“戏中戏”：剧中主角佯作疯狂，为了复仇而安排演出有流血场面的戏剧，然后假戏真做，从而达到复仇的目的。莎士比亚创作《泰特斯·安德洛尼克斯》时，就借用了这种手法，《哈姆雷特》中显然也有这个故事的影子。那个时代的英国剧作家继承了古代希腊罗马、中世纪英国和文艺复兴时期欧洲戏剧的三大传统并加以发展，从内容到形式全面革新，戏剧语言优美，剧本结构考究，思想上坚持人文主义立场，把英国戏剧推向了新的高峰。莎士比亚站在了他那个时代巨人的肩上。

伊丽莎白一世统治初期，戏剧演员的地位不高，仍然被视为杂耍艺人、流浪汉和无业游民，但后期演员的地位得到大幅提升。那时编剧也不是一个高雅的职业，有时一部戏有多个作者，每人写其中的一幕，作品质量难以保证。莎士比亚本来立志成为一名诗人，依附于南安普顿伯爵，受他庇护。一次，南安普敦伯爵的朋友埃塞克斯公爵托人送来 2 个英镑，求演《理查二世》，其中有国王被废黜的情节。莎士比亚剧团没能抗拒 2 个英镑的诱惑，排演了这出戏。演出当天，一些身份不明的观众走上街头，呼喊口号要求女王下台，原来是埃塞克斯公爵借演出之机发动了一场政变。这场演出酿成一桩政治事件，埃塞克斯公爵因叛国罪被捕，七天后被砍头。莎士比亚作为一个“戏子”兼文人，遭遇这样一场政治事件，却没有因此断送前途和性命，说明女王伊丽莎白一世还是有胸怀的。如果不是政治开明的时代，也不会诞生一个莎士比亚。

3. 莎士比亚的戏剧是曾经流行的经典

流行成为经典，史不绝书。无数事例证明，是否接受过正统的大学教育，也不是成为优秀作家的先决条件。莎士比亚既是剧作家，也是剧场合伙人兼经营者，他必须熟悉大众的欣赏趣味，精通各种招徕观众的手段。莎士比亚没有想过流芳百世，他的作品是当时大众化的通俗戏剧。首先，他的戏剧大多取材于当时流行的剧本，或者古代的神话、传说和历史故事，所选择的题材多与弑君篡位、权力争夺、复仇雪耻、男女情爱有关。这一向是大众喜闻乐见的题材。莎士比亚具有点石成金、化腐朽为神奇的本领，他给流行的或古老的故事注入了自己的思想才华，给它们赋予了新鲜的时代内容。其次，为满足草根观众的欣赏趣味，莎剧在创作手法上也是煞费苦心。巫术、咒语和鬼魂是莎剧中经常出现的元素。还有一些插科打诨的小角色，比如《罗密欧与朱丽叶》中的奶妈、《哈姆雷特》的掘墓人、《麦克白》中的门房、《李尔王》中的弄人，这些小人物都是大众生活真理的代言人。戏里常有一些粗俗的俚语、笑话，是吸引观众的不可缺少的佐料。这都体现出莎剧的民间戏剧的草根性。最后，莎士比亚用通俗的英语写作。在莎士比亚之前的几百年里的英国宫廷和正式场合，上流社会普遍使用拉丁语和法语，英语是下里巴人使用的语言。英语文学的通俗程度和贫瘠程度几乎为所有天主教文化圈内的国家所耻笑。直到 14 世纪，乔叟用地道的伦敦方言写出了《坎特伯雷故事集》，人们才认识到英语的强大表现力，英语地位明显提高。一百多年后的莎士比亚时代，上到王公贵族，下到平民百姓都走进剧场看戏，英语是征服三教九流、沟通宫廷市井的有力武器。莎士比亚充分显示了他的语言天赋，把这门“下里巴人”的语言驾驭得炉火纯青。根据计算机统计，莎士比亚的用词量多达 29 066 个，其中有不少是他自己的发明创造。当代英语中的许多词汇、短语、谚语、格言都来自莎剧。

天才不是凭空产生的，必定与他所处的时代精神息息相关。但是天才不会把自己降低到时代的水平，庸俗怠惰，随波逐流。莎士比亚的伟大之处在于他不仅是时代的传声筒，还与之拉开了距离，站在了历史的制高点上。

二、莎士比亚如何发现了“人”

对于莎士比亚，人们从来不吝惜赞美。与他同时代的本·琼生说“他属于所有世纪”，法国浪漫主义文学大师雨果称其为“舞台上的上帝”，马克思盛赞他为“人类有史以来最伟大的天才之一”。德国诗人施莱格尔甚至说，“莎士比亚具有神人般的力量、先知般的洞见，以及上帝般的大智慧”，钦佩与敬仰之情无以复加。

我们姑且略过那些溢美之词，听取一些反面意见，认识几位莎士比亚的批评者中的重量级人物。一位是 18 世纪法国作家伏尔泰，他批评莎剧违反三一律和典雅、真实的原则；滑稽和恐怖的手段互相掺杂，毫无高尚的趣味，以低级手段吸引观众；《哈姆雷特》人物疯疯癫癫，互相残杀，荒唐之极、野蛮之极、粗俗之极。伏尔泰还说哈姆雷特是“烂醉的野人凭空想象的产物”，剧情缺乏节制，缺乏条理，文笔铺张，矫揉造作，夸大其词。伏尔泰的这些评价显然是戴着古典主义的有色眼镜来看人，即便如此，他也不得不承认莎士比亚是一位“具有充沛的活力的卓越的天才”①。

另一位是19世纪英国作家萧伯纳。他与俄国文豪托尔斯泰有书信来往，在批判莎士比亚这个话题上，是一对儿知音。萧伯纳认为莎剧缺乏道德性，“全是些轻浮、无聊、琐碎、贫乏、一味迎合低级趣味的舞台垃圾”，“莎剧中看不到丝毫希望、意志、信仰和勇气，有的只是悲观、恐怖和绝望”。其笔下的角色几乎都是强烈的个人主义者，自私多疑，自我中心，庸俗享乐，欲壑难填。他称“莎士比亚并不属于所有的时代，而只属于一个下午”，但是仍然认为莎翁的写作技巧和想象力还是值得称道的。②

托尔斯泰则对莎士比亚持全面否定的态度，甚至断言莎士比亚根本算不上一位艺术家，他的作品也不是艺术品。他认为哈姆雷特性格狡诈、残酷、意志消沉，是个好色之徒，缺乏坚定的信念和崇高的献身精神。③ 托尔斯泰对莎翁有这样的看法一点也不奇怪。托尔斯泰一生努力践行“道德的自我完善”，半辈子吃素，80多岁还亲自下地干农活儿，一心想把自己的财产捐给穷人；而莎士比亚一门心思想发财，30多岁就在家乡买了豪宅，还拥有大片田产，且被怀疑在伦敦养过多名情妇。

把这些意见综合起来，会发现在对莎士比亚戏剧人物的批判方面，这些批评者达成了高度的一致。他们认为莎剧中人物性格塑造得很差，缺乏完整性和一惯性；人物品格不高，缺乏高尚的道德和宗教心；人物感情冲动，轻率鲁莽，意志消沉，动辄酿成令人难以置信的荒唐的悲剧。总结起来一句话，这些人物疯狂，绝望，缺乏理性。

我们不妨由此入手，考察莎士比亚戏剧是如何描写人、塑造人和“发现”人的。

1. 莎剧中的感情风暴

莎剧是一个热情、冲动、充满了暴风骤雨的世界。剧中人物感情复杂多变，经常像火山一样爆发。

《罗密欧与朱丽叶》是莎士比亚第一部成熟的悲剧。这出戏根据一部意大利叙事诗改编而来。莎士比亚对原作的改编使人物的感情活动更加强烈。一个是改变了女主人公年龄：朱丽叶从一个19岁的女性变成了13岁少女。这

① 张泗洋，徐斌，张晓阳．莎士比亚引论：下．北京：中国戏剧出版社，1989：394-395.

② 张月超．三百余年来莎士比亚评论述评．文艺理论研究，1982（1）：118-128.

③ 中国社会科学院外国文学研究所外国文学研究资料丛刊编辑委员会．莎士比亚评论汇编：上．北京：中国社会科学出版社，1985：501-518.

一改编堪称神来之笔。一个女孩儿从 13 岁到 19 岁，会发生很大变化，她会接受更多的教育，头脑更冷静，处理感情会更理性。而 13 岁的少女，正是天真单纯的年龄，就朱丽叶来说，她是家中的独女，活泼任性，爱情突然让她成熟，失恋的痛苦体验非常强烈，向死的决心和意志令人动容。

第二处改编是，原来四五十天的事件，被莎士比亚压缩到四天之内：第一天，蒙太古家举办舞会，罗密欧跟小伙伴们偷偷溜进去找乐子。罗密欧与朱丽叶一见钟情，于当天夜里在阳台上相会。第二天，热恋中的罗密欧与朱丽叶跑进教堂秘密结婚。紧接着风云突变，朱丽叶的表哥前来寻衅滋事；罗密欧因杀人而被流放，一对恋人生离死别。第三天，朱丽叶被父亲逼婚，家中鸡飞狗跳；朱丽叶听从了神父的计策，服药假死。第四天，罗密欧听到传闻赶回维洛纳，在朱丽叶身边服毒殉情；朱丽叶从假死中醒来，绝望自杀。

全剧一环紧扣一环，其中罗密欧当街杀人那一场戏是剧情的重大转折点。朱丽叶的表哥提伯尔特是两个家族之间仇恨的积极鼓吹者和参与者，他对罗密欧“勾引”自己表妹的行为恼羞成怒，向罗密欧发出挑战。好友茂丘西奥替罗密欧出头，被提伯尔特杀死，罗密欧忍无可忍，暴怒之中，杀死了提伯尔特。刚刚还沐浴在爱的喜悦中，满怀柔情蜜意的罗密欧一转眼变成了杀人犯。感情发展及转折像闪电一样快。杀人之后的罗密欧几乎被自己的行为惊呆了，他把武器扔在地上，说：“我被命运玩弄了！”

18 世纪德国剧评家莱辛评价说：“莎士比亚生动地描绘了一种情感是如何不知不觉地钻进我们的灵魂，如何悄悄地占据上风，如何压倒了其他所有的情感而成为我们爱恨情仇的主宰。”①

莎翁戏剧揭示了一个残酷的事实：有时候人的理性决定不了生活，人的行为常常为复杂的力量所推动，是理性、情感、意志综合作用的结果，带有极大的盲目性和偶然性。所以，就连托尔斯泰也不得不承认：“人的感情是一条无序的河流。”亚里士多德提出过“人是理性动物”的著名论断，但是哲学家罗素却说：“我一生都在寻找人是理性动物的证据，但始终没有找到。”

人类社会之所以纷繁复杂和丰富多彩，很大程度上是由于非理性的存在。人的非理性冲动有时创造奇迹，有时制造灾难。文艺复兴时期的人文主义者热情歌颂人的情感、欲望等非理性因素，他们认识到人的非理性并不完全是一种消极的力量，并把理性和非理性看作人的两个基本属性。这正是人的本来面目，莎剧呈现了人性的真实。

① 莱辛．汉堡剧评．张黎，译．上海：上海译文出版社，2002.

戏剧是“激变”的艺术，要求情节紧凑集中，在观众中引起相应的紧张感。它需要强烈的人物情感活动作为内在的推动力。莎士比亚戏剧呈现的是有血有肉的人，正是他们的激情和冲动，以及由此导致的情节突变，使人物命运发生逆转。这既是艺术的真实，也是生活的真实。

2. 莎剧中的内心冲突

莎士比亚揭示了人内心世界的复杂性。他说：“每个人的内心都是一个宇宙。”

《麦克白》是一出典型的“罪人的悲剧”。它讲述了一个弑君篡位的故事。这类故事史不绝书，莎士比亚的历史剧《理查三世》就描绘了相似的故事，却没有《麦克白》的故事这样震撼人心，恰恰是这个弑君篡位的失败者，令人产生极大的怜悯和同情。

基督教文化认为，人性中包含着善恶两面，如果恶的一面不加克制，就会使一个好人变成恶人。20世纪美国哲学家、神学家雷茵霍尔德·尼布尔的《人的本性与命运》一书中有一句名言：“人的本质乃是他的自由，而罪即因自由而生。”尼布尔从人性恶论出发，认为人既自私邪恶，又绝对自由，二者叠加在一起，成为人世间罪恶的根源。“总的说来，坏人并不比好人真的坏多少，他们不过是得到了为非作歹的机会。”他又说：“人的志向越高，随之而来的罪恶要求也就越多。”① 这正是麦克白犯罪堕落的深刻写照。

苏格兰大将麦克白是作为一个大英雄出场的。他为人正直，战功显赫，珍视荣誉和美德，努力追求人生的高度。但是荣誉和美德作为人的内在价值，必须有相应的地位来确认。听到女巫预言他将成为未来的国王，麦克白内心不再淡定，开始自我膨胀。从战场归来的当天晚上，国王邓肯带着几个人来麦克白家做客。麦克白夫妇认为是天赐良机，于是对国王痛下杀手，杀死了熟睡的国王。由于麦克白是国王的近亲，于是继承了王位。全剧有五幕，谋杀发生在第二幕。后面的三幕戏，都在讲述麦克白变得神经兮兮。他虽然当上了国王，却摆脱不了沉重的负罪感，越来越陷于恐惧、动摇和自我怀疑之中，并产生种种幻象，觉得每个人都窥透了他内心，发现了他罪恶的秘密。这种恐惧使他继续不停地杀人，最终众叛亲离，在一片讨伐声中被杀死，临死前痛苦地感叹生命没有意义，麦克白夫人也因精神分裂而死。

鲁迅说：“悲剧，就是把有价值的东西撕碎了给人看。”麦克白身上那个有价值的东西是什么呢？就是他没有完全泯灭的人性。麦克白本来是个心肠

① 尼布尔．人的本性与命运．成穷，王作虹，译．贵阳：贵州人民出版社，2006.

柔软的人，麦克白夫人说他“充满了太多人情的乳臭”，“缺少和那种野心相联属的奸恶”，“不愿玩弄机诈”。麦克白的悲剧在于他终于没有变成彻底的恶棍。大多数戏剧离不开“戏剧冲突”，即各种人物之间因为意志、欲望、性格等差异而带来的各种矛盾冲突，并以此唤起观众的兴趣。《麦克白》的冲突体现在麦克白这个人自我矛盾的过程，冲突的战场在人的内心展开。一边是穷凶极恶，将各种反对势力赶尽杀绝；另一边是良心在抵抗，伴随着后悔和自责，内心分裂，饱受煎熬。文学作品表现人的邪恶不足为奇，表现人在虚伪的外表下掩藏的邪恶，就算得上一种深刻了。但是像《麦克白》这样刻画出一个英雄的堕落，以及穷凶极恶下面残存的善，就需要非凡的思想和艺术功力了。

西方人文主义者热情赞扬人的智慧和力量，歌颂人的自由意志、追求自由幸福和自我实现的权力，但是在赞赏人类的创造活力的同时，他们对人的野心、私欲、狡诈和残忍也保持着高度的警惕。《麦克白》这出悲剧不禁使人想起雷茵霍尔德·尼布尔的那段著名的祈祷文：“上帝，请赐我宁静，去接受我不能改变的；赐我勇气，去改变我所能改变的；并赐我智慧，去分辨两者的不同。”

在很多舞台演出或电影改编中，麦克白被塑造为一个英勇的男人，胸怀大志，有所作为；麦克白夫人美丽又有心机，他们夫妻相爱，妇唱夫随。国王则是一副老好人形象，让观众觉得麦克白不取而代之反而可惜。这样处理，主人公的命运就更加令人惋惜。导演过电影《麦克白》（1970）的波兰斯基就说，麦克白是一个“年轻、坦率的战士”，为自己的野心下了很大的赌注。一次铤而走险，断送了夫妻俩的前程和幸福。

3. 莎剧中的人格裂变

英国小说家福斯特写过一本小书《小说面面观》，书中把文学人物分为圆形人物和扁平人物。扁平人物就是通常所说的类型化的人物，性格贯穿始终，比如侦探小说中的福尔摩斯。圆形人物则有一个历经曲折磨难、性格发展变化的过程。一般认为狄更斯的小说的成就比不上同时期的巴尔扎克，就是因为狄更斯小说中的人物有扁平化的倾向。

在莎士比亚之前的剧坛上，人物形象多是静态的，性格没有太多变化与发展。虽然有喜怒哀乐情感的变化，但缺乏人格的变化过程。莎士比亚作品，则写出了人格的裂变，以及裂变中人内心世界的深邃复杂。

《奥赛罗》就是一出人性脆弱导致的悲剧。主人公奥赛罗是一位摩尔人贵族的后代，正直坦率，战功赫赫，赢得了威尼斯元老之女苔丝特蒙娜的爱。

苔丝特蒙娜摒弃种族偏见，不顾家庭门第差异，与奥赛罗秘密结婚。在不久的一次军事行动中，奥赛罗把好友凯西奥提拔为副将，引起旗官伊阿古的妒忌和仇恨。伊阿古玩弄阴谋诡计设下陷阱，使奥赛罗怀疑妻子与凯西奥私通。奥赛罗在狂怒之下，掐死了妻子。

在奥赛罗之前，黑皮肤的摩尔人一向被欧洲人认为是恶徒。莎士比亚以黑人奥赛罗为主角，实在是颠覆了当时的主流想法。这出戏的演出曾让观众愤怒，现场几乎发生骚乱。有批评家称：在这部戏里，“莎士比亚对极端丑恶的场景和行为的公开描写极大地损害了我们的思想，伤害了我们的感情”。19世纪，巴尔的摩一家剧院上演《奥赛罗》，一名执勤的士兵出于愤怒，朝舞台开枪射击，打伤了扮演奥赛罗的演员。①

奥赛罗为什么会从有着崇高品质的威武大将军蜕变为胸襟狭窄的小人，从性情正直、挚爱妻子的丈夫，逐渐成为疯狂嫉妒的杀人凶手？对于其背后的心理动因，一直众说纷纭。有研究者认为，由于门第的悬殊和爱情上过于幸运，奥赛罗本人充满自卑与不安，他不是相信谗言，而是一开始就有强烈的自卑，生活在即将被背叛的恐惧中。在这种情况下，苔丝特蒙娜的天真纯洁对他而言简直就是一种折磨，他始终在等待一个机会，来证实自己的臆想。因此，在推动并且认定苔丝特蒙娜和他的副官凯西奥通奸的问题上，伊阿古固然恶毒，居心叵测，但实际上是这个焦躁的丈夫在潜意识里引导自己一步步踏上了凶杀之路。②

瑞士心理学家卡尔·荣格说：“在人的整个一生中，他所应该做的，只是在固有的人格基础上，去最大限度地发展他的多样性、连贯性、和谐性，小心翼翼地不让它破裂成为彼此分散、各行其是、相互冲突的系统。”③ 莎士比亚描述了奥赛罗高贵的人格，也让我们看到了一个高贵的人格迅速崩溃的过程：从点滴的情绪，慢慢汇成感情的洪流，又经过一系列意外的转变走向极端，逐渐发展到顶点，最后是灾难的结局。

《奥赛罗》取材于意大利作家钦齐奥的小说《威尼斯的摩尔人》。莎士比亚最有深意的改编是，在原作中，奥赛罗杀人后试图逃跑，在莎剧中被改为悔恨自杀。自杀的情节发生得非常突然、非常惨烈，产生了令人震惊的效果，是全剧结尾的又一波高潮。这个出人意料的结局，让作品又有了更深一层的

① 郑传寅，黄蓓．欧洲戏剧文学史．武汉：长江文艺出版社，2002：116.

② 查尔斯·兰姆，玛丽·兰姆．阅读莎士比亚：永不谢幕的悲喜剧．萧乾，译．天津：百花文艺出版社，2004：300.

③ 霍尔，诺德贝．荣格心理学入门．冯川，译．北京：三联书店，1987.

悲剧意义，让我们更加深刻地体会到自由、高贵精神的核心是什么；体会到奥赛罗内心那些悔恨和挣扎，以及最终面对死亡的义无反顾，由此更凸显了奥赛罗人格的丰富性和复杂性。

4. 莎剧中的人性之恶

莎剧中的人物大多有明显的性格弱点，甚至一些生理缺陷。德国剧评家莱辛说：“没有一个诗人能够像他那样精细入微地再现诸如忧郁、谵妄、疯狂等种种精神疾病。”

莎士比亚四大悲剧里，每个主人公都有明显的性格缺陷，甚至有生理疾病。奥赛罗自卑、多疑、轻信，有强烈的嫉妒心。剧中交代，他还患有癫痫病。年迈的李尔王刚愎自用、虚荣傲慢、冷酷而又天真，言语行为有老年痴呆症迹象；麦克白自私残忍、以怨报德，弑君篡权后经常出现幻觉，精神处于分裂状态，时而癫狂，时而焦虑，时而乐观自大，时而自卑恐惧。有研究者指出，这些症状十分符合苏格兰疯牛病的病理特征。麦克白夫人在良心的压迫下得了强迫症，经常半夜梦游，一遍遍不停地洗手。哈姆雷特更是一位抑郁症患者，做事迟疑不决，优柔寡断，还有过自杀的念头……

莎士比亚戏剧展现的是一个真正的人的世界。有人说，在莎士比亚之前没有“人”。在古希腊悲剧中，人是无辜的，也是无能的，主宰世界和生活的是命运和神灵。莎剧中，人的行动需要自己赋予理由，决定生活走向和人物命运归宿的是人自己，是人的欲望、性情、品质。灾难的结局也是人咎由自取。

《奥赛罗》中的伊阿古是整个悲剧的幕后黑手，也是剧情的架构者，以至于有导演认为，他才是《奥赛罗》这出戏的真正主角。对于伊阿古的作恶动机，寻常的看法是，伊阿古之所以想方设法迷惑和毒害奥赛罗，是因为没有得到奥赛罗的重用而心怀怨恨；还有人认为伊阿古是个“胎里坏”，所作所为是出于无动机的恶①，他喜欢看别人受苦，从中体验一种忘我的愉悦。还有一种看法是，认为伊阿古才华横溢，对事件的策划几近完美，其欲罢不能，必须找到自我实现的机会。经过众多戏剧艺术家的舞台演绎，伊阿古这个人的内心日益复杂。英国大导演蒂龙·格思里在执导《奥赛罗》时，出于发掘人物潜意识的兴趣，破天荒地让扮演伊阿古的演员去吻奥赛罗的嘴，剧情因此出现了出人意料的效果：伊阿古作恶的动机中隐含着对奥赛罗的爱和对新娘苔丝特蒙娜的嫉妒。伊阿古潜意识深处对凯西奥、奥赛罗和苔丝特蒙娜又依

① 贾志浩，等．西方莎士比亚批评史．北京：社会科学文献出版社，2014：159.

恋又排斥，有着极其复杂的感情。而且这个人自我怀疑、伪装高尚，故意把毁灭奥赛罗的动机搞得很复杂，为挑起对上层社会的仇恨，不惜编造谎言，暗示奥赛罗他的妻子和凯西奥有不正当关系。这种说法毫无根据，自欺欺人，不过是寻找借口，把一桩的罪恶行为伪装成正义的报复。他认定苔丝特蒙娜背叛丈夫的理由是：正常人家的女性都会选择门当户对的白人做丈夫，而苔丝特蒙娜是典型的威尼斯女人，选择摩尔人不过是一时冲动，所以她早晚会后悔自己的选择。他认定这场爱情不会长久，因为见异思迁是人之常情，红杏出墙是必然的。正如一句谚语所说："在木匠的眼里世界是由木头构成的"，在心地阴暗龌龊的伊阿古眼里，整个世界都是男盗女娼。他那些简单的推论貌似合情合理，实际上是完全站不住脚的。这种充满了偏见的低俗的人生哲学，完全忽视和否认人有高尚的精神追求和高贵的个性，其实是一种低级理性。正是这种东西，既蒙蔽了奥赛罗，也蒙蔽了观众。它告诉我们，"洗脑"不需要高深的理论，缺乏独立思考的头脑很容易被那些似是而非的庸俗哲学带偏了。

英国学者基托指出了希腊悲剧与莎士比亚悲剧的区别："希腊诗人认为悲剧中的错误是触犯了神明的法律，而莎士比亚认为这种错误是罪恶的品质，这种品质一旦发动起来，将吞噬自身以及它能接触到的一切人物，直至罪恶自告终结。"① 伊阿古邪恶、庸俗而又虚伪，自欺欺人、刚愎自用和无所顾忌，是《奥赛罗》这出悲剧的始作俑者，也是许许多多人间悲剧的祸根。

5. "人是一根有思想的芦苇"

《哈姆雷特》被公认为莎士比亚的代表作，是西方文学史上的奇观，也是一部实验性很强的作品。一般的剧作者都尽量回避冗长的台词，莎士比亚却刻意使用大量独白，表现哈姆雷特的思想性格和内心痛苦。戏剧是行动的艺术，莎士比亚偏偏让剧中人全神贯注于主观思考，并且自言自语。这些不加掩饰的心理活动，不仅没有使观众厌倦，反而产生了强大的吸引力，也使哈姆雷特这个人物具有了非常复杂的、潜在的个性。

丹麦王子哈姆雷特在国外上大学，忽闻父死母嫁。回国后，父亲的鬼魂告诉他，自己的父亲被叔父毒死，叔父篡夺王位，并霸占了他母亲。哈姆雷特施用计谋证实了他叔叔的罪恶，下决心复仇。出于偶然的错误，哈姆雷特误杀了自己情人奥菲利亚的父亲。叔父把他送去英国，想借英国国王的刀杀

① 中国社会科学院外国文学研究所外国文学研究资料丛刊编辑委员会．莎士比亚评论汇编：下．北京：中国社会科学出版社，1985：449.

死他。哈姆雷特半路用计脱逃，回来发现自己的情人因父亲去世、爱人远离而精神失常，误入河中淹死。国王唆使奥菲利亚的哥哥和哈姆雷特决斗，结果两个人都中了国王的毒计身亡。临死前，哈姆雷特奋力刺死了国王，为父亲报了仇。

哈姆雷特人物研究历来有两个切入点：一是哈姆雷特到底是真疯还是装疯？二是复仇行动为什么一再延宕？以普通人的视角来看，哈姆雷特说话颠三倒四，东拉西扯，时常文不对题，而且说话的内容动不动涉及生死，质疑现实，精神错乱的特征十分明显。同时他又有装疯的意图，意在迷惑国王，保护自己，实施复仇计划。其实，一个文学形象的疯狂与否，不可能用病理学的指标来衡量。应该说，哈姆雷特在家庭与国家的一场重大变故面前，感情极度抑郁，行走在生存和毁灭、现实和梦幻之间，处于崩溃的边缘，承受着巨大的精神痛苦。这正是处于重压之下人的心灵世界的真实图景。再看“复仇的延宕”问题。哈姆雷特本来有好几次杀死仇人的绝佳机会，但出于某种障碍，复仇计划一次次功亏一篑。这种安排当然是出于戏剧的曲折性和悬念性的需要，为人物行动设置障碍，可是偏偏这些障碍来自他自己的内心。当机会来了，复仇的想法只是一闪而过，接着他就转入了对生与死的思考：

> 生存还是毁灭，这是一个值得考虑的问题；默然忍受命运的暴虐的毒箭，或是挺身反抗人世的无涯的苦难，通过斗争把它们扫清，这两种行为，哪一种更高贵？……

哈姆雷特对生死这一谜题的关注，远远超出了复仇本身。连死亡的意义都没有搞清，杀人复仇又有什么意义呢？对哈姆雷特来说，这种生死体验跟复仇行为相比，具有价值上的优先性。这种“价值优先”，或者叫“价值偏爱”，决定了哈姆雷特一事当前，首先是着眼于人和事物的价值层面而非具体的成败得失。在价值尚未确认之前，哈姆雷特找不到行动的动力。法国哲学家帕斯卡尔说：“人只不过是一根苇草，是自然界最脆弱的东西，但他是一根能思想的苇草”，“人的全部尊严就在于思想”①。然而思想使人强大，也会使人脆弱。哈姆雷特沉湎于探求那些深刻的人生哲理，比如爱情的脆弱、暴力的徒劳、生命的短暂无常等。他想得太多，思考得太深，陷入犹疑、软弱和摇摆不定，就像哈姆雷特所说，“重重的顾虑使我们成了懦夫”。形而上学的迷思会让人失去行动的力量，让人意志消沉，难以自拔。而一旦走出迷雾，

① 帕斯卡尔．思想录．何兆武，译．天津：天津人民出版社，2014：174.

思想的力量也能赋予人强大的内心，可以让一个人在瞬间运用暴力杀人，完成原本不可能的任务。

“我是人，凡是人的一切特性，我无不具有。”① 这是莎士比亚时代人文主义的一个重要口号。莎士比亚刻画了不完美的人。他发现和书写了真实复杂的人性与人的精神困境，并对它投入极大的同情。在莎士比亚之前，没有人能够像他那样，如此深刻地认识人的自身，洞察到人类心灵是这样复杂多变；虽然不同时代都有一些哲学家提出过关于人性的见解，但为数不多，而又隔靴搔痒。而莎士比亚凭借他的天才就能从生活中把握它，并把它生动地描述出来。他对于人类心灵做出了许多发现，以一人之力就把人类的自我认识推进了好几个阶段。莎翁汲取了基督教的思想营养，把它们转换为丰富的新兴资产阶级文化，使基督教所强调的人类罪感意识和忏悔品格，在充分尊重个体的近代意识基础上重放光华。他对情感和理性、原欲和道德、个体和群体，甚至涉及所有关于人生的重大问题的思考和表现，远远超出于他的时代。

三、“说不完的莎士比亚”②

第一，对莎翁作品阐释和改编的历史，反映了人类自我认知模式不断更新、不断深化的过程。

几百年来，研究莎士比亚的书籍、文章和刊物汗牛充栋，世界上每年都有多达 5 000 种的与莎士比亚有关的著述发表。世界上很多国家成立了莎士比亚研究会。历代作家、莎剧学者以及戏剧艺术名家对莎剧的解读，洋洋大观。英国著名诗人、批评家艾略特曾说：“莎士比亚批评总是随着世界的变化而变化。……不同时间、不同地点之人对莎士比亚之观点，乃过去三百年来变化与发展中的欧洲文明不可或缺的一部分。”③ 可以说，莎士比亚戏剧对西方生活的影响是全方位的，已深深地融入了西方人的血液，成为一种深厚的、永久的文化底蕴。

1994 年迪士尼版《狮子王》，是一次成功的也很有趣的改编。这部电影融合了《哈姆雷特》和《亨利四世》。小狮子辛巴在父亲遇害之后一度消极沉沦，与野猪彭彭结为朋友，成了江湖上的小混混。这个野猪彭彭的形象来自莎士比亚的历史剧《亨利四世》。这部戏里有个角色叫福斯塔夫。威尔士亲王哈尔在登基成为亨利五世之前，跟一帮醉汉、盗贼、骗子一起寻欢作乐。这

---

① 此句出自公元前 2 世纪拉丁诗人特伦斯的诗。

② 这是歌德 1826 年发表的一篇论文的标题。

③ 张泗洋，徐斌，张晓阳．莎士比亚引论：下．北京：中国戏剧出版社，1989：435.

些人头脑简单，打打闹闹、冲冲杀杀，福斯塔夫就是哈尔在这个混乱世界的“父亲”。此人善于虚张声势、油嘴滑舌、贪生怕死，代表的是一种轻浮、贪图逸乐、不负责任的生活。哈尔称其为“白胡子老撒旦”，但是感情上又依恋他。他放浪的少年生涯是他日后执政的财富，这使他成为英格兰历史上一代强大的君王。后来哈尔登基成了亨利五世，福斯塔夫抱着升官发财的梦想去面见新国王，结果吃了闭门羹。福斯塔夫这个形象的剧场效果非常强烈，女王伊丽莎白一世非常喜欢，以至于下令莎士比亚再写一部续集，这才有了莎士比亚的另一部喜剧《温莎的风流娘儿们》。

如果哈姆雷特活在今天，面对命运的重压，他会如何选择呢？《狮子王》的故事为我们揭示了另一种可能：高贵的王子面对命运的打击，不堪重负，一度选择了与福斯塔夫式的犬儒为伍，放弃了肩负的责任，吃着虫子，快快乐乐地生活。这个故事解构英雄，消解崇高，展示了一个现代版王子的心路历程，也应该是哈姆雷特性格逻辑中应有之义。2000 年，好莱坞推出了千禧版的《哈姆雷特》，这部电影把哈姆雷特塑造为一个玩世不恭的繁华都市嬉皮士，戴着墨镜和小丑帽，手里摆弄着数码摄像机，一副萎靡厌世的做派。这一改编，也挖掘出了哈姆雷特内心的颓废气息。在《狮子王》里，辛巴最后重新找回迷失的自我，终于完成了父亲和国家交付的使命，重建了世界秩序，完成了自己的英雄之旅。

莎士比亚笔下的许多人物故事都成了典故，当代小说和电影都喜欢化用莎士比亚的情节，很多看起来极其巧合的故事也来自莎士比亚。没读过莎士比亚就会觉得这些情节云里雾里，不知所云。要了解现代人心灵的历史，必须得了解莎士比亚。有了莎士比亚，我们就多了一个思考的工具。

第二，莎士比亚的创作方法，为后代艺术家们提供了无限的可能，留下了巨大的阐释空间。

莎士比亚戏剧具有深刻而丰富的思想内涵，塑造了不少个性鲜明的艺术形象。恩格斯在一篇《致费迪南·拉萨尔》的信中说：“我们不应该为了观念的东西而忘掉现实主义的东西，为了席勒而忘掉莎士比亚”①。席勒是德国狂飙突进运动的剧作家，他经常让剧中人长篇大论地表达政治观点，把舞台当成政治演讲台。他的作品《强盗》具有强烈的情感宣泄和政治煽动效果，以至于演出现场的观众中出现了群体性的歇斯底里反应。恩格斯这段话的意思是，莎士比亚的剧作不是从概念出发，而是从生活出发，他通过复杂的剧情

① 马克思恩格斯选集：第 4 卷．北京：人民出版社，2012：442.

和鲜活的人物去传达自己的人生体验。这是文学创作应当遵循的方法。

17世纪的纽卡索公爵夫人玛格莱特·卡文迪什，是历史上第一位莎士比亚女评论家，她指出莎士比亚善于表现各阶层及群体的才智、特性和情欲。有时，莎士比亚好像能变成任何一种人，真实地表现一切秘密。比如在描写克里奥佩特拉和其他女子时，他简直由一个男人变成了一个女人，否则不会描写得如此惟妙惟肖①。英国诗人约翰·济慈在一封信中提到，诗人应该具备一种能力，在创作中把自我消解为无形，他认为莎士比亚就具备这种能力，他能够进入不同人物的内心，从他们的感情、思想、立场看问题，客观、真实地反映生活的本来面目。没有主题先行，也没有牵强附会，事件顺理成章地发生，每个人物都按照他们应有的性格逻辑、感情逻辑去思考、说话、行动。莎士比亚的创作方法与19世纪的批判现实主义的文学主张不谋而合，但是莎翁的创作实践比他们早了二百多年。

这种客观的创作态度和方法，使作品具有主题不确定、人物性格异常复杂的特点，给后人留下了巨大的创作空间。莎剧导演历来都不满足于简单地再现原作的故事和人物，而是不断地发现新的主题。

1996年，澳大利亚导演巴兹·鲁尔曼拍摄了《罗密欧与朱丽叶》后现代激情版，把剧中的阳台改成了游泳池，为400年前的人物配上了敞篷汽车和手枪。电影一开头，是黑帮火拼的场面，原著中的两大家族，被巧妙转换成了当地两大黑帮；原著中用来交代背景的文字，变成了电视上的新闻报道。电影还加入了迷幻剂、追车、枪战等现代动作片的要素，使用了戏仿、拼贴、解构等现代手法，加上男女主演的青春、激情和美貌，影片大获成功。

有多少个读者，就有多少个哈姆雷特。同样，有多少个导演和演员，就有多少个莎翁笔下的故事和人物。莎剧展示出穿越时空的魅力。布景、服装、道具可以随着时代和剧组而改变，但只要台词没有改变，就还是莎士比亚，并演绎着人类永恒的情感。

第三，莎剧中有无数等待破解的谜，给我们提供了挖掘不尽的思想资源和源源不断的灵感，是一座永恒的思想艺术宝库。

20世纪之后，莎士比亚研究进入新阶段。文学批评成为一门独立的学科，有了自己的理论体系、概念和术语，摆脱了以往粗浅的、赞赏式、印象式的评论方式，并且汲取了其他学科的营养，从心理学、人类学、社会学、语言学、精神分析等理论出发对作品进行研究，给莎士比亚研究注入了新的活力。

---

① 贾志浩，等．西方莎士比亚批评史．北京：社会科学文献出版社，2014：44.

各种学派热热闹闹，花样翻新，你方唱罢我登场。精神分析学派对莎剧甚感兴趣。弗洛伊德认为莎士比亚是一位天才的心理学家，他经常在自己的著作中引用莎士比亚。他的学生厄尼斯特·琼斯认为，哈姆雷特之所以迟迟不为父亲报仇，原因在于他有俄狄浦斯情结。这项研究成为经典之论之后，用精神分析学说来研究莎剧的文章越来越多。心理分析理论有助于人们理解莎剧人物复杂的内心世界，但有时未免牵强附会。原型-神话学派把人类学研究成果应用到莎士比亚研究中，致力于探讨莎剧与仪式和神话的关系，试图揭示莎剧原始意识的表现形式。意象派和新批评派把注意力转向了莎剧文本，开展了对莎剧语言和意象的前所未有的细致研究，探讨其意象、象征、联想、典故、文字游戏、吊诡、歧义、多义等。“新批评”注重局部细节，显得过于琐碎和形式主义。结构主义尝试以语言学的模式进行文本解析，主观色彩浓厚。随着解构主义的出现，结构主义逐渐成为历史。解构主义认为一件艺术品的全部意义，是不能仅仅以作者和同时代人的看法来界定的；作品一旦问世，读者就有自由解读的权利，而作品意义的显现是一个由读者不断创造、不断累积的过程。新历史主义终结了各种形式主义批评理论，并借题发挥，把整个文化当成研究对象，话题涉及历史、文学艺术、马克思主义、政治学、心理学、人类学等诸多学科。女权主义者热衷于探讨莎士比亚对妇女的态度、莎剧中反映的婚姻伦理和性别关系……莎士比亚成了一把万能钥匙，人们希望借助他打开人类心灵的大门，揭开人类意识深处各种复杂的秘密。

耶鲁大学学者哈罗德·布鲁姆认为，莎士比亚已经深刻融入了西方人的心理结构、表达方式和阅读习惯，以至于没有莎士比亚，根本无法理解现代西方文学，“在上帝之后，莎士比亚决定了一切”①。

莎士比亚戏剧中包含大量的生存和文化的理念，其广度和深度远远超过了目前所总结出来的概念。任何企图用现成的理论或教条分析、总结、归纳莎翁作品的内涵，都可能是片面的、肤浅的。走近莎士比亚，可以有无数种方式。阅读莎剧剧本、观赏莎剧的舞台演出，或改编影视剧、组织排演莎剧、亲自尝试扮演莎士比亚笔下的各种人物角色，都是体验莎剧艺术魅力、汲取莎剧思想营养的极好方式。这可以使我们绕过很多理论陷阱，直抵莎士比亚笔下鲜活的形象。

莎士比亚戏剧既是一座迷宫，里面有无数等待破解的谜，也是一座思想

① 哈罗德·布鲁姆．摧毁神圣的真理：从《圣经》到当代的诗与信仰//朱维之，赵澧．外国文学史简编（欧美部分）．北京：中国人民大学出版社，2004：55.

和艺术的宝库，取之不尽，用之不竭。

一、思考题

1. 为什么说莎士比亚是他那个时代的灵魂?

2. 莎士比亚如何发现了人?

3. 为什么说莎士比亚研究是“过去三百年来变化与发展中的欧洲文明不可或缺的一部分”?

4. 简述莎士比亚“四大悲剧”故事。

二、延伸阅读

1. 莎士比亚．莎士比亚全集．朱生豪，等译．南京：译林出版社，2016.

2. 查尔斯·兰姆，玛丽·兰姆．阅读莎士比亚：永不谢幕的悲喜剧．萧乾，译．天津：百花文艺出版社，2004.

3. 威廉·哈兹里特．莎士比亚戏剧中的人物．顾钧，译．上海：华东师范大学出版社，2009.

4. 弗兰克·克蒙德．莎士比亚：时代的灵魂．韦玫竹，译．合肥：安徽人民出版社，2014.

艺　术

第十三章　欧洲风景画漫议

丁　宁*

聚集在太阳周围的云彩
静静地注视着人们的眼睛
打量着每个人的内心世界

——［英］约翰·罗斯金：《现代画家》

这似乎是西方博物馆或美术馆中一种屡见不鲜的现象：人们常常会静静地站在一幅风景画前，仿佛沉浸在一种迷醉的状态中。源自大自然本身的灿烂色彩、令人屏住呼吸的瑰丽景致、不无灵性的光影以及惊人的艺术技巧等，都无疑是让观者驻足凝视风景画的缘由。

在西方美术史上，风景画确实有着独特的发展道路和耐人寻味的审美价值，如同19世纪的英国批评家约翰·罗斯金所说的那样："风景画是对人类生存所约定的物质境遇的深思熟虑和激情洋溢的再现。它模仿的方方面面与记录的诸种现象都是对人类有害或有益的可视事物；同时，展示人类与之应对的方法，从中得到快乐或是痛苦，这些要么是值得效仿的，要么是值得感同身受的沉思。"① 罗斯金的意思是说，真正的风景画是有一种来自人的灵魂的力量和深度的艺术品，不单是对客观对象物的描摹而已。而且，人们可以发现，那些最伟大的画家——诸如乔万尼·贝利尼、提香、委拉斯开兹、丁托列托、曼特尼亚、波提切利、卡尔帕乔和透纳等——都无不精彩绝伦地画过一些

---

* 丁宁，文学博士，英国埃塞克斯大学美术史论系博士后，哈佛大学美术系高级访问学者。主要教学与科研领域为美术理论、美学心理学、西方美术史、比较美术史等。曾任中国美术学院美术史论系教授、系主任。现任北京大学艺术学院教授，博士生导师；兼任中国美术家协会理事，策展委员会主任，北京国际双年展策划委员，教育部美术类专业教学指导委员会副主任委员，上海大学上海美术学院特聘教授等，享受国务院政府特殊津贴。主要著作有：《美术心理学》《西方美术史》《绵延之维——走向艺术史哲学》《艺术的深度》《西方美术史十五讲》等。

① John Ruskin. Lectures on Landscape. Gloucester：Dodo Press，2007：1.

与风景相关的画作。[1] 如果稍稍用速写笔临摹一下波提切利杰作中的背景部分，就能让人深切地体会到古代大师在风景画上苦心经营的艺术造诣。[2] 风景画无疑是一个迷人的创造领域，同时也是可以深度发掘的研究天地。

而饶有意味的是，在英语语言史中，“风景”一词是一种比较晚近的措辞。大概在1590年代，英文辞书中才有了从荷兰语借过来的“landschap”和“landskip”，而“风景”（landscape）的拼法直到1605年才出现。[3] 可是，西方的风景画历史其实要早得多，譬如在史前阶段就有对风景的描绘了。

事实上，有关风景画的研究是颇为晚近的。这大抵是因为风景画在西方的绘画体系里地位较低，排在了历史画、肖像画的后面。1771年，《大英百科全书》甚至还直言不讳地将风景画看作“一种等级最低的绘画”[4]。到了19世纪，约翰·罗斯金的著作《现代画家》（凡四卷）令人赞叹地展示和剖析了风景画的方方面面，而1871年他在牛津大学的三次讲演（《论风景的讲演》）更是深入浅出地论述了风景画的轮廓、光影与色彩的微言大义和重要性。由于大自然“不会有一根线条、一种色彩、一小部分，甚至一丁点的地方没有色彩的变幻，没有一抹阴影、一片色彩、一根线条不处于永恒不断的变动之中”[5]，艺术家追随与记录这种难以企及的无限变化，实属不易，更何况风景画远不只是对外在自然的描摹，而可能同时是直抵内心的探索。

历史地看，风景画的发展却是一个漫长的过程。其实我们不难注意到，较早时期的艺术对风景的关注是有限的。以古希腊人为例，他们对于美已经有着过人的敏感，而且，他们的周围也一点都不缺少自然的美（包括平原、山峦、大海甚或沼泽等），但是，事实上，他们对自然之美的感知还是有限的，因为他们喜欢将云彩、大海、山岳只是看作诸神的呈现形态，从而抽掉了自然本身的丰富意味，也就是说，他们心目中的自然存在仅仅是物质的、实用的甚或也可能是颇为悦人的，却内在地缺乏诗意和美的本质，譬如，土地供应人类食物，森林提供庇荫和木料，大海乃运输的通道，等等。可是，现代人极为看重的自然万物本身的生气、诗的意味等，却都被古希腊人转让

① John Ruskin. Lectures on Landscape. Gloucester: Dodo Press, 2007: 6.

② 同①.

③ John Berger. Landscapes: John Berger on Art. edited with an Introduction by Tom Overton. London and New York: Verso, 2016: 10.

④ Michael Bird. 100 Ideas That Changed Art. London: Laurence King Publishing, 2012: 99.

⑤ 约翰·罗斯金．现代画家．陆平，译．桂林：广西师范大学出版社，2005：151. 译文略有改动。

给了拟人的神祇。[1] 于是，自然风景成为瞥见神的一种载体而已，对其本身的感悟被悄然偷换和遏止了。有专家指出过，古希腊不仅有惊人丰富的自然美，而且，有不少还是独有的花卉和动物，克里特尤其如此，不幸的是，那些动物如今几乎全已绝种了。[2] 因而，对风景的描绘可谓稀缺。不过，尽管如此，我们还是注意到了一个堪称大自然庆典的纯风景画特例——《画有燕子的风景》(或名《春之图》，见图 13 - 1)。这一现今看起来保存得近乎完美的壁画无比生动地描绘了爱琴海区域一片生机盎然的迷人景致，仿佛风景就是唯一的主题。画中有形状奇特、色彩华丽的大岩石，也有在微风中摇曳的百合花，忙碌飞翔的燕子则传递着春的讯息……这里既没有人的形象，也没有故事的讲述，可谓西方第一幅风景画。不过，天空还是简单的白色，石块绘有红色、黄色和蓝色三种颜色，装饰感压倒了真实的描摹，整体上显得简约而不丰富，缺乏风景画迷人的光影处理。

图 13 - 1　《春之图》，阿科罗提利遗址，古希腊克里特文明时期，约公元前 1650 年，雅典国家考古博物馆藏

① W. F. Dann. Landscape Painting Past and Present. Brush and Pencil，1907，19 (4)：159 - 160.

② Simon Hornblower，Antony Spawforth. The Oxford Classical Dictionary. Oxford and New York：Oxford University Press，2003：813 - 814.

在古罗马时期，描绘风景的画变得相当流行。1848年发现于维苏威火山下的赫库兰尼姆（Herculaneum）古城的一组壁画作品《奥德赛的风景壁画》（见图13-2）就是一个恰当的例子。这一系列壁画共8幅画面，荷马史诗《奥德赛》第10—12卷中的故事片段相应地展现在大海、原野等风景上，空间的表现蔚为壮观。事实上，这种以风景为背景的写实作品并非一孤例而已。我们可以举出另一题为《诱拐海勒斯》的庞贝壁画（见图13-3），故事的背景是陡峭山峦、原始树林以及流水等，人们甚至可以从中感受到来自海边的微风，而风景中的人物——三个水中仙女将正在取水的英俊无比的海勒斯（Hylas）围住并拉扯着——在比例上已经显得很小了。显然，风景在这里一方面对于人物命运的走向起了暗示作用，另一方面也展示了自身的魅力。不过，对于总是与未开垦的自然颇为疏远的古代罗马人来说，面对这样的画面，或许还是会惊诧的。[①] 最值得注意的当然是大型壁画《园林风景》（见图13-4）。1863年，考古学家在罗马城北面的普里马波塔的利维亚别墅中的地下室（hypogeum）中发现了这一巨作。这一作品，如今重现的规制显得颇为惊人，长达数十米，高2米，其中描绘的是一片全景般展开的繁茂常青的景色，有杉树、松树、柏树、土耳其栎树、石栎、夹竹桃、桃金娘、灌木丛、棕榈树，以及各种水果树（如榅桲、石榴），其间还有美丽的小鸟（如燕子、金莺、黑鹂）和篱笆等，显得非常有装饰感。显而易见，绘制者早已能娴熟地运用空气透视法，从而让远近有别，显现出画面的深度，令人印象深刻。

图13-2 《奥德赛的风景壁画》，赫库兰尼姆古城壁画，公元前1世纪中叶，梵蒂冈教廷图书馆藏

① Karl Schefold. Origins of Roman Landscape Painting. The Art Bulletin，1960，42（2）：87-96.

图 13－3　《诱拐海勒斯》，庞贝古城墓室壁画，编号 IX. 7. 16

图 13－4　《园林风景》，庞贝古城壁画，公元前 30—前 20 年，罗马国家博物馆马西莫温泉宫分馆藏

在中世纪，尽管风景只能是人物为主的绘画作品中的陪衬，但是，其重要性显然是有所提升的。对自然之美的热爱也可在诗人的诗行以及画家的笔下屡屡涌现。譬如，在晚期的弥撒画中，与作为背景的风景已经精致到与人物刻画

不相上下的地步。不过，需要审视的是，这里所说的自然往往就是那种井然有序的园林，修剪得整整齐齐的路径、方正规则的花床、阳光下的喷泉以及提供庇荫的小树林等。显而易见，这与其说是自然的风景本身，还不如说是类似园艺一样的人工化了的自然。我们绝难看到那种荒芜的、野蛮的并无实用意义的风景。艺术家即使描绘嶙峋的山峦，也往往是对自然的某种疏远，从而可以让人有清心寡欲的神圣冥思。换一句话说，当艺术家在敬畏风景中的崇山峻岭时，他却常常没有从大自然本身获致由衷的愉悦感。①

只有到了文艺复兴时期，风景的描绘才获得了长足的发展，原因也颇为明确。首先，是艺术家认真观察自然的态度的确立。在崇尚神的时代，自然本身的重要性是等而次之的，甚至完全会被轻慢或排斥。伟大的文艺复兴运动既是对人的价值的再肯定，也是对自然的重新发现。因而，对风景的关注是艺术创作的题中之义。如果说北方画家笔下的风景奇崛、冷寂的话，那么，南方的画家则钟情于充满阳光的景致。比较一下布勒格尔与贝利尼画中的风景部分，前者较为冷清、辽阔和荒芜，后者则偏于温暖、起伏和茂盛，这些都是艺术家对自身生活区域的细致入微的观察结果。

其次，是艺术家描绘户外景致的技巧到了较为成熟的地步，而从科学研究中发展出来的线性透视原理更是成了艺术家把握近景和远景的利器，同时，对于光影和肌理的再现也就水到渠成了。达·芬奇对风景的兴趣是异乎寻常的，无论是云雾、流水、云彩抑或山石、植被、花卉等，无论是近景抑或远景，都是其关注和表现的重要对象。② 北方的艺术家对风景的把握亦令人刮目相看。在意大利，文艺复兴盛期的大师涉足风景，就都有不凡的结果。以达·芬奇为例，甚至有地质科学家都赞叹过，他在《岩间圣母》(1486，卢浮宫博物馆）中对岩石的描绘几乎到了一种无可挑剔的程度，这是与画家细致入微的观察与高超的描绘技巧紧密联系在一起的。③ 当然，《岩间圣母》本身其实并不是典型的风景画，而是描绘人物为主的宗教祭坛画。不过，威尼斯画派的乔尔乔内开启了一种诗意地描绘风景的传统。他的《暴风雨》（见图13-5）虽然也不是典型的风景画，但是，画面背景上的风景委实迷人之至：云彩、雷电、鸟以及可能影响了后来的印象派的郁郁葱葱的树丛等，这都令

---

① W. F. Dann. Landscape Painting Past and Present. Brush and Pencil，1907，19（4）：159-160.

② Lionello Venturi. History of Art Criticism. translated by Charles Marriot. New York：E. P. Dutton and Co.，Inc.，1964：92.

③ Ann C. Pizzorusso. Leonardo's Geology：The Authenticity of the "Virgin of the Rocks". Leonardo，1996，29（3）：197-200.

人有美妙的猜测、沉思和遐想，仿佛有其独立的艺术品质。研究者发现，这是一幅“修改痕迹”很多的作品，足以说明艺术家用力甚多。同一时期的北方画家老勃鲁盖尔的《伊卡洛斯的坠落》也显得饶有意味。虽然其中的主题是奥维德《变形记》中的一个故事，但是，却令人意外地只是点到为止，因为，伊卡洛斯在类似全景画的画面中被画得很小，似乎有意要我们注意其他的细节，包括阳光下向远处伸展过去的大海、船只、海边的建筑以及前景的人物等，因而，没有了任何让人大呼小叫的可能性，重要的无疑是让观者平静地面对画面——这难道不正是风景画所要求的吗？[①] 到了丢勒的笔下，甚至出现了大量以往从未出现过的水彩与素描风景画。一类是自然风景画，另一类则是想象风景画。在前一种作品里，所描绘的风景就是艺术家的真实所见，甚至可以辨认出具体的位置。有学者指出，这完全是和艺术家强烈的“旅行欲”联系在一起，同时旅行有时也是其躲避瘟疫的权宜之计[②]；在后一种作品里，描绘对象则是虚构的风景。当然，有时艺术家还会突发奇想，把真实与虚构的风景对接起来，这正好反映出丢勒既是现实主义者也是理想主义者的全部特点。

图 13－5　乔尔乔内的《暴风雨》，布面油画，82×73cm，威尼斯学院美术馆藏

---

① Bo Jeffares. Landscape Painting. New York：Mayflower Books，1979：38.

② 威尔赫姆·韦措尔特．丢勒和他的时代．朱艳辉，叶桂红，译．北京：北京大学出版社，2009：183－184.

文艺复兴时期的风景描绘无疑进入了一种崭新的阶段，而且孕育着巨大的可能性发展，就如英国批评家罗斯金所感慨过的那样："在马萨乔的《纳税银》（见图 13－6）中，他对高山进行了逼真的描绘。如果这位伟大的画家的生命能够得以延续的话，我们将无法想象风景画领域到底会发生什么奇怪的事情，或者一个伟大的风景画派是否会突然出现。"① 问题是，在当时的艺术价值观中，风景画依然是被轻慢的。了解一下他们对于风景画或者画中风景因素的偏见，实在会让今天的人大感意外。不妨看一下 16 世纪葡萄牙艺术家奥兰达（Franciscode Hollanda）曾经提及艺术大师米开朗琪罗对风景画的鄙视态度："佛兰德斯人的绘画只求迷惑人的眼睛。它是由装饰物、老房子、绿草地组成的，再加上一些树木、桥梁与河流等。佛兰德斯画家将之称为风景画，而且，他们会在画中零星添上一些人物。有些人喜欢诸如此类的东西。但是，这种画既无道理，亦无艺术可言，既不对称，也不合比例，既缺乏智性，又不加选择，简而言之，既不扎实，又无生气。"②

图 13－6　马萨乔的《纳税银》，湿壁画，255×598cm，1426—1427 年，佛罗伦萨布兰卡契礼拜堂

西方美术史学者的一般共识是，只有到了客居西班牙的希腊画家埃尔·格列柯画出了著名的《托莱多风景》（见图 13－7），真正独立意义上的油画风景画才随之问世。尽管仔细地审视之下，艺术家在画面上还是画了二十多个

① 约翰·罗斯金．现代画家．陆平，译．桂林：广西师范大学出版社，2005：75. 译文略有改动。

② Lionello Venturi. History of Art Criticism. translated by Charles Marriot. New York：E. P. Dutton and Co.，Inc.，1964：92－93.

人物形象（路上和水边等），但是，他们均显得极小，不过寥寥几笔的勾勒，并非刻意突出的对象，仅仅只是无法辨明身份的人的符号而已。相形之下，风景本身则成了视觉活动中的主体。在这里，既没有历史的典故，神话故事的指涉，也没有宗教的叙事。风景在升格为画面主角的同时，也弥漫着一种引人入胜的戏剧性和神秘感，让人不由得久久地凝视。这也许算得上西方绘画史上的一幅具有革命性意义的杰作。但是，这一类的独立的风景画其实数量并不多。更为常见的则是风景背景越来越变得宏大的画作，而前景上依然有人物和故事，大多是诉诸历史或神话传说的典故。这就是所谓的"理想的风景"，也即风景本身并非实录，而常常是想象的，且为古典主义的题材做衬托，因而，显而易见，其时间的指向往往就是过去，而非现在或未来。

图 13-7 埃尔·格列柯的《托莱多风景》，布面油画，121.3×108.6cm，1596—1600 年，纽约大都会艺术博物馆藏

17 世纪就有不少这样的风景画，主要代表画家有卡拉奇（Annibale Carracci）、普桑以及克洛德·洛兰等。卡拉奇的《逃亡埃及》（见图 13-8）尽管依然与《圣经》故事有关，但是，人物身后的迷人风景与其说是等而次之的陪衬，还不如说是可以令人长久凝视的对象，在颇似全景式的画面里既有庄重典雅的城堡，也有田园牧歌的景致，从近至远，引人向往。这就是所谓的“一种新的优先顺序：风景第一，历史第二”①。因而，美术史学者倾向于把此画看作巴洛克时期风景画的崭新风格和理想范本，而且，它确实为17世纪以来的风景画奠定了基本法则，影响了普桑以及柯赫（Joseph Anton Koch）和哈克特（Jacob Philipp Hackert）等人。

图13－8　安尼巴尔·卡拉奇的《逃亡埃及》，布面油画，122×230cm，1603年，罗马多利亚潘菲利美术馆藏

而在笛卡尔的信徒普桑那里，风景画更是变得美轮美奂，仿佛一切都是精心构思的结果。因为，他一方面欣赏大自然，另一方面又要控制其不规则性。在他的心目中，自然本身是一种需要加工的原材料。他的绘画影响了布尔登（Sébastian Bourdon）、杜埃（Gaspard Dughet）、米勒、瓦朗西纳（Pierre-Henri de Valenciennes）、柯罗、毕沙罗以及塞尚、蒙德里安等。至于克洛德·洛兰的风景画作品，英国美术史家肯尼斯·克拉克爵士甚至赋予了一种无以复加的赞美：“一切都处于‘协调’中，没有一个错误的音符”，“让对自然外貌的概念和知识才能服从于整体的富有诗意的情感”②。其代表作之一《示巴女王登船的海港》（见图13－9）正是一种理想的范例。画面的前景就有

① John Rupert Martin. Baroque. London：Routledge，2019：60.

② 肯尼斯·克拉克．风景画论．吕澎，译．成都：四川美术出版社，1988：76.

明暗的区分，左侧相对趋前，略有阴影，而中间的位置上是海岸、人物和船；中景是建筑物前的人物、建筑物侧面的树丛以及将观者的视线引向远方的帆船；远景则是耀眼的太阳和波光粼粼的大海……追究起来，克洛德·洛兰是得益于户外的沉思的。同时代的德国美术史学者兼画家桑德拉特（Joachim von Sandrart）记载过克洛德如何着迷地研究罗马的美，包括日出、日落的神秘感。克洛德总是喜欢对着自然画素描，为光留在大地上的微妙效果画过无数的速写，那些耐看的树枝和叶子、薄雾弥漫的天空以及波光粼粼的湖面等，都来自他的亲身观察，甚至连朦胧的远景也来自他在自然中的所见。他不愿意像学院派画家那样去画画，而是积极地寻求生动有致的语言，升华自己看到的一切，让其变得更美。① 克洛德·洛兰的画作影响了许多后世的画家。例如美国风景画家托马斯·科尔（Thomas Cole）在其日记曾经这样写道："《示巴女王登船的海港》是我最喜欢的作品——氛围的美、真实感、透光性以及水的流动感令人惊讶。"② 另一位美国风景画家阿舍·杜兰德（Asher Durand）则在其日记中这样记载了他在看了古代大师的作品后的印象："首先想到的最重要的就是克洛德了……我再细看之后才会发表观点的，然而，看了这些作品，我觉得横穿大西洋已经值了。"③

图 13-9　克洛德·洛兰的《示巴女王登船的海港》，布面油画，149.1×196.7cm，1648 年，伦敦英国国家美术馆藏

① Bo Jeffares. Landscape Painting. New York：Mayflower Books，1979：27-28.

② Barbara Novak. Nature and Culture：American Landscape and Painting，1825-1875. Oxford and New York：Oxford University Press，2007：198.

③ 同②198-199.

然而，另一种饶有特色的风景画描绘也已悄然兴起——这就是荷兰的风景画。"如画"的理想成分依然可辨，但是，更有现实感的风景本身的重要性已经水涨船高。以维米尔的《代尔夫特风景》（见图 13-10）为例，艺术家描绘的就是自己的家乡，其中的各种房子均可一一对应于现实中的建筑物，也就是说是颇为写实的，它重现了三百多年前的古镇。而且，正如有学者所感叹的那样，维米尔把一种令人不安的现实本身画成了不朽的景致，也就是说，平淡的景象升华成了极为耐看的灵性风景，宛如天国一般！其他同时代画家的作品如雷斯达尔（Jacob van Ruisdael）的《纳尔登的风景》（1647，马德里提森-博内米萨博物馆）和霍贝玛（Meindert Hobbema）的《密德尔哈尼斯的村道》（1689，英国国家美术馆）也都画出了典型的荷兰风景，连对那种北方特有的透光感也一丝不苟地呈现。

图 13-10　维米尔的《代尔夫特风景》，布面油画，96.5×115.7cm，1660—1661 年，海牙莫瑞泰斯皇家绘画陈列馆藏

当然，18 世纪更是见证了新意盎然的风景画格局。启蒙时代本身就意味着一种不同于神话传说和宗教中关于人自身与世界的看法。狄德罗就认为美在自然，他对无羁的大海、孤寂的山峦、无人涉足的河流有独特的想法，也对罗贝尔（Hubert Robert）风景画中的古典废墟感慨不已。譬如，看到那幅杰作《深处有亮光的长廊》（见图 13-11）后，他激情洋溢地写道："啊！多么美丽壮观的废墟！笔法刚中有柔，而且挥洒自如，信心十足"，"废墟在我

图 13-11　胡伯特·罗贝尔的《深处有亮光的长廊》，布面油画，115×145cm，1796 年，法国卢浮宫藏

心里唤起的想法是伟大。万物都会死亡、湮灭，一切都会过去。只有世界永在，只有时间常在。我们这个世界多么古老！我徜徉在两个永恒的时代之间”①。随着当时旅行机会的增加（尤其是所谓的“大旅行”兴趣的产生）和殖民地的拓展，对风景画越来越强烈的需求就成了一种自然而然的现象。例如，英国人就特别青睐和收藏那些描绘威尼斯风景的作品。于是，卡纳莱托（Antonio Canaletto）的作品就变得极受欢迎，不仅是因为他一丝不苟地描绘了美丽的威尼斯，而且还由于他的笔下永远有明媚的阳光，找不到任何与英国阴郁、潮湿的天气联系在一起的迹象。其实在英国本土，风景画的创作也有独擅胜场的表现。庚斯博罗既能娴熟地将洛可可式的柔美风景与肖像女主人的天生丽质天衣无缝地融合在一起，也能独立地展示风景本身的魅力，《萨福克风景》（见图 13-12）即是一例。从华托的具有“游乐”意味的美好风景到使用相机暗箱描绘的各种真实风景，18 世纪委实是一个令人大饱眼福的风景画时代。

到了 19 世纪，风景画有了更为异彩纷呈的表现。首先，是浪漫主义的风景观崛起后走向成熟，艺术家不再是将描绘对象变成如画的风景而已，而是

① 1767 年沙龙随笔//狄德罗．狄德罗美学论文选．张冠尧，桂裕芳，等译．北京：人民文学出版社，1984：513，515.

图 13-12　庚斯博罗的《萨福克风景》，布面油画，1750 年，肯贝尔艺术博物馆藏

要灌注想象、情感甚或寓意等。德国的艺术家尤其明显地吸纳了泛神论的思想，于是，风景不再是外在的对象而已，而是一种生命，其中包含一切存在，也即生命与自然的统一性。既然自然中有无所不在的神秘生命，那么，画家就要孜孜不倦地探索其中的奥义，发现隐藏在物的外壳下的精神意义，也就是说，画家不只是自然的观察者，同时也是自然灵魂的探究者，显然，风景画对深邃的内涵有了新的诉求。德国的弗里德里希（Caspar David Friedrich）是最先描绘浪漫主义精神的内在图像的风景画家之一（见图 13－13）。对于他来说，风景画仿佛就是祭坛画，而风景画的意义如同神殿，能引起人们对自然的一种敬畏之情。他表达具有哲学意味的情感，也对风景本身有细致入微的把握。有学者从其留下的素描稿猜测，弗里德里希对工具的倚重随处可见，对风景中的不同区域予以标号，用尺子画出地平线，用圆规画出月亮，甚至借助相机暗箱来画风景的轮廓。他深有感触地说过："闭上你的肉眼，这样你就可能第一次用心灵之眼来看自己的画。"① 在弗里德里希的《雪中的修道院墓地》（1810，作品已毁于二战）中，寒冷的冬天萧瑟荒凉，光秃秃的橡树林中有一支送葬的队伍走向被皑皑白雪覆盖的墓地——哥特式的修道院废墟。

① Barbara Novak. Nature and Culture：American Landscape and Painting，1825－1875. Oxford and New York：Oxford University Press，2007：223.

一切都指向死亡的沉重：寒冬的荒凉、歪倒的十字架与墓碑、了无生气的树干以及残垣断墙等。这仿佛就是对死亡本身的沉思，也是画家本身的强烈感受，极易唤起观者的精神共鸣。

图 13－13　弗里德里希的《雾海上的漫游者》，布面油画，74.8×94.8cm，约 1817 年，汉堡艺术馆藏

英国的风景画则呈现另一种气度。康斯坦布尔（Constable）将英格兰南方乡村的风景表现得自然、清新、宁静、和谐和优美，同时又仿佛有绵绵的诗意涌现，给人特别耐看的享受。有趣的是，与很多画家不一样，康斯坦布尔特别不爱旅行，因而，他的风景就是他所熟悉的英格兰乡村。事实上，在现实中，很多的风景有时看起来平平无奇，但是，康斯坦布尔的不凡之处就是善于发现其中的美，尤其是抒情的意味。他对云彩的表现精彩之至，几乎无人可以企及（见图 13－14）。他笔下的天空之美令人想起爱默生的名言："天空成了眼睛的面包。"① 同时代另一位风景画家透纳（J. M. W. Turner）则善于浓墨重彩地创作动荡、恢宏、充满力量感的风景画。他的《雨、蒸气和

① Barbara Novak. Nature and Culture：American Landscape and Painting，1825－1875. Oxford and New York：Oxford University Press，2007：71. 在法国，巴比松画派受感于康斯坦布尔，也去画乡村的优美景致，他们的创作成果直接影响了印象派中的不少成员。

速度——伟大的西部铁路》（见图 13－15）淋漓尽致地展示了一种极富时代感的风景。疾驶的火车仿佛要从壮阔而又变幻着的背景中冲出来，而风景中具有动感的光色变化令人目眩和兴奋。在这里，色彩的交响本身就是艺术家激情喷发的最佳载体。

图 13－14　康斯坦布尔的《布来顿的链条码头》，布面油画，127×182.9cm，1826—1827 年，泰特不列颠美术馆藏

图 13－15　透纳的《雨、蒸气和速度——伟大的西部铁路》，布面油画，91×121.8cm，1844 年，英国国家美术馆藏

其次是法国印象派的问世。19 世纪中叶以后，对色彩的研究及其新型管状颜料的研发，让艺术家们得以在户外尽情地捕捉光、影和色的万千变化。风景画的创作如同换了一种天地一般，而观者的眼睛尽管一开始不甚习惯甚至抵触，最终还是被深深地迷住了。也就是说，人们看到的已然是一种崭新的风景画了。这是一个名副其实地令人耳目一新的世界。譬如，从来就没有人觉得伦敦的雾中有紫红色的成分，但是，极为崇拜康斯坦布尔的莫奈却一眼就发现了。他的草垛系列风景画更是令人信服地展示了光影本身的变化之美。但是，只是强调印象派画家对真实光影的描绘，其实远远不够。事实上，他们的风景画包含了独特的个人情愫。还是以莫奈为例，他迷恋自己精心经营的吉维尼花园（Giverny Monet Garden）中的睡莲池塘，为此画过无数次，并形成了一个独特的系列。可是，细心的观者或许会发现，每次画时，艺术家都有自己在色彩与形态上的微调，以至于到了后来不愿意卖掉其中的任何一幅。难怪有批评家觉得，其中隐隐约约透发出了一种类似东方文化的神秘意蕴。莫奈也一次次地在不同的时间采用同一角度描绘弗特伊（Vétheuil）的风景，这不仅是由于他的不少艰难日子就在这里度过，因而记忆尤深，而且还可能因为其挚爱的妻子后来就埋在画面上的风景之中。每一次旧地重游，莫奈的感受一定非同寻常。一片风景即一种心情——诚哉斯言！

到了印象派后期，风景画可谓更直抵艺术家的内心世界了。凡·高的代表作《星夜》（见图 13－16）描绘的是日出之前艺术家在南方普罗旺斯圣雷米住过的圣保罗精神病院楼上的东窗望出去的景色，时间恰是艺术家死前的那一年。凡·高从来不会满足于描绘自己的所见。人们也常常觉得，《星夜》必定是凡·高主观想象出来的风景，因为，画面中充满了奇特的、翻转的云彩，颇似旋涡；月亮与星星竟是黄的，属于鲜亮的暖色；一棵柏树翻卷缠绕，直插云端，看上去就像令人恐惧的黑色火舌，要吞噬掉周围的一切。村庄也非实景本身……这的确不是人们通常所见的风景画，其中有着画家在躁狂时形成的迷狂情感和虚幻、奇异的知觉等。而且，就如艺术家所说过的那样："当我有极度的需求时……我就出去画星星。"① 不过，《星夜》中的村庄不仅是虚构的，同时也是特别有写实意味的。例如，在画面中央尖耸的小教堂无疑属于凡·高的家乡——艺术家在异乡经受病魔折磨的间隙，是否在怀念自己的祖国和家乡，或者回忆起曾经的北方的生活？也许，我们还可注意到，小教

① Richard Thomson. Vincent Van Gogh：The Starry Night. New York：Museum of Modern Art，2008：44.

堂不仅具有北方特点十足的陡峭尖顶，而且，里面的灯光也是全部熄灭了的。相形之下，周围居家的小窗中透出来的灯光变得何其温暖！我们情不自禁地猜测，在这里，艺术家的内心是否涌起了一种对温馨的家庭生活的渴望，哪怕是一种短暂、不自觉的渴望？不得不承认，《星夜》的非凡之处全在这些看似不经意的细节上！事实上，卧室东窗外的景色，凡·高至少画过21幅！《星夜》理所当然地成了其中一件最具摄人魂魄的力量的作品。令人有点意外和伤感的是，凡·高本人曾将这一作品看作失败之作，也不觉得将来可以卖得出去，所以，当时，他是选了若干幅别的风景画寄给自己的弟弟提奥，而搁置了这幅《星夜》！

图13-16 凡·高的《星夜》，布面油画，73×92cm，1889年，纽约现代艺术博物馆藏

20世纪的风景画中，现代主义的风格占了主导的位置，因而，也显得更为多样化、主观化甚至抽象化。野兽派的安德烈·德兰的《伦敦桥》（见图13-17），几乎都是平涂的斑斓色彩，而且是那些对比强烈的红、黄、蓝、绿，内中的主观意味极为鲜明。立体派的勃拉克（Georges Braque）早在1909年就已经尝试采用近乎几何图形的色块来描绘《罗什-古戎城堡》（1909，斯德哥尔摩现代博物馆）。精确派画家（Precisionist）乔治亚·奥基芙的《纽约夜景》（1929，林肯市谢尔顿纪念美术馆）铺陈的是夜色下依然充满活力和神秘感的都市生活，密密麻麻的高楼大厦是人工组成的悬崖峭壁，灯光下的车流加强了一种节奏感。超现实主义派画家达利的《记忆的永恒》（1931，纽约现代艺术博物馆）展示的是一种匪夷所思的超现实景象：远景上是令人联想到加泰卢尼亚的大海以及峭壁，前景却是荒芜的，既有似人体也像动物的生物体，也有像比萨饼那样软而变形的钟表；既有死寂的枯枝，也有在怀表状的物件上蠕动的蚂蚁、苍蝇……一切都似真却幻。在风格派的蒙德里安笔下，大都市纽约的街区简化成了色块和线条的有序组合，竟完全不见了那些可以用来指涉现实特征的细节……

图 13－17　安德烈·德兰的《伦敦桥》，66×99.1cm，1906 年，纽约现代艺术博物馆藏

要而言之，艺术家一方面要穷尽风景画创作的一切可能性，另一方面则要寻求内心投射于外在风景的唯一性——这二者如何平衡和实现，大概是风景画领域里生生不息的艺术课题。

一、思考题

1. 风景画的审美价值体现在什么地方？

2. 欧洲风景画的发展经历了哪些重要的历史时期？

3. 欧洲风景画的创作在风格、主题、手法等方面发生了哪些重要的变化，形成了哪些重要的流派？

4. 欧洲风景画与中国风景画（特别是山水画）有哪些可比之处？

扫描二维码，阅览本章中出现的以及相关的图片资料

二、延伸阅读

1. 丁宁．西方美术史．北京：北京大学出版社，2015.
2. 丁宁．西方美术史十五讲.2版．北京：北京大学出版社，2016.
3. 丁宁．美术鉴赏．上海：上海人民美术出版社，2007.
4. 丁宁．艺术的深度．杭州：浙江大学出版社，1999.

第十四章　如何欣赏意大利文艺复兴绘画？

吴　琼*

13 世纪末至 16 世纪中叶发生于意大利半岛的文艺复兴运动被认为是西方文明历经漫长的中世纪之后走向近代的开端，艺术尤其是绘画作为该运动重要的组成部分因其恢宏绚丽的表现而被视为文明史中一个神迹般的存在。实际上，历史上任何一次文化奇迹的发生都一定有其深刻的社会原因，意大利文艺复兴艺术的辉煌同样如此，了解这些原因对于更为准确而深入地理解那个时代艺术产品的社会功能和文化价值是至关重要的一步。

一、意大利文艺复兴艺术的发生

现今我们习惯用“意大利文艺复兴”这个短语来指称 13—16 世纪发生于意大利半岛的那场思想文化运动，若不特别加以说明，一般人会想当然地把短语中的“意大利”理解为一个统一的政治和文化实体，并在此基础上将“文艺复兴”理解为单一国家内部发生的具有同一性的运动。而实际上，文艺复兴时期的“意大利”只是一个地理学概念，那个时候，半岛上并不存在一个统一的意大利国家，甚至也不存在现代意义上的“意大利人”，因为半岛上分散着各自独立的政治实体，民众有着自己的国家归属：威尼斯人、佛罗伦萨人、锡耶纳人、米兰人、费拉拉人、那不勒斯人等，这种分裂状态一直到 19 世纪下半叶才宣告结束。

许多人认为意大利半岛的长期分裂与它的地理构成有关。半岛地处阿尔卑斯山南麓，像一只靴子一样伸进地中海，北面的阿尔卑斯山脉和临海的另

* 吴琼，文艺学博士，中国人民大学哲学院美学教研室教授、博士生导师。主要教学与研究领域为西方哲学、美学、中国现当代文化、文学批评等。代表性著作有：《读画——打开名画的褶层》、《20 世纪美国马克思主义文艺理论研究》、《雅克·拉康：阅读你的症状》、《走向一种辩证批判——詹姆逊文化政治诗学研究》、《西方美学史》、《西方哲学智慧》（合著）、《艺术哲学导引》（合著）。译著有：《黑格尔》《西方的没落》《德里达》《马克思的幽灵》《十八训导书》《哲学的社会学》《荣格》《列维-斯特劳斯》等。

外三面如同屏障一般将它与欧洲、亚洲和非洲大陆隔离开来。而纵贯南北的亚平宁山脉及其支脉不仅将半岛分割成东西两边，还将它切分为一个又一个相互隔离的丘陵地区，那些自治的城市-国家就如星点般散布在山坡上、河谷里。文艺复兴就是在这些自治的城市或国家发展起来的，且相互之间既有互动和联系，又有明显不同的地方风格。

那么，在被称为“黑暗时代”的中世纪语境下，这场艺术运动是如何发生的呢？一直以来，文化史家和艺术史家都在探寻这个问题的答案，并给出了各种各样的解释。在今天，我们至少可以明确一点：文艺复兴运动的出现不是单一原因决定的，它涉及中世纪晚期尤其是十字军时代（1096—1291）以来意大利半岛在社会、政治、经济及宗教诸多方面的变革。就文艺复兴艺术的产生而言，这一艺术热潮不是单方面源于艺术家的创造冲动，在那个时代，艺术家的社会身份是匠人，还没有能力进行自主的艺术生产，他们只能以承接委托的方式来维持生存。那么这种委托的动力是怎么出现的呢？

激发艺术家热情的因素十分复杂，其中有几个重要的“社会事件”值得关注：十字军时代来自欧洲大陆的虔诚信徒到罗马的朝圣热；因罗马教廷和北方神圣罗马帝国皇帝之间的主教叙任权之争（1056—1122）催生的意大利北部各城市的自治运动；13 世纪初方济各会和多明我会掀起的修道院改革运动对新宗教情感的激发。这些因素在历史进程中相互作用，例如，主教叙任权之争给地方势力的扩张提供了机会，使得权势家族能够以城市为中心实施地方控制，而朝圣热又为传统的公社/城邦的城市化进程提供了最为强劲的经济动力；伴随城市的发展，大量的人口从乡村转移到城市，城市的政治地位和社会影响力日益得到提升，而城市的繁荣又带来了土地和人口需求的暴增，其结果就是城市之间的激烈竞争，这一竞争因为主教叙任权之争引发的政治撕裂而变得更为激烈和残酷。为建构或强化城市市民的地方认同，吸引更多的朝圣客和商业投资的到来，通过各种艺术委托来打造繁荣强大的城市-国家形象便成为最重要的文化手段，新兴的地方势力、行会组织、教会、城邦公会、兄弟会都以极大的热情投身其中，不惜斥以巨资去建造教堂、改造城区、规划公共空间、兴建市政设施。这些建筑物和公共设施的兴建与艺术装饰可以满足多重的功能需求：夸显城市的经济实力和活力；表达人们的宗教虔诚；续写或重写城市的历史与神话；投射公众对理想城市的愿望；建构市民的国家或地方认同；等等。同时，在修道院改革运动中，修会开始在城市大量兴建修会教堂、修道院和救济院，并以各种方式吸引城市权势和财富阶层到教堂购买墓地或礼拜堂，号召人们捐资并对教堂和礼拜堂进行装饰。城市中产阶级被鼓动起来的宗教热情为委托的实施奠定了必需的物质基础，加上修会之间、家族之间以及行会之间的竞争和攀比，极大地刺激了对宏大的纪念性风格的追求，这尤其体现在教堂立面和圣坛的装饰上。就这样，伴随城市化的进程和宗教热忱的强化，绘画和雕刻得以复兴，城市里不仅出现了专职的画家、雕刻家、建筑师，还出现了培养学徒和便于分工协作的专业作坊，在有些城市，还有它们的专业行会。就这样，自13世纪中期左右开始，文艺复兴艺术在各个城市蓬勃发展起来。

二、理解文艺复兴艺术的三个入口

因篇幅所限，在此只重点关注文艺复兴绘画。但即便如此，也无法在有限的篇幅里为绘画提供一个完整的历史轮廓。为方便大家理解，不妨采用类型学的方式进行图像描述。

意大利文艺复兴时期的绘画可根据题材分为三大类：宗教题材、神话题材和世俗题材。其中宗教题材主要通过宗教形象（圣母、基督和圣徒）及其生平故事来宣讲神学的教义和宗教美德；神话题材是取自古希腊罗马的神话故事，大部分时候都带有寓意画的意味；世俗题材以肖像画为主，也有少量的历史画。在三大题材中，后两个出现的时间稍晚，大约在15世纪中叶以后才开始小范围流行。至于宗教题材，则贯穿了文艺复兴运动的始终。

一般来说，对艺术的理解和阐释并没有普遍的通则，但对于文艺复兴时期的艺术，有一些基本的入口可以为我们理解图像提供帮助。这里讨论三个入口，它们在大部分作品中都会涉及，并且会在图像中或隐或显地体现出来。

第一个入口是赞助人制度。文艺复兴时期，艺术生产是多工种的协作，艺术家通常需要一个作坊来协调生产过程。艺术家及其作坊的生存完全依靠委托。委托者可以是个人，但如果是宗教题材，委托也有可能来自教会、修会、兄弟会、行会、市政府这样的组织机构。委托人对作品制作的影响是多方面的，例如物质材料的选择、框架的设计、图像意欲传达的主题和讯息等；如果委托是来自修会或兄弟会这样的宗教团体，则还需要考虑到团体的心灵习性、修会的圣徒崇拜、资金来源、团体之间的竞争等。

艺术家和委托人之间是生产者和出资人的关系，所以对艺术家而言，首要的任务就是让委托人的愿望得到满足（想象的和象征的满足）。尤其在宗教绘画的委托中，艺术家和委托人之间的交易行为并不是常规意义上的物品交换，而是符号价值的交换，即委托人出资看似是为了“获得”一幅圣母子像或基督受难图，但这个图像只是一个中介，委托人并不“拥有”这个

"物"，他用委托行为真正想要获得的不是作为艺术形态存在的"物"，而是在"物"的符号体系中愿望的满足，如灵魂的得救、自我身份的确证、社会地位乃至权势的彰显等。并且这一愿望的满足在方式上看似只是想象的和象征性的，可在委托人自己的情感投注中，还是被赋予了"真实性"的效果。总之，赞助人制度意味着艺术家需要做的不是简单地交付给委托人一个图像，而是要通过这个符号聚集的象征丛林来使委托人的愿望得到最大限度的满足，艺术家必须通过图像来为赞助人这个"独一主体"建构一个象征的/想象的/理想的观看位置。

那么，对作品理解而言，赞助人制度意味着什么？不只是简单地了解谁是委托人，而是要弄清楚作品如何满足委托人。在宗教绘画中，艺术家最常见的做法就是直接让委托人或他的代理（如作为保护神的主保圣徒）与象征（如徽章）出现在画中，但将委托人置于哪个位置却大有讲究。

例如马萨乔在佛罗伦萨新圣母马利亚教堂的壁画《圣三位一体》（见图 14-1），在画面底部，艺术家以幻真的手法图绘了一个墓地，那里有古典的柱子和石棺，石棺上躺着一具骷髅骨架，骷髅后面的墓墙上有一行文字，铭文的意思是："吾之曾是即是汝之现在，吾之现在亦是汝之将来。"这相当于是死神的凝视。画面的主体部分是一个同样用幻真手法绘制的彩色古典神龛，这代表了神圣的空间，圣父、圣子和圣灵，还有圣母和约翰都被安置在这个空间里，透视法为他们建立了一个整饬的、代表着永恒的秩序。神龛前面的门槛上，是委托人/供养人夫妇，他们跪在那里求祷。他们处身于非神圣的世俗世界，那刚好也是画作前面的观者所处身的世界，也就是说，观者在这里会对供养人的位置形成一种认同。在这个位置，或者说在这个世俗的世界里，所有的人必将受制于铭文昭示的那个绝对律令。

图像在纵深的方向建立了神圣和世俗、永恒和必死这两个世界的二分，可宗教绘画的本质不是为了强化而恰恰是为了消弭这个区分。那么如何脱离必死的世界走向永生的世界呢？接受圣母的引领，听从她的召唤，走向十字架的基督，并模仿基督践行十字架的生活。"十字架的生活"是一种什么样的生活？谦卑、虔诚、仁爱。在此，圣母是信仰者朝向救赎之路的中保。委托人以供养人的身份跪在圣母的面前，但除了虔诚的供养人位置以外，委托人还有一个位置，一个符号化的理想位置：他同时也处在把观者引向圣母方向的中介位置，他不仅是祭拜者，也是引导者。马萨乔就是以这样的方式最大化地满足了委托人的意愿。

第二个入口是图像的潜文本。文艺复兴时期，不论是宗教题材还是神话

图 14－1　马萨乔的《圣三位一体》，湿壁画，667×317cm，
约 1426—1428 年，佛罗伦萨新圣母马利亚教堂

题材，大部分作品都有相关的参照文本，例如 13 世纪出现的《金色传奇》来源于宗教题材，罗马诗人奥维德的《变形记》来源于神话题材。这些文本提供给图像的不只是画面主题或情节，而且还有它们的隐喻含义。在宗教题材中，时常会出现同一个故事——比如"基督诞生""最后的晚餐""上十字架"等——有多个经文版本，所以面对图像，我们首先需要明确艺术家依据的是哪一个版本，有时同一个场景有可能源于多个经文文本。

在此关键的是潜文本对图像构成的作用。例如宗教绘画中有一个十分流行的主题："圣母领报"（见图 14－2），说的是圣母因圣灵而感孕的故事。其叙事文本来自《路加福音》第一章，在文艺复兴时期成百上千的领报图中，我们会看到图像结构的基本构成，如天父在上、天使和圣母在下的"上下结构”；天使在左（偶尔会出现在右边）、圣母在右的“左右结构”；以及圣母领受怀孕消息时的种种“情态结构”。这些传统称之为构图的东西其实不是基于艺术的需要，而是图像对经文叙事的“阐释”：“上下结构”对应着经文中上帝差遣天使到人间告知消息；“左右结构”对应着天使来到拿撒勒城圣母的住所然后“进去”告知；“情态结构”对应着圣母接受怀孕消息时的各种情感反应，如惊讶、羞涩和顺从。进而，我们在领报图中还会看到其他许多象征性的物象，如百合花、鸽子、圣母手上的经书、房间里的书台等，它们与经文没有关系，是来自宗教绘画的象征体系，如百合花象征圣母的纯洁，鸽子象征圣灵，经书象征耶稣的教诲等。再比如表现基督诞生的“三王来拜”和“牧羊人的礼拜”、表现基督受难的“上十字架”和“下十字架”，它们的人物选择、情节设置、场景安排等都需要结合经文叙述来理解。

图 14-2 西蒙内·马蒂尼、利波·梅米的《圣母领报》，板上坦培拉，265×305cm，约 1333 年，佛罗伦萨乌菲齐美术馆藏

至于神话题材，从主题选择到情节再现和寓意表达，也都与文字的叙事文本有关，有时可能还关联到文艺复兴时期的人文主义者对神话的阐释。例如波提切利 1482 年为佛罗伦萨美迪奇家族创作的《春》（见图 14-3），画面中有四个看起来各自独立的场景：繁花似锦的花园中，最右边，西风之神正在追逐美少女克萝莉丝，就在西风之神的手触及少女身体的一瞬间，克萝莉丝口吐花蔓，变成了春之女神弗罗拉；中间，爱与美的女神维纳斯穿着长袍站在鲜花盛开的草地上，她的头上，被蒙住双眼的小爱神丘比特正在射出代表爱欲的箭；左边，三个美少女身着透明的薄纱跳着圈舞，艺术史家说她们代表贞洁三女神；最左侧，一个穿着红色披风的男青年手拿一根短棍在拨开树梢的乌云，他就是信使墨丘利。“春”这个题目取自传记作家瓦萨里对它的描述，但实际上它当初是没有题目的。因为这个题目，人们首先会以“春回大地”这样的思路去理解作品的主题，而实际上，它真正的主题是“爱”：西风之神的追逐场景取自奥维德的《变形记》，表达的是肉欲之爱；中间维纳斯的动机取自罗马哲学家卢克莱修的《物性论》，表达的是理智或智慧；左边贞洁三女神的形象取自罗马雕塑，表达了精神之爱，所以整个作品呈现的是爱的智慧在于肉欲之爱和精神之爱的结合，而这一画意乃是波提切利对同属一个社交圈的人文主义者、新柏拉图主义哲学家费奇诺的爱的哲学的图像表述，也是意大利文艺复兴运动开始步入盛期的精神体现。

图 14-3　波提切利的《春》，板上坦培拉，203×314cm，1482 年，佛罗伦萨乌菲齐美术馆藏

第三个入口就是图像的风格史。尤其在宗教绘画中，因为潜文本和图像象征体系的缘故，几乎每个主题都有其悠久的图像志传统，亦即艺术家多数时候需要遵循既定的图像惯例以及时代的趣味，这导致了同一主题下构图和图绘风格的大量重复。但是，面对同行之间的激烈竞争，艺术家也需要寻求突破或创新，以自身受到推崇的语言风格来赢得更多委托。由此，在惯例之下进行局部修正和风格探索就成为文艺复兴时期艺术家实现创新的常规手段。这意味着我们在理解作品的时候需要有一种比较的观念，尤其是同时代不同艺术家与不同地区的横向比较和代际或师徒之间的纵向比较。

我们来看看“最后的晚餐”。14 世纪初，这个主题主要是作为再现基督生平的系列组画的一个场景出现在祭坛画或礼拜堂壁画中，如乔托在帕多瓦阿雷纳礼拜堂的壁画、杜乔在锡耶纳大教堂的祭坛画，较小的画幅使得艺术家只能采用围合式的构图，即让耶稣和他的 12 个门徒围着餐桌坐成一圈。但是 14 世纪中后期，该主题开始出现在修道院僧侣餐厅的墙壁上，在佛罗伦萨这甚至成为一个传统。巨大的尺幅使得围合式的人物排列不再合适，艺术家采用了一字式排列，即让耶稣和门徒面对观者方向坐在长条桌的同一侧。达·芬奇的《最后的晚餐》就需要在这样的语境中来理解，在他之前，已经有许多艺术家在描绘修道院的餐厅画这个主题，比如安德烈亚·德尔·卡斯塔格诺在佛罗伦萨圣阿波罗尼亚修道院（见图 14－4）、多米尼科·基朗达约在佛罗伦萨圣马可修道院（见图 14－5）、皮耶特罗·佩鲁吉诺在佛罗伦萨富利诺修道院（见图 14－6）等的湿壁画。

图 14－4　安德烈亚·德尔·卡斯塔格诺的《最后的晚餐》，湿壁画，453×975cm，1445—1450 年，佛罗伦萨圣阿波罗尼亚修道院餐厅美术馆藏

在为数众多的同题餐厅画中，今天的公众可能仅仅知道达·芬奇的作品。的确，相比起同时代的其他作品，达·芬奇的《最后的晚餐》（见图 14－7）更具震撼人心的力量，它在许许多多的方面都有着自己的“独特性”，但这只有在对作品的详细比较中才能看出来。这里仅提示其中的一个小细节。

“最后的晚餐”的故事福音书里有记述，但相互之间有许多差异，那么文艺复兴时期的艺术家在表现这个主题的时候是参照哪一个版本呢？艺术史家根据一个细节推论说他们一般都是依据《约翰福音》，因为在他们描述的十二门徒中，总有一个人趴在桌子上，这个人就是《约翰福音》的作者。他记述自己在听到耶稣将被出卖的消息时，悲伤地靠在耶稣怀里哭泣，而其他三部福音书都没有提及这个细节。

图 14－5　多米尼科·基朗达约的《最后的晚餐》，湿壁画，400×800cm，约 1486 年，佛罗伦萨圣马可美术馆藏

图 14－6　皮耶特罗·佩鲁吉诺的《最后的晚餐》，湿壁画，440×800cm，1493—1496 年，佛罗伦萨富利诺修道院美术馆藏

图 14－7　达·芬奇的《最后的晚餐》，湿壁画，460×880cm，1495—1498 年，米兰感恩圣母教堂藏

"最后的晚餐"的故事包含两个主题：背叛和救恩。逾越节的晚上，耶稣邀众门徒共进晚餐。筵席上，他报告有门徒将要出卖他的消息，众门徒听到后都想知道耶稣说的是谁，但耶稣并没有明确道明，而是拿起饼和酒祝谢，称"这是我的身体""这是我立约的血"，让众门徒分享。如此多的情节在图像中该如何表现呢？传统的围合式构图较多侧重表达分享圣餐的奥秘，而在15世纪的餐厅画中，提示犹大的背叛成为艺术家表达的焦点，为此他们采用了一个共同的做法：把犹大从众门徒中分离出来，单独置于长桌的另一边，且侧身或背对着观者。这么做会产生什么样的观看效果呢？这实际上把深沉的信仰问题世俗化和道德化了，因为你一眼就能看到那个叛徒，知道罪人就在那里，通过认同面对着你的众门徒的"目光"，你可以不假思索地把自己归于审判者或声讨者的一方。可是，在基督教的语境中，罪是相对于人与上帝的关系来说的，指的是人对上帝的背叛，世上所有的人都是有罪的，犹大的出卖行为不过是人之罪的代表，所以在观者和犹大之间建立审判的关系其实是不恰当的。

达·芬奇的处理就与众不同。虽然他袭用了一字形排开的构图传统和以钱袋作为辨识标记的图像惯例，但他放弃了让圣约翰卧倒在基督胸前的传统母题，并取消了让犹大独处的特殊位置，而是让犹大和包括耶稣在内的其他人并排坐在一起。这样做既可以使场景获得更强的统一性，也更为符合"最后的晚餐"的神学含义。

三、祭坛画

在文艺复兴艺术史的著作中，艺术史家喜欢按照年代顺序和地区分划来组织历史叙事，这当然有它的便利和优势。但如果我们看一下文艺复兴时代对图像的使用，就会发现，那个时候的艺术生产（尤其是宗教绘画）是与作品被使用的地点和情境紧密地联系在一起的。其中的宗教题材除了服务于私人祀拜但现在存留不多的作品以外，大量的作品存在于两个地方：圣坛和私人礼拜堂，由此形成了两个主要的类型：装饰圣坛的祭坛画和装饰礼拜堂与教堂的湿壁画。

圣坛是教堂或圣所的焦点所在。中世纪的时候，教堂圣坛并不流行装饰，只是偶尔会有一些小型雕刻摆在圣坛前，后来出现了华盖这样的建筑装饰，但13世纪随着教堂的改建与扩建和修会教堂的大量兴建，华盖渐渐被弃用，人们开始采用木版画来装饰圣坛。早期的木版画悬挂于圣坛上方或摆在圣坛旁边，所以又称"挂屏"。13世纪末，木版画转而被安置在圣坛后方，并出现了多块画板组合到一起的多折版画，这种多折版画成为 14 世纪的主导形态。15 世纪上半叶，在多折版画以外又出现了单版画类型。佛罗伦萨的单版画祭坛画通常是安装在一个木制框架里，而威尼斯人更喜欢把单版画祭坛画安装在石制的建筑框架里，并时常让绘画和雕刻混用。

祭坛画的主题当然都是宗教性的，如果按中心图像的表现内容来做区分，大体可分为祀拜性的圣像类型和叙事性的情节类型，前者如圣母子像和圣徒像，后者则主要是取自圣母和耶稣的生平场景。当然，许多时候圣像类型的饰板上也会出现生平叙事，尤其在多折版画中。

祭坛画虽然是用来装饰圣坛的，但它主要的功能并不是装饰，而是委托人意愿的表达，是道成肉身的奥秘的图像化，有时还是教会权威和修会精神的宣示，是对信徒心灵的情动节奏的呼应。诸多功能的聚集使得祭坛画就像一个象征的丛林，里面既有对公众来说语义明确的象征之“物”，如象征圣母纯洁的百合花，暗示耶稣牺牲的红玫瑰，抹大拉的马利亚身上象征罪的红色衣袍，但有时也会出现幽隐的语义表达和复杂的隐喻。因此，要完整地理解祭坛画的意义，就要理解清楚它的主题、委托背景、构图动机、仪式价值等。

祭坛画是意大利文艺复兴时期数量最多的图像产品，几乎每一位艺术家都留下了作品，所涉及的主题也形形色色。在此从文艺复兴早期选择三位艺术家的三件作品做一对比性的探讨。这三位艺术家属于同时代人，且被视为文艺复兴艺术的源头性人物，三件作品分别是来自锡耶纳的杜乔的《卢切莱圣母》、佛罗伦萨的奇马布埃的《卢浮宫的宝座圣母》以及奇马布埃的学生乔托的《万圣教堂圣母》。

按瓦萨里的记述，奇马布埃的《卢浮宫的宝座圣母》是为比萨圣方济各教堂的一个圣坛绘制的。但 1813 年拿破仑的军队占领意大利的时候，将作品劫掠到了法国，且一直没有归还，现展示在卢浮宫。作品的创作时间大约在 1280 年（见图 14－8）。

杜乔的《卢切莱圣母》（见图 14－9）是 1285 年画家受佛罗伦萨赞歌兄弟会的委托为多明我会的新圣母马利亚教堂创作的，因为图像结构和奇马布埃的《卢浮宫的宝座圣母》十分接近，很长一段时间里它被归在奇马布埃的名下，瓦萨里在 1568 年为奇马布埃写的传记中甚至杜撰了一段作品被送到教堂安装的盛况。直到 18 世纪末由于教堂的档案管理员发现了当初的委托文件，作品的作者归属才得以明确。但现今的艺术史家仍认为杜乔模仿了奇马布埃，有人甚至认为他们之间是师徒关系。

图 14-8　奇马布埃的《卢浮宫的宝座圣母》，板上坦培拉，427×280cm，约 1280 年，巴黎卢浮宫美术馆藏

不过，这两件作品之间的确存在某种隐秘的联系，如果说是奇马布埃影响了杜乔——这种可能性比较大——那这里表明了什么呢？不是单纯的“源头”和“衍生”的关系，而是不同图像冲动或“艺术意志”的表现，因为两位艺术家自身也是此前不同源头的汇流，这些源头就像一个又一个的冲动“碎片”，在这里经过融合形成更为系统、统一的图像表达，奇马布埃对空间的探索和杜乔对装饰性的偏爱，成为接下来的佛罗伦萨画派和锡耶纳画派所专注的两个方向。也就是说，奇马布埃对杜乔的影响是存在的，但不是唯一的，如同奇马布埃也是不同源头影响的结果一样。

可以比较一下两件作品最具意义的同与不同。首先是框架。两件作品都有一个方形板加尖顶的框架，但杜乔的框架用了精美的细工制作，刻意强化了框架和画面的分离。重要的是，二者都对框架本身进行了装饰，相对于 13 世纪的祭坛画而言，这是十分现代的做法，相当于现代意义上的“画框”。但它的功能不只是装饰，更不只是为了在巨大的教堂空间来“框定”人们的视

图 14－9　杜乔·迪·博尼塞尼亚的《卢切莱圣母》，板上坦培拉，450×290cm，1285 年，佛罗伦萨乌菲齐美术馆藏

觉范围，因为在框架的板条上，艺术家绘制了一系列圆形半身像，并用精美的叶饰图带将它们分离开来。这些圆形像构成了中心文本的延展部分，其功能类似于 14 世纪多折版画的侧板或饰板。在奇马布埃那里，一共有 26 个圆形像，尖顶上是基督像，基督两侧是四位天使，方形板四个角上打开经卷的四个形象可能是四福音书的作者，底边中间的五个形象是圣徒像，两个侧边剩下的十二个形象是十二门徒。而在杜乔那里，一共有 30 个圆形像：尖顶是救主基督，基督右边一直往下是十二门徒像，左边一直往下是《旧约》的十二位国王和先知像，底部的另外五个形象是作品所属修会所祀拜的圣徒。所以，两件作品的圆形像不仅是中心板圣母所代表的教会的保护人，也是对《新约》（人子的爱的宗教）和《旧约》（天父的律法的宗教）的关系的说明，而底部的圣徒形象相当于是对修会信奉的宗教生活和精神生活的宣讲。以这种方式，“框架”被纳入图像的表意系统，成为作品不可分离的部分。这无疑是伟大的创新。

再看圣母的宝座。两件作品都再现了竖琴式的木制宝座，且都呈现为与图画平面成斜角的放置。再一次，杜乔使用了细工装饰，与奇马布埃朴素、稳固但略显笨拙的特征相比，杜乔的宝座刻画得更为细致，宝座的形制更为优雅。尤其是奇马布埃的宝座仍保留有十分传统的拜占庭风格，而杜乔“创造”了一个完全“现代”的宝座图像：他为宝座“安装”了一个哥特式靠背，一排圆弧性的拱顶，上面挂着一块缀满花饰的锦缎作为“幕布”。这当然已经不是单纯的装饰。如果说奇马布埃的宝座还重在传达“智慧宝座”的象征意义，那杜乔就是在这个象征性之上叠加了“视觉性”，更确切地说，是用视觉性来让象征性在意义的延宕中完成剩余价值的生产，比如它还代表着对天后圣母的美德的赞美，代表着对天国圣境的想象。

还有宝座的摆置。两个宝座的斜角摆置在祭坛画中并非第一次出现，此前的比萨画家已经有过尝试。斜角摆置产生了一种非同寻常的效果：宝座和金色基底的分离，就是说，使基底变成了空间意义上的“背景”。所以我们看到，奇马布埃让天使站在宝座“后面”，而不再是漂浮在超现实的或“非空间”的存在境域，但奇马布埃的宝座前端紧贴着图画边沿，使得宝座前面的空间十分局促，让人感觉宝座受到了某种力量的挤压。而在杜乔那里，宝座前面用台阶制造了一个空间纵深，使得宝座在空间中舒展自如，宝座和基底之间也形成了十分明确的“主题”/“背景”关系。

再看圣母子。两个人的圣母姿势十分相似，就像来自同一个拜占庭模板。但圣母服饰的表现迥相异趣，杜乔的圣母穿着拜占庭传统的红色和蓝色衣袍，但没有拜占庭的金线装饰，而是在圣母的头套和外袍右肩上各绘制了一颗星星，以作为对圣母美德的赞美；同时，外袍用金线镶边，从圣母的头顶蜿蜒滑过两颊，到胸前汇合，再穿过双膝，到下摆汇成金色飘带般的舞蹈，既完美地勾勒了圣母的形体，灵动的金色又在蓝色外袍上构成了一道奇幻的风景线。而在奇马布埃那里，这种象征和装饰都不存在，倒是那些断续的金线装饰让人想到拜占庭风格的拘谨。

两件作品中，圣子都是坐在圣母左膝上。在奇马布埃那里，圣母左手扶着圣子后背，右手扶着圣子右膝，圣子穿着罗马古代的服装，斗篷披在左肩，正面朝向观者，左手拿着象征律法的经书，右手做祝福的手势，一副尊贵的王者风范。而在杜乔那里，圣母左手穿过圣子腋下，像是护着幼小的孩子，圣子左手拽着像要滑脱的衣袍，转身看着右前方，右手做出祝福的手势。显然，两位画家再现圣子的侧重点有所不同，一个强调圣子的神性一面，另一个强调圣子的人性一面。

还有天使。奇马布埃的天使粗壮有力，六个天使站在宝座两侧扶着宝座的立柱，且都是正面看着观者方向，近乎拜占庭传统的变体。而杜乔的天使形态更加优美动人，他画的是六位赤脚天使，他们的服饰颜色代表着信（蓝色）、望（绿色）、爱（红色）三美德，其中底下两位天使半跪在地上，另外四位天使也是半蹲着，但不是蹲在地上，而是蹲在超现实的幻境，并且六位天使的眼睛都向下或向上看着圣母子。天使形态的这一差异单纯从形式或风格方面是难以解释的，或者说，这一形态差异的后面其实隐含了两位艺术家对图像的“言述”行为的不同理解：奇马布埃的天使是圣母子及其王座的护卫者，是上帝的仆人，而杜乔的天使是祀拜者的目光内置，是祀拜行为的图像拟态，在那里，天使不是单一的护卫王座，而是要将王座升到天上，当然也有可能是将王座从天上落座到人世间，就是说，这个场景更像是祀拜的幻见或幻象。毫无疑问，在这个地方，奇马布埃再次稍逊一筹。

奇马布埃还有一件宝座圣母图是为佛罗伦萨圣三一教堂的高坛创作的（见图 14－10）。作品原先好像是一个方形板，后遭到切割，顶部两侧的两位天使被切除，形成了现在的尖顶板，框架也是后来修复的时候添加上去的。

这是一个正面对着观者的巨型宝座，宝座用科斯马蒂风格的图案加以装饰，这个风格源自拜占庭，但中世纪的时候就开始在意大利流行，多用于装饰教堂地面、主教宝座和布道坛，“科斯马蒂”这个名称也是得自罗马的一个主要做教堂装饰的家族，所以该风格已成为一种本地化的、带有某种传统记忆的符号。

宝座的下面有一个拱廊式的结构，三个半圆拱内安排了四位“旧约”先知的形象，两侧的两位先知都抬头看着宝座的方向，中间两位先知则是正面的庄严造型。每个先知手上都展开了一页经卷，上面是对基督作为救主降临的预言。四位先知虽然使用的是拜占庭式的金色基底，但中间凹形的半圆拱设计产生了十分独特的效果：它在横向上制造了一种背景-前景式的空间结构，仿佛四位先知就是坐在窗口一般；在纵向上，凹形拱顶与圣母宝座的基座和座位恰好同构，形成一种透视深度。

宝座上的圣母子和宝座两边的八位天使的形象设计基本是拜占庭风格的延续。天使的头有节奏地向里或向外，形体的刻画比较有实体感。圣母子的刻画还是拜占庭风格，金线装饰再次出现在衣袍上。坦率地说，这件作品虽然在艺术家自己的创作历程中有一些局部改进，但在艺术史的意义上看，它并没有显示出太多令人值得重视的地方。

乔托是奇马布埃的学生，但比起奇马布埃，乔托在艺术史中享有的盛名

图 14-10　奇马布埃的《圣三一宝座圣母》，板上坦培拉，385×223cm，1280—1290 年，佛罗伦萨乌菲齐美术馆藏

要坚实得多。他在阿西西圣方济各大教堂、帕多瓦阿雷纳礼拜堂以及佛罗伦萨圣十字教堂巴尔迪礼拜堂的壁画装饰堪称那个时代最伟大的杰作，他为佛罗伦萨新圣母马利亚教堂绘制的巨型十字架是改造十字架图像形态的里程碑之一，他为罗马枢机主教绘制的双面祭坛画亦是该类型的早期经典，而他为佛罗伦萨万圣教堂的高坛绘制的宝座圣母就像一篇结构严谨、语义宏赡的讲道文，将其置于意大利祭坛画早期历史的重要位置当之无愧。

万圣教堂是谦卑兄弟会建造的，供奉的是所有圣徒和殉教者。1310 年至 1320 年，乔托在这里获得了一系列委托，宝座圣母是其中之一（见图 14-11）。和奇马布埃、杜乔的宝座圣母一样，乔托也采用了方形板加尖顶的结构。但框架朴实无华，没有附加太多装饰。艺术家把全部的热情都放到了图像本身的“言述”功能上，即如何通过形象的组合和空间的配置来建立图像与祀拜的关联，让委托人的观念投射和仪式需求在图像中得到完满的体现。实际上，作品在许多方面显示了艺术家对传统和创新的融合。比如金色基底、人物比例的等级分划属拜占庭传统，而宝座的装饰是杜乔在《卢切莱圣母》中使用过的哥特风格和奇马布埃在《圣三一宝座圣母》中使用过的科斯马蒂风格的结合，人物形象，尤其是圣母子形象的刻画则是在奇马布埃和杜乔的基础上进行的自然主义再造。所以，艺术家的创新主要体现为对多源头的吸收、融合和统一。

图 14-11　乔托·迪·邦多内的《万圣教堂圣母》，板上坦培拉，325×204cm，1306—1310 年，佛罗伦萨乌菲齐美术馆藏

在中世纪的图像传统中，神圣形象的排列是遵循严格的等级秩序的，比如圣母宝座两侧，都是天使在上头，圣徒排在天使下面。可是，在乔托这里，我们看到，他在宝座下方安置了四位天使，天使上方是十位圣徒分列于宝座两侧。这一结构倒置其实是对谦卑概念的一种视觉传达，被置于上方的圣徒就是通过谦卑而获得精神提升的见证，而天使在这里就代表谦卑美德的人格化形象，就是说它们在此不是作为天国等级的象征，而是作为通往天国的阶梯或道德保证被摆置在观者面前。宝座底下有两位站立的天使，手上分别拿着王冠和圣体盒模型，还有两位天使跪在地上，手上拿着百合和玫瑰，这些符号物象征了圣母的圣洁和基督的牺牲，圣母对上帝的旨意——“道”以“肉身”的形式成就在她身上——的顺从和基督的上十字架，这本就是对谦卑的践行，就是说，天使在此是作为美德的象征在场。

同时，跪在地上的两位天使穿的不是那种彩色服装，就像我们在奇马布埃和杜乔那里看到的，而是谦卑兄弟会的灰白会衣。这表明，这两个天使的敬献还是对兄弟会祀拜仪式的操演，天使模仿跪在宝座前的供养人向圣母和圣子敬献象征牺牲和殉教的鲜花，上面还有两位天使，一个拿着王冠，一个拿着圣体盒，献给圣母子，进一步在视觉上强调了天使的敬献与献给圣徒和殉教者的万圣教堂的关联。

这件作品还有一个地方也值得关注：圣母子的表现。圣子如王者般坐在圣母腿上，眼睛凝视着左前方，右手做出祝福的手势，很显然，这里是把奇马布埃和杜乔的设计结合到了一起。圣母的形象描绘则更多体现了乔托自己的造型天赋，这是一个摆脱了圣像传统的圣母，是一幅人间母亲的肖像，她穿着灰白色上衣和蓝色斗篷，形体以自然主义的方式刻画得极具体量感，尤其是灰白色丝绸衬衣凸显的身体轮廓，赋予了圣母形象浓郁的现实气息。圣子祝福的手势放置在母亲胸口中间，似乎在刻意强调圣母作为教会之代理的“哺乳”或滋养生命的功能。周围的圣徒和天使的目光也都是汇聚于此，他们抬头看着圣母和圣子，借自杜乔的这个图像配置显然再次强化了圣母的谦卑美德。

奇马布埃、杜乔和乔托，三位艺术家虽然处在文艺复兴早期，但他们的祭坛画创作已具备成熟的风格，祭坛画的多重功能在这些作品中也都有鲜明的体现。到 15、16 世纪，尽管祭坛画的图绘风格在不断变化，但功能表达仍未脱离这一轨迹。

四、礼拜堂壁画

13 世纪中期以后，绘画在意大利能够迅速发展，有一个因素必不可少：赞助人。赞助人的类型有很多，既有教会、修会、兄弟会、行会这样的团体组织，也有市政议会这样的机构，但最为重要的还是私人赞助。在文艺复兴时期的修会教堂里，有许多私人礼拜堂，基于各种各样的理由或动机，这些礼拜堂从屋顶到墙壁和圣坛都要用图画进行装饰，所以这里也成为私人赞助最重要的场所。

文艺复兴时期的私人礼拜堂多为墓地礼拜堂。中世纪的时候，教会规定只有高级别的神职人员和国王才能葬在教堂，并且多是地下墓地，墓地上雕刻有死者的形象。13 世纪初，新生的多明我会和方济各会为赢得信众，尤其是城市权势阶层的支持，极力促成让修会、教堂融入民众的生活。终于在 1227 年和 1250 年，教皇先后批准允许多明我会和方济各会的教堂为私人提供墓地。而这个时候兴建的修会教堂多采用哥特式结构，长长的本殿和宽敞的侧廊意味着有足够的空间提供给公众。虽然教会人士对奢华的陵墓和奢侈的葬礼经常发表反对意见，教会法对教堂作为普通人的墓葬地也有明确限制，但人们还是热衷于选择教堂作为墓地，因为他们相信那是离上帝最近的地方，葬在那里可以让灵魂尽快得救。就这样，各种因素交叠在一起，推动了礼拜堂买卖和兴建的热潮。教堂高坛两边的耳堂、本殿两边的侧廊全部被一个接一个的礼拜堂占满，连高坛、圣器室、修士用的会堂都受到私人赞助而发挥着礼拜堂一样的功能，佛罗伦萨方济各会的圣十字教堂甚至因为无法满足社会的需求而不得不多次进行扩展。

为什么必须为墓地修建一个礼拜堂呢？如果只是想葬在教堂，像传统那样在教堂提供一块地下或地上空地作为家族陵墓不就可以了吗？这涉及礼拜堂的多重功能：它不只是埋葬死者的墓地，还是供后人纪念的场所，是凝聚家族认同和向社会显示家族荣耀的地方，尤其像佛罗伦萨、威尼斯这样的城市，权势家族相互之间在城市经济生活和政治生活中的激烈竞争使对内的家族认同和对外的形象确立变得至关重要。礼拜堂作为精神投注的场所，既可以表达宗教热忱，也可以拿来炫示家族的荣耀和权势，礼拜堂装饰就是为此服务的。

标准礼拜堂应当有一个相对独立的方形空间，上方有肋骨拱顶覆盖，入口有门拱，里面有陵墓，基于灵魂救赎的缘故，礼拜堂一般要献给一位圣徒，所以里面会有圣坛，位置好的礼拜堂（比如高坛及高坛两侧的主礼拜堂）在圣坛后方还配有高窗。所有这些地方都会用各种媒介加以装饰：隔板、石雕、壁画、彩色玻璃画、天顶画以及祭坛画。侧廊的礼拜堂不一定有墙壁围合起来的空间，但靠墙的圣坛及上方的雕刻或绘画装饰表明它仍享有一个象征性的独立空间（见图 14－12）。

礼拜堂装饰包括天顶、墙壁、圣坛、墓地、地面等，通常情况下，它们是作为一个整体完成的，亦即不同位置的图像设计有着自成一体的逻辑关联，所以对礼拜堂图像的观看首先涉及从哪里开始和按什么顺序看。例如乔托绘

图 14-12　佛罗伦萨新圣母马利亚教堂托尔纳博尼礼拜堂

制的帕多瓦阿雷纳礼拜堂，其图像包括多个系列，如果按系列的顺序看，应当是：天顶的《旧约》先知像和《新约》圣徒像；墙壁上“马利亚父母的故事”、“马利亚的早期生平”和“基督的生平”；礼拜堂入口内墙上“最后的审判”；墙壁底部的“美德像”和“恶德像”；还有礼拜堂后殿“马利亚的安息和升天”。进而每个系列又是由多幅图像构成的，所以还需要将单独的画幅纳入所属系列，按照叙事的逻辑和经文的内容并参照委托人的背景进行理解。

当然也有礼拜堂的装饰会由不同的艺术家通过比较长的时间完成，这个时候礼拜堂的图像设计可能需要根据不同历史时期来理解。比如最有名且是教皇专用的西斯廷礼拜堂的图像装饰就经过了多任教皇，参加的艺术家、图像系列和图像类型也很多，需要分别处理。

基于礼拜堂图像体系的复杂性，这里选择一个较小的礼拜堂的图像装饰做一个讨论。弗朗切斯科·萨塞蒂（Francesco Salviati）出生于佛罗伦萨一个殷实的贵族之家，年轻时似乎接受过商业方面的学习和训练。1438 年左右，他作为美迪奇家族银行的雇员被派到阿维尼翁的分行，为科西莫·德·美迪奇服务。虽然年仅 17 岁，但他表现出众，很快就得到提升，成为分行的新合伙人，并坐上了分行经理的位子。1453年，萨塞蒂调任日内瓦分行（但仍是阿维尼翁分行的投资人），直到1458年回到佛罗伦萨。由于作为分行经理的出色表现，定居佛罗伦萨的萨塞蒂成为美迪奇家族生意上的顾问，深得美迪奇家族极盛时期三位掌门人——先是科西莫，接着是皮耶罗和洛伦佐——的信任。他就像美迪奇家族的总管，负责家族在海外的银行事务，也因此掌握了家族的许多商业秘密，他留下的一本秘密账簿已成为当代史家了解美迪奇银行海外业务的重要文献。

萨塞蒂原本在新圣母马利亚教堂有一个作为家族墓地的私人礼拜堂，1478年左右，他向教堂提出要用他的主保圣徒圣方济各的事迹装饰礼拜堂。但是，新圣母马利亚教堂是多明我会在佛罗伦萨的母堂，自13世纪以来，方济各会和多明我会为吸收会众与争夺地盘一直有激烈的竞争，多明我会当然不同意在自己的教堂里出现竞争对手的祀拜画像，更何况萨塞蒂这个礼拜堂处在教堂最核心的位置。就这样，萨塞蒂决定把家族墓地移到更接近城市中心的圣三一教堂。

圣三一教堂是势力比较小的瓦卢姆布罗斯修会的母堂，为吸引权势家族的加入，修会不仅同意了萨塞蒂的请求，还把教堂最中心的位置——靠近唱诗席——给了他。1480年，萨塞蒂和基朗达约签约，把装饰墓地礼拜堂的任务交给了后者。但工程到1483年才正式开始，1486年完成。

礼拜堂的入口是一个哥特式拱门。尖拱的上方极为醒目地挂着一个彩陶雕塑，是雕刻家安德烈亚·德拉·罗比亚（Andrea della Robbia）的作坊制作的。雕塑外圈为代表财富或丰收的果实花环，中间是两个投石器，这是萨塞蒂的盾形徽章。徽章镶嵌在尖拱形山墙里，山墙上画着一幅壁画：奥古斯都在罗马卡皮托尔山丘上遇到女先知提布尔，提布尔用手指着天上一个发光的火球，火球中间是耶稣的名字："YHS。"所以这幅画说的是女先知在向异教皇帝预言救主将要降临。画的背景是罗马古城，在里面可以看到图拉真纪功柱和万神庙（见图14-13、图14-14）。

与山墙位置平行的左壁柱顶端，是一幅仿浮雕风格的泥灰色青年像，从被特别强调的投石器装备可以看出，这是击退巨人歌利亚的大卫。这个形象出现在这里一方面与佛罗伦萨共和国的理想认同有关：佛罗伦萨人将青年大卫视作权力和荣耀的象征；另一方面则与委托人的自我指认有关：投石器不仅是萨塞蒂家族徽章的一部分，而且是萨塞蒂的名字，在意大利文中，"Sassetti"和"sassata"（投石器）读音接近。以此言之，在萨塞蒂那里，大卫有着近乎主保圣徒的功能。

图 14－13　多米尼科·基朗达约，《女先知提布尔和奥古斯都》，
佛罗伦萨圣三一教堂萨塞蒂礼拜堂入口

图 14－14　佛罗伦萨圣三一教堂萨塞蒂礼拜堂

与入口的预言主题相呼应，礼拜堂内部的拱顶也是异教女先知的形象：四位女先知端坐云间，其中有三位手拿飘带，另一位似乎正在书写她的预言

书。跟提布尔女先知一样，天顶的这四个女先知也和预言基督降生有关。而她们的预言将在下面的祭坛画中得到实现。

从入口山墙到内部的拱顶，传统放置基督教先知或门徒的地方在这里全部变成了异教形象，这一设计在教堂的图像体系中无疑是革命性的。阿比·瓦尔堡（Aby Moritz Warburg）认为，在萨塞蒂和豪华者洛伦佐这些文艺复兴人的身上，最为典型地体现了佛罗伦萨资产阶级的内心冲突，即一方面是务实的、追求成功和商业利益的世俗英雄主义，另一方面又是敬畏上帝的宗教信徒。这种内心冲突不仅直接刺激了各种委托项目的产生，还将在图像中借符号化的行为来对其做想象的和象征的解决，在这一过程中，个人的心理纠结被转换为一种文化范式，务实主义和理想主义的冲突可通过“古代”和“中世纪”的并置而得到和解，如同我们在萨塞蒂礼拜堂的图像语法中看到的，异教先知对基督降临的预言——而不再是《旧约》对《新约》的预表——与其说是古典人文主义的复兴，不如说是古典人文主义被基督化地挪用，异教先知代表的神秘的生命能量和基督信仰唤起的宗教热情，投石器显示的行动的生活和信仰要求的冥思的生活，对财富的渴望和对永生的渴求，经由图像阐发的这些语义元素被结合在一起，形成了一种只有文艺复兴盛期才会产生出来的精神结构。

礼拜堂内部的三面墙上用六个场景绘制了圣方济各的生平。所选择的这些场景基本是取自距离圣三一教堂不远的圣十字教堂巴尔迪礼拜堂，1310 年左右，乔托在那里为巴尔迪家族绘制了圣方济各的生平（见图 14－15）。更重要的是，基朗达约不仅借用了乔托的故事，还“援引”了乔托的构图，但“援引”的同时又对“引文”做出修正，以幽隐的方式将委托人对权力和财富的欲望引入其中。例如在《教皇核准方济各会规》中，基朗达约把发生于 13 世纪罗马拉特兰教堂的宗教事件挪移到 15 世纪佛罗伦萨的市政广场，在画面背景中，可以看到广场一侧的维基奥宫和底部的兰奇敞廊，在前景中，画家还让萨塞蒂和洛伦佐两大家族代表着现在和未来的核心成员出场。一个宗教的和历史的题材就在这样的改写中、在时空穿越中被彻底移位：佛罗伦萨成为“新罗马”，而它的实际统治者即洛伦佐的地位也获得了象征性的确认（见图 14－16）。

圣坛上的祭坛画则是整个图像体系的核心，它不仅在回应女先知的预言，还在重申图像的精神结构。祭坛画的主题是“牧羊人的礼拜”。它同样是一件有“引文”的作品，“原文”是北欧画家雨果·凡·德·高斯（Hugo Van Der Goes）的《波尔蒂纳里祭坛画》（见图 14－17）。

图 14－15　乔托·迪·邦多内的《教皇核准方济各会规》，湿壁画，约 1310 年，佛罗伦萨圣十字教堂

图 14－16　多米尼科·基朗达约的《教皇核准方济各会规》，湿壁画，1483—1485 年，佛罗伦萨圣三一教堂

高斯的作品 1483 年被运往佛罗伦萨，并安装在波尔蒂纳里家族礼拜堂的圣坛上。据说安装的那一天，佛罗伦萨许多艺术家都慕名前往观瞻，基朗达约就是其中之一。两年后，他就在自己的作品中用“引述”表达了对高斯的敬意。

图 14－17　雨果·凡·德·高斯的《波尔蒂纳里祭坛画》，板上油画，253×304cm，1476—1479 年，佛罗伦萨乌菲齐美术馆藏

传统上，人们基本只是就画面本身来讨论基朗达约的这幅画，而忽视了祭坛画其实是一个装置，是在总体性的结构场域中发挥功能的效果生产机制。就像这幅《牧羊人的礼拜》（见图 14－18），它安置在圣坛之上，圣坛两侧的背墙上分别是委托人夫妇的肖像，他们跪拜在地上，面对着圣坛，就是说，中心画板上的场景与他们的行为有着某种联动关系。因此，如同高斯的三联场景一样，在这里，基朗达约建立了一个仿三联的结构，委托人夫妇既是求祷者，也是画心叙事的目击者或见证人。刻写在两个委托人基座上的日期“A. D. MCCCCLXXX. [X] XV DECEMBRIS”（1480 年 12 月 25 日）有可能是礼拜堂被祝圣的时间，也有可能是委托合同签订的时间。

图 14－18　多米尼科·基朗达约的《牧羊人的礼拜》，板上油画，167×167cm，1485 年，佛罗伦萨圣三一教堂

除结构的“引述”以外，中心板的牧羊人群像以及婴儿耶稣身下的禾束也是对高斯的“引述”，显示象征意义的物品除花朵以外，还有象征耶稣受难的金翅雀，金翅雀旁边有几个小石块，它大约是萨塞蒂的另一个“签名”：在意大利文中，“Sassetti”有“小石块”的意思。

与高斯用叙事来引入角色一样，基朗达约在左侧背景的山坡上也再现了天使告知牧羊人消息的场景，在山道上则是东方三博士来拜的队列。马利亚身边的约瑟似乎被天使的声音吸引，转身抬头看着天上。不过与高斯专注于宗教叙事不同，基朗达约在牧羊人的形象中嵌入了另一个“叙说”：位置靠前的那位牧羊人是基朗达约的自画像，他伸出左手指着地上的婴儿耶稣，右手回指着自己，头部左转看着画外，那正好是委托人波尔蒂纳里所在的方位，他似乎在告诉委托人（也是在告诉观画者）：你看，这就是我们的救主；你看，是“我”为你（们）画了救主。这种有点自夸意味的“自我指认”不只出现在这里，在古典式画框的顶部，有一行拉丁铭文：“Ipsum quem genuit adoravit Maria”，意即“敬拜马利亚的人”，似乎也在暗指画家自己。

当然，这件作品更为人称道的是它无所不在的古典趣味：古罗马凯旋门、古典的大理石柱、更像古罗马石棺的马厩，还有刻写在它们上面的拉丁铭文。例如，凯旋门上的铭文显示这个凯旋门是献给罗马“三头执政”时期的庞培将军的；有一个柱头上的罗马数字（MCCCCLXXXV）标示了祭坛画的完成时间：1485年。但更具意义的是石棺上的铭文：“Ense cadens solymo pompei fulvi augur numen ait quae me conteg urna dabit.”这说的是庞培的一个占卜师的故事，他在耶路撒冷受伤临死之际说：神将从掩埋我的棺盖中生出。所以，这是一个异教先知对基督降临的预言。石棺上的铭文也显示了异教罗马和耶路撒冷的关系，这个关系在画面背景的城市风光中有进一步的揭示：背景深处靠右的城市是耶路撒冷，靠近中景的城市是罗马，但不是号称“第二耶路撒冷”的圣城罗马，而是恺撒的异教罗马，所以这个背景仍在表达基督教和异教“精神相通”的关系，或者说在借这一关系表达文艺复兴人的精神意向：一方面是对财富和权力的渴望，另一方面是对永生和救赎的企求，二者共存共生。实际上，这也是整个礼拜堂的图像设计的基本句法：在横向排列的圣方济各生平中，通过对与委托人相关的形象或场景的嵌入，呈现了委托人的世俗意志，而纵向上从先知预言到基督诞生的场景设计构成了对委托人精神向度的表达。

五、神话题材

与宗教题材的绘画大部分都是置于教堂这样的公共空间供公众观看不同，文艺复兴时期，神话题材的绘画作品多数是展示在私人宫殿或半开放的宫廷城堡，也就是说，这类作品主要是供私人享用的。这赋予了这类异教作品特别的世俗化倾向，一方面是视觉性的色欲化动机的大量植入，另一方面是道德和人生寓意的寄托，让作品成为矛盾的扭结体，就像我们在波提切利的《春》中看到的。

表面上看，这种满足视觉快感的色欲化图像当是出自男性委托人，而实际上，在文艺复兴时期的意大利宫廷，女性委托人也时常委托这样的作品。比如曼图亚公爵夫人伊莎贝拉·埃斯特（Isabella d' Este）为了装饰自己的“画舫”，自15世纪末至16世纪30年代先后委托安德烈亚·曼特尼亚（Andrea Mantegna）、皮耶特罗·佩鲁吉诺（Pietro Perugino）、洛伦佐·科斯塔（Lorenzo Costa）、安东尼奥·达·柯雷桥（Antonio Correggco）等画家绘制了系列神话题材的作品，每件作品都是借神话人物或故事的寓意赞美宫廷统治者的美德，同时又加入了许多色欲化的视觉表现（见图14-19）。

图14-19　安德烈亚·曼特尼亚的《战神与维纳斯》，布上油画加坦培拉，159×192cm，1497年，巴黎卢浮宫美术馆藏

不妨更详细地讨论一件作品。1554年至1562年间，威尼斯画家提香为西班牙国王腓力二世（Philip Ⅱ，1527—1598）画了一组神话题材的作品。这些神话均取自奥维德的《变形记》，且都涉及凡间和神界中女性跟男性的关系。很显然，提香的取材不是为了呈现奥维德念兹在兹的“变形”主题，而是为了满足委托人情色式的目欲爱好，但又在其中注入了某种与爱的“技术”相关的“说教”，在这个意义上说，这一组作品乃是画家以图像形式写就的一部“爱经”，是他售卖给买主的一剂催情药，但也是对买主的一次道德规训。

严格来说，我们应当把这组作品当作一个整体来看，因为它们都涉及男女在性爱关系中的位置，提香本人在给国王的信中也暗示了这一构思。但限于篇幅，在这里没有办法逐一加以讨论。我们暂时集中于其中的一件作品：《狄安娜和阿克泰翁》（见图 14－20）。

图 14－20　提香的《狄安娜和阿克泰翁》，布上油画，185×202cm，1556—1559 年，爱丁堡苏格兰国家美术馆藏

奥维德讲述的故事梗概是：忒拜城年轻的王子阿克泰翁带着猎犬和同伴一起在长满针松与翠柏的山谷里打猎。在山谷的幽深处，有一个隐蔽的天然山洞，里面有清泉和池塘，那是狩猎女神狄安娜沐浴憩息的地方。狩猎途中，阿克泰翁无意间走进了这个山洞，看见裸体的狄安娜和她的仙女们在池塘里沐浴嬉戏。受到惊吓的狄安娜恼羞成怒，发出咒语，把阿克泰翁变成了一只麋鹿，并且不能开口说话。最终，阿克泰翁因为不能开口申辩而被自己的猎犬当成猎物围攻致死。据说，他招致这样的不幸主要还不是因为他无意的过失，而是因为他对猎物过于血腥和无度的猎杀引起了狩猎女神的不满。

提香在画作中用哥特式拱门、从仙女们面前流过的溪流以及背后掩映成荫的树林等背景对奥维德有关池塘的充满诗意的描述做了忠实而巧妙的阐释。在构图上，仙女们被安排在通向透视灭点的一条透视线上，阿克泰翁则处在对角线的位置，左手正掀开红色的帘幕，这使他成为一个闯入者，成了原本和谐的“自然秩序”的破坏者。

考虑到委托人的目欲爱好，画家以鲜亮丰富的色调展示了受到惊吓的仙女们不同侧面的胴体，加上阿克泰翁略带惊恐的掀看，使得画面成了一个制造或满足男性窥视欲望的“视觉机器”。要知道，再现女神（女性）沐浴乃是这个时期的西方绘画极为常见的题材，而画里画外的男性窥视则是此类题材的一个结构性要素，就像在提香的这件作品中，真正的视觉诱惑恰恰在于“猎手”阿克泰翁和惊慌失措的“猎物”即仙女们之间形成的窥看与被看的关系，用结构主义神话学的表述，这里的神话逻辑是：男人/女人＝猎手/猎物＝看/被看。观画者的快感就来自对画中窥看者的视点的认同。对这件作品而言，居于这一理想观者即“猎手”位置的当然就是资助艺术家的恩主，年轻的国王，他不久前也是王子。

因此，我们在画面结构中看到了男性世界和女性世界的二分。以溪流为界线，一边是猎手阿克泰翁，他处在观看者的位置，另一边是作为“猎物”的女神和仙女们，她们有正面，有侧面，也有背面，有的坐着，有的躺着，有的站着，有的弯着身或是躲在石柱后面，还有一个黑女人蹲在狄安娜的身后。并且所有女裸体的身体姿态都对应着或“迎合着”那个男性观者的目光，它们与其说是因为男性观者的突然闯入而做出的本能式反应，还不如说为迎合他的观看而摆出的各种姿态，她们的惊慌和娇羞让这个情色场景情趣陡增。

但这些只是这件作品的“面纱”，画作中有一个细节隐藏了玄机：在众多裸女的中间，有一根粗粝的石柱，柱头上摆着一个鹿头骨架，如果你熟悉奥维德的故事，便知道这个细节的潜文本，它正是对阿克泰翁的悲剧命运的暗示，因为狄安娜就是把他变成了一头不会开口说话的麋鹿，从而被自己带来的猎犬撕成了碎片。因此，如果说画作在可见性的层面是对男性窥看欲望的满足，那这个鹿头的细节就是在告诉年轻的委托人，适度的纵情是可以的，但若是沉迷于此，就会给自己招致死亡的惩罚。在这个意义上说，这件作品其实是一幅寓意画。

一、思考题

1. 意大利文艺复兴艺术的发生学机制是什么?
2. 委托人制度对文艺复兴艺术有什么样的影响?
3. 祭坛画的功能和图像语法是怎样的?
4. 如何理解文艺复兴时期的图像惯例与艺术创新?

扫描二维码，阅览本章中出现的以及相关的图片资料

二、延伸阅读

1. 布克哈特．意大利文艺复兴时期的文化．何新，译．北京：商务印书馆，1979.

2. 贡布里希．文艺复兴：西方艺术的伟大时代．李本正，范景中，编选．杭州：中国美术学院出版社，2000.

3. 贡布里希．艺术的故事．范景中，译．北京：三联书店，1999.

4. 潘诺夫斯基．图像学研究：文艺复兴时期艺术的人文主题．戚印平，范景中，译．上海：上海三联书店，2011.

第十五章　西方大型管弦交响器乐（上）：标题音乐

毕明辉*

一、标题交响乐

意大利作曲家维瓦尔第的《四季》和德国作曲家贝多芬的《第六交响曲（田园）》，被认为是西方标题音乐发展历程的早期预备。1830 年，法国作曲家柏辽兹的《幻想交响曲》是第一部以鸿篇巨制的规模谱写的标题交响乐，被认为是标题音乐划时代的丰碑。作曲家在五个乐章中，不仅以标题的方式讲述了因个人爱情生活受挫而抑郁自杀过程中的五场梦境，而且，在最初的总谱上，柏辽兹更以详细的文字旁注，对音乐的所有细节就具体剧情做了解说。关于《幻想交响曲》的研究著述完全可以用汗牛充栋来形容，在大量音乐欣赏教程或西方音乐历史教材中都有着最高的出现频率，尽管在此不做专门介绍，却并不意味着可以忽略这部作品。事实上，对这部作品的欣赏和理解程度会直接影响到学习者对西方音乐，特别是 19 世纪以来音乐文化的全面认识。这里所选的几部标题交响乐的代表作品，以及大量在此因篇幅所限无法收入的标题交响乐作品，无疑都是《幻想交响曲》历史绵延和文化传承的产物。

1. 马勒：《大地之歌》①

标题交响乐中的标题设定是一回事，音乐表现则是另一回事，这是欣赏这类音乐作品最令人玩味之处。奥地利作曲家马勒（Gustav Mahler，1860—

---

* 毕明辉，中国音乐学院教授，中央音乐学院西方音乐史博士，复旦大学中文系文艺学博士后，主要教学与研究领域为音乐史学、音乐美学、音乐人类学等。2007 年起执教北京大学艺术学院音乐系，曾任北京大学学工部副部长、柏林自由大学孔子学院院长。2020 年底出任中国音乐学院中国音乐理论研究院院长、音乐学系主任。曾获中国优秀博士后、北京大学教学优秀奖、北京市青年教师教学基本功大赛人文社科组一等奖、首都劳动奖章、首届北京市青年教学名师等。目前致力于《音乐欣赏》、《20 世纪西方音乐》、《电影音乐》、《中国传统音乐》（中英文）等教材与专著的研究和写作。

① 毕明辉．20 世纪西方音乐中的“中国因素”．上海：上海音乐学院出版社，2007.

马勒

1911）的《大地之歌》（*Das Lieder von der Erde*）完成于1909年、首演于1911年，是一部20世纪著名的声乐标题交响曲。作品歌词来自德国文学家贝特格的诗集《中国之笛》，作曲家从贝特格的《中国之笛》中选出七首唐诗进行删改后引为歌词。由于这部交响乐被公认为马勒最激动人心的作品之一，因而关于作品中所引借的中国唐诗的查证工作受到多方人士的注意。自20世纪80年代国际音乐学界开始关注这一课题，时至2000年11月14日，“马勒《大地之歌》唐诗歌词解译及作品评价研讨会”在中国北京中央音乐学院召开，七首唐诗中的六首均已得到确证。第一乐章《尘世苦难的饮酒歌》、第四乐章《美人》和第五乐章《春天里的醉汉》分别出自李白的《悲歌行》、《采莲曲》和《春日醉起言志》，第二乐章《秋天里的孤独者》源自钱起的《效古秋夜长》，第六乐章《告别》则由孟浩然的《宿业师山房待丁大不至》和王维的《送别》二诗拼合而成。目前只有第三乐章《青春》的原诗出处，学者们各持己见，众说纷纭。

贝特格在《中国之笛》诗集后记中说他的译诗是在阅读了多本中国诗歌译本后的再创作，自称“仿作诗”（Nachdichtung）。从这些译本中的中国诗词到贝特格的《中国之笛》，再到马勒的《大地之歌》，七首唐诗已经发生了很大的变化。马勒根据个人创作的需要重新进行删改，添加了许多原诗没有的内容，使中国诗歌意境成为他自己思想和情感的表达。

第一乐章《尘世苦难的饮酒歌》（*Das Trinklied vom Jammer der Erde*），歌词来自李白诗歌《悲歌行》的前半部分。《悲歌行》本为古体诗，可分四段，每段都以“悲来乎，悲来乎!”开始。前两段抒发作者的悲愤之情，后两段阐述悲愤的原因。诗文前十六句为：“悲来乎，悲来乎！主人有酒且莫斟，听我一曲悲来吟。悲来不吟还不笑，天下无人知我心。君有数斗酒，我有三尺琴，鸣琴酒乐两相得，一杯不啻千钧金。悲来乎，悲来乎！天虽长，地虽久，金玉满堂应不守。富贵百年能几何？死生一度人皆有。孤猿坐啼坟上月，且须一尽杯中酒。”

回溯诗歌转译的过程，贝特格《中国之笛》中的《尘世苦难的饮酒歌》，没有采译《悲歌行》的后半段，只将前十六句解为四节。这并非他本意，贝特格参考了法国文学家赫维·圣丹尼斯的《唐诗》和朱迪斯·戈谢（Judith Gautier）的《玉书》，以及德国文学家海尔曼的《中国抒情诗》。他所阅读的译本之一《唐诗》的作者圣丹尼斯便删掉了《悲歌行》的后半段，其故在于该段用典过多。同时，由于圣丹尼斯觉得翻译的技术难度太大，故“悲来乎”一句干脆未译。而《悲来乎》在海尔曼德译《中国抒情诗》中，译者也认为“悲来乎”无法直译，便索性将其转为音译“Pei lai ho”，并严格作为叠句放在每一段的结尾，使诗歌整体结构呈现出形式上的呼应。最后，贝特格的译诗在此基础上进一步发挥，以“人生是灰暗的，是死亡”替换“悲来乎”一句。由此，李白呼号式的慨叹之言，从原诗的句首一转而成现在的句尾，马勒对贝特格的诗歌进行再次调整，只是改动不大，主要对原诗部分句子进行对调，将原诗三四节进行合并，原诗叠句由四变三。最明显的改动是第三节首句的“蓝天永恒，大地也将永存不变”（Das Firmanent blaut ewig，und die Erde Wird lange fest stehn auf den alten Faessen），被马勒发挥为“鲜花盛开”（Das Firmanent blaut ewig，und die Erde Wird lange fest stehn und auf blueh'n in Lenz），第四节中间的“夜”（Abend）被改换为“生命”（Leben）。马勒的歌词如下：

美酒在金杯里荡漾，
且莫饮！让我为你们唱支歌。
一支震撼灵魂的忧愁歌。
当悲愁来临时，
灵魂的园地一片荒芜，
欢乐消失，歌声渐歇，
人生是灰暗的，是死亡。

这间屋子的主人啊！
你地窖里满藏着金色的美酒！
这儿，有我的琴，
弹拨着琴，饮尽杯中酒，
真是两者相称的事。
快来斟满美酒，
那比世上一切财富都更珍贵！
人生是灰暗的，是死亡。

蓝天永恒，大地
也将永存不变，鲜花盛开。
你呢？人啊！你能活多久？
你能享受的不过百年
这世上一切都要消散，
除了坟茔和辞世的苦笑，
才是永恒不变的东西。

看呐！月光下，坟墓上，
坐着一个怪异神秘的形体
是只猿！你听，它在啼叫，
划破了生命的幽静。
现在，举杯吧！
现在，是时候了，朋友！
饮尽你金杯中的酒吧！
人生是灰暗的，是死亡。

诗歌修改后的结构决定了第一乐章的曲式，它明显是一个带叠句有变化的诗节歌曲，这是欣赏第一乐章首先要注意的。马勒以音乐应和诗词，也进一步证明《大地之歌》是改诗在先，谱曲在后，诗歌是创作灵感的直接来源，并非依曲填词。其次，三个叠句以同音不同调的形式，将全曲划分为三个部分，它们分别建立在 g、降 a 和 a 小调上，依次出现在《大地之歌》第一乐章第 80—98 小节、第 183—202 小节、第 385—392 小节中，这是欣赏该乐章同样需要注意的。

每逢叠句出现之前，管弦乐的色彩总是无一例外地由亮突然转暗，仿佛刚刚萌生出的点滴希望在“生死俱是一片阴暗”的未来面前，显得那样的苍白无力。乐章开篇时，先声夺人的悲凉上四度圆号主导音调，总与叠句交叉出现，在营造出一派激越氛围的同时，有机地构成了序奏、间奏和尾奏。第二诗节在叠句出现后，音乐转入抒情，出现了《大地之歌》中最柔情似水的篇章。第三诗节开始之前，马勒安排了一段长长的管弦乐段落，为一片祥和中的蓝天常存、鲜花盛开、人生希望在熊熊燃烧的美丽做铺垫。

随着音乐的发展，诗人又再次陷入沉思，不断地对人的存在进行追问。那上四度的主导音调总在远方响起，不时暗示出人生的静谧和甜美不过是瞬间即逝的虚影。而象征着“悲来乎，悲来乎”的上四度音调终于再次打破了

谱例 1：《大地之歌》第一乐章叠句第一次

宁静。凄凉月光下，萧索孤坟上，一只猿猴孑孑独立，形影相吊，那是孤独者的身影，那是无家可归者的写照。音乐的情绪急转而下，进入第三诗节的后半部分，也就是音乐上的第四段（第一乐章，第 325—346 小节）。第三叠句出现之前，在长笛、双簧管和单簧管率先奏出叠句（第一乐章，第 373—405 小节），马勒这不露声色的神来之笔，恰恰补足了贝特格原诗被删掉的一次叠句。

总体而观，马勒《尘世苦难的饮酒歌》的音乐非常精练，全章以一个连续上行结构的悲壮激越音调和一个缓慢下行的九音旋律为基础写成（前者共出现九次，后者四次），音乐融激情与柔情、痛苦与欢乐、希望与绝望为一体，充满了矛盾和斗争。从马勒删改过的诗歌本身来看，他在第一乐章中并没有正面回答他的烦恼、无助和思索，一切答案都被他以隐笔的方式，蕴含在他的音乐中，需要继续向下去追寻。

第二乐章《秋天里的孤独者》（*Der Einsame im Herbst*），歌词来自钱起的《效古秋夜长》。戈谢虽在《玉书》中仅译了钱诗的头四句，却将其发展成一首十六句的诗歌，贝特格的译文基本与戈谢相同，马勒的歌词变动也不大。音乐由乐曲开端处的双簧管旋律展开，逐渐变化，形成四段。凄婉动人中透着一股凉意，寄托了诗人无限的遐思，与诗歌的意境非常相合。第三乐章《青春》（*Von der Jugend*）的原诗出处悬而未决。从诗歌的意象来看，较为怪异，与李白诗歌的风格相似而又不同。贝特格译诗的意境主题集中在饮酒作乐，马勒仅将贝特格原诗尾句小做调整，配以轻快活泼的音乐。七节歌词将全曲分为七段，总体上呈现出带有回旋特点的分节歌结构。马勒所设计的两条五声性的音调，代表清晰的中国式风格，一条出现在序奏，一条出现在第一节诗歌中，二者是统揽全曲的核心（谱例如下，第三乐章，第 1—31 小节）。在这两个旋律穿插出现的过程中，马勒在第三至第五段音乐中着力绘景，将诗中袖袂飘飘、情态悠闲、玉桥瓷亭、小帽轻轻划向脑后的奇妙景象，表现得惟妙惟肖。第六段与第一段相同，在精致的弦乐队伴奏下，音乐情绪走向高潮。

第四乐章《美人》（*Von der Schönheit*）跳跃而富于起伏，充满情趣。李白原诗《采莲曲》的基本意境在贝特格的译诗《河畔》中得到了体现，贝特格参考了海尔曼的《耶溪河畔》。海尔曼原诗为两段，被贝特格拆成四节。李白原诗末句“见此踟蹰空断肠”被贝特格发展成为一段。然而，诗歌到马勒手中再次出现变化。他在贝特格译诗的基础上，重写了第三节。如此规模的删改在《大地之歌》中是第一次。第三节译文如下：

看呐！一群美少年嬉闹着
骑马向岸边赶去，
仿似阳光在远方熠熠闪烁；
柳枝低垂中
阔步前行。
其中一人驾马欢鸣，
左顾右盼，冲将过去，
踏在落花上，草地里，马蹄踩动，
风暴般践踏着满地的落花。
嘿！马的鬃毛风中飘舞，
鼻孔喷着热气！
金色的阳光环绕着他们的身影，

影像投射在清亮的水面上。

谱例 2：《大地之歌》第三乐章《青春》片段

贝特格的原诗第三节与前两节一样，意在绘景叙事，诗节长度相当。如果马勒照搬而不做改动，音乐受诗句所限，第三节势必与前两节相同，从而不免流于平淡。马勒删改后，赋予了音乐更多的发展空间。前两段平静淡雅的叙事曲在此转为激昂热烈的进行曲，色彩浓烈，由此造成第四乐章中最具戏剧性的一段。

第五乐章《春天里的醉汉》（*Der Trunkene im Frühling*），与第一乐章借酒言悲的饮酒歌不同，是一首兴致昂扬的欢愉酒歌。歌词来自李白《春日醉起言志》。原诗本有三节，在贝特格笔下被改为六节。李白原诗中表现的醉—醒—醉叹的三种状态，被贝特格变为饮酒—酒醉—逐渐清醒—完全清醒—再饮—复醉的六种状态。马勒对贝特格译诗的第四节做了一定删改，贝特格原诗第三句“令我伤怀动情”（Ich seufze tief ergriffen auf），被马勒替换为“我在沉醉中听到”（Aus tiefstem Schauen lauscht'ich auf），其用意明显在于强调诗人的醉态（其余三句相同）。马勒根据诗歌情绪的转换，同时考虑到诗歌的六节结构，将全曲安排为三段：A（饮酒—酒醉）—B（逐渐清醒—完全清醒）—A′（再饮—复醉）。每一段都与诗歌的结构保持一致，分为上下两句。六段音乐的旋律均与第一段主题保持了一定联系，使之又表现出变奏发展的分节歌的特点。

第六乐章《告别》（*Der Abschied*）是《大地之歌》的点睛之笔，长达三十分钟，其庞大结构集中展现了马勒的复杂心绪。第一乐章所提出的一切问题都在这里一一作答。《告别》的歌词，由孟浩然和王维的诗歌合并而成。之所以合而为一，可能是由于贝特格《中国之笛》中这两首诗毗邻的缘故，但更可能的是与马勒的创作动机和艺术构思有关，否则贝特格与孟王意境基本一致的原诗不会到马勒手中出现大幅度裁剪。孟浩然、王维原诗及马勒改诗的中文对照如下：

《宿业师山房待丁大不至》（孟浩然）

夕阳度西岭，群壑倏已暝。
松月生夜凉，风泉满清听。
樵人归欲尽，烟鸟栖初定。
之子期宿来，孤琴候萝径。

马勒改诗如下：

太阳沉到山后去，
暮色笼罩山谷
一片阴影，满是凉意。

看呐！好似银色的小舟飘荡，
月亮在蓝天中升起，
我感到一阵微风，
在黝黑的松林之后！

小溪的歌声在黑暗中响彻云霄，

花儿在暮色中绽放。
大地吸足了安宁和睡眠，
所有的欲望都进入梦乡，
疲惫的人们踏上归途，
在梦里，把快乐
和青春，再次领尝。
鸟儿安静地蹲在枝头，
世界进入梦乡！
我在松林里，凉风吹过，
我在这里等待我的朋友，
等着向他做最后的道别。

我思念你，啊！朋友，在你身边
享受这夜晚的美丽。
你在哪里？让我长久等待！
我怀抱着琴回转徘徊
在长满软草的路上。
啊！美丽，啊！永恒的爱和生命沉醉的世界！

《送别》（王维）

下马饮君酒，问君何所之？
君言不得意，归卧南山陲。
但去莫问归，白云无尽时。

马勒改诗如下：

他从马上下来，给他一杯酒
以为道别。他问他，往哪儿去，
还有，为什么一定要这样。
他说，他的声音迷迷蒙蒙：
你啊！我的朋友，
世界抛弃了我！

我去哪儿？我走，到山里去。
为我孤寂的心找寻安静！
我回家，我的家乡
我再也不去远方流浪。
我的心安静，但等到那时来临！
可爱的大地在春天里到处绽放再发新绿！
到处，永远可见远方的蓝光！
永远，永远，永远，永远，
永远，永远，永远。

对比以上变化，马勒显然对贝特格翻译的意境觉得不够尽兴。换言之，唐诗意境并没有道尽他的所思所想。因而，歌词在原诗基础上进行了扩充，删改幅度很大。中国唐诗经贝特格之手，被马勒赋予并融入了新的内涵。但是，很明显，这是基于马勒个人思想感情之上的理解，马勒借中国诗歌抒发的是一己之情。很明显，马勒歌词中的意境与孟浩然、王维的诗歌已相去甚远。寻找安宁，寻找归宿，甚至可以说寻找一种解脱，成为诗歌的主题。很明显，第六乐章所呈示出的马勒的精神世界，那种悲凉和为世界所遗弃的孤独，是马勒音乐的直接表现对象，与孟浩然、王维以及贝特格等人已然大异其趣。很明显，第六乐章揭示出马勒《大地之歌》的真义，诗歌中透出的伤感却不甘放弃、无奈却依旧追求的心境，正是马勒当时生命状态的真实写照。

回顾马勒的个人历史，我们知道对于一生颠沛流离的马勒来说，1907 年是他整个生命旅程的重大转折点。家庭变故、事业挫败、身体状况极度恶化，真可谓祸不单行。这些人生的不幸和处境的凄凉，都是促成他删改中国唐诗的直接原因。他在《大地之歌》中寄托了自己的寥落孤独和希望憧憬。从第一乐章的矛盾挣扎，到第二乐章的遐想，第三、第四、第五乐章的美好回忆，到最后的乐章的挥手道别，无不是他精神世界的深刻反映。王维的《送别》被马勒由送友人归隐一变而为送友人回返故土，意境与主题完全不一样，从中揭示出马勒内心最质朴的渴望和期盼。故乡啊，故乡，作为一个三重的无家可归者——出生在波西米亚的奥地利人，德国人中的奥地利人，游荡全世界的犹太人，在送别友人的瞬间，马勒自己最终的栖息地在哪里呢？哪里是他的故土？哪里又能够收留他？伴随了马勒一生奋斗的重重人生磨难，在来日无多的时刻，化为他对精神乐土和灵魂回归的热望。苏联诗人叶赛宁曾说，“谁找到故乡，谁就是胜利”。马勒却至死也未能回归故里，他是真正的无家可归。1907 年到1911年，在马勒最后的岁月里，他一直处于忧伤、悲观甚至是绝望之中。《大地之歌》的原版比今天我们所听到的修订本更透着一股灰色的人生思索，一切都是绝望和死寂的情绪。他的学生布鲁诺·瓦尔特曾问他："您相信吗？能够受得了吗？听了之后，人不会自杀吗？"马勒参考了瓦尔特的意见，重新修改了第六乐章结尾的部分，从"蓝天鲜花"到全曲结束时余音不绝的数个"永远"，方成为他留给后人的对人生依依不舍的表达。

欣赏《大地之歌》，对中国人来说，最饶有兴味的是看看马勒是如何在这部名作中借中国诗词的意境表达自己的思想和感情。在众多"中国歌词"作品中，像马勒这样以中国诗歌为题材创作大型乐队作品的做法，并非仅此一例。美国作曲家埃赫海姆1926年创作的《月、影和我》（*Moon*，*My Shadow and I*）也是因有感于李白诗词的意境而创作的管弦乐曲。但达到马勒《大地之歌》的艺术水准者则可谓凤毛麟角。从艺术质量和历史价值来说，以及从一个更为广阔的角度展示中国唐诗的艺术魅力来说，《大地之歌》大有张若虚《春江花月夜》"孤篇盖全唐"的气势。

2. 德彪西：《牧神午后前奏曲》

法国作曲家德彪西（Claude Debussy，1862—1918）在创作其代表性歌剧《佩里亚斯和梅丽桑德》（*Pelleas et Melisande*，1895）时，还同步构思了另一部划时代的重要器乐作品《牧神午后前奏曲》（*Prelude a l'apres-midi d'un faune*，1894）。如果说前者是德彪西以全新的声乐语言讲述的大型奇幻故事，后者则是彻底告别德奥器乐风格写作的一首关于梦的微型幻想诗。尽管《牧神午后前奏曲》的音乐灵感来自法国诗人马拉美的同名象征主义诗歌，从阅读该诗中，可知其内容的含混抽象，与其说所描述的一切是牧神午后白日梦的情节，倒不如说是追忆梦醒后的感觉，从这一点来说，这也恰恰反映了印象主义美学的精髓。

> 牧神：林泽的仙女们，我愿她们永生。多么清楚，她们轻而淡的肉色在空气中飞舞，空气却睡意丛生。莫非我爱的是个梦？我的疑问犹如一堆古夜的黑影，终结于无数细枝，而仍是真的树林，证明孤独的我献给了我自身——唉！一束祝捷玫瑰的理想的假象。让咱们想想……也许你品评的女性形象，只不过活生生画出了你虚妄的心愿！牧神哪，幻象从最纯净的一位水仙，又蓝又冷的眼中像泪泉般涌流，与她对照的另一位却叹息不休，你觉得宛如夏日拂过你羊毛上的和风？不，没有这事！在寂静而困倦的昏晕中，凉爽的清晨如欲抗拒，即被暑气窒息，哪有什么潺潺水声？唯有我的芦笛，把和弦洒向树丛；那仅有的风，迅疾地从

双管芦笛往外吹送，在它化作一场旱雨洒遍笛音之前，沿着连皱纹也不动弹的地平线，这股看得见的、人工的灵感之气，这仅有的风，静静地重回天庭而去。被我的虚荣和骄阳之火争先掠夺，你在盛开的火花下默认了，请你作证：“正当我在此地割取空心的芦梗，并用天才把它驯化，远方的青翠，闪耀着金碧光辉，把葡萄藤献给泉水，那儿波动着一片动物的白色，准备休息，一听到芦笛诞生的前奏曲悠然响起……”

德彪西

马拉美本人在听过音乐版的《牧神午后前奏曲》后，坚称德彪西后来居上；俄罗斯20世纪最伟大的舞蹈演员与舞蹈编导尼任斯基，为这首乐曲编排了极富写实与抽象双重美感的同名舞蹈，令这首作品更加引人注目。然而，这首作品最具冲击力的影响还是反映在西方音乐风格发展历史进程上。德彪西的《牧神午后前奏曲》从题材上和体裁上来看很明确是标题音乐，当我们一边读诗一边聆听这部作品时，不难发现，德彪西在技术和艺术上真正将马拉美诗歌意境音乐化了，那飘逸流动甚至令人颇感不着边际的变化，完全是对标题文字的升级甚至超越；从骨子里它不同于维瓦尔第、贝多芬、李斯特、马勒、理夏德·施特劳斯等人的标题音乐，它以不同凡响的音响风格和奇思妙想的艺术创造，开启了西方人对音乐在概念上的全新视角，是一首真正意义上的全新之作。这部作品不仅将法国音乐从德奥音乐风格的长期统治中摆脱出来，其影响更是波及整个西方音乐创作，正是在这首被认为“离经叛道”的奇幻作品的催发下，西方现代主义音乐大旗冉冉升起。

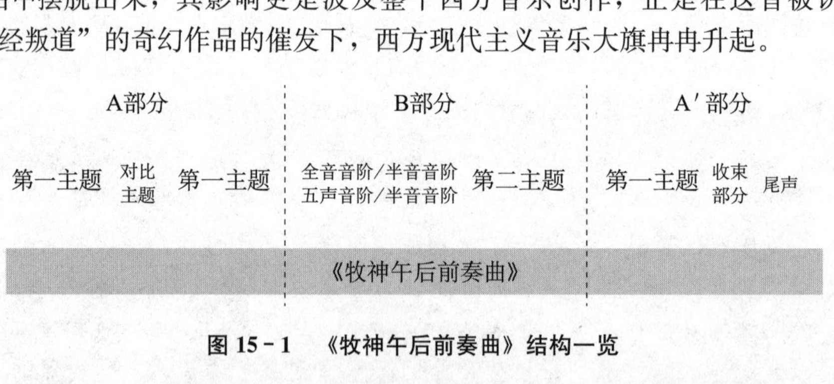

图15-1 《牧神午后前奏曲》结构一览

“印象主义”作为一种兴起于法国的音乐运动，是对德国瓦格纳及其继承者所代表的浪漫主义反思与反叛的产物。德彪西在这一历史风潮中，深刻地消化了印象主义美学思想，独具匠心地塑造出微妙而流动的情绪和色彩，成功完成了对牧神午后感觉的刻画。全曲三大部分，第一部分开篇处的第一主题最为著名，微弱的音量暗示着潘笛远远奏响，半音化的旋律，倾诉着莫衷一是的情绪，凄美而忧伤的感觉在竖琴的流动滑奏中多了一丝亮光。

谱例 3：《牧神午后前奏曲》第一主题

德彪西虽然采用传统的记谱法标示了每个部分的调号，从段落的角度来说，也令听众知道存在三个明显的段落。然而，貌似大小调体系的外表，早已被他以五声音阶、全音音阶、半音阶等替代，德国音乐的功能性被削弱到极致，和弦与和声的大量平行移动，充分反映出德彪西有意识地去除工整性，淡化终止感；庞大的管弦乐团，在德彪西手中，并没有发挥其所擅长的制造庞大音响的能力，而是处处严格控制音量，时时着力强调变换色彩，从而将所有听众的注意力都引向以往不曾注意的光影感，带给人一片模糊朦胧、游移不定、亦真亦幻的梦境。从第一笛声主题开始直到结束，德彪西都在尽全力使用一种类似东方音乐线条装饰性加工和展衍的技术来发展音乐，在一种故意弱化动力展开的静态徘徊中，犹如滚雪球般地造成一种特殊的音乐运态，其背后展开的思维与《二泉映月》等作品为代表的中国音乐有着异曲同工之妙。

第二部分继续拒绝德国音乐那样的戏剧性展开，这里的主题是从第一主题里派生出来的一个新旋律线条，有着明显的五声性和全音阶音列的特点。其情绪与第一部分有所区别，但程度很小。织体、调性、调式在此部分有更多的丰富频繁的变化，但也在有限的范围之内。音乐绵长流动的气息越来越舒展宽广，令人体验到牧神心里无法遏制的渴望。（第二主题谱例）

谱例 4：《牧神午后前奏曲》第二主题

再现的第三部分，音乐再度回归失意与失落的情绪中，音乐织体的装饰性更加丰富与复杂，造成与第一部分较明显的区别，配器格外精微细腻。尾声音色在加弱音器的圆号与小提琴之上完成，旋律不断出现一种被分解的状态，渐渐消失在空中，令人怅然。

德彪西的《牧神午后前奏曲》需要多次反复聆听，才会从陌生渐至适应，再由喜爱到沉迷于这一无法言喻的美妙的音响世界。德彪西自己说，这首作品是对马拉美优美诗歌的自由解释，作为一首标题交响诗，由诗作进入音乐，我们都会感到德彪西的确生动再现了诗歌的意韵，描绘了古希腊神话中半人半羊牧神活色生香的遐想。如果说第一段是在诉说从梦中醒来的潘神奏起潘笛并回忆着梦境，第二段则仿佛是在刻画一种不知自己是真与两位水中仙子缠绵欢愉还是黄粱美梦一场空；而第三段则是最终在这夏日和煦、芳草萋萋的午后，倦怠的他躺在树下再次沉沉睡去，空留午后时光。德彪西音乐中的完整牧神形象需要将《牧神午后前奏曲》与《绪林克斯》（*Syrinx*，长笛独奏曲）合并才能更好理解，无独有偶，考虑到法国标题音乐的发展，从《幻想交响曲》的五段梦境开始，《牧神午后前奏曲》中的梦境，无疑在续写柏辽兹奇异幻想之余，令法国标题音乐焕发出更为独树一帜的魅力。

二、剧场配乐

剧场音乐（Incidental music for the theatre）总体可分为剧场声乐和剧场器乐，前者包括歌剧、音乐剧等，后者则主要包括话剧配乐和舞剧配乐。话剧中的配乐，是综合舞台艺术多种表现手法中的一种，其源头很难追溯。话剧配乐，按照学术界较为普遍的看法，即便可以追溯到古希腊和古罗马戏剧舞台，也多为猜测，没有直接证据予以证明。目前所知，较早的话剧配乐以 16 世纪的英语话剧创作最具代表性。剧作家尼古拉斯·尤达尔（Nicholas Udall）的《拉尔夫·罗伊斯特·多伊斯特》（*Ralph Roister Doister*），创作于

1535年前后，明确在剧本中将歌曲和音乐纳入剧情，是话剧配乐较早有据可查的实例。16世纪至17世纪英国盛行假面剧，音乐在其中的地位非常突出，因该剧种无法使用人脸表情，故而必须由音乐来配合和强化动作。文艺复兴时期，莎士比亚的话剧创作，例如《无事生非》（*Much Ado About Nothing*）、《暴风雨》（*Tempest*）、《威尼斯商人》（*The Merchant of Venivce*）和《皆大欢喜》（*As You Like it*），使用很多当时的流行歌曲、现场即兴的器乐曲以及其他一些为情节服务的音乐，成为话剧配乐在剧本创作和导演手法方面最重要的尝试。英国文艺复兴最重要的作曲家亨利·普塞尔（Henry Purcell，1659—1695），因先后为莎士比亚、约翰·德雷登（John Dryden）、弗朗西斯·博蒙特（Francix Beaumont）、约翰·弗雷舍（John Flecher）、威廉·康格里夫（William Congreve）等文学家的话剧专门创作配乐而享誉当时。

音乐在话剧中不能算作核心构成物，它的主要功能在于服务于故事，襄助于剧情，其表现力在话剧中能够发挥多少，关键看导演对待音乐的态度。总体而言，没有哪位导演会无视音乐的作用，而且，在话剧制作中，常常会有专职音乐指导来协助导演选择配乐。但由于话剧配乐主要服务于非音乐体裁，多数情况下，配乐即便质量很高，影响范围却很小。19世纪作为话剧配乐的黄金时期，诞生了不少影响力超过话剧本身的配乐，例如，贝多芬为德国作家歌德话剧《艾格蒙德》、门德尔松为英国作家莎士比亚《仲夏夜之梦》、乔治·比才为法国作家都德《阿莱城姑娘》、格里格为挪威作家易卜生话剧《皮尔·金特》所做的配乐。20世纪出现了一些对话剧配乐情有独钟的作曲家，例如，法国作曲家米约和英国作曲家布里顿，他们不仅在配乐方面显出特殊的天分，且与固定的诗人或剧作家形成长期合作和伙伴关系（米约与保罗·克劳多、布里顿与奥登），体现出话剧配乐创作的某些新特点。

20世纪是话剧配乐概念拓展最为快速的时期，电影音乐和电视剧音乐创作与实践的需求，直接借用了话剧配乐的一切成功经验。早期电影，特别是默片时代的电影播放现场，往往由不同规模的乐团现场配乐，或是由钢琴等独奏乐器做现场伴奏。历史上的很多作曲家，例如肖斯塔科维奇等，都曾做过电影播放现场的专职配乐独奏。从形式和本质上来说，默片电影音乐就是一种剧场音乐。电影音乐与电视剧音乐二者凭借其载体介质和传播方式的便利，成为全新的音乐消费渠道，这两种视听互为结合的综合艺术形式，以巨大的冲击力、全域性地改变了人类的音乐欣赏模式。抛开电视剧主题曲和音乐电视等形式的影响不提，很多电影导演与话剧导演有所不同，他们对音乐在电影中的作用非常重视。不少最具代表性的西方音乐，无论古典音乐还是流行音乐，都被这些导演借用到各自电影作品中，由此令音乐在此过程中产生了许多新的形式。例如，英国导演库贝利克在电影《2001：漫游太空》（*2001 ：A Space Odyssy*）开篇时使用的理夏德·施特劳斯的交响诗《查拉图斯特拉如是说》的主题，以及用于为转动的空间站做伴奏的“圆舞曲之王”小约翰·施特劳斯的圆舞曲《蓝色多瑙河》，拓展了以音乐的方式促进电影创作思维，无形中也以区别于话剧配乐的方式，将电影音乐从话剧配乐中独立出来。诚如今日常见，电影音乐已经成为一种独立的产业模式和艺术形式，拥有成熟的创作群体和稳定的受众群体。顺应这一潮流，话剧配乐逐渐成为一个历史专有概念，Incidental 一词“次要的”的本义，日渐产生了新的含义，包括为话剧、电影、广播、电视或录音节目中某个场景或情绪作为伴奏音乐，以及某些用来在视频作品中实现转场作用、节目片头和片尾音乐等，如今都可统称为配乐。综上所述，配乐是标题音乐纵深多向发展的结果，在今天保持着旺盛的生命力。

这里，重点介绍舞剧配乐《春之祭》。

舞剧配乐作为标题音乐的重要形式，与话剧配乐最大不同在于其有着更为突出的非语义性。话剧以剧情、台词、表演为主，音乐在其中常常是点缀的作用，而音乐在舞剧中，不仅不可或缺，很多舞蹈编导和作曲家甚至认为，音乐是舞蹈真正的灵魂，没有音乐，舞蹈要么等同于动作，要么沦为缺乏情感的体操。然而，有趣的是，在关于舞剧与音乐如何互为诠释的观点方面，也存在一定的分歧。很多舞蹈家认为音乐是舞蹈的伴奏，音乐为舞蹈主要提供的是速度、节拍、节奏和情绪。舞剧剧情由舞蹈者完成，剧情如果不够清楚，可以通过标题化的文字进行说明；与此相反，以斯特拉文斯基为代表的另一派舞剧配乐大师则认为，舞剧音乐并不是用来伴奏的，它不仅是舞蹈的核心部分，甚至是舞蹈风格唯一的构成要素，成功的舞剧必须基于成功的音乐：“舞蹈必须实现其自身的形式价值，尽管动作需要与音乐步调一致，但必须是一个如同音乐一样的独立形式。它的建立不仅要基于舞蹈编导所创造的动作，更要摆脱仅仅将音乐作为节拍伴奏的想法。”①

《春之祭》（*Le Sacre du Printemps*，*The Rite of Spring*）是伊戈尔·斯

① 见《大英百科全书》在线版词条艺术—剧场—音乐部分（https：//www. britannica. com/art/theatre-music）。

斯特拉文斯基

特拉文斯基（Igor Stravinsky，1882—1971）继《火鸟》（*The Firebird*，1910）和《彼得鲁什卡》（*Petrushka*，1911）大获成功后、与俄罗斯芭蕾舞团在巴黎合作的第三部舞剧。早在1910年，斯特拉文斯基便已开始酝酿《春之祭》。在一次梦中，斯特拉文斯基见到一个少女，她被选中作为祭品且被献祭。梦醒后，作曲家在好友尼古拉·洛里奇（Nikolai Roerich）——一位画家兼古俄罗斯斯拉夫文化专家的帮助下，将这一梦境还原并写成一场舞剧音乐。梦中故事，此后如鲠在喉，令斯特拉文斯基耿耿于怀，不吐不快。所幸不久，斯特拉文斯基便在与俄罗斯芭蕾舞团灵魂人物佳吉列夫和著名舞蹈家兼编舞尼任斯基的通力合作下，将《春之祭》由一场梦境变现为一场舞剧，并于1913年5月在巴黎首演，现场引起巨大骚动，一度成为20世纪西方剧场艺术最大事件之一，《春之祭》一举成名。

今天，《春之祭》在舞剧音乐历史乃至整个西方音乐历史上享有不朽地位，之所以在当时会引起巨大骚动——首演现场各派观众大打出手，警察到来也无法平息，最终不得不断电关灯才得以清场，主创团队从后台跳窗逃走——并非无缘无故。究其原因，最关键就在于《春之祭》这部舞剧的一系列颠覆性的创新。

首先，按照舞剧的传统，就像阿道夫·亚当（Adolphe Charles Adam，1803—1856）的《吉赛尔》（*Giselle*，1841），柴可夫斯基（Pyotr Ilyich Tchaikovsky，1840—1893）的《天鹅湖》（*Swan Lake*，1876）、《睡美人》（*Sleeping Beauty*，1889）、《胡桃夹子》（*Nutcracker*，1892）应有的常见情节，题材不是童话就是神话，主题不是爱情就是胜利，而《春之祭》两幕却始终围绕一个令人难解的故事展开——远古洪荒时代，为求风调雨顺，部落需要祭天，必须选出一个少女献身牺牲，最终，一位少女被选中且最终做了祭品。在舞剧曲目标题一览中，我们不难领略这个无关于“春事”、只关乎“祭祀”，春天并不意味着希望而是带来死亡的故事，是多么的与众不同。这种“新”所产生的震撼力，即便是今天的很多观众，都不见得一下子能够接受。

表 15-1 《春之祭》分曲一览

第一场　大地的崇拜		
1	引子	著名的独奏大管主题中幕启 春天来临，大地苏醒，男女舞蹈
2	春之预兆	著名的非规则重音的舞段 集体起舞，有女巫不断宣告开春祭祀在即
3	夺婚的游戏	在激烈粗犷的音乐中起舞 爆裂的雷声响起
4	春天的轮舞	略为安静的舞蹈 单簧管唱出抒情旋律 犹如心怀热情的牧歌
5	嬉闹的舞蹈	在奇异而富于动力的节奏中 两组青年的对舞
6	长者登场	德高望重的老人出场 远古时代的献祭仪式开始出现
7	礼赞大地	欲言又止的情境 仿佛预示着不祥的信息
8	大地之舞	狂放多变的音乐
第二场　献祭		
9	引子	沉静的音乐中 说出献祭的主题
10	神秘气氛中的 青年人的圆圈舞	音乐低沉似在忏悔 在旋转中抽签决定被选中者
11	赞美被选中者	著名段落，以复杂节拍变化著称 全场狂舞
12	招魂舞蹈	强劲的音响中将祖先魂魄召回
13	敬奉祖先祭祖开始	祖先降临全体敬奉
14	被选中少女的舞蹈献祭	全剧高潮以跳起献祭舞最终精疲力竭而死　剧终

其次，这样一个血腥的恐怖故事，根本无法像《火鸟》和《彼得鲁什卡》

那样按照传统跳法来编舞，编舞的“新”和跳法的“新”，成为《春之祭》第二个刺激观众的理由。《春之祭》留下很多版本，无论它们与起初尼任斯基的版本有怎样的差别，有一点永远是相同的，那就是我们绝对看不到传统芭蕾的脚尖舞、跳纵托举的男女双人舞、优雅旋转的独舞，像中国家喻户晓的《四小天鹅舞》整齐划一的轻盈感觉，就更加不可能了。从尼任斯基到后来德国女舞蹈家皮娜·鲍什所编创的《春之祭》，全部舍弃古典芭蕾的套路，舞蹈家以各自的想象力，以全新的身体语言展开对音乐的诠释。在尼任斯基那里，《春之祭》是一种近于民间舞蹈的狂欢与生死未卜的恐惧；在皮娜·鲍什那里，《春之祭》是一场碧血黄沙的力量抗衡与关于生命的激烈隐喻。试想1913年的那个首演之夜，在大管的神秘主题中幕启，一群完全不按常规动作表演的舞者，穿着麻袋片做成的衣裳，手持不知道是什么的道具，在闻所未闻的音乐煽动下，犹如一群野人般地冲到观众面前，这会是海报上描述的“芭蕾舞”？我们由此便不难理解当年的骚动必然来自超乎想象的惊讶。

最后，最关键的创新来自音乐。尼任斯基毫无争议地颠覆了“什么是芭蕾舞”的概念，同时，斯特拉文斯基也以不同寻常的手法颠覆了“什么是芭蕾舞音乐”的观念。无论是单独聆听《春之祭》的音乐厅版，还是观赏舞剧《春之祭》，最令人注意的就是音响的不协和。斯特拉文斯基从西方音乐风格最核心的构成要素之一和声入手，在《春之祭》中大胆且大量尝试使用了许多不协和效果。这些不协和效果的构成并不复杂，有的来自特殊音阶，有的来自特殊的音程，但经过斯特拉文斯基别具一格的多声部设计，产生了全新的效果。加之，斯特拉文斯基将不协和效果贯穿整部作品，令《春之祭》的音乐风格非常统一，显示出作曲家在技法上的高度成熟。事实上，欣赏这部作品，从某种角度来说，就是要学会领略和理解所谓音乐的不协和之美。继不协和效果之后，复杂的节拍，丰富的节奏，非常规

尼任斯基：《春之祭》舞蹈设计图

设计的重音，精彩绝伦的力度与变幻不定的速度相结合，成为欣赏《春之祭》的又一重点。此外，斯特拉文斯基是一位在音色方面极具想象力的大师，《春之祭》中的许多配乐都是西方音乐配乐法的典范，在配合剧情所需、为剧情量身定制专门的情绪方面，作曲家的独创力，都是人们将这部作品归纳为"原始主义"的原因。

斯特拉文斯基在晚年回忆道："《春之祭》没有任何创作规则的引导。当时，我想过同时代令我觉得有趣味的作曲家，比如贝尔格，他的音乐比较感人；韦伯恩，他的音乐太理性；而勋伯格，兼顾了这两方面——他们的音乐都比我的《春之祭》更有理论的支持；此外，这些作曲家都有各自的传统基础，而《春之祭》哪有什么传统或基础支持我。我的所有创作都来自我的耳朵。我写的就是我听到的。我其实是《春之祭》的容器。"① 斯特拉文斯基不无神秘色彩地描述了《春之祭》的诞生，不管是不是真如他本人所说那样神秘，《春之祭》业已成为20世纪新音乐的经典，代表了人类听觉在20世纪的最高成就之一，它从诞生之日起，就体现出独立于舞剧存在的价值，无论是音乐还是舞蹈的现代主义，这部作品都是值得反复聆听和品味的。

一、思考题

1. 请结合具体作品与听觉体验，谈一谈你对音乐风格的认识。
2. 请举出你最喜欢的作曲家或音乐作品，并尝试分析原因。
3. 请论述音乐与历史的关系。
4. 请你谈一谈，中国人为什么要学习西方音乐。

二、延伸阅读

1. 米罗·沃尔德，加里·马丁，詹姆斯·米勒，埃德蒙·塞克勒. 西方音乐史十讲. 刘丹霓，译. 北京：北京联合出版有限公司，2020.

2. 格劳特，帕利斯卡. 西方音乐史. 6版. 余志刚，译. 北京：人民音乐出版社，2010.

3. 李秀军. 西方音乐史教程. 上海：上海音乐出版社，2013.

4. 毕明辉. 20世纪西方音乐中的"中国因素". 上海：上海音乐学院出版社，2007.

① Robert Craft. Conversation with Igor Stravinsky. Doubleday and Company，1959：73.

第十六章　西方大型管弦交响器乐（下）：无标题音乐

毕明辉*

无标题音乐不像标题音乐那样是一个严格界定的术语。在西方语境下，如果不是因为出现了标题音乐这一术语，或者说，在标题音乐作为一个术语被明确提出之前，西方人并没有像今人这样做如此分类。18世纪之前，相比现当代，西方人的音乐观念更加宽泛。音乐无论是礼仪的一部分，还是生活的一部分，无论是存于文字中，还是留于口传心授，只要喜欢听，只要听着顺耳，只要觉得舒服，无论其来自教堂或宫廷（所谓的官方音乐），还是师傅（西方传统对作曲家等艺术家的统称），没有人会在意音乐有无标题，关于理解音乐究竟是来自音乐之内还是来自音乐之外，更不会像今天这样动辄就作为一个理论问题被提出。事实上，按照标题音乐或无标题音乐这样的方式，对音乐所做的只是知识的整理，进入欣赏之后，是否参考标题文字，都取决于听众自己。面对汗牛充栋的交响曲曲库，在了解最重要的代表人物、找到一个基本作品曲目范围之后，在掌握了一定的聆听技术方法后，无标题音乐的最大好处就是允许个人诠释和个体想象。无标题音乐的魅力或许正在于此，它犹如无题诗，无题却似有题，无题胜似有题，如人饮水，冷暖自知。它去除了标题的限制，将自由和纯粹交给听众，听众借助音乐进入唯有个人方能构建的情感与理性交融的创造天地，这也是众多哲学家认为无标题的绝对音乐才是人类最高层级艺术形式的原因。如下以四部代表古典主义、浪漫主义与现代主义的交响曲，作为大型管弦交响器乐的范例介绍无标题音乐。

---

* 毕明辉，中国音乐学院教授，中央音乐学院西方音乐史博士，复旦大学中文系文艺学博士后，主要教学与研究领域为音乐史学、音乐美学、音乐人类学等。2007年起执教北京大学艺术学院音乐系，曾任北京大学学工部副部长、柏林自由大学孔子学院院长。2020年底出任中国音乐学院中国音乐理论研究院院长、音乐学系主任。曾获中国优秀博士后、北京大学教学优秀奖、北京市青年教师教学基本功大赛人文社科组一等奖、首都劳动奖章、首届北京市青年教学名师等。目前致力于《音乐欣赏》、《20世纪西方音乐》、《电影音乐》、《中国传统音乐》（中英文）等教材与专著的研究和写作。

一、古典与浪漫主义交响曲

1. 贝多芬：《c 小调第五交响曲》

贝多芬（L. V. Beethoven，1770—1827）的《c 小调第五交响曲》（《命运交响曲》）起初没有标题。所谓标题“命运”一说，来自贝多芬秘书辛德勒关于四音动机的提问。贝多芬回应他并给予形象的比喻说：“开头的四个音，犹如命运之手在敲门。”其实，四个音并不见得只能作为命运敲门的象征，听众可以自由想象出许多其他象征。美国沃特·迪士尼公司奉献的《幻想曲 2000》中，根据贝多芬《第五交响曲》第一乐章改编了一部卡通片。我们在这种美国化的处理中，看到动画艺术家们创造了一个两只蝴蝶的故事。很明显，动画中的故事主角，无所谓是什么，它只是一种具象符号，并非唯一的选项。至于说以命运作为与四个音对应的形象是不是最合理，或者说，是不是最符合贝多芬的人生经历和创作该曲时的心境，则是另一回事。从欣赏贝多芬《第五交响曲》的角度上，最重要的聆听切入点在于音乐风格材料之间的完美统一性。在这一统一性背后所折射出的、以音乐平衡人的情感与理性的逻辑性，是以贝多芬为代表的古典主义音乐的核心美学特征。

贝多芬

什么是音乐的统一性？简单来说，就是以标志性的音乐材料，例如主题旋律或节奏形态，或明或暗且有序地形成前后遥相呼应、彼此贯联一体的创作规则。贝多芬的《第五交响曲》以四个音为基础材料，通过高明巧妙的布局设计，将规模巨大的音响建筑建立在四个单音之上，成功完成了统一性原则。

谱例 1：《第五交响曲》第一乐章四音动机

上面谱例所记录的一切，就是贝多芬开宗明义地向我们展示的命运主题的部分。作为第一乐章第一标识性听觉对象，我们需要知道它既是奏鸣曲式的主部主题，也表现出简单精练的特点。这一主题是后面音乐的种子，通过变化的处理，原形不断发生改变，但万变不离其宗，总保持着联系，这就是统一性的体现。

四音主题的音响，性格强大而阴暗，不够友好，甚至有些令人恐惧，象征着命运之神的严酷和冷峻。音乐进展到如下谱例的部分，前四小节极强的音流之后，紧接着出现一个柔和的主题，色彩明亮了许多，紧张度减缓了许多，令人仿佛见到雨过天晴的一道彩虹。

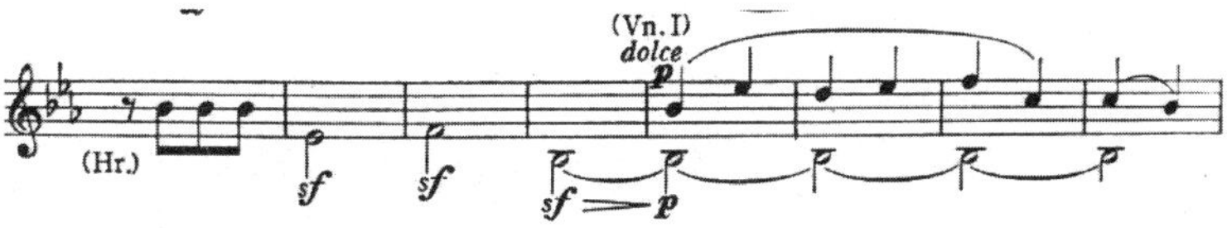

谱例 2：《第五交响曲》第一乐章副部主题

音乐从 c 小调进入降 E 大调，上面这一主题就是呈示部副部主题。这一旋律由八音构成，仍表现为四音主题的变体。最有趣的是下方旋律的四音原形完整保持，在上方旋律鸣响的同时，在乐队深处暗暗响起。贝多芬在此设计了生动的生命图景，将主部主题和副部主题做了空间上的并置，塑造出个人对命运的另一面理解：就像副部主题的温暖那样，命运并非永远冰冷残酷，也有面带笑容、垂怜人间的时候，但命运的本质并未因此改变，远处响起的四音主题，那阴沉压抑的声音时时提醒人们，命运无处不在，命运不可抗拒，他永远隐藏在我们永远不知道的角落，在我们最意想不到的时候，突然造访，令人防不胜防，在劫难逃。

四音主题是《第五交响曲》的根本，四个音漫化扩大为四个乐章，如此鸿篇巨制，皆因四个音而生。四音主题在其后不断成长，以一种内在的联系性继续实现《第五交响曲》的高度统一性。

以下两个谱例的中括号内所示，都是四音主题在第一乐章中的另一种形态。第一个出现在巨大的展开段落中，贝多芬将命运的残酷无情通过巨大的变形呈现在听众耳际，营造出命运的天罗地网，令人无处藏身。第二个则将所有音流聚合一体，成为命运惊人大力的象征。

谱例 3－4:《第五交响曲》第一乐章四音主题变形

下面两例是贝多芬《第五交响曲》第二乐章的重要聆听方向，我们依旧很清楚地看出，它们是四音动机的变形。

谱例 5－6:《第五交响曲》第二乐章四音动机变形

在经过第一乐章命运形象的塑造，第二乐章命运形象的深化，第三乐章中的四音主题也随处可见，只是相对来说更加隐秘些。其中的两个主题是我们尤其要注意的。下面两个主题，第一个出现在第三乐章巨大的赋格段中。赋格原意为追逐，相同音乐材料在不同的时间点位出现，听觉中不断形成主题的叠加感和更新感。贝多芬在这个段落继续以四个音来组织音乐，并通过空间的对位设计形成音乐的动力。第二个主题出现在第四乐章排山倒海之力到来之前的极弱处理中。一目了然，四音主题在此被贝多芬精简为一种节奏型，犹如一种静静的脚步声，一种神秘的距离感。

谱例 7－8:《第五交响曲》第三乐章四音变形

第四乐章，无论谁听，都不难理解为一场翻身胜仗。如果说前面三个乐章的铺陈，已经让人对命运有了一种全面的了解，甚至达到一种畏惧的话，那么，贝多芬在实现这一目标之后，亮出了自己坚决豪迈的意志之力，表明命运固然难违却选择斗争到底，由此，音乐成为贝多芬反抗的武器。下例所示，就是这种面对命运绝不退缩的第一次表白。

谱例 9：《第五交响曲》第四乐章四音变形之一

随后看下例，变化后的四音主题是第二次表白。相比于第一次，它的效果更富有不屈不挠的斗争气质。

谱例 10：《第五交响曲》第四乐章四音变形之二

围绕四音主题材料组织音乐，贝多芬《第五交响曲》风格构成材料方面的统一性特点可见一斑。然而，贝多芬的创造力，并不仅限于此。在构思整部作品的过程中，通过四个乐章之间结构关系的统一布局，更发挥了交响曲这一高度复杂的音乐情绪大厦的最大可能性，引领听众进入一个不可替代的、独属于贝多芬《第五交响曲》的音响世界。事实上，聆听音乐，不难体会到两种基本情绪，一种是充满动力的，另一种是柔和舒展的。无论贝多芬的《第五交响曲》被怎样图像化处理，如果忘掉画面，留在脑海中的一定是音乐情绪的对比，一种紧张，一种松弛。贝多芬以一种全新的角度在《第五交响曲》一个个主题旋律的基础上，由宏大走向精微，统一设计了全曲的情绪变化。

表 16－1　《第五交响曲》情绪设计

<table>
<tr><td colspan="5">情绪变化</td></tr>
<tr><td>第一乐章
快速，激动</td><td colspan="2">第二乐章
中速，开阔</td><td>第三乐章
快速，壮烈</td><td>第四乐章
快，热情</td></tr>
<tr><td colspan="5">第一乐章一展开部（以主题为材料展开，矛盾激烈冲突段）</td></tr>
<tr><td>2：49</td><td>2：55</td><td>3：12</td><td>4：04</td><td></td></tr>
<tr><td>进入展开
圆号</td><td>四音主题
复杂展开</td><td>四音
主题变形</td><td>再现
四音主题</td><td></td></tr>
<tr><td colspan="5">第一乐章一呈示部（主题对比，整体重复）</td></tr>
<tr><td>0：00</td><td>0：08</td><td>0：45</td><td>0：48</td><td>1：08</td></tr>
<tr><td>第一主题
四音构成</td><td>第一主题
模仿发展</td><td>再现
第一主题</td><td>第二主题</td><td>终结
主题呈示</td></tr>
</table>

续表

第二乐章一双主题变奏曲式（不同主题对比变奏，10：13）						
0：00	0：53	1：58	3：54	5：09	6：43	8：16
第一主题 气质宽广	第二主题 气质豪迈	第一主题 变奏 1	第一主题 变奏 2	第一主题 变奏 3	第一主题 变奏 4	尾声
第三乐章一谐谑曲及三声中部曲式（5：33）						
0：00	0：18	1：58	2：29	3：29	4：49	
谐谑曲 主题一	谐谑曲 主题二	三声中部 主题	三声中部 主题变化	谐谑主题 变化再现	变化四音 主题低音	

上表所示为《第五交响曲》四个乐章之间情绪的设计，贝多芬高度保持了作品在情绪上的连续性，在音乐陈述过程中，尽管有不同程度的对比，但情绪变化的终极目的都指向了统一。应该说，情绪对比统一是与主题旋律的对比统一同时构思并完成的，二者相辅相成，构造了贝多芬《第五交响曲》的完美统一性。毫无疑问，贝多芬以四个音设计出千局万象，所有情绪的瞬间变化，都尽在四个音的笼罩之下。通过表 16-2，我们不难体会到这一点。

表格中简要归纳的主题位置，无法体现音乐巨大的情绪变化。依照表格的帮助，欣赏《第五交响曲》的第一乐章，随时间的推移我们会更为明显地体验到音乐情绪的瞬息万变。有几点针对表格的补充，可以作为欣赏的进一步注意事项：

第一，造成材料或情绪的统一性，是通过呈示（主题首次出现）—展开（主题变化发展）—再现（主题回归呼应）的动态过程完成的。在欣赏中，不能忽略结构原则的实际意义。第二，第一乐章和第四乐章都采用奏鸣曲式。作为一种曲式结构，它的整体布局由呈示部—展开部—再现部构成。贝多芬是设计对比性主题的高手，特别需要注意奏鸣曲式格外强调两个主题的对比，否则，在进入展开部时，性格反差太小的主题，变化潜力也小。他的交响曲之所以能够产生强烈的戏剧性，与他在此方面的天分密切相关。第三，第二乐章有两个主题，表格中清楚说明两个主题在不同时间点位出现的变化。所谓变奏曲，相当于川剧的变脸，根据一张脸，变化出数张脸，但万变不离其宗。《第五交响曲》的第二乐章妙在双主题变奏，基于两张脸的变奏，提供了更多的复杂性。第四，第三乐章谐谑曲和三声中部，看似复杂，其实说白了，没什么神秘的。谐谑曲，就是开玩笑式的音乐，速度比较快，情绪比较激动。

海顿定制的交响曲中没有这种处理，这是贝多芬的独创。三声，三件乐器构成的声部；中部，置于作品的中间，也就是A+B+A。第三乐章是第四乐章的必要准备，如果没有这个乐章的铺垫，我们是不可能得到第四乐章出现前那山雨欲来风满楼的期待感的。第五，第四乐章与第一乐章出现巨大的声音色彩反差，一改第一乐章压抑的色彩。第四乐章，一片斗志盎然且胜利光明的世界，并不只是换成C大调的结果，而是音乐整体发生变化使然。贝多芬在大型乐团配器法方面的成就，在欣赏《第五交响曲》中，也是不能遗漏的。

表16－2　《第五交响曲》主题位置一览

第一乐章一再现部（呈示部再现）			
4：18	5：15	5：51	5：58
第一主题	第二主题	主题终结	尾声

第四乐章一呈示部（重复）			
21：14	21：59	22：16	22：44
第一主题 气势宏大	第一主题 反向变形	第二主题 气质对比	主题终结

第四乐章一展开部	
23：20	24：50
复杂变化 一概基于四音主题（短短短长）	谐谑曲 材料展开

第四乐章一再现部		
25：19	26：26	27：23
呈示部第一主题	呈示部第二主题	扩大化尾声

第二乐章一双主题变奏曲式（不同主题对比变奏）						
7：10	8：00	9：03	10：55	12：05	13：32	15：00
第一主题 气质宽广	第二主题 气质豪迈	第一主题 变奏1	第一主题 变奏2	第一主题 变奏3	第一主题 变奏4	尾声

第三乐章一谐谑曲及三声中部曲式					
16：39	16：54	18：15	18：44	19：38	20：40
谐谑曲 主题一	谐谑曲 主题二	三声中部 主题	三声中部 主题变化	谐谑主题 变化再现	变化四音 主题低音

“我是谁”或“人是什么”是西方文化中的永恒主题，直到贝多芬所处的古典时代到来之前，西方文化中的音乐家始终是神权和君权的附属品。音乐表现什么？在贝多芬之前的作曲家那里，主要是上帝和君王。随着启蒙运动的兴起，人性才成为音乐表现的主题。贝多芬作为西方文化中散发人性光辉的第一代作曲家中的佼佼者，以自己的音乐作为表达良心和人性的工具，《第五交响曲》等一系列代表作就是在这样的精神和思想背景中完成的。古典主义音乐理念追求形式的均衡，讲究克制的激情，贝多芬在实现古典主义音乐内在统一性方面，贡献了不朽的智慧。在《第五交响曲》中，贝多芬充分展示了一种积极乐观的态度，也完美尝试了一种以主题动机和音乐情绪综合构思的创作技巧，从而一种以高度理性的力量来建构音乐情感大厦的梦想得以成功实现。固然，结合贝多芬耳聋的不幸，还有贝多芬人生的挣扎，其有助于我们对这部作品展开基于作者的自传化理解，贝多芬借自己的音乐在听众的心中重生。然而，无标题音乐最擅长的就是通过音乐叩开思维深处的大门，《第五交响曲》更为重要的意义，是否也在于为听众提供了一条反思“我是谁”的个人听觉路径呢？

2. 勃拉姆斯：《e 小调第四交响曲》

勃拉姆斯（J. Brahms，1833—1897）不仅是 19 世纪浪漫主义最重要、最坚定的无标题音乐创作的代表人物——在那个标题音乐滥觞的时代，他在当时就被认为是一股逆流。他的大型管弦乐创作，即便带有标题，例如上演率极高的《学院庆典序曲》（*Akademische Festouvertüre*，1880）和《悲剧序曲》（*Tragische Ouvertüre*，1880），其风格实质上更接近无标题音乐的创作思维；而且，勃拉姆斯对贝多芬其人其乐有着无限的向往和崇拜，这从他的《第一交响曲》被誉为“贝多芬第十交响曲”的定评中就可看出，聆听勃拉姆斯一生传世、为数不多的四部交响曲，听众不难发现，他的音乐确实在充分吸收贝多芬音乐中的古典主义精髓，将浪漫主义以一种个人理解的方式与古典主义进行融合，成为其最忠实的继承者。选取勃拉姆斯《e 小调第四交响曲》作为无标题音乐欣赏的重点样本，既符合西方艺术音乐风格发展的历史逻辑，也有利于我们进一步拓展关于无标题音乐的认识。

勃拉姆斯

勃拉姆斯的《第四交响曲》于 1884 年动笔，1885 年完成。作曲家本人亲自指挥德国迈宁根宫廷管弦乐团于同年 10 月首演，旋即获得巨大成功。1886 年，该作正式出版前，勃拉姆斯本人曾带领乐团，在德国西部及荷兰等地众多城市巡演，令这部作品获得了更为广泛的声誉。19 世纪 80 年代以后，勃拉姆斯因创作成就斐然而生活更加安定，不再因生计而不得已替人改编歌曲，不再为满足各种需求的委托创作而疲于奔命。即便在最艰苦的岁月，勃拉姆斯谦虚自持，对待交响曲的创作始终保持着高度的严谨，四部交响曲是他最用心也是最具代表意义的呕心沥血之作。依次聆听勃拉姆斯的四部交响曲，可以肯定地说，听众会逐渐感受到《第一交响曲》和《第二交响曲》中，他对贝多芬音乐传统的继承，《第三交响曲》和《第四交响曲》则是他在巨人肩膀之上、更为个人化的表达。在《第四交响曲》，特别是第四乐章中，勃拉姆斯不露声色却令人惊叹地呈现了自己对过去两百年德奥音乐传统精粹的借鉴与发扬，表现出个人音乐修养的纵横开阔与博古通今。下文在简要陈述前三个乐章的基础上，重点欣赏第四乐章。

第一乐章有不过分的快板，规范的奏鸣曲式。这个快板乐章实际并不令人觉得与快速相关，反而更有宽广悠长的感觉，勃拉姆斯在其中安放了最具个人色彩的浪漫旋律，在整体氛围上，与古典主义交响曲第一乐章常见的那种热情积极、偏重表达英雄性或戏剧性主题的处理拉开距离，对贝多芬确立的德国音乐音响风格的典型特点，例如音响宏大、低音厚重、极具动力，勃拉姆斯有意识地加以回避。呈示部主部主题令人很容易联想到淳朴单纯等字眼儿，却又不乏细腻多情。它通过三度和六度音程的上下翻转，形成一种高低对答的互动，在弦乐弱起的节拍律动中，仿佛喁喁私语的呢喃，话题又似乎略有严肃：

谱例 11：《第四交响曲》第一乐章主部主题

建立在 b 小调上的副部主题，与主部主题有些差别，但因为二者都在小调上，故而暗淡感伤的整体情绪得以持续。从旋律形态上看，副部主题的前一部分以节奏碎片化的方式，形成一定的上扬态势，而大提琴与圆号温润的音色吟唱的主体部分，与主部主题的气质一脉相通，令人异常着迷，是乐章极为富于感染力之处。勃拉姆斯音乐风格中特有的克制化的激情，非常醒目。这既是他对古典主义美学的继承，也是一种发扬。勃拉姆斯的独创性就在于这种跨时代的折中，表面上不愠不火，内心里却有别样心绪。可圈可点的呈示部结束时，音乐出现在B大调上，令之前的暗冷转入热情的高点，但这种号角般的戏剧性稍纵即逝，令我们再度体验到浪漫主义追求的情感化，以压倒之势向古典主义钟爱的英雄化挥手告别。

谱例12：《第四交响曲》第一乐章副部主题

从两三个音乐出发逐渐形成宏大结构的音乐写作手法对勃拉姆斯来说是非常典型的，这是勃拉姆斯被视为无标题音乐创作方面的杰出人物的重要原因。从第一乐章主部主题的构思中，我们可以看到，主部主题根本就是几个音的组合，它最初好像并不具备什么特别的动力，甚至很涣散，但其实有着巨大而复杂的发展潜力，在后面的不断变化中，这个主题被作曲家越来越多地使用和发挥。勃拉姆斯充分地内化贝多芬音乐动机发展的古典传统，寻求在浪漫主义情愫之上的内在逻辑性，努力做到每一音都可以被解释，巨大的音乐风格体中充分地体现局部与全部的关系。

第二乐章，中速的行板，6/8拍，E弗里几亚调式。抛开这个乐章采用少见的中古调式不提，勃拉姆斯仿照许多古典慢板乐章的处理，以无展开部的奏鸣曲式来建构这一乐章，既有民间音乐的身影，又有贝多芬的神韵。主部主题，带有民歌式的纯朴气质，在圆号和木管乐器上悠然飘动，柔中带刚。

谱例13：《第四交响曲》第二乐章主部主题

副部主题保持了这种柔情，呈示部的副部主题在大提琴上歌唱而出，再现部副部主题为整体弦乐声部合奏，从柔情升华为一种圣洁感，奏鸣曲式的矛盾对比，在勃拉姆斯手上被进一步淡化，听众的注意力被完全转移到精妙和精微的旋律上，其绵延不绝的流动性和斑斓纷呈的色彩性，有着勃拉姆斯独有的细腻和悱恻。

谱例 14：《第四交响曲》第二乐章副部主题

根据古典原则，第四乐章往往是狂欢式高潮的部分，然而，勃拉姆斯反其道而行之，将这一具有终结意义的任务提前交给了第三乐章，这种设计既是勃拉姆斯为区别古典结构原则而特意为之，也令很多听众感到不适应，误以为交响曲到此结束。此外，这一出现在 C 大调上辉煌而欢乐的快板乐章，采用了回旋奏鸣曲的形式，更加说明了勃拉姆斯将古典交响曲末乐章进行特殊处理的想法。主题设计方面，主部和副部主题的气质依旧比较接近，无论主部主题情感如何奔腾热烈，还是副部主题如何舒展活泼，旋律却始终很简单，体现着勃拉姆斯一贯的作风。

谱例 15：《第四交响曲》第三乐章主部主题

谱例 16：《第四交响曲》第三乐章副部主题

第四乐章，充满精力与热情的快板，e 小调（结束在 E 大调主和弦上），3/4 拍，变奏曲式。作为全作的压轴乐章，这里才是勃拉姆斯《第四交响曲》的重头戏，我们在其中可以听到作曲家所有的情感与思考，勃拉姆斯音乐特有的悲剧与悲情，在这个乐章中被体现得淋漓尽致。变奏曲式作为末乐章的结构，在古典主义和浪漫主义交响曲创作中并不罕见，但似勃拉姆斯这样借鉴中世纪古老的固定低音变奏思维、以主题加 32 个变奏的体量来形成鸿篇巨制的手法，实在是石破天惊的创举。

第四乐章变奏思维来自对中世纪西班牙古老的恰空舞曲或帕萨卡利亚舞曲的混合，巴洛克时期是这两种舞曲最为风行的时代，这对 19 世纪的听众来说已然不太熟悉。这种舞曲以三拍子的律动和固定低音作为变奏的基础，大量前代作曲家都曾为之创写过很多名作。勃拉姆斯在这一乐章中，首先吸收了大量前代作曲家在此方面的创作精华，例如，e 小调的调性和主题及某些变奏段落直接借用自布克斯特胡德《e 小调管风琴恰空》，关于变奏曲的创作心得和灵感，直接来自弗朗索瓦·库普兰《第八古钢琴组曲》中的回旋曲与帕萨卡利亚舞曲（勃拉姆斯是库普兰作品全集的编订者）。据友人所述，勃拉姆斯在第四乐章中的固定低音线条来自约·塞·巴赫的康塔塔《主啊，我们的心仰望着你》（*Nach dir*，*Herr*，*verlanget mich*，作品 150）。通过比较，可以很明显地看出，二者有着相同的旋律，旋律轮廓几乎一致，只是勃拉姆斯的低音线条多了半音化的经过音以及在长度上增加了一倍。

Bach's four-measure ostinato:

谱例 17：约·塞·巴赫《主啊，我们的心仰望着你》四小节固定低音

Brahms's eight-measure theme:

谱例 18：《第四交响曲》第四乐章八小节固定低音

此外，第四乐章的变奏思维还深受约·塞·巴赫《d 小调恰空舞曲》（作品 1004）末乐章的影响，勃拉姆斯曾在 1877 年将这首乐曲改编为一首钢琴左手练习曲。第四乐章的很多段落，例如变奏第五至第七出现的萨拉班德舞曲的节奏型等，都是勃拉姆斯借鉴约·塞·巴赫的经验而推陈出新的产物。第四乐章的内在神妙就在于融会贯通，学自巴洛克，却非巴洛克。

除此之外，安排一系列变奏曲作为交响曲的末乐章的做法，明显是一种对贝多芬在《第三交响曲》（《英雄交响曲》）使用同样做法的致敬。只是，勃拉姆斯对变奏曲的展开与变化有自己的想象，在第四乐章中贝多芬只是一道远方的影子，面前所矗立着的，完全都是勃拉姆斯式的表达。不能否认的一点是，这是一种青出于蓝而胜于蓝的超越。

与贝多芬《第三交响曲》另有神交之处在于，勃拉姆斯在第四乐章中采用与之相同的结构思维，32 首变奏曲可以划分为五个部分，从而呈现出奏鸣曲式的框架。勃拉姆斯在其中所施展的设计才能内化了古典主义的精髓，无疑也是一种青出于蓝而胜于蓝的超越。

表 16-3　《第四交响曲》第四乐章结构一览

第四乐章整体结构			
部分	变奏段落	小节	说明
第一	1-12	1-96	可以被视为呈示部。
第二	13-16	97-128	3/2 拍，可以视为一个插入部，转为平行大调，结束在由大号与圆号主奏的合唱般的段落，令人想起舒曼《第三交响曲》末乐章的效果。
第三	17-23	129-184	回顾了第四乐章最初的部分，相当于展开部。
第四	24-31	185-216	变奏 24-27，以变奏的手法重新加工变奏 1-4，变奏 28-29 与变奏 6 有着千丝万缕的联系，变奏 30-31，以一系列下行三度，直接呼应了第一乐章主部主题，这是勃拉姆斯特别常用的手法。
第五	32	217-253	作为尾声，非常快速地回顾了第四乐章的开篇，以新的方式发展了主题，最后在八个音的固定低音的齐鸣中，为全章和全曲画上句号。

勃拉姆斯的这一变奏技法，被 20 世纪奥地利作曲家勋伯格总结为“发展化的变奏”，勃拉姆斯以研究、借鉴继而融会贯通的态度形成自己的创作理念和个性。相比同时代的瓦格纳——同样也是贝多芬忠实的追随者，勃拉姆斯常被认为过于保守。然而，与其说他保守，不如说他克制。听他的音乐，常常会令我们有似曾相识之感，却又是那样的与众不同，自成一派。其实，仅就《第四交响曲》而言，其中并非缺少新奇和突破。只是，为了整体的平衡与均匀，这些新奇和突破被一定程度地冲淡而已。我们在最著名的第四乐章基于古老舞曲的变奏曲中，可以听到悲壮，也可以听到柔情，可以听到开阔，也可以听到苦痛，变奏第 30 段中的狂潮巨浪，证明勃拉姆斯并非不擅长戏剧性的音乐，模仿任何人的风格，对他来说，不是难事。但或许是性格使然，或许是风格使然，总之，我们所听到的第四乐章最终让位于一种悲观色彩下的冷峻，其中并不乏深情与真情，这就是勃拉姆斯的浪漫主义。第四乐章是允许作曲家随性自由发挥的变奏曲，在勃拉姆斯手上依旧被处理得异常严肃，自由并非无度，无疑也是他内化古典主义精髓、青出于蓝而胜于蓝的又一超越之处。当我们在备受震撼中结束对第四乐章的欣赏时，重温八音主题的至

简至纯，我们会再一次意识到勃拉姆斯所处的浪漫主义时代是如何与他所奉行的古典原则合二为一的。欣赏包括音乐在内的一切艺术品，很多时候，瓶子可能显得很旧，酒却是新的。这就是勃拉姆斯。

谱例 19：《第四交响曲》第四乐章主题

二、现代主义交响乐

之所以使用“交响乐”这一名称，原因在于，20 世纪以来西方人对交响曲这一概念的理解和应用，其边界越来越松动、模糊。一方面，交响曲作为无标题音乐的代表，日益成为一种传统体裁术语，其黄金时期业已过去；另一方面，交响曲创作所留下的丰富而巨大的遗产，在 20 世纪现代主义潮流的驱动下，作曲家们的注意力显著集中在富于实验性的交响思维的探索与创造上，他们对如何体现“交响性”的兴趣明显大于作为一种形式的“交响曲”。故而，在产生大量现代主义风格作品的过程中，固然依旧出现了不少致力于传统交响曲创作的人物，例如英国的沃安·威廉斯、俄罗斯的肖斯塔科维奇，但在更多情况下，大型管弦乐的创作各有不同的称谓，有时即便没有使用交响曲这一名称，却并不见得其实质不是交响曲，反之亦然。这种情况就像一部文学作品被作者声称是小说，却并不意味着它真的就是小说。德彪西的话对理解这种现象很有启发：规则是艺术品创造的，而不是为艺术品创造的。的确，现代主义运动的核心理念就是反传统，它为重新认识规矩而打破规矩而生。

现代主义相比古典主义、浪漫主义，最鲜明的特征在于，它不是一种单一风格，而是众多流派组合而成的多面体。印象主义（德彪西为代表）、表现主义（勋伯格、贝尔格、韦伯恩师徒三人为代表）、原始主义（最著名的就是斯特拉文斯基的《春之祭》）、民族主义（巴托克、布里顿为代表）、新古典主义（斯特拉文斯基、欣德米特、法国六人团为代表）等，构成了这一多面体在 20 世纪上半叶的整体形象。20 世纪下半叶，现代主义音乐风格家族又增加了序列音乐（梅西安、布列兹为代表）、噪音音乐（瓦雷兹、约翰·凯奇为代表）、偶然音乐（约翰·凯奇为代表）、电子音乐（施托克豪森为代表）、新音色音乐（考埃尔、乔治·克拉姆、贝里奥、彭德雷茨基等为代表）等成员，造成更为复杂的多面性。庞大的家族成员，在创作中都具有共同的审美取向。他们以不同的方式挑战传统调性音乐（所谓协和性）的权威性，发展出以不协和为目的的泛调性（pan-diatonicism）、多调性（polytonality）、无调性（atonality）等新的技术；他们打破常规，探索乐音的新组合方式，从而建立起像序列主义这样的长于精算的音乐创作方法；他们不再认同乐音是音乐的唯一材料，将噪音和无声一概引入音乐创作；在他们的创作行为中，可以清楚地看到，声音不再是音乐的构成材料，音乐只是声音的一种形态，并取得一种共识：声音大于音乐、风格是一种声音组织的结果；他们重新处理民间音乐，就此形成全新的民间音乐与艺术音乐的混合；在全球化浪潮和数字化时代的背景下，远方变得不必身至便可触及，他们的创作中开始带有许多非母语的特征，创作视野和素材的极速扩展，令音乐风格获得了更多的自由。

现代主义所追求的最高目标“新音乐”的尝试，在此所遴选的两部现代主义交响乐作品中，得到两种多少有些极端的体现。第一部巴托克的《为弦乐、打击乐和钢片琴而写的音乐》（*Music for Strings*，*Percussion and Celesta*），有着较好的可听性，从体裁来看，更接近交响曲；从其风格来看，更有些新古典主义的意味；从感觉来看，尽管有相当的不协和，但无疑可以被接受。富于听觉挑战性的第二部《8 分 37 秒》，又名《哀歌：给广岛罹难者》（*Threnody*：*To the Victims of Hiroshima*，1960），无论是今天，还是未来，都不见得能够获得广大群体的接受。它的反可听性，它的音响紧张度，令人惊讶，甚至不适，在其中，我们可以充分亲历 20 世纪西方音乐探索的极限。直到 20 世纪 70 年代之前，无标题音乐在艺术音乐创作中占据上风，下面的两部交响乐作品，仅仅是现代主义音乐风格冰山的一角。它们表达了一种关于听觉的时代转型，其价值不能以受众多少而论。身为 21 世纪的我们，欣赏音乐是不是也应该对距离我们最近的一百年有所了解？相比过去，当下正在发生的一切，对我们这些亲历者和见证者来说，难道不值得更加关注吗？

1. 巴托克：《为弦乐、打击乐和钢片琴而写的音乐》

巴托克（Béla Viktor János Bartok，1881—1945）是 20 世纪成就最突出的匈牙利民族主义作曲家。在将本民族音乐推向世界、为匈牙利专业音乐开辟新路方面，巴托克功不可没。而且，巴托克也是现代主义音乐舞台上举足轻重的人物。他与勋伯格、斯特拉文斯基齐名，被公认为 20 世纪上半叶西方艺术音乐最重要的革新者。

巴托克早年便显露出在钢琴演奏和作曲方面的非凡天才，1898 年，他进

巴托克

入布达佩斯音乐学院攻读作曲，方兴未艾的匈牙利民族独立运动以及学院良好的学习氛围，使他有机会接触匈牙利的民间音乐，孕育了他对民族音乐的兴趣与深情。1904 年，巴托克记录了第一首匈牙利农民歌曲，其创作与民间音乐的亲缘关系就此开始。1905 年，巴托克与同样有志于研究民族音乐的科达伊（即著名的科达伊音乐教学法的创建者）结为好友，在以后的调查研究中，他们共同发现了真正的匈牙利农民音乐，结束了以往认为在李斯特、勃拉姆斯作品中所引用的城市吉卜赛音调是匈牙利民间音乐的历史。

民间音乐的旋律、调式和节奏构成了巴托克作品的灵魂，民间音乐带给他无穷的创作灵感。1889 年到 1907 年是他创作的第一阶段，此时的作品受到贝多芬、李斯特、理夏德·施特劳斯等人的影响，技巧虽日渐成熟，但缺少个人特点，代表作有《柯树特》(1903)、《管弦乐和钢琴狂想曲》(1904)。随着对民间音乐的搜集整理，巴托克的创作风格开始改变。1908 年到 1924 年是他创作的第二阶段。这时的巴托克已经从一个民间音乐的爱好者成长为优秀的民族音乐学家了。从 1904 年到 1914 年间，经他采集发表的民歌达到数千首，而其间未被发表的还有 2 700 多首匈牙利民歌，3 500多首罗马尼亚民歌，200 多首阿拉伯民歌。坚实的积累给巴托克带来创作的勃勃生机，民间音乐为他打开了一个全新的世界。他创造性地将五声音阶和古老的调式音阶与自己的语言相结合，形成了独具一格的半音体系音乐语言，其既不同于瓦格纳、不是变化音级构成的，也不像勋伯格、仍旧保持了调性。这一时期的代表作品如管弦乐《两幅肖像》(1908)、《第一、第二弦乐四重奏》(1908，1915)，歌剧《蓝胡子公爵的城堡》(1911)，舞剧《木雕王子》(1916) 和《神奇的满大人》(1919)，都表现出巴托克创作思维中的民间音乐影响。1911 年，以质朴粗犷的旋律和原始甚至粗野的节奏著称的钢琴曲《粗野的快板》，使听众感受到其他任何西方音乐所没有的魅力，一经问世便受到关注。1915 年的《15 首匈牙利农民歌曲》虽直接采用了民间曲调，不乏固有的民间味道，却也是巴托克富于个性创造的结果。此外，身为一流钢琴家，他在自己极有教学价值的六册钢琴教材《小宇宙》中也贯穿了民族主义色彩。

1926 年到 1940 年是巴托克创作的第三阶段。此时由于斯特拉文斯基等人的影响，巴托克的音乐表现出一定程度的新古典主义倾向。但在将对位手法与自己的音乐结合方面，巴托克并没有追随其他新古典主义作曲家的做法，而是坚实地继续沿着自己的民族主义道路前进。1940 年，由于欧洲法西斯势力的猖獗，巴托克被迫离开祖国，迁居美国。此后直到 1945 年是巴托克创作的第四个时期。迫于生计，他不得不受聘于哥伦比亚大学整理民间音乐资料，换取微薄的薪水。1942 年患白血病后，巴托克仍旧创作不辍，其中《管弦乐协奏曲》（1943）和《第三钢琴协奏曲》（1945）以鲜明的民族特色、流畅自如的旋律线条、更为浓厚的浪漫气息而著称于世。

巴托克最重要的、也是在原创力方面最被推崇的代表作品之一、1936 年的《为弦乐、打击乐和钢片琴而写的音乐》，完成于个人创作的第三阶段。作曲家在夏天动笔，专为巴塞尔室内管弦乐团而作。由于巴托克极度清楚自己所希望呈现的一切效果，故而，从头到尾都直接按照总谱书写，根本没有遵循通常所见的先出缩谱版再出乐队版的套路。此曲于 1937 年 1 月首演，立即被誉为当代杰作，至今依旧是 1945 年以前欧洲现代主义音乐风格的典范。它在很多方面向我们展示了交响曲的概念在 20 世纪的纵深发展。

《为弦乐、打击乐和钢片琴而写的音乐》乐队编制比较少见，在两个器乐组的基础上，另加木琴、钢琴、竖琴、钢片琴等乐器，不仅音色组合奇特，而且，各种乐器摆放位置所产生的现场效果更是令人惊叹。从四个乐章的整体结构来说，有着明显的交响曲的传统特点。第一乐章，沉静的行板，突出音量对比，音流富于变化。第二乐章，快板，在奏鸣曲结构的基础上，弦乐分两组对话追逐，气氛热烈。第三乐章，慢板，主题依次出现，形成 A—B—C—B′—A′的结构，演奏法多变，音乐极富美感。第四乐章，极快板，是一个主题异常丰富的乐章，至少有 7 个明显的主题接连不断地出现。具体而言，四个乐章各自的曲式与传统保持了直接的联系，它们分别是：慢速赋格、快速奏鸣曲式、慢速对称曲式、回旋曲式。为了保证四个乐章的连续统一，巴托克将该作的赋格主题一概处理为第二、第三和第四乐章的结尾素材，这就是之所以很多听众感到作品带有高度的回旋曲感觉的原因。

第三乐章是该创作中最为人称道的部分。巴托克从第一乐章中借用了赋格主题，将这一乐章的结构设计为一种回文诗式的对称结构，我们在音乐中所遇到的该乐章是这样布局的：

表 16－4　《为弦乐、打击乐和钢片琴而写的音乐》第三乐章布局

段落	A	赋格主题 1	B	赋格主题 1	C	赋格主题 1	B′	赋格主题 1	A′
小节	1	19	20	34	35	60	63	74	75

在A段中，我们听到四种非常特殊的音效，它们来自木琴的敲击、定音鼓的滑奏、低音弦乐的震音和中提琴、小提琴如同蛇形一样的半音旋律。B段由两件独奏小提琴和钢片琴演奏，弦乐组演奏出令人紧张的颤音和钢琴七度平行进行、小提琴滑奏和弦乐震音组成伴奏，效果非常特别。C段非常曼妙，在竖琴、钢琴和钢片琴上出现大规模滑奏以及五声音阶的旋律，是巴托克的夜曲段落，其构思直接来自作曲家本人钢琴组曲的《户外》中《夜曲音乐》（*Out of Doors*，*Musiques nocturnes*，1926）。这里出现了第三乐章的高潮，精妙异常，是20世纪传统乐器产生新音色方面的创举之一：

谱例20-1：《为弦乐、打击乐和钢片琴而写的音乐》第三乐章片段

谱例 20－2：《为弦乐、打击乐和钢片琴而写的音乐》第三乐章片段

第三乐章C段以其细节性的风格著称，这里对其中的大量音程和动机的细微变化不做太多描述，需要强调的是，这种独特的音响充分反映了巴托克高超作曲技巧背后的听觉锐度。巴托克有一双超凡的耳朵，任何见过他所整理的民间音乐手稿的人，都对其记谱的精确入微（包括各种微分音）、敏锐地捕捉且以独创的方式进行记录而叹为观止。巴托克音乐创作的奇思妙想，不是仅仅接近民间那样简单，其探索的广度与研究的深度，是其音乐得以独树一帜且取精用宏的关键。

巴托克的人生与创作经历，向我们提供了关于他音乐创作的基础，尤其是风格因素的来源。欣赏巴托克的音乐，不限于《为弦乐、打击乐和钢片琴而写的音乐》，其个性化的音乐语言，是其最大的特征。如果《为弦乐、打击乐和钢片琴而写的音乐》的整体和声以古典和浪漫主义的大小三和弦为基础，便会令音乐呈现一种整体协和度，而巴托克偏偏使用的都是三全音和弦，也就是增三或减三和弦，从而令音乐表现了多少有些令人感到诡异的特质。相比同时代勋伯格的十二音技法和斯特拉文斯基的新古典主义，巴托克音乐风格中的现代主义，恰恰就是得益于个性化处理不协和观念的结果。

《为弦乐、打击乐和钢片琴而写的音乐》主题的旋律和节奏都来自东欧民间音乐，其中既有匈牙利的，也有克罗地亚、保加利亚的，无论是舞蹈性节拍的运用，还是充满动静对比的情绪表达，都显示了巴托克在现代主义的前提下，令民族民间性成为自己风格的重要部分。所谓匈牙利农民音乐，其实就是民歌的另一称谓。广义的民歌，从概念来说，就是非城市音乐的总称。如果说城市音乐主要是以音乐厅和剧院文化为主体，非城市音乐则完全不受场合限制，只与生活所需息息相关。面对民歌中的非大小调音阶，奇异音效的非德奥系统的和声感，深受地方语言影响而形成的不规则的节拍律动与节奏重音，与浪漫主义全然不同的音色世界，大量无法用类似奏鸣曲式这样的方式来分析的音乐结构，都成为巴托克音乐的基本底色。欣赏他的音乐，无论是交响作品，还是钢琴音乐，无论是室内重奏，还是舞剧配乐，都是那样的有野性，富于鲜明的个性，横溢着无穷的想象力。他的音乐，与勋伯格和斯特拉文斯基等人的音乐相比，绝非因民族民间性而显得更容易。事实上，巴托克音乐演奏需要高超的艰深的技巧，没有一个指挥或演奏家会对演奏巴托克的音乐有丝毫大意。巴托克的音乐，如同马尔克斯的《百年孤独》那样，故事是现实的，但是在魔幻的音响冲击力背后，好像有某种故事情节，却非常难以或几乎无法界定。巴托克《为弦乐、打击乐和钢片琴而写的音乐》等一系列杰作，例如地位举足轻重的六部《弦乐四重奏》，令我们领略到纯粹音响主义的魅力和魔力，他的音乐一旦为人接受，便会发现，无可替代，最终欲罢不能。

2. 彭德雷茨基：《8 分 37 秒》

欣赏彭德雷茨基（Kyzysztof Penderecki，1933—2020）著名的《8 分 37 秒》，又名《哀歌：给广岛罹难者》，需要有两个知识点作为前提。第一，什么是新音色风格的探索？1945 年以来，西方音乐创作中出现了一种非常重要的现象和倾向，被称

彭德雷茨基

为新音色。历史上，第一个使音色成为音乐作品主要表现手段的是法国作曲家德彪西，20 世纪上半叶，除了美国作曲家考埃尔在 20 年代实验“音块”和约翰·凯奇在 40 年代实验“预置钢琴”之外，对乐队音色进行探索的主要有瓦雷兹、梅西昂和威伯恩。瓦雷兹不仅使用普通乐器（如长笛作品《密度 21.5》），还发挥了不少打击乐器的性能，有时还加上警报器等（如《电离》）。梅西昂对音乐与色彩之间的关系有着个人的理解，在一些重要作品中，例如《末日四重奏》，就显示了自己对音色的兴趣。威伯恩的音乐则在独特的乐队织体和配器的基础上，大大提高了音色的独立地位。三位作曲家在扩展音色的同时，更多倾向于表现与社会现实不同的、想象中的、带有个人主观色彩的音响世界。上述作曲家的行为与思想，对于西方交响思维的拓展无疑意义重大。1945 年后，这个特点继续存在，并表现得更加多样化。

希腊作曲家伊阿尼斯·泽纳基斯（Iannis Xenakis，1922—2001）反对序列音乐和采用音块等手法作曲。他认为音乐理论与建筑理论是相通的（他本人是一名优秀的建筑师），音乐是用声音来表现人的智力。因此，他通常都是运用自然科学中的法则和公式来创作音乐。与约翰·凯奇的偶然音乐不同，由他发明的随机音乐（Stochastic music），是一种类似概率论的科学概念，其使音乐创作像物质世界一样被结构起来，《概率的作用》（1956）就是代表。奥籍匈牙利作曲家捷尔吉·利盖蒂（Gyorgy Ligeti，1923—2006）虽然写出了可听性极强的《六首小品：木管五重奏》，但他最重要的风格表现为现代主义。与泽纳基斯、彭德雷茨基一样，他拒绝序列音乐。1960 年在科隆国际现代音乐节上演出了他的管弦乐《幽灵》，受到各国作曲同行的好评。1961 年的《大气层》，进一步确立了他作为欧洲重要先锋作曲家的地位。两部作品都不以旋律、和声和节奏作为作品的主要表现手段，而代之以复杂交织的音流，使乐音成为一种介于乐音与噪音之间的音响。《大气层》中出现了独特的音响处理手法：许多声部演奏相同的材料，但因为速度略有不同，而形成一种静态变化的、复杂独特的音响，被作曲家本人称作“微型复调”。意大利作曲家卢恰诺·贝里奥（Luciano Berio，1925—2003）的创作在吸收现代音乐各种重要倾向和流派的同时，还结合了意大利音乐的抒情性。他最重要的贡献是凭借对语言学的研究，创作了一批最著名的所谓“新人声音乐”的作品。在这种音乐中，不重视语言的意思，只追求音调的变化，但音调又表现出非歌唱性。录音带音乐《面容》是这种音乐的代表。美国作曲家乔治·克拉姆(George Crumb，1929—2022）的创作，既与新人声音乐有关，又大胆探索各种乐器的新音色。他非常善于采用各种非常规乐器，或采用非常规的演唱演奏法。几乎每一部作品中，他都竭力寻找新的音色表现方式。最著名的作品《远古童声》是一首组曲，由五首声乐曲、两首器乐插曲组成。

第二，什么是音块？纵观上述作曲家的创作，他们探索新音色的做法总体上体现为两个方面：其一，使用新的乐器和新的发声手段，除电子音乐之外，还有自造乐器、非西方乐器等。其二，大力发掘传统乐器的新的表现力。这主要表现在通过新的创作手法，大量使用“音块”，以及通过各种新的演奏演唱法来获得新的音色。其中特别需要解释的就是“音块”（tone cluster)。“音块”，总体而言，就是由一群邻近的音同时发声形成的一团声音，这也是它还被翻译成“音簇”的原因；具体而言，巴托克音乐中的不协和之所以还可以接受，是因为其声音组合音程基于三度，即便是增减三和弦的效果比较刺激，但比起音块采用的二度或小于二度音程，完全是小巫见大巫。如果一定要形容一下二者的区别，巴托克的音乐顶多是紧张刺激，而彭德雷茨基的《8 分 37 秒》完全是尖锐恐怖。

波兰作曲家克里斯托夫·彭德雷茨基作为这一历史潮流中的佼佼者，善于将新音色的探索与作品的表现内容结合起来。早在弦乐曲《放射》(1958)和声乐曲《时间和寂静的限度》(1960）中，便显示了他过人的音色想象力。1960 年的新音色作品《8 分 37 秒》是一部完全为弦乐团而写的交响作品，众多声部以各自相差四分之一音或半音的距离运动，形成浓密的“音响条带”，是使用新音色，特别是使用音块手法最广为人知的作品。

彭德雷茨基本人从一开始便按照抽象作品的理念来构思该作，根据演奏的时间长度，将之命名为《8 分 37 秒》，直接照搬了约翰·凯奇《4 分 33 秒》的做法，没有任何标题音乐的意思。只是在前往日本演出的航班上，邀请方提议为这部作品起一个名字，才有了现在的标题《哀歌：给广岛罹难者》。尽管这部作品与日本广岛核爆惨剧并无关系，但对于众多当代听众来说，音乐效果就是会令人联想起人间地狱般的惨烈，用个标题来命名这部作品，简直天衣无缝，其实，作品的新音色实验并没有具体表现对象，创作起因更不是因为广岛。

聆听并结合后面的谱例，我们会首先注意到《8 分 37 秒》完全没有传统意义上的旋律、和声、节拍，彭德雷茨基一概以音块运动而形成的线条或条带将之替代，音色成为音乐的唯一材料。该曲需配上 52 件弦乐器，包括 24 件小提琴、10 件中提琴、10 件大提琴和 8 件低音提琴，每位演奏者都是独立单元，经常按照乐谱要求而独立演奏，演奏法与传统相差甚远。

其次，根据音流的形态，聆听中我们会发现作品呈现出五个段落，不同段落之间在声音上存在一定的前后呼应，令作品呈现出 A—B—A 的结构。

再次，从第一个段落开始，这部作品便令听众联想起尖利、恐怖、劫难的情绪，在依次展开的过程中，五个段落的实际情况其实各有不同。造成听众之所以会首肯《哀歌：给广岛罹难者》这一后添加的标题的关键，就在于第一段的印象，它的效果实在太接近空袭前巨大的警报器。其后的几个段落不见得会令人觉得与恐怖有关，但已无济于事了。

最后，由于《8 分 37 秒》不是按照小节而是按照计秒的方式来记谱的，指挥家的主要任务就是保持时间精确和按时给演奏者以示意。演奏这部作品时，不少指挥家都会拿着秒表，再度照搬约翰·凯奇《4 分 33 秒》的做法，以求分秒不差，然而，也有不少指挥家根本不看表，而是自由处理。该曲所有录音都很少按时完成，不同版本的长度差别不小，即便是彭德雷茨基本人指挥的录音也达到 9 分 45 秒，严重超时。

表 16－5 《8 分 37 秒》结构

段落	小节	声音
1	1	高音区出现的不谐和音块
2	6	以快速音流的方式呈现多种声音织体的变形
3	10	延长音与四分之一音大幅度滑音
4	26	以卡农的方式呈现独立的单音和变形的声音
5	56	齐奏的音效和音块进入全曲的高潮

最早有意识地使用音块的是美国作曲家考埃尔（Henry Cowell，1897—1965），“音块”一词也由他发明。50 年代之后，这种手法在现代音乐创作中非常普遍。除上面提到的器乐领域音块的使用情况外，声乐领域使用音块手法的著名例子是意大利作曲家诺诺（Luigi Nono，1924—1990）的《被打断的歌》（1955—1956）。他们在“交响性”这一概念的扩大而大胆尝试一切新的发声造色的可能性的同时，向世人提出一个非常实际的问题：什么是音乐欣赏？类似《8 分 37 秒》这样的作品，如果不理解以上知识，或者说，如果不弄懂这种音乐的话，欣赏便根本无从谈起。

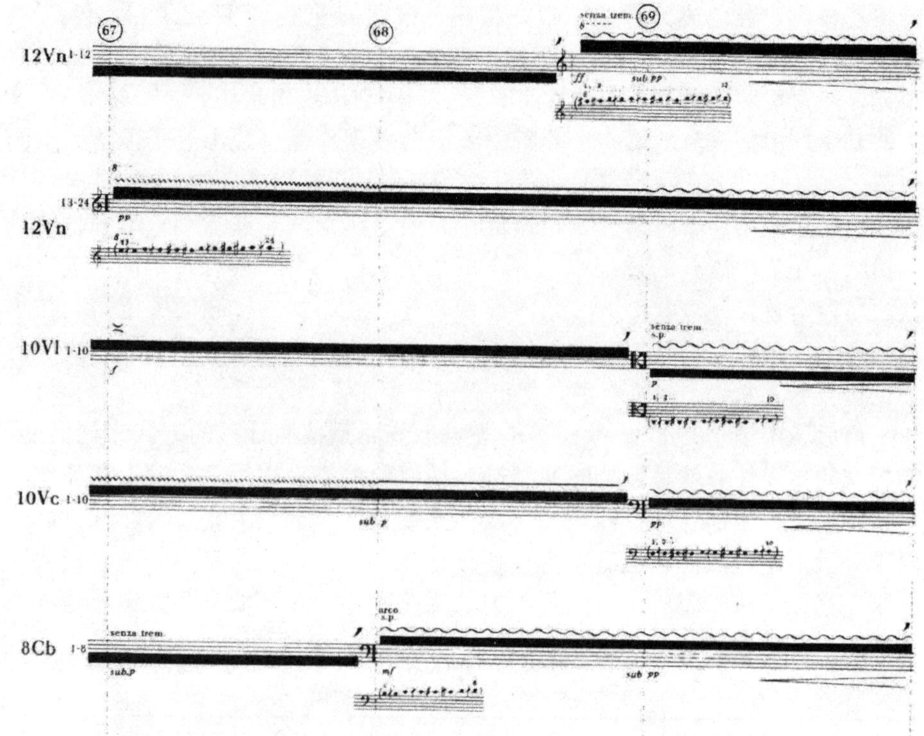

谱例 21：《8 分 37 秒》片段

一、思考题

1. 请谈一谈你对中西音乐差异性的认识。

2. 请结合你最喜欢的管弦交响乐作品，谈一谈如何理解无标题音乐。

3. 请结合具体作品与听觉体验，简述你对音乐与文字关系的理解。

4. 请谈一谈如何理解声音与音乐的关系。

二、延伸阅读

1. 霍华德·古多尔．音乐的故事：从巴比伦到披头士．赖晋楷，译．桂林：广西师范大学出版社，2020.

2. 罗兰·德·康代．世界音乐通史．上下卷．王瑞华，曹胜超，译．北京：中国人民大学出版社，2014.

3. 克雷格·莱特．聆听音乐．7 版．余志刚，译．北京：清华大学出版社，2019.

4. 钱仁康．外国音乐欣赏．北京：高等教育出版社，2007.

参考文献

（一）英文作品

Abramovitz，Alan I.，Kyle L. Saunders. Ideological Realignment in the U. S. Electorate. The Journal of Politics，1998，60（3）.

Berger，John. Landscapes：John Berger on Art. London and New York：Verso，2016.

Bird，Michael. 100 Ideas That Changed Art. London：Laurence King Publishing，2012.

Brooks，Clem. Jeff Manza. A Great Divide? Religion and Political Change in U. S. National Elections，1972－2000. The Sociological Quarterly，2004，45（3）.

Bruhns，Hinnerk. Max Weber's Analysis of Capitalism//Edith Hanke，Lawrence A. Scaff，and Sam Whimster（eds.）. The Oxford Handbook of Max Weber. New York：Oxford University Press，2019.

Byron，Lord. Don Juan. New York：Penguin，2004.

Dann，W. F. Landscape Painting Past and Present. Brush and Pencil，1907，19（4）.

Dworkin，Gerald. The Theory and Practice of Autonomy. New York：Cambridge University Press，1988.

Fiorina，P. Morris，Samuel J. Abrams，Jeremy C. Pope. Culture War? The Myth of a Polarized America. New York：Longman，2011.

Foucault，Michel. Histoire de la sexualité. Vol. 2. L'usage des plaisirs. Paris：Gallimard，1984.

Foucault，Michel. On the Genealogy of Ethics：An Overview of Work in Progress//Paul Rabinow. Essential Works of Foucault. Vol. 1. The New Press，1997.

Foucault, Michel. What is Enlightenment? //Paul Rabinow. Ethics: Subjectivity and Truth. The New Press, 1997.

Gelman, Andrew. Lane Kenworthy, Yu-Sun Su. Income Inequality and Partisan Voting in the United States. Social Science Quarterly, 2010, 91 (5).

Goldman, L. The Life of R. H. Tawney. London: Bloomsbury, 2013.

Hornblower, Simon, Antony Spawforth. The Oxford Classical Dictionary. Oxford and New York: Oxford University Press, 2003.

Jeffares, Bo. Landscape Painting. New York: Mayflower Books, 1979.

Kant, Immanuel. Kritik der praktischen Vernunft. A54. Wilhelm Weischedel, ed. German: Suhrkamp Verlag KG, 2004.

Keats, John. Ode to a Nightingale//The Complete Poems of John Keats. New York: Modern library, 1994.

Lewis, John. Marx Weber and Karl Marx//Peter Hamilton. Max Weber: Critical Assessments 2. Vol. 1. London: Routledge, 1991.

Löwith, Karl. Max Weber and Karl Marx. London: Routledge, 1993.

Marcuse, Herbert. Industrialization and Capitalism in the Works of Max Weber//Peter Hamilton. Max Weber: Critical Assessments 2. Vol. 3. London: Routledge, 1991.

Martin, John Rupert. Baroque. London: Routledge, 2019.

Mommsen, J. Wolfgang. Capitalism and Socialism: Weber's Dialogue with Marx//The Political and Social Theory of Max Weber: Collected Essays. Chicago: The University of Chicago Press, 1989.

Mommsen, J. Wolfgang. Joining the Underdogs? Weber's Critique of the Social Democrats in Wilhelmine Germany//The Political and Social Theory of Max Weber: Collected Essays. Chicago: The University of Chicago Press, 1989.

Mouffe, Chantal. The Return of the Political. London: Verso, 1993.

Novak, Barbara. Nature and Culture: American Landscape and Painting, 1825—1875. Oxford and New York: Oxford University Press, 2007.

Pizzorusso, Ann C. Leonardo's Geology: The Authenticity of the "Virgin of the Rocks". Leonardo, 1996, 29 (3).

Poole, Keith T., Howard Rosenthal. The Polarization of American Politics. The Journal of Politics, 1984, 46 (4).

Raz, Joseph. The Morality of Freedom. Oxford: Clarendon Press, 1986.

Ruskin, John. Lectures on Landscape. Gloucester. Dodo Press, 2007.

Russell, Bertrand. A History of Western Philosophy. New York: Simon and Schuster, 1967.

Schefold, Karl. Origins of Roman Landscape Painting. The Art Bulletin, 1960, 42 (2).

Swedberg, Richard. Ola Agevall (eds.). The Max Weber Dictionary: Key Words and Central Concepts. 2nd edition. Stanford, California: Stanford Social Sciences, 2016.

Tawney, R. H. Equality. London: G. Allen and Unwin, 1931.

Tawney, R. H. Religion and the Rise of Capitalism. New York: Harcourt, Brace and Company, 1926.

Tawney, R. H. Religion and the Rise of Capitalism. London: John Murray, 1936.

Tawney, R. H. R. H. Tawney's Commonplace Book. Cambridge: Cambridge University Press, 1972.

Thomson, Richard. Vincent Van Gogh: The Starry Night. New York: Museum of Modern Art, 2008.

Venturi, Lionello. History of Art Criticism. Trans. Charles Marriot. New York: E. P. Dutton and Co., Inc., 1964.

Weber, Max. Economy and Society: An Outline of Interpretive Sociology. Guenther Roth and Claus Wittich eds. Berkeley: University of California Press, 1978.

Weber, Max. General Economic History. New York: Collier Books, 1961.

Weber, Max. The Agrarian Sociology of Ancient Civilizations. trans. R. I. Frank. New York: Verso, 1998.

Weber, Max. The Religion of China: Confucianism and Taoism. trans. Hans H. Gerth. Glencoe, Illinois: The Free Press, 1951.

Whimster, Sam. Economics and Society and the Fate of Liberal Capitalism//Edith Hanke, Lawrence A. Scaff, and Sam Whimster (eds.). The Oxford Handbook of Max Weber. New York: Oxford University Press, 2019.

Whimster, Sam, R. H. Tawney. Ernst Troeltsch and Max Weber on Puritanism and Capitalism//Max Weber Studies, 2005 (5-6).

Whimster, Sam. Understanding Weber. New York: Routledge, 2007.

Williams, Bernard. Ethics and the Limits of Philosophy. London/New York: Routledge, 2006.

Wordsworth, William. Home at Grasmere//Stephen Gill ed. William Wordsworth: The Major Works. Oxford: Oxford University Press, 2000.

Wordsworth, William. Resolution and Independence//Stephen Gill ed. William Wordsworth: The Major Works. Oxford: Oxford University Press, 2000.

Wordsworth, William. The Old Cumberland Beggar//Stephen Gilled. William Wordsworth: The Major Works. Oxford: Oxford University Press, 2000.

Yeats, W. B. The Collected Poems of W. B. Yeats. Richard J. Finneran ed. New York: Scribner, 1989.

（二）译作

阿米塔·阿查亚．美国世界秩序的终结．袁正清，肖莹莹，译．上海：上海人民出版社，2017.

艾伦·麦克法兰．现代世界的诞生．管可秾，译．上海：上海人民出版社，2013.

北京大学哲学系外国哲学史教研室．西方哲学原著选读：上卷．北京：商务印书馆，1981.

查尔斯·兰姆，玛丽·兰姆．阅读莎士比亚：永不谢幕的悲喜剧．萧乾，译. 天津：百花文艺出版社，2004.

狄德罗．狄德罗美学论文选．张冠尧，桂裕芳，等译．北京：人民文学出版社，1984.

伏尔泰．哲学通信．高达观，等译．上海：上海人民出版社，2005.

福柯．词与物：人文科学考古学．莫伟民，译．上海：上海三联书店，2001.

福柯．规训与惩罚．刘北成，杨远婴，译．北京：三联书店，1999.

盖尔斯敦．自由多元主义．佟德志，译．南京：江苏人民出版社，2008.

戈登．美国增长的起落．张林山，等译．北京：中信出版集团，2018.

哈克，皮尔森．赢者通吃的政治．陈方仁，译．上海：上海人民出版社，2015.

哈里森．多元文化主义的终结．王乐洋，译．北京：新华出版社，2017.

赫拉克利特．赫拉克利特著作残篇．罗宾森，英译．楚荷，中译．桂林：

广西师范大学出版社，2007.

怀特海．科学与近代世界．何钦，译．北京：商务印书馆，1959.

霍尔，诺德贝．荣格心理学入门．冯川，译．北京：三联书店，1987.

吉尔伯特·罗兹曼．中国的现代化．国家社会科学基金“比较现代化”课题组，译．南京：江苏人民出版社，2005.

杰克·戈德斯通．为什么是欧洲?：世界史视角下的西方崛起（1500—1850）. 关永强，译．杭州：浙江大学出版社，2010.

凯克斯．反对自由主义．应奇，译．南京：江苏人民出版社，2002.

凯塞尔曼，克里格．转型中的欧洲政治．史志钦，等译．北京：人民出版社，2016.

康德．道德形而上学的奠基//康德著作全集：第4卷．李秋零，译．北京：中国人民大学出版社，2005.

康德．实践理性批判．邓晓芒，译．北京：人民出版社，2019.

康德．实践理性批判//康德著作全集：第5卷．李秋零，译．北京：中国人民大学出版社，2007.

克·蔡特金．列宁印象记．马清槐，译．北京：三联书店，1979.

克莱因．西方文化中的数学．张祖贵，译．上海：复旦大学出版社，2004.

肯尼斯·克拉克．风景画论．吕澎，译．成都：四川美术出版社，1988.

库普坎，寿春．治理鸿沟：全球化与西方民主的危机．国外理论动态，2014（5）.

莱辛．汉堡剧评．张黎，译．上海：上海译文出版社，2002.

卢梭．漫步遐想录．徐继曾，译．北京：人民文学出版社，1986.

罗伯特·诺齐克．无政府、国家与乌托邦．何怀宏，等译．北京：中国社会科学出版社，1991.

洛克．政府论：上下篇．叶启芳，瞿菊农，译．北京：商务印书馆，1996.

罗素．西方哲学史．何兆武，李约瑟，译．北京：商务印书馆，1986.

马丁·基钦．剑桥插图德国史．赵辉，徐芳，译．北京：世界知识出版社，2005.

马克斯·韦伯．新教伦理与资本主义精神．于晓，陈维纲，等译．西安：陕西师范大学出版社，2006.

马克斯·韦伯．民族国家与经济政策//韦伯政治著作选．阎克文，译．

北京：东方出版社，2009.

麦卡蒂，普尔，罗森塔尔．政治泡沫：金融危机与美国民主制度的挫折．贾拥民，译．北京：华夏出版社，2017.

尼布尔．人的本性与命运．成穷，王作虹，译．贵阳：贵州人民出版社，2006.

牛顿．牛顿光学．2版．周岳明，等译．北京：北京大学出版社，2011.

帕斯卡尔．思想录．何兆武，译．天津：天津人民出版社，2014.

乔治·萨顿．科学的生命．刘珺珺，译．北京：商务印书馆，1987.

让-皮埃尔·韦尔南．希腊思想的起源．秦海鹰，译．上海：东方出版中心，2021.

热拉尔·迪梅尼尔，多米尼克·莱维．大分化：正在走向终结的新自由主义．陈杰，译．北京：商务印书馆，2015.

舍勒．伦理学中的形式主义与质料的价值伦理学．倪梁康，译．北京：三联书店，2004.

瑟诺博斯．法国史．沈炼之，译．北京：商务印书馆，1964.

史蒂夫·福布斯，伊丽莎白·艾姆斯．重铸美国自由市场的灵魂．段国圣，译．北京：华夏出版社，2017.

斯蒂芬·F. 梅森．自然科学史．周煦良，等译．上海：上海译文出版社，1980.

托克维尔．论美国的民主：下卷．董果良，译．北京：商务印书馆，1991.

托马斯·L. 汉金斯．科学与启蒙运动．任定成，张爱珍，译．上海：复旦大学出版社，2000.

威尔赫姆·韦措尔特．丢勒和他的时代．朱艳辉，叶桂红，译．北京：北京大学出版社，2009.

威廉·文德尔班．哲学史教程．罗达仁，译．北京：商务印书馆，1993.

沃尔夫冈·J. 蒙森．马克斯·韦伯与德国政治，1890—1920. 阎克文，译．北京：中信出版集团，2016.

西季威克．伦理学方法．廖申白，译．北京：中国社会科学出版社，1993.

小约瑟夫·S. 奈，菲利普·D. 泽利科，戴维·C. 金．人们为什么不信任政府．朱芳芳，译．北京：商务印书馆，2015.

亚里士多德．尼各马可伦理学．廖申白，译．北京：商务印书馆，2003.

雅斯贝斯．历史的起源与目标．魏楚雄，俞新天，译．北京：华夏出版社，1989.

英格尔哈特．现代化与后现代化：43 个国家的文化、经济与政治变迁．严挺，译．北京：社会科学文献出版社，2013.

约翰·赫斯特．极简欧洲史．增订纪念版．席玉苹，石晰颋，译．桂林：广西师范大学出版社，2018.

约瑟夫·拉兹．自由的道德．孙晓春，等译．长春：吉林人民出版社，2006.

约翰·罗斯金．现代画家．陆平，译．桂林：广西师范大学出版社，2005.

约瑟夫·奈．美国世纪结束了吗？．邵杜罔，译．北京：北京联合出版公司，2016.

（三）中文著述

鲍永玲．欧洲难民潮冲击下的多元文化主义政策危机．国外社会科学，2016（6）.

毕明辉．20 世纪西方音乐中的“中国因素”．上海：上海音乐学院出版社，2007.

陈福平，许丹红．观点与链接：在线社交网络中的群体政治极化（一个微观行为的解释框架）．社会，2017（4）.

丛日云．西方文明的困境：后物质主义如何应对全球化的挑战．探索与争鸣，2018（1）.

段德敏．英美极化政治中的民主与民粹．探索与争鸣，2016（10）.

贾志浩，等．西方莎士比亚批评史．北京：社会科学文献出版社，2014.

李忠实．中外文化未解之谜．北京：当代世界出版社，2002.

刘珺珺．科学社会学．上海：上海人民出版社，1990.

刘晓锋，廖晓明．欧洲政党意识形态极化倾向的原因和影响分析．国际展望，2017（4）.

鲁迅．鲁迅全集：第 1 卷．北京：人民文学出版社，2005.

牟宗三．中国哲学十九讲．上海：上海古籍出版社，1997.

庞金友．当代西方国家失败理论的路径与逻辑．政治学研究，2017（5）.

庞金友．网络时代“后真相”政治的动因、逻辑与应对．探索，2018（3）.

彭小瑜．“经济利益不是生活的全部”：理查德·亨利·托尼的资本主义批判．史学集刊，2011（4）．

彭小瑜．一位经济学家的社会正义理想：理查德·伊利的资本主义批判．首都师范大学学报，2020（5）．

史志钦．多重危机下的欧洲政治社会极化趋势研究．人民论坛，2017（3）．

王希．特朗普为何当选?：对 2016 年美国总统大选的历史反思．美国研究，2017（3）．

王晓梅，丛杭青．自主概念的规范性构建．哲学动态，2015（2）．

伍蠡甫．西方文论选：上卷．上海：上海译文出版社，1988.

杨周瀚．莎士比亚评论汇编．北京：中国社会科学出版社，1985.

张莉．极右与极左：欧洲政治惊爆“极化”现象．世界知识，2011（18）．

张泗洋，徐斌，张晓阳．莎士比亚引论．北京：中国戏剧出版社，1989.

张月超．三百余年来莎士比亚评论述评．文艺理论研究，1982（1）．

赵澧．莎士比亚传论．北京：中国人民大学出版社，1991.

赵汀阳．论可能生活．北京：中国人民大学出版社，2004.

郑传寅，黄蓓．欧洲戏剧文学史．武汉：长江文艺出版社，2002.

周琪，王欢．值得关注的美国政治“极化”趋势．当代世界，2011（4）．

朱维之，赵澧．外国文学史简编（欧美部分）．北京：中国人民大学出版社，2004.

图书在版编目（CIP）数据

西方文明通论/张浩军，钱雪松主编. --北京：中国人民大学出版社，2023.1
21世纪通识教育系列教材
ISBN 978-7-300-31252-1

Ⅰ.①西… Ⅱ.①张… ②钱… Ⅲ.①文化史-西方国家-教材 Ⅳ.①K103

中国版本图书馆CIP数据核字（2022）第221307号

21世纪通识教育系列教材
西方文明通论
张浩军　钱雪松　主编
Xifang Wenming Tonglun

出版发行	中国人民大学出版社		
社　　址	北京中关村大街31号	**邮政编码**	100080
电　　话	010－62511242（总编室）		010－62511770（质管部）
	010－82501766（邮购部）		010－62514148（门市部）
	010－62515195（发行公司）		010－62515275（盗版举报）
网　　址	http://www.crup.com.cn		
经　　销	新华书店		
印　　刷	北京七色印务有限公司		
规　　格	170 mm×240 mm　16开本	**版　　次**	2023年1月第1版
印　　张	21 插页1	**印　　次**	2023年1月第1次印刷
字　　数	360 000	**定　　价**	58.00元